# RICOS, SÁBIOS E FELIZES

# RICOS, SÁBIOS E FELIZES

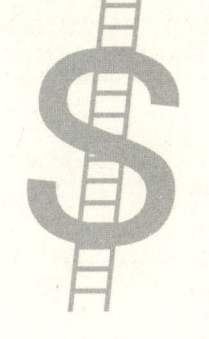

WILLIAM GREEN

SEXTANTE

Título original: *Richer, Wiser, Happier*

Copyright © 2021 por William Green
Copyright da tradução © 2021 por GMT Editores Ltda.

Todos os direitos reservados. Nenhuma parte deste livro pode ser utilizada ou reproduzida sob quaisquer meios existentes sem autorização por escrito dos editores.

*tradução:* André Fontenelle
*preparo de originais:* BR75 | Silvia Rebello
*revisão:* Luis Américo Costa e Priscila Cerqueira
*diagramação:* Valéria Teixeira
*adaptação de capa:* Miriam Lerner | Equatorium Design
*impressão e acabamento:* Associação Religiosa Imprensa da Fé

---

CIP-BRASIL. CATALOGAÇÃO NA PUBLICAÇÃO
SINDICATO NACIONAL DOS EDITORES DE LIVROS, RJ

G83r

Green, William
  Ricos, sábios e felizes / William Green ; tradução André Fontenelle. - 1. ed. - Rio de Janeiro : Sextante, 2021.
  320 p. ; 23 cm.

  Tradução de: Richer, wiser, happier
  ISBN 978-65-5564-191-2

  1. Investidores (Finanças). 2. Investimentos. I. Fontenelle, André. II. Título.

21-71666
                    CDD: 332.6
                    CDU: 330.322

---

Meri Gleice Rodrigues de Souza - Bibliotecária - CRB-7/6439

Todos os direitos reservados, no Brasil, por
GMT Editores Ltda.
Rua Voluntários da Pátria, 45 – Gr. 1.404 – Botafogo
22270-000 – Rio de Janeiro – RJ
Tel.: (21) 2538-4100 – Fax: (21) 2286-9244
E-mail: atendimento@sextante.com.br
www.sextante.com.br

Para Lauren, Henry, Madeleine e Marilyn.

## SUMÁRIO

**INTRODUÇÃO** Dentro da mente dos maiores investidores — 9

**CAPÍTULO 1** O homem que clonou Warren Buffett — 21
Como ser bem-sucedido roubando desavergonhadamente as melhores ideias alheias

**CAPÍTULO 2** A disposição para ficar sozinho — 52
Para derrotar o mercado, você precisa de coragem, independência e esquisitice suficientes para se afastar da multidão

**CAPÍTULO 3** Tudo muda — 78
Como tomar decisões inteligentes quando nada é imutável e o futuro é imprevisível? Pergunte a Howard Marks

**CAPÍTULO 4** O investidor resiliente — 108
Como constituir uma fortuna duradoura e sobreviver à selvageria à espreita

**CAPÍTULO 5** A simplicidade é o máximo da sofisticação — 135
Uma busca longa e sinuosa pelo caminho mais simples para ter retornos espetaculares

**CAPÍTULO 6** Nick & Zak – Uma aventura fantástica  167

> Uma sociedade de investimentos radicalmente fora do comum revela que as maiores recompensas vão para aqueles que resistem à sedução da gratificação imediata

**CAPÍTULO 7** Hábitos de alta performance  200

> Os melhores investidores criam uma vantagem competitiva esmagadora ao adotar hábitos cujos benefícios vão se acumulando com o tempo

**CAPÍTULO 8** Não seja um otário  232

> Como investir melhor, pensar melhor e viver melhor adotando a estratégia de Charlie Munger para evitar sistematicamente as tolices mais comuns

**EPÍLOGO** Além da riqueza  265

> O dinheiro importa, mas não é o ingrediente fundamental de uma vida plena

**AGRADECIMENTOS**  290

**NOTAS SOBRE AS FONTES E OS RECURSOS ADICIONAIS**  293

INTRODUÇÃO

# Dentro da mente dos maiores investidores

Minha obsessão por investimentos começou 25 anos atrás. No início, parecia uma paixão improvável. Nunca assisti a uma aula sequer de economia ou administração. Nunca levei jeito com números nem dominava os esotéricos mistérios da contabilidade. Formado em Oxford com diploma em literatura inglesa, resenhava romances para revistas e escrevia perfis de vigaristas e assassinos. Como aspirante a escritor com sonhos ambiciosos de celebridade literária, era fácil para mim considerar Wall Street um cassino repleto de especuladores toscos que só pensam em dinheiro. Quando o *New York Times* chegava na minha casa, eu descartava o caderno de economia sem ao menos dar uma olhada.

Em 1995, porém, eu estava com algum dinheiro para investir – minha metade na receita obtida com a venda de um apartamento de que eu e meu irmão éramos proprietários. Comecei a ler sobre fundos e ações na ânsia de aumentar minha modesta fortuna, o que reacendeu em mim uma mania de apostar que, na minha adolescência na Inglaterra dos anos 1980, chegou a fugir do controle por um breve período.

Aos 15 anos, quando eu estudava em Eton, dava uma escapada da escola nas tardes de tédio durante o verão e passava horas na casa de apostas perto do Castelo de Windsor, apostando em cavalos enquanto meus colegas iam remar ou jogar críquete. Eu, destinado a tornar-me um *gentleman* inglês, como o Boris Johnson, o príncipe William e seis séculos de alunos de Eton que nos precederam, estava em vez disso apostando ilegalmente sob o pseudônimo de Mike Smith.

O que alimentava meu interesse por corridas de cavalos não era o lado romântico do esporte nem da majestosa beleza dos equinos, e sim o desejo de ganhar dinheiro sem fazer força. Era uma atividade que eu levava a sério, fazendo anotações detalhadas sobre os cavalos e os páreos, usando canetas coloridas para sublinhar minhas vitórias e derrotas. Estraguei meu aniversário de 16 anos brigando com meus pais quando eles se recusaram a pagar para mim uma assinatura do Timeform, um dispendioso sistema de avaliação de cavalos. Fiquei revoltado quando eles barraram aquilo que era evidentemente o caminho para uma fortuna incalculável. Pouco tempo depois, ao fim de uma sequência de derrotas arrasadoras, abandonei de uma vez por todas o turfe.

Dez anos depois, quando comecei a ler a respeito de investimentos, descobri que a bolsa proporcionava as mesmas emoções. Mas as chances de sucesso eram bem mais altas. Enxerguei nas ações o modo perfeito de faturar pelo simples fato de *ser mais sagaz* que os outros. Claro que eu não fazia a menor ideia do que estava fazendo. Mas eu possuía uma vantagem que não tinha preço. Sendo jornalista, podia aprender sobre minha nova mania entrevistando vários dos melhores investidores do mercado.

Nos anos seguintes entrevistei um verdadeiro hall da fama de mitos do mundo dos investimentos para as revistas *Forbes*, *Money*, *Fortune* e *Time*, sempre girando em torno das mesmas perguntas que até hoje me fascinam: quais os princípios, processos, ideias, hábitos e características pessoais que fazem com que essa diminuta minoria derrote o resto do mercado, a longo prazo, e se torne espetacularmente rica? Mais importante que isso, como eu e você podemos tirar proveito da análise dessas exceções do mercado financeiro fazendo uma engenharia reversa de seus métodos vitoriosos? Essas questões estão no cerne deste livro.

Para minha felicidade, muitos dos investidores que encontrei eram fascinantes e estranhamente exóticos. Peguei um avião até as Bahamas para passar o dia com sir John Templeton, o maior caçador de ações do século XX, que vivia em um paraíso caribenho chamado Lyford Cay. Fui até Houston para uma audiência com Fayez Sarofim, um misterioso bilionário egípcio apelidado de The Sphinx ("a esfinge"). Em seu escritório havia quadros de El Greco e Willem de Kooning, juntamente com um piso em mosaico do século V importado de uma igreja da Síria. Conversei com Mark Mobius (apelidado de The Bald Eagle, "a águia careca"), que viajava por países em desenvolvimento em um jatinho Gulfstream com decoração folheada a ouro e estofamento em couro de iguana, adquirido de um magnata do Oriente Médio que passava por um período de dificuldades. Entrevistei Michael Price, um centimilionário jogador de polo, o terror dos executivos de baixo desempenho, conhecido como "o FDP mais assustador de Wall Street". Conheci Helmut Friedlaender, que fugira da Alemanha nos anos 1930, não sem antes parar para resgatar a irmã adolescente e comprar um chapéu, "porque um cavalheiro não viaja sem chapéu". Ele bebia Château Pétrus, colecionava livros medievais valiosos e negociava tudo, de contratos futuros de café ao Empire State Building. Já nonagenário, ele me disse: "Levei uma vida bem agitada."

Todo esse processo me serviu como uma formação inestimável. Jack Bogle,[1] a lenda dos fundos de investimento que fundou a Vanguard, empresa que hoje é responsável por gerir US$ 6,2 trilhões, conversou comigo sobre as lições de investimentos que teve com seu mentor e "herói", um pioneiro dos fundos mutualistas chamado Walter Morgan: "Não se deixe empolgar. Não corra riscos demais... Mantenha os custos bem baixos." E ainda: "A massa nunca tem razão." Como veremos, Bogle também explicou por que "não é preciso ser incrível" para prosperar como investidor.

Peter Lynch, o mais famoso gestor de fundos da Fidelity, me contou como havia triunfado trabalhando mais duro que todos os outros. Mas também falou da enorme imprevisibilidade do mercado e da importância de ser humilde: "Na escola, você tira um monte de notas 9 e 10. Na bolsa, você tira um monte de zeros. E, se de cada dez tentativas você acerta seis ou sete, você é muito bom." Lynch recordou um de seus primeiros fiascos: uma promissora confecção foi por água abaixo "só por causa do filme *Bonnie e Clyde*", que mexeu com a moda feminina de maneira tão inesperada que o catálogo da empresa "perdeu todo o valor". Ned Johnson, o multibilionário que transformou a Fidelity em um fenômeno, deu uma risada e disse a Lynch: "Você fez tudo certo... De vez em quando coisas totalmente surpreendentes e imprevisíveis acontecem."

Em meio aos dias confusos que se seguiram ao 11 de Setembro, quando o mercado financeiro passou pela pior semana desde a Grande Depressão, fui até Baltimore para visitar Bill Miller,[2] que na época estava a caminho de completar um recorde de quinze anos seguidos obtendo um rendimento superior ao do índice S&P 500 da bolsa. Passei alguns dias com ele, viajando em seu Learjet, em parte comprado para que seu galgo irlandês de 50 quilos pudesse voar com ele. A economia estava em frangalhos, a guerra no Afeganistão era iminente e seu fundo tinha perdido 40% do valor que tivera no seu auge. Mas Miller estava tranquilo e animado, colocando calmamente centenas de milhões de dólares em ações desvalorizadas que depois viriam a disparar.

Certo dia, pela manhã, estávamos juntos quando ele ligou para o escritório para se atualizar. O analista do outro lado da linha lhe deu a notícia de que a AES, ação que Miller acabara de comprar, havia divulgado números péssimos. As ações caíram pela metade, o que representou para ele um prejuízo de US$ 50 milhões antes da hora do almoço. Na mesma hora Miller dobrou a aposta, imaginando, calmamente, que investidores irracionais estavam reagindo de maneira exagerada ao noticiário negativo sobre a empresa. Como me explicou, investir é um processo permanente de cálculo de chances: "Tudo são probabilidades. Certeza *não existe*."

Depois me deparei com Bill Ruane, um dos mais bem-sucedidos caçadores de ações da sua geração. Quando Warren Buffett deixou de operar em um fundo de investimento em 1969, indicou Ruane para substituí-lo. Até 2005, ano de sua morte, o fundo Sequoia, de Ruane, gerou resultados espetaculares. Ele quase nunca concedia entrevistas, mas tivemos uma longa conversa sobre os quatro princípios básicos que aprendera nos anos 1950 com um "astro maior" chamado Albert Hettinger. "São regras simples, que para mim tiveram uma importância fundamental", disse Ruane. "Representaram em grande parte a base da minha filosofia desde então (...) e são o melhor conselho que eu posso dar a alguém."

Em primeiro lugar, advertiu Ruane: "*Não* pegue dinheiro emprestado para comprar ações." Ele rememorou uma experiência precoce em que, em suas palavras, pegou 600 dólares e multiplicou-os várias vezes. Foi então, porém, que "o mercado rachou" e ele foi atingido de tal forma que precisou vender tudo e praticamente voltou "à estaca zero". Descobriu ali que "ninguém age de forma racional quando investe com dinheiro emprestado". Em segundo lugar, "fique de olho na oportunidade". Em outras palavras, aja com extrema cautela "quando perceber que o mercado enlouqueceu", seja porque a boiada entrou em pânico ou porque avançou em ações com valores irracionais. Em terceiro lugar, ignore as previsões do mercado: "Acredito piamente que ninguém sabe o que o mercado vai fazer. O mais importante é encontrar uma ideia atraente e investir em uma empresa que esteja barata."

Para Ruane, o princípio mais importante de todos era o quarto: investir em um número reduzido de ações, pesquisadas com tanta profundidade que se adquire uma vantagem de conhecimento. "Procuro aprender o máximo possível a respeito de sete ou oito boas ideias", disse. "Quando você encontra algo realmente muito barato, por que não colocar 15% do seu dinheiro naquilo?" Para o investidor comum, existem caminhos mais seguros para o êxito. "Para a maioria das pessoas seria mais recomendável um fundo indexado", afirmou Ruane. Para o investidor que quer superar o mercado, porém, na visão dele, o jeito mais inteligente é focar. "Não conheço ninguém capaz de se sair bem investindo em um grande número de ações, exceto o Peter Lynch."

Em 2001, quando conversamos, Ruane me disse que 35% dos ativos da Sequoia se baseavam em um único fundo: o Berkshire Hathaway. Durante a bolha pontocom ele havia saído de moda e Buffett, seu presidente e CEO, foi acusado de ter perdido o jeito. Mesmo assim, Ruane enxergou ali o que outros não viram: "uma empresa maravilhosa", com perspectivas ótimas de crescimento e administrada pelo "cara mais sagaz do país".

Comecei, então, a compreender que os maiores investidores são aventureiros intelectuais. Não têm medo de questionar e desafiar o senso comum. Tiram proveito de percepções enganosas e equívocos daqueles que pensam com menos racionalidade, menos rigor e menos objetividade. Na verdade, um dos melhores motivos para estudar os investidores apresentados neste livro é o fato de poderem nos ensinar não apenas como enriquecer, mas como melhorar nossa forma de raciocinar e tomar decisões.

A recompensa por investir de maneira inteligente é tão extraordinária que muitas mentes brilhantes são atraídas por esse negócio. Mas o preço a pagar pelos erros também pode ser arrasador, o que raramente acontece com quem é professor, político ou analista. Há tanto em jogo que talvez por isso os melhores investidores costumem ser pessoas pragmáticas, de mente aberta, que buscam incessantemente maneiras de aprimorar o modo de pensar.

Essa visão de mundo é encarnada por Charlie Munger, sócio assustadoramente inteligente de Buffett, que certa vez comentou: "Eu observo aquilo que dá certo e aquilo que não dá, e por quê." Munger, um dos personagens centrais deste livro, foi muito longe em sua busca por maneiras de pensar melhor, recorrendo a ferramentas de análise de disciplinas tão díspares quanto a matemática, a biologia e a psicologia comportamental. Entre suas referências figuram Charles Darwin, Albert Einstein, Benjamin Franklin e um algebrista do século XIX chamado Carl Gustav Jacobi. "Os mortos me ensinaram muita coisa", disse-me Munger. "Algo que sempre me ocorreu é que existe um monte de gente morta que eu precisava conhecer."

Acabei por enxergar os melhores investidores como uma raça peculiar de filósofos práticos. Não estão em busca da solução para quebra-cabeças esotéricos que intrigam filósofos *de verdade* – como "Esta cadeira existe ou não existe?". Estão, em vez disso, em busca daquilo que o economista John Maynard Keynes chamava de "sabedoria mundana", que empregam para atacar problemas mais urgentes, como "De que forma tomar decisões inteligentes em relação ao futuro quando é impossível adivinhar o futuro?". Estão em busca de vantagens onde quer que possam encontrá-las: história econômica, neurociência, literatura, estoicismo, budismo, esporte, ciência de formação de hábitos, meditação ou qualquer outra área que possa ser útil. Essa disposição sem limites para explorar "o que dá certo" faz deles excelentes modelos a estudar em nossa própria busca pelo sucesso, não só no mercado, mas em qualquer área da nossa vida.

Uma outra forma de ver os investidores mais talentosos é como jogadores por excelência. Não é coincidência que muitos dos gestores financeiros do mais alto nível joguem cartas por prazer e por dinheiro. Templeton usou seus ganhos com o pôquer para ajudar a pagar a faculdade nos anos da Depressão. Buffett e Munger são apaixonados por bridge. Mario Gabelli, um bilionário magnata dos fundos, me contou como ganhava dinheiro, na sua infância pobre no Bronx, jogando cartas entre uma e outra rodada como *caddy* (carregador de tacos) em um clube chique de golfe. "Eu tinha 11 ou 12 anos", lembra, "e todo mundo *achava* que podia ganhar de mim." Lynch, que jogou pôquer no ensino médio, na faculdade e no serviço militar, me disse: "Aprender a jogar pôquer ou aprender a jogar bridge, ou qualquer coisa que lhe ensine a trabalhar com as probabilidades, vale mais do que qualquer livro sobre a bolsa de valores."

Como vim a me dar conta, vale a pena enxergar os investimentos e a vida como jogos em que precisamos *buscar de maneira consciente e constante maximizar nossa probabilidade de êxito*. As regras não são claras e o resultado não é garantido. Mas existem maneiras inteligentes e maneiras estúpidas de jogar. O escritor Damon Runyon, que tinha verdadeira paixão por jogos de azar, observou certa vez que "no jogo da vida são seis contra cinco".* Talvez. Mas o que me fascina é que Templeton, Bogle, Ruane, Buffett, Munger, Miller e outros gigantes que vamos estudar nos próximos capítulos descobriram jeitos astutos de fazer as chances penderem em favor deles. Minha missão é lhe mostrar como fazer o mesmo.

Vejamos o caso de Ed Thorp,[3] provavelmente o maior jogador da história dos investimentos. Antes de se tornar gestor de fundos *hedge*, ele alcançou a imortalidade no mundo das apostas ao bolar um engenhoso esquema para derrotar a banca no *blackjack*. Como Thorp me explicou em três horas de café da manhã com ovos Benedict e cappuccino, ele se recusava a aceitar a "ideia preconcebida" de que era matematicamente impossível para os apostadores obter alguma vantagem sobre o crupiê. Thorp, o pai da estratégia da "contagem de cartas", obteve uma vantagem ao calcular a mudança de probabilidades depois que algumas cartas saem da mesa e não estão mais disponíveis. Por exemplo, um baralho repleto de ases lhe dava mais probabilidades que um baralho sem ases. Quando as probabilidades o favoreciam, ele apostava mais; quando favoreciam a banca, ele apostava menos. A longo prazo, essa diminuta vantagem se torna

---

* Um dos melhores contos de Runyon chama-se "O idílio da senhorita Sarah Brown", que inspirou o musical *Eles e elas*. O protagonista, um apostador da alta roda de apelido Sky, recebe conselhos de valor inestimável do seu pai em relação aos perigos do excesso de confiança – alerta que todo investidor faria bem em introjetar. "Filho", diz o velho, "não importa quão longe você viajar, quão inteligente se tornar, sempre se lembre disto: um dia, em algum lugar, alguém vai chegar e lhe mostrar um baralho novinho, selado, e perguntar se você aposta que o valete de espadas irá aparecer e derramar sidra no seu ouvido. Nessa hora, filho", prossegue o pai, "não aposte, porque, se tem uma coisa certa, é que seu ouvido vai ficar cheio de sidra."

avassaladora. Ele transformou, assim, um jogo de azar de perdedores em um "jogo matemático" rentável.

Como truque seguinte, Thorp bolou um jeito de derrotar o cassino na roleta. Juntamente com um parceiro, Claude Shannon, criou o primeiro computador de vestir, ativado às escondidas pelo próprio Thorp com o dedão do pé de dentro do sapato. Esse computador, do tamanho de um maço de cigarros, lhe permitia "medir a posição e a velocidade da bola e da roleta de forma extremamente precisa", de modo a prever a posição provável em que a bolinha iria parar. Durante séculos a roleta foi um jogo impossível de ganhar, em que o apostador não tinha vantagem alguma, já que a chance de a bolinha cair em um dos 38 buracos é a mesma. "Só que, juntando um pouco de conhecimento com um pouco de mensuração, adquirimos um domínio maior sobre aquilo que vai acontecer", disse Thorp. "Nem sempre dá para acertar, mas a previsão é um pouco melhor que o acaso. Assim transformamos o que parecia ser um jogo inteiramente de azar em um jogo em que temos alguma vantagem. E essa vantagem foi propiciada pela informação que adicionamos."

A menos que você seja dono de um cassino, a criatividade subversiva de Thorp tem um apelo irresistível. O que o empolgava mais não era nem o dinheiro, e sim a satisfação de resolver "problemas interessantes" que todos os especialistas garantiam ser insolúveis. "Não é porque um monte de gente diz que algo é verdade que isso tem algum peso específico para mim", disse Thorp. "É preciso pensar de forma um pouco independente, ainda mais em relação às coisas mais importantes, e tentar resolvê-las por conta própria. Analise as evidências. Analise a base do senso comum."

Como as aventuras de Thorp indicam, uma das maneiras mais importantes de melhorar nossa vida financeira é evitar jogos em que as cartas estão marcadas contra nós. "Quando se trata de apostas, se eu não tiver uma vantagem, não jogo", afirmou Thorp. Aplicando esse princípio a nós mesmos, convém encarar a realidade da maneira mais honesta; por exemplo, caso meus conhecimentos de tecnologia sejam genéricos ou me falte a habilidade financeira básica necessária para avaliar um negócio, é preciso que eu resista a qualquer tentação de escolher por conta própria ações específicas de empresas de tecnologia. Do contrário, eu sou como o otário na roleta, na esperança de que o destino sorria para mim apesar de todas as minhas ilusões. Nas palavras de Jeffrey Gundlach, um bilionário de grande frieza de raciocínio que cuida de cerca de US$ 140 bilhões em títulos e que entrevistei: "A esperança não é um método."

Outro equívoco frequente, que distorce as probabilidades *em detrimento* de muitos investidores incautos, é remunerar com polpudas comissões gestores de fundos, corretores e consultores financeiros medíocres, cujo desempenho simplesmente não justifica a despesa. "Quando você paga ao longo do caminho pedágios, custos administrativos, comissões de consultoria e todo tipo de encargo, é como nadar contra a corrente", disse Thorp. "Quando você *não* paga nada dessas coisas, está nadando *junto* com a corrente." Portanto, um jeito óbvio para o investidor comum aumentar suas probabilidades de triunfo a longo prazo é comprar e deter fundos indexados que cobram taxas minúsculas: "Você não vai precisar fazer nada e já sai na frente de, talvez, 80% das pessoas que não fazem isso." Um índice como o S&P 500 "provavelmente" subirá a longo prazo, acrescentou Thorp, impelido pela "expansão da economia americana". Por isso, à diferença dos apostadores de cassinos, "você tem uma vantagem automática" pelo simples fato de participar da trajetória ascendente do mercado a um custo mínimo.

Em compensação, o fundo *hedge* de Thorp humilhou os índices durante duas décadas, sem ter prejuízo em um trimestre sequer, ao concentrar-se em oportunidades de investimento mais obscuras que "não foram bem compreendidas". Por exemplo, seu talento excepcional para a matemática permitiu-lhe avaliar *warrants*, opções e títulos conversíveis com uma precisão sem igual. Outros personagens-chave deste livro, como Howard Marks e Joel Greenblatt, obtiveram vantagens semelhantes ao se especializarem em nichos negligenciados ou detestados pelo mercado financeiro. Como veremos, existem várias maneiras de triunfar, mas todas elas exigem algum tipo de diferencial. Quando perguntei a Thorp como saber se eu tenho algum, ele me brindou com esta reflexão desconcertante: "Se você não tiver um motivo racional para acreditar que tem um diferencial, então é porque provavelmente não tem."

Quando minha trajetória nos investimentos começou, 25 anos atrás, eu ansiava pela libertação financeira, por não ter que dar satisfação para ninguém. Os melhores investidores tinham achado o caminho, que, para mim, parecia algo quase mágico. Hoje, porém, percebo que a compreensão de como essas pessoas pensam e por que elas são bem-sucedidas pode nos ajudar de forma imensurável em *vários* aspectos – financeiro, profissional e pessoal.

Por exemplo, quando perguntei a Thorp como poderia aumentar minhas chances de levar uma vida feliz e bem-sucedida, ele ilustrou seu método falando de saúde e preparo físico. Thorp, que estava com 84 anos mas aparentava vinte a menos, comentou: "Geneticamente, você nasce com uma mão de cartas. (...) Pense nisso como o acaso. Mas você pode fazer escolhas ao jogar com essas cartas", entre elas a escolha de não fumar, de fazer um check-up de saúde anual, de manter atualizado o cartão de vacinação e de exercitar-se regularmente. Quando estava na casa dos 30 anos, Thorp se encontrava "em péssima forma" e se viu "totalmente sem fôlego" depois de uma corridinha de 400 metros. Foi então que começou a correr 1,5 quilômetro por semana, todo sábado, aumentando aos poucos até completar 21 maratonas. Ainda faz duas aulas semanais com um personal trainer e caminha 5 quilômetros por dia, quatro vezes por semana. Porém, quando lhe sugeriram que começasse a pedalar, Thorp analisou o número de "mortes associadas ao ciclismo por 100 milhões de quilômetros percorridos" e concluiu que "o risco era alto demais".

Em outra entrevista que fiz com ele, em junho de 2020, o mundo estava às voltas com a pandemia de Covid-19, que já havia matado mais de 100 mil americanos. Thorp explicou que havia analisado os números da mortalidade em todo o mundo, atentando em especial para as "mortes inexplicadas", provavelmente causadas pelo vírus; que havia feito "deduções" a partir da pandemia de gripe de 1918, que matou seu avô; que havia realizado a própria estimativa da "verdadeira taxa de mortalidade"; e que havia previsto no início de fevereiro (quando não ocorrera ainda uma única morte nos Estados Unidos) que o país perderia de 200 mil a 500 mil vidas para o novo coronavírus nos doze meses subsequentes.

A metódica análise de dados de Thorp permitiu que sua família tomasse precauções oportunas em um momento em que pouquíssimos americanos – a começar por seus governantes – reconheciam a dimensão dessa ameaça. "Tomamos o cuidado de estocar todo tipo de coisa, inclusive máscaras", disse ele. "Só um mês depois, mais ou menos, as pessoas acordaram e começaram a esvaziar as prateleiras das lojas." Três semanas antes da decretação do estado de emergência pelo governo, Thorp isolou-se em sua casa de Laguna Beach e parou de se encontrar "com todo mundo". "Não faz sentido ficar em pânico", disse-me. Mas ele compreendeu os riscos e agiu com determinação para aumentar sua probabilidade de sobrevivência. Thorp deve ser a única pessoa que conheço que calculou de verdade a própria "chance de morrer".*

Essa rotina mental de analisar sem emoção os fatos e os números, o custo-benefício dos riscos e recompensas, e a importância fundamental de simplesmente *evitar as catástrofes* explica em grande parte como os investidores mais inteligentes têm uma vida mais longa e próspera. Na visão de Thorp, todos os aspectos do nosso comportamento deveriam ser orientados por uma atitude de "racionalidade generalizada". Por exemplo, ele sabe que, quando está "em modo emocional", aumenta a probabilidade de tomar uma decisão errada. Por isso, quando fica "irritado ou furioso" com alguém, faz uma pausa e pergunta a si mesmo: "O que você sabe *mesmo*? Esse sentimento se justifica ou não?" Essa análise ponderada costuma levá-lo a concluir que essa reação negativa não tinha motivo. "Nós nos apressamos a tirar conclusões indevidamente", comentou. "Por isso, conter-se ao fazer juízos é, a meu ver, um elemento crucial do comportamento racional."

Tudo isso me leva a acreditar que os maiores titãs do mundo dos investimentos podem nos ajudar a ficar mais ricos, mais sábios e mais felizes. Meu objetivo é mostrar como eles triunfam, tanto nos negócios quanto na vida, por encontrar inúmeras formas de maximizar as chances de êxito.

Jogar com as probabilidades é uma maneira extraordinariamente eficaz de agir, que perpassa tudo que eles fazem, inclusive a gestão do tempo, a construção de um ambiente sereno para reflexão, as pessoas de quem se aproximam e aquelas a quem evitam, como se prevenir de preconceitos e

---

* Como Thorp calculou a probabilidade de morrer de Covid-19? "Um homem qualquer de 87 anos tem cerca de 20% de chance de morrer se contrair o vírus", disse ele. "Meu risco é mais baixo porque muitos homens de 87 anos têm outros problemas de saúde, e eu não. Não tenho comorbidades. Também sou extremamente cuidadoso. E estou em excelente forma para minha idade. Por isso calculei minha chance de morrer em algo entre 2% e 4%. Mas isso já é bastante elevado."

pontos cegos, como aprender com os erros e evitar repeti-los, como gerir o estresse e as situações adversas, como pensar sobre honestidade e integridade, como gastar e doar dinheiro e como tentar construir uma vida imbuída de um sentido que vá além do dinheiro.

Ao escrever este livro, inspirei-me fortemente nas entrevistas mais importantes que realizei em um passado distante com muitos dos melhores investidores do mundo. Mas também passei centenas de horas entrevistando mais de quarenta investidores especificamente para este livro, viajando um pouco por vários lugares, de Los Angeles a Londres, de Omaha a Mumbai. Somados, os personagens encontrados aqui já cuidaram de trilhões de dólares em nome de milhões de pessoas. Minha esperança é de que esses extraordinários investidores iluminem – e enriqueçam – sua vida. Estou apostando que sim.

CAPÍTULO 1

# O homem que clonou Warren Buffett

## Como ser bem-sucedido roubando desavergonhadamente as melhores ideias alheias

---

*O Príncipe deve sempre ponderar os atos dos grandes homens e imitar aqueles que mais êxito tiveram, de modo que, ainda que não venha a se lhes equiparar em perfeição, ao menos haverá de saboreá-la.*

— NICOLAU MAQUIAVEL

*Acredito que com disciplina se pode dominar o melhor daquilo que os outros já criaram. Não acredito que seja possível simplesmente sentar-se e bolar tudo mentalmente. Ninguém é tão inteligente.*

— CHARLIE MUNGER

---

São sete da manhã do dia de Natal. Mohnish Pabrai e eu entramos em uma minivan em Mumbai em meio ao ar poluído da alvorada. Viajamos durante horas pela costa oeste da Índia, rumo a um território chamado Dadrá e Nagar Aveli. De tempos em tempos, o motorista realiza manobras assustadoras, costurando loucamente entre ônibus e caminhões. Fecho os olhos e faço uma careta de medo enquanto buzinas tocam por todos os lados. Pabrai, que foi criado na Índia e depois mudou-se para estudar nos Estados Unidos, sorri serenamente, sempre tranquilo diante do risco. Mesmo assim, ele reconhece: "A Índia tem um alto índice de acidentes."

É uma viagem impressionante, repleta de visões de cair o queixo. Em determinado momento, cruzamos com um homem rechonchudo, na beira da estrada, empilhando tijolos em cima da cabeça de uma mulher magérrima, que irá transportá-los. À medida que nos enfurnamos interior adentro, divisamos cabanas cobertas de grama – estruturas que parecem pertencer a outro milênio. Chegamos por fim a nosso destino: um colégio rural chamado JNV Silvassa.

Pabrai, um dos investidores de maior destaque de sua geração, vinha de Irvine, na Califórnia, onde morava, para visitar quarenta moças adolescentes. Elas fazem parte de um programa administrado pela fundação beneficente que ele mantém, a Dakshana,[4] que proporciona educação a crianças talentosas de famílias carentes de toda a Índia. A Dakshana oferece dois anos de bolsa integral a centenas de jovens, preparando-os para o notoriamente dificílimo vestibular dos Institutos Indianos de Tecnologia (IITs), um conjunto de faculdades de engenharia de elite cujos diplomados são cobiçados por empresas como Microsoft e Google.

Mais de 1 milhão de estudantes se candidatam aos IITs todos os anos e menos de 2% deles são aprovados. Mas a Dakshana encontrou uma fórmula. Em um período de doze anos, 2.146 bolsistas seus conseguiram vagas nos IITs – um índice de sucesso de 62%. Pabrai enxerga a Dakshana (palavra que significa "presente", em sânscrito) como uma forma de levantar o moral dos setores mais pobres da sociedade indiana. A maioria dos bolsistas da Dakshana vêm de famílias da zona rural que sobrevivem com menos de 2 dólares por dia. Muitos pertencem às castas "inferiores", entre elas a dos "intocáveis", vítimas de preconceito ao longo de séculos.

Sempre que Pabrai visita uma sala de aula da Dakshana, quebra o gelo apresentando o mesmo problema matemático. Todos que o resolveram acabaram depois conquistando uma vaga nos IITs. É, portanto, um jeito útil de medir o talento presente na sala. É um problema tão difícil que quase ninguém encontra a solução, e ele supõe que nenhuma das alunas de Silvassa vá superar o desafio. Mesmo assim, ele escreve com giz no quadro--negro da sala de aula: *n é um número primo maior ou igual a 5. Prove que*

$n^2-1$ *sempre é divisível por 24*. Em seguida, reclina-se em uma frágil cadeira de plástico enquanto as meninas tentam adivinhar a resposta.* Fico pensando o que elas estão achando daquela criatura extravagante e chamativa – um investidor alto, calvo, corpulento, com um bigode farto, trajando um agasalho da Dakshana e uma calça jeans cor-de-rosa.

Ao cabo de dez minutos, Pabrai pergunta: "Alguém está chegando lá?" Uma menina de 15 anos chamada Alisa diz: "É só uma teoria, senhor." A hesitação dela não transmite confiança, mas Pabrai a convida a vir à frente e mostrar-lhe sua solução. Ela entrega uma folha de papel e fica de pé na frente dele, intimidada, cabisbaixa, à espera do veredito. Acima dela, um letreiro na parede diz, em um inglês encantadoramente arrevesado: "Enquanto você tiver fé em você, nada será capaz de abstrair você."

"Está certo", diz Pabrai. Ele aperta a mão de Alisa e lhe pede que explique a resposta à classe. Ele me contou depois que a solução da jovem era tão elegante que ela poderia ficar entre os 200 melhores candidatos do vestibular. Pabrai lhe diz que "com certeza" ela passará na prova: "Você só precisa continuar se esforçando." Soube depois que Alisa vinha do distrito de Ganjam, um dos mais pobres da Índia, no estado de Odisha, e nasceu em uma casta que o governo inclui entre as chamadas "outras classes atrasadas". Na escola onde estudava antes, era a primeira entre oitenta alunos.

Pabrai pede a Alisa que pose para uma foto com ele. "Você vai se esquecer de mim", brinca, "mas um dia vou poder lhe dizer: 'Nós tiramos uma foto!'" A menina dá uma risada alegre, mas tenho que fazer força para não chorar. Acabamos de testemunhar um momento mágico: uma menina tirada da pobreza acabava de provar que tinha a capacidade mental de impelir a si mesma e a família rumo à prosperidade. Considerando o ambiente em que foi criada e as probabilidades contra ela, isso é uma espécie de milagre.

Horas depois, na mesma manhã, as estudantes bombardeiam Pabrai com perguntas. Por fim uma delas se mune de coragem para perguntar o que todas querem saber: "Como o senhor ganha tanto dinheiro?"

Pabrai ri e responde: "Eu *faço crescer* dinheiro."

---

\* Qual a solução do problema de Pabrai? Esse é um mistério que nunca vou compreender.

Em busca de um jeito de ilustrar essa ideia, ele acrescenta: "Eu tenho um ídolo. O nome dele é Warren Buffett. Quem aqui já ouviu falar de Warren Buffett?" Nem uma única mão se ergue. A sala vira um mar de expressões vazias. Ele conta às alunas, então, que tem uma filha de 18 anos, Momachi, e que ela ganhou US$ 4.800 em um emprego de férias após o ensino médio. Pabrai investiu o dinheiro dela em um plano de previdência. Ele pede às alunas que calculem o que acontecerá se esse modesto pecúlio crescer 15% ao ano durante sessenta anos. "O valor duplica a cada cinco anos. São 12 duplicações", afirma. "Na vida, tudo é uma questão de duplicação."

Um minuto depois, as alunas já acharam a solução: em seis décadas, quando Momachi tiver 78 anos, seus US$ 4.800 valerão mais de US$ 21 milhões. Um ar de espanto percorre a sala diante do fantástico poder desse fenômeno matemático. "Vocês vão se esquecer do que é 'fazer crescer' dinheiro?", pergunta Pabrai. E quarenta adolescentes pobres do interior da Índia gritam, em uníssono: "Não, senhor!"

## Como transformar US$ 1 milhão em US$ 1 bilhão

Não muito tempo atrás, Mohnish Pabrai tampouco ouvira falar de Warren Buffett. Criado em um meio modesto na Índia, ele nada sabia a respeito de investimentos, Wall Street ou mercados financeiros. Nascido em 1964, ele morou até os 10 anos em Bombaim (atual Mumbai), onde os pais viviam em um minúsculo apartamento suburbano alugado por US$ 20 mensais. Depois mudaram-se para Nova Déli e Dubai.

Era uma família repleta de figuras exóticas. O avô de Pabrai era um mágico famoso, Gogia Pasha, que rodava o mundo representando o papel de um egípcio misterioso. Quando era criança, Pabrai subia ao palco com ele. Sua função era segurar um ovo. O pai de Pabrai, Om Pabrai, era um empresário com raro talento para criar empresas que iam à falência. Entre inúmeros empreendimentos, foi dono de uma fábrica de joias, criou uma estação de rádio e vendeu kits de mágica pelo correio. Assim como o filho, era um otimista incorrigível. Mas seus negócios sofriam de uma falta de capital e de um excesso de alavancagem que lhes eram fatais.

"Vi meus pais perderem tudo várias vezes", diz Pabrai. "E quando digo 'perderem tudo', estou falando em não ter dinheiro para ir à feira no dia seguinte, não ter dinheiro para pagar o aluguel. Não quero mais ter que passar por isso, mas minha impressão é que eles não se incomodavam com aquilo. Na verdade, a maior lição que aprendi com eles foi ver que não se deixavam abater. Meu pai costumava dizer: 'Me deixe pelado em um rochedo que ainda assim vou abrir um negócio.'"

Na infância, Pabrai era um aluno medíocre, o 62º em uma turma de 65, e tinha baixa autoestima. No nono ano, porém, passou por um teste de QI que mudou sua vida. "Fui falar com o cara que ministrava o teste e perguntei: 'O que significa esse resultado?' Ele respondeu: 'Seu QI é 180 pelo menos. Só que você não está se esforçando.' Foi como dar uma chicotada em um cavalo. Foi o momento da virada. Descobri que é necessário dizer às pessoas que elas são capazes."

Terminado o ensino médio, ele foi para a Universidade Clemson, na Carolina do Sul. Foi lá que descobriu a bolsa de valores. Entrou para um curso de investimentos e conseguiu uma média de 106% de rendimento. O professor tentou convencê-lo a trocar a graduação em engenharia da informática pelas finanças. "Ignorei totalmente o conselho dele", diz Pabrai. "Na época, meu ponto de vista era que aqueles escrotos do mercado financeiro eram um bando de idiotas. E essa minha aula superfácil de finanças é dez vezes mais fácil que minhas aulas de engenharia mecânica. Para que, então, eu iria me meter naquele meio de perdedores?"

Depois da faculdade, Pabrai conseguiu um emprego na Tellabs. Depois, em 1990, fundou uma empresa de consultoria em tecnologia, a TransTech, bancando-a com um empréstimo de US$ 70 mil e US$ 30 mil da própria poupança. A maioria das pessoas não teria a coragem necessária para tamanho grau de risco, mas ele sempre teve gosto por apostas. Certa vez passamos um voo inteiro discutindo suas aventuras nas mesas de carteado de Las Vegas, onde ele aplica obstinadamente um sistema "extremamente chato" criado por um "contador de cartas" com doutorado em finanças. A estratégia de jogo de Pabrai é ganhar US$ 1 milhão e ser banido pelos cassinos. Até 2020, ele já havia transformado US$ 3 mil em US$ 150 mil e sido permanentemente vetado por "um cassino pequeno e sórdido".

A TransTech prosperou, chegando a empregar 160 pessoas, e em 1994 Pabrai já tinha um pé-de-meia de US$ 1 milhão. Pela primeira vez dispunha de capital próprio para investir. Naquele ano comprou o livro *O jeito Peter Lynch de investir*, para matar o tempo no aeroporto de Londres. Foi ali que leu pela primeira vez algo sobre Buffett. Ficou espantado ao saber que o presidente e CEO da Berkshire Hathaway obtivera retornos anuais de 31% sobre seus investimentos em um período de 44 anos, começando aos 20 anos de idade. Graças à magia dos juros compostos, isso significava que um investimento de US$ 1 em 1950 atingiria US$ 144.523 em 1994. Pabrai chegou a uma conclusão lógica: Buffett não era um idiota.

Na infância, Pabrai ouviu a história de um indiano que teria inventado o xadrez. Ele apresentou o jogo ao soberano, que lhe ofereceu uma recompensa. O inventor do jogo pediu um grão de arroz pela primeira casa do tabuleiro de xadrez, dois grãos pela segunda, quatro pela terceira e assim por diante, até chegar à 64ª casa. O rei, que era aritmeticamente prejudicado, concedeu-lhe o desejo. Pabrai, que não é aritmeticamente prejudicado, sabe que o rei passou a dever 18.446.744.073.709.551.615 grãos de arroz, que hoje valeriam cerca de US$ 300 trilhões. Ao recordar essa história, Pabrai percebeu imediatamente que Buffett havia dominado a arte dos juros compostos. Em 44 anos havia duplicado dezoito vezes a própria fortuna e estava firme no rumo de tornar-se o homem mais rico da Terra.

Isso fez Pabrai refletir. E se ele descobrisse como Buffett fazia para escolher suas ações e pudesse imitar seu método vitorioso? Começou assim aquilo que Pabrai chama de "jogo de trinta anos" para transformar seu milhão de dólares em 1 bilhão de dólares. "O que me anima não é ficar rico", diz. "O que me anima é ganhar o jogo. É exatamente o mesmo estímulo do Warren, que é mostrar, pelos resultados, que dei o melhor de mim e que *sou* o melhor porque joguei o jogo dentro das regras, limpamente, e ganhei."

A abordagem de Pabrai ao desafio de se tornar um bilionário contém lições importantes para todos nós, não apenas como investidores, mas em todos os setores da nossa vida. Ele não tentou reinventar a roda, digamos, bolando um algoritmo novo para explorar diminutas anomalias de preços nos mercados. Em vez disso, identificou o jogador mais talentoso daquele jogo específico e analisou o porquê de tamanho êxito, para então copiar esse método com atenção absoluta aos detalhes. O termo que Pabrai emprega para esse processo é *clonagem*.[5] Podemos também chamar de modelagem, imitação ou replicação. Mas não importa a terminologia. É uma técnica para quem se preocupa mais em vencer do que em parecer respeitável ou sofisticado.

Ao clonar Buffett – e, posteriormente, seu sócio polímata, Charlie Munger –, Pabrai se tornou um dos principais investidores de nossa época. Entre 2000 e 2018, seu principal fundo *hedge* deu um retorno de inacreditáveis 1.204%, contra 159% do índice S&P 500. Se você tivesse investido US$ 100 mil com Pabrai quando ele começou a gerir dinheiro, em julho de 1999, esse valor teria se transformado em US$ 1.826.500 (já descontadas taxas e despesas) no dia 31 de março de 2018.*

Apesar disso, o êxito de Pabrai, tanto como investidor quanto como filantropo, baseou-se inteiramente em ideias que ele pegou dos outros.[6] "Não tenho a menor vergonha de copiar", diz ele. "*Tudo* na minha vida é clonado. Não tenho ideias originais." Consciente e sistematicamente, e com enorme deleite, ele se valeu das mentes de Buffett, Munger e outros, não apenas para bom senso nos investimentos, mas para ideias a respeito de como gerir os negócios, evitar equívocos, construir uma marca, doar dinheiro, relacionar-se com as pessoas, organizar o próprio tempo e estruturar uma vida feliz.

A dedicação de Pabrai à clonagem enseja uma série de perguntas instigantes. Será que a originalidade é superestimada? Em vez de lutar para inovar, será que a maioria de nós não deveria concentrar energias em replicar aquilo que pessoas mais espertas e mais sensatas já solucionaram? Se a clonagem é uma estratégia tão eficaz para o sucesso, por que mais

---

* Supondo que você tivesse investido na sociedade original (Pabrai Investment Fund 1) quando de sua criação em 1999, sem fazer saques até 31 de março de 2018. Pabrai ofereceu a seus investidores originais a garantia de que os ressarciria se perdessem dinheiro. Ao se dar conta de que essa generosidade poderia custar caro, ele encerrou o fundo, incorporando-o no Pabrai Investment Fund 2 em 2002. Vale notar que seus retornos tiveram enorme volatilidade. Por exemplo, no primeiro semestre de 2020 ele sofreu perdas de 15,1%, o que deixou seu fundo com rendimento de 671,3% desde a criação, contra 218,4% do S&P 500. Um de seus trunfos é que essas oscilações de dar vertigem não o abalam.

pessoas não fazem o mesmo? Clonar é perigoso? E como podemos tirar proveito disso sem perder a própria autenticidade?

Ao longo dos últimos sete anos passei bastante tempo com Pabrai. Viajei com ele várias vezes até Omaha, para a convenção anual da Berkshire; entrevistei-o em seu escritório na Califórnia; passamos cinco dias juntos na Índia, chegando a compartilhar um beliche em uma viagem noturna de trem de Kota até Mumbai; e nos empanturramos juntos em vários lugares, da churrascaria coreana perto de onde ele mora até um quiosque de beira de estrada em Jaipur.

Com essa convivência, fui aprendendo a dar valor ao imenso poder de seu método de engenharia reversa, replicação e até aprimoramento das estratégias bem-sucedidas de terceiros. Pabrai, o clonador mais obstinado que já encontrei, levou a arte da apropriação a tais extremos que, paradoxalmente, esta acaba parecendo algo de uma estranha originalidade. Seu modo de pensar teve profundo impacto sobre mim. Na verdade, o propósito mais amplo deste livro é compartilhar aquilo que chamo de "ideias dignas de clonagem".

## As leis do investimento

Quando Pabrai descobre um assunto que o fascina, aborda-o com um fervor obsessivo. No "assunto" Buffett, os recursos à sua disposição pareciam inesgotáveis, entre eles décadas de comunicados aos acionistas da Berkshire e livros revolucionários, como *Buffett – A formação de um capitalista americano*, de Roger Lowenstein. Pabrai devorou todos eles. Também começou a fazer peregrinações anuais a Omaha, para a convenção anual da Berkshire, comparecendo sem nunca faltar durante mais de vinte anos.

Com o tempo, Pabrai acabou criando uma relação pessoal com Buffett. Por intermédio de Buffett, também veio a se tornar amigo de Munger, que o convida para jantar na casa dele, em Los Angeles, e para jogar bridge em seu clube. Naqueles tempos, porém, toda a sapiência de Pabrai provinha de leituras. E quanto mais ele lia, mais convencido ficava de que Buffett, com a ajuda de Munger, havia definido as "leis do investimento", que são "tão fundamentais quanto as leis da física".

O estilo de investimento de Buffett parecia "tão simples" e "tão poderoso" que Pabrai passou a considerá-lo o único jeito de investir. Mas, estudando outros gestores de fundos, ele ficou perplexo ao perceber que quase ninguém obedecia às leis de Buffett. Era como encontrar "todo um grupo de físicos que não acreditassem na gravidade. Quer você acredite na gravidade ou não, essa porra vai te puxar pra baixo!"

Para Pabrai, era evidente que a maioria dos gestores de fundos detinha ações em excesso, pagava por elas um valor muito alto e as negociava com excessiva frequência. "Esses fundos mútuos ficam lá, parados, com mil posições ou duzentas posições. Como você vai encontrar duzentas empresas que todas vão duplicar de valor? Aí eu dou uma olhada no que eles têm, e eles têm umas com índice preço/lucro (P/L) de trinta. Dava pra ver que estavam todos sendo tapeados."

Pabrai tinha lido um livro do guru da administração Tom Peters contando a parábola dos dois postos de gasolina, um em cada lado da rua. Um deles prosperou oferecendo serviço de alta qualidade e limpeza grátis do para-brisa. O outro só fazia o mínimo indispensável. O que aconteceu? A clientela, de maneira inevitável, foi passando para o posto melhor. Era um erro que causou espanto a Pabrai, já que nada havia de mais simples que copiar a estratégia superior, que estava ali à vista de todos.

"O ser humano tem uma coisa esquisita no DNA que o impede de adotar sem problemas uma boa ideia", diz Pabrai. "O que aprendi há muito tempo é: nunca deixe de observar o mundo, dentro e fora da sua área, e, quando vir alguém fazendo algo inteligente, *force-se* a fazer o mesmo." Parece tão óbvio e até banal. Mas é um hábito que desempenhou um papel decisivo no seu êxito.

Daí, com o zelo de um autêntico discípulo, Pabrai dedicou-se a investir "do jeito que Warren mandou". Considerando que Buffett atingiu uma média de 31% ao ano, Pabrai supôs, ingenuamente, que não seria difícil alcançar 26% de média. A uma taxa assim, seu milhão de dólares duplicaria a cada três anos, atingindo US$ 1 bilhão em trinta anos. Mesmo que ele ficasse distante disso, ainda estaria indo bem; se, por exemplo, fizesse uma média de 16% ao ano, o milhão se transformaria em US$ 85,85 milhões em trinta anos. Essa é a maravilha dos juros compostos.

Evidentemente, ele não tinha MBA de uma faculdade de ponta, como Wharton ou Columbia, nem as credenciais de um analista financeiro certificado, nem experiência em Wall Street. Mas Pabrai, que enxerga tudo na vida como um jogo, esperava que a aplicação rigorosa da metodologia de Buffett lhe desse uma vantagem sobre todos os otários que deixavam de seguir o Oráculo de Omaha. "Gosto de jogar jogos que sei que posso ganhar", diz Pabrai. "Como você ganha esse jogo, então? Tem que jogar dentro das regras. E a boa notícia é que estou jogando contra jogadores que sequer conhecem as regras!"

Na visão de Pabrai, o método de Buffett para escolher ações emana de três conceitos fundamentais, ensinados a ele por Benjamin Graham, o padroeiro do *value investing*, professor de Buffett em Columbia e, posteriormente, seu empregador. Em primeiro lugar, sempre que se compra uma ação se está comprando um pedaço de um negócio que existe e tem um valor subjacente, e não um simples pedaço de papel que especuladores negociam.

Em segundo lugar, Graham enxergava o mercado como uma "urna", e não uma "balança", ou seja, o preço das ações muitas vezes não reflete o valor real daquele negócio. Como escreveu Graham no livro *O investidor inteligente*,\* vale a pena pensar no mercado como um maníaco-depressivo que "o tempo todo se deixa levar pelo entusiasmo ou por receios".

Em terceiro lugar, só se deve comprar uma ação quando ela é oferecida por um valor muito menor que uma estimativa conservadora de seu valor. A diferença entre o valor intrínseco de uma empresa e o preço de sua ação propicia aquilo que Graham chamava de "margem de segurança".

Mas, em termos práticos, o que isso significa? A sacada de Graham de que o Sr. Mercado é dado a variações irracionais de humor tem profundas consequências. Para investidores de primeira grandeza, como Buffett e Munger, o essencial desse jogo é destacar-se da confusão e contemplar sem emoção até que o mercado bipolar lhes propicie aquilo que Munger chama de "aposta mal precificada". **Atividade incessante não rende nenhum bônus. Ao contrário, investir é, na maior parte do tempo, uma questão de aguardar aqueles raros momentos em que a probabilidade de ganhar**

---

\* Publicado em 1948, *O investidor inteligente* foi saudado por Buffett como "de longe o melhor livro sobre investimentos já escrito". Vamos conhecer melhor esse notável autor no Capítulo 4.

**dinheiro é imensamente maior que a probabilidade de perder.** Nas palavras de Buffett, "não é preciso chutar todas para o gol – dá para esperar o momento certo. O problema é que, quando você é gestor de fundos, a torcida não para de gritar: 'Chuta, idiota!'".

Com sua sublime indiferença aos gritos da multidão, Buffett pode passar anos coçando o saco. Por exemplo, entre 1970 e 1972 ele não comprou quase nada, enquanto investidores eufóricos levavam a bolsa a patamares insanos. Então, no *crash* da bolsa de 1973 ele adquiriu uma participação importante na empresa do jornal *The Washington Post* e a manteve por quatro décadas. No clássico artigo "Os superinvestidores de Graham e Doddsville", Buffett escreveu que o mercado avaliava a empresa em US$ 80 milhões quando "daria para vender os ativos a dez compradores diferentes por não menos de US$ 400 milhões. Você não arrisca comprar uma empresa que vale US$ 83 milhões por US$ 80 milhões. Você tem que deixar uma margem bem grande. Quando se constrói uma ponte, certifica-se de que ela aguente 13 toneladas, mesmo que só vão passar por ela caminhões de 4,5 toneladas. Esse mesmo princípio se aplica aos investimentos".

No nosso mundo hiperativo, pouca gente reconhece a superioridade dessa estratégia lenta e ponderada, que demanda surtos de atividade esparsos, mas decididos. Munger, um nonagenário que Pabrai considera "o ser humano mais brilhante" que já conheceu, encarna esse método. Certa vez Munger comentou: "Você tem que ser como um homem na beira de um rio com uma lança. Na maior parte do tempo ele fica sem fazer nada. Quando um salmão bem gordo e suculento passa nadando, o homem atira sua lança. Daí ele volta a ficar sem fazer nada. Pode levar seis meses até passar outro salmão."

Poucos gestores de fundos atuam dessa forma. Em vez disso, diz Pabrai, eles "fazem várias apostas, pequenas apostas e apostas frequentes". O problema é que não existe um número suficiente de oportunidades atraentes que justifique tanta atividade. Por isso Pabrai, assim como seus dois ídolos, prefere esperar o salmão mais suculento. Em uma conversa em seu escritório em Irvine ele disse: "O talento número 1 em investimentos é a paciência – a *extrema paciência.*" Quando o mercado desmoronou em 2008, ele fez dez investimentos em dois meses. Em períodos mais normais, ele comprou apenas duas ações em 2011, três em 2012 e nenhuma em 2013.

Em 2018 o fundo *hedge offshore* de Pabrai não detinha nenhuma ação de empresa americana, porque nenhuma parecia suficientemente barata. Agora reflita a respeito por um instante: entre as cerca de 3.700 empresas listadas nas principais bolsas americanas, Pabrai não encontrou *nenhuma* que fosse uma pechincha irresistível. Em vez de se contentar com ações de empresas americanas que pareciam muito bem avaliadas, ele levou sua lança de pescar para as águas mais piscosas da Índia, da China e da Coreia do Sul. Como Munger gosta de dizer, na pesca existem duas regras. Regra número 1: "Pesque onde houver peixe." Regra número 2: "Não esqueça a regra número 1."

Então, na primavera de 2020, a bolsa americana sofreu um *crash* devido ao terror que a Covid-19 espalhou entre os investidores. O setor do varejo foi arrasado, forçando o comércio a fechar as portas por tempo indeterminado e obrigando os consumidores a ficar em casa, em modo de *lockdown*. Uma empresa no epicentro dessa incerteza era a Seritage Growth Properties, que tinha entre os clientes muitos varejistas que não tinham mais como pagar aluguel. "O mercado odeia essa confusão toda e esse sofrimento de médio prazo", diz Pabrai. Ele tirou proveito do pânico para comprar uma participação de 13% na Seritage a preços excepcionais, ciente de que no fim das contas recuperaria dez vezes o investimento, à medida que o medo arrefecesse e os demais reconhecessem o valor desse ativo de primeira linha.*

Buffett, Munger e Pabrai não são os únicos a seguir essa estratégia de paciência e seletividade extremas. Nesse grupo de elite, fazem companhia a eles grandes investidores como Francis Chou, um dos mais destacados gestores de fundos do Canadá. Quando o entrevistei pela primeira vez, em 2014, 30% dos ativos de Chou estavam em espécie e havia anos que ele não fazia nenhuma aquisição importante de ações. "Quando tem pouca coisa para comprar, é preciso tomar muito cuidado", ele me disse. "Não dá para forçar. Só dá para ter paciência que as barganhas virão." Ele advertiu:

---

\* Pabrai também apreciou o fato de que Buffett, cujo histórico de investimentos em imóveis é "quase perfeito", tinha a Seritage em seu portfólio pessoal de ações. "Não só estamos clonando a abordagem dele", me diz Pabrai, "como estamos clonando a posição dele a um quinto ou um sexto do que ele pagou." Um esclarecimento: clonando o clonador, também investi na Seritage no momento mais profundo da crise da Covid-19.

"Quando você quer participar toda hora do mercado, vira um jogo para otários e você sairá perdendo."

Quanto tempo ele chega a ficar sem comprar nada? "Ah, eu posso esperar dez anos – até mais", respondeu Chou. Nesse meio-tempo, ele estuda as ações que não estão baratas o suficiente para comprar, dá suas tacadas em um campo de golfe e lê duzentas a quatrocentas páginas por dia. Uma técnica que ele emprega para se distanciar emocionalmente do drama cotidiano do mercado é pensar em si mesmo na terceira pessoa.

Assim como Chou, Pabrai esquematizou sua vida de modo a ajudar essa estratégia de investimentos bravamente inativa. Quando fui visitá-lo em seu escritório em Irvine, ele estava de short, tênis e camisa de mangas curtas. Parecia menos um campeão do mercado de ações cheio de adrenalina e mais um turista planejando uma caminhada descontraída na praia. Clonando Buffett, que certa vez lhe mostrou as páginas em branco de sua pequena agenda preta, Pabrai mantém seu calendário virtualmente vazio, de modo a passar a maior parte do tempo lendo e estudando empresas. Em um dia normal de trabalho, ele agenda um total de zero reunião e zero telefonema. Uma de suas frases favoritas é do filósofo Blaise Pascal: "Todos os problemas da humanidade provêm da incapacidade do ser humano de ficar sentado quieto no quarto."

Um dos desafios, diz Pabrai, é que "dificilmente um motor grande se põe em movimento sem causar uma ação". Ele considera que os acionistas da Berkshire Hathaway lucraram imensamente com a paixão de Buffett pelo bridge on-line, já que esse passatempo mental refreia o "impulso natural à ação". Pabrai também joga bridge on-line e queima suas energias pedalando e jogando raquetebol. Quando não há nada para ser comprado nem motivo para vender, ele também pode dedicar mais atenção à sua fundação beneficente. Pabrai diz ser beneficiado pelo fato de sua equipe de investimentos consistir em uma única pessoa: ele mesmo. "A partir do momento que você tem gente na sua equipe, essas pessoas vão querer agir e fazer coisas, e é aí que você se estrepa." Na maioria dos setores, a fome de agir é uma virtude. Mas, como disse Buffett no encontro anual da Berkshire em 1998: "Não ganhamos para agir, e sim para estarmos certos."

Pabrai, um anacoreta com tendência à misantropia, foi talhado para o esporte estranhamente lucrativo de ficar sentado em uma sala, sozinho, e comprar de vez em quando uma ação subavaliada. Na época em que era dono de uma empresa de tecnologia, ele contratou dois psicólogos industriais para analisá-lo. Eles revelaram quão despreparado ele era para gerir uma equipe numerosa: "Não sou aquele líder afável que pode ter um ou outro empregado chorão, cuidar deles, dar uma de babá e outras merdas assim." Para ele, investir é mais como um jogo de xadrez tridimensional em que o resultado depende única e fundamentalmente dele.

## Diga não a quase tudo

Uma das primeiras ações que Pabrai comprou era de uma pequena empresa de tecnologia indiana, a Satyam Computer Services, em 1995. Tendo trabalhado no mesmo setor, ele sacou que aquela empresa e suas ações estavam "ultrabaratas". Maravilhado, Pabrai viu a empresa crescer cerca de 140 vezes em cinco anos. Ao vender suas ações, em 2000, já absurdamente superavaliadas, ele embolsou um lucro de US$ 1,5 milhão. Então a bolha de tecnologia do final dos anos 1990 estourou e a ação caiu mais de 80%. Admirado com a boa sorte, Pabrai brinca comparando-se a Forrest Gump, que tirou a sorte grande com "uma empresa do ramo de frutas" – uma tal de Apple Computer.

Graças a uma combinação de sorte e tino, Pabrai transformou seu milhão de dólares em US$ 10 milhões em menos de cinco anos. Ciente de que tinha muito a aprender, escreveu para Buffett oferecendo-se para trabalhar de graça para ele. Buffett respondeu: "Refleti muito a respeito da maneira ideal de utilizar meu tempo e simplesmente atuo melhor operando por conta própria." Pabrai partiu, então, para o Plano B. Vários amigos tinham lucrado com suas dicas de ações e queriam que ele cuidasse do dinheiro deles. Em 1999 ele lançou uma sociedade de investimentos, com US$ 900 mil de oito pessoas e US$ 100 mil próprios. Um ano depois, mais ou menos, vendeu sua empresa de consultoria em tecnologia, a TransTech, por US$ 6 milhões para se dedicar exclusivamente aos investimentos.

De 1956 a 1969 Buffett geriu sociedades de investimentos, com êxito extraordinário. Por isso Pabrai fez o que era mais natural: clonou cada detalhe do modelo de sociedade de Buffett. Por exemplo, não cobrava taxa de administração anual, mas coletava uma taxa de desempenho de 25% sobre qualquer lucro acima de um teto anual de 6%. Se o retorno fosse de 6% ou menos, não receberia um tostão, mas retornos enormes seriam polpudamente recompensados. Pabrai adotou a mesma estrutura de remuneração, com o raciocínio de que esse alinhamento de interesses representava "uma maneira honrada de fazer negócios".*

Não por acaso, Buffett havia copiado essa estrutura de remuneração de Graham, que a utilizava nos anos 1920. Buffett, que já não era novato em clonagem, afirmou: "Quando basicamente você está aprendendo com os outros, não precisa ter tantas ideias próprias. Pode pôr em prática o melhor daquilo que encontra." Parte do desafio é identificar o melhor e deixar de lado o resto em vez de clonar tudo cegamente. Graham, por exemplo, tinha devoção pela diversificação, enquanto Buffett fez fortuna concentrando suas apostas em um número muito menor de ações subestimadas. Essa é uma questão importante. Buffett não poupava no plágio, mas adaptou e aperfeiçoou as práticas de Graham para que conviessem às próprias preferências.

Seguindo a linha de Buffett, Pabrai montou um portfólio de rara concentração. Ele concluiu que dez ações lhe propiciariam toda a diversificação de que necessitava. Quando se compra um número tão pequeno de ações, você pode se dar o luxo de ser exigente. Pabrai avalia centenas de ações e rejeita a maior parte em pouquíssimo tempo, às vezes em menos de um minuto. Buffett é mestre nessa prática de peneiragem de alta velocidade. "O que ele faz é procurar um motivo para dizer não e, assim que ele acha um, já era", diz Pabrai. De fato, Buffett afirmou: "A diferença entre pessoas

---

* A maioria dos fundos *hedge* cobra uma taxa de administração de 2% mais 20% dos lucros – uma estrutura que Pabrai chama de "Se der cara eu ganho, se der coroa você perde". Quando esses fundos dão um retorno de 10%, o ganho do acionista (descontadas as taxas) é de apenas 6,4%. Em compensação, quando Pabrai obtém um retorno de 10%, seus acionistas recebem 9%. Depois da crise financeira de 2008-09, ele ficou anos sem receber taxas. Na época ele me disse: "Venho vivendo de ar puro, água e amendoim. Estou pronto para o cordeiro com curry." O banquete veio em 2017, quando seu fundo principal deu um retorno de 92,2% e ele ganhou mais de US$ 40 milhões em taxas de desempenho.

bem-sucedidas e pessoas realmente bem-sucedidas é que as realmente bem-sucedidas dizem não para quase tudo."

Buffett proporcionou a Pabrai diversos filtros simples que o ajudavam a simplificar a peneiragem. Em primeiro lugar, diz Pabrai, um dos "mandamentos básicos" é que você só pode investir em uma empresa que pertença ao seu "círculo de competência". Quando Pabrai analisa uma empresa, começa perguntando: "Isso é algo de que eu realmente entendo?" Ele se obriga a refletir se está no centro do seu círculo de competência, ou mais perto da borda, ou fora dele.

Em segundo lugar, o valor das ações tem que estar abaixo do valor subjacente o suficiente para garantir uma margem de segurança importante. Pabrai não se dá o trabalho de montar planilhas complicadas de Excel, que poderiam lhe dar a ilusão de conseguir prever o futuro com precisão. Ele busca um investimento tão barato que "nem precise pensar". Em geral, isso significa pagar menos de US$ 0,50 por cada dólar de ativos. "Meus critérios são bem simples: quando não é óbvio que o valor vai dobrar em um curto período de tempo – tipo dois ou três anos –, não tenho interesse."

Em terceiro lugar, sob a influência de Munger, Buffett foi aos poucos derivando das ações simplesmente baratas para uma ênfase em investir em negócios promissores. Entre outras coisas, isso significa que uma empresa precisa ter uma vantagem competitiva duradoura e deve ser gerida por um CEO honesto e competente. Munger comentou com Pabrai que Graham, obcecado pela compra de ações quantitativamente baratas, obteve seus melhores resultados com ações da GEICO. "Elas não renderam dinheiro por estarem baratas", diz Pabrai. "Renderam dinheiro porque era um excelente negócio."

Em quarto lugar, as demonstrações financeiras da empresa devem ser claras e simples. Nas palavras de Buffett, "a única razão para alguém não entender uma demonstração financeira é quando o redator não quer que você a entenda". Se não for fácil deduzir como aquele negócio está gerando caixa atualmente e mais ou menos como se espera que ele gere caixa nos anos seguintes, Buffett o relega à pilha que ele chama de "complicado demais". Certa vez Pabrai tirou a foto de uma caixa na mesa de Buffett que literalmente está rotulada como COMPLICADO DEMAIS – um lembrete visual para resistir aos atrativos da complexidade. Só esse motivo já foi suficiente para Pabrai descartar tanto a Enron quanto a Valeant Pharmaceuticals, ambas empresas que quebraram.

Para Pabrai, um dos segredos do sucesso nos investimentos é evitar *tudo* que for difícil demais. Ele descarta automaticamente investimentos em países como a Rússia e o Zimbábue, por conta do desprezo que costumam ter pelos direitos dos acionistas. Ele evita todas as startups e suas ofertas públicas iniciais (IPOs), por ser improvável encontrar pechinchas em arenas dominadas pelas modas de mercado e pelas expectativas exageradas. Ele nunca vendeu ações a descoberto porque o retorno máximo é de 100% (se o valor da ação cair a zero), enquanto o prejuízo pode ser ilimitado (se o valor da ação disparar). "Por que apostar com tais probabilidades?", pergunta. Ele também ignora quase totalmente a complexidade infinita da macroeconomia, preferindo focar em um punhado de microfatores cruciais suscetíveis de impulsionar um negócio específico. Em suma, simplicidade é tudo.

Os princípios básicos que acabamos de discutir são incrivelmente sólidos e foram muito úteis para Pabrai. Mas o mais notável é que *nada disso é novidade*. Todas as ideias principais sobre as quais ele montou sua carreira de investidor foram roubadas de Buffett – exceto aquelas que foram roubadas de Munger. Escrever isso é quase incômodo para mim. Que esperança posso ter de contar algo novo ou profundo se estou listando ideias que Pabrai plagiou dos outros? Mas a ideia é exatamente essa. A vantagem competitiva dele reside no fato de que pouco importa se eu ou você o consideramos um subproduto. Ele só se importa com o que funciona.

Certa noite, jantando em um restaurante coreano em Irvine, perguntei a Pabrai por que não tem mais gente clonando de forma tão sistemática quanto ele. Em meio a garfadas de um prato chamado "bife picante perigoso", ele respondeu: "Eles não têm a minha cara de pau. Têm mais ego. Para ser um clonador de primeira é preciso deixar o ego do lado de fora."

## O guru, seu discípulo e o almoço de US$ 650.100

A cleptoestratégia de investimentos de Pabrai funcionou maravilhosamente. Quando ele criou a Pabrai Funds, em julho de 1999, a bolha de tecnologia estava para estourar. Era um período arriscado para ser investidor. Nos oito anos seguintes, o índice de melhor desempenho nos Estados Unidos – o Dow Jones Industrial Average – não conseguiu mais que um retorno anualizado de 4,6%, contra 29,4% do retorno anualizado de Pabrai, já descontadas as taxas. A mídia o exaltou como um "superstar", "o próximo Warren Buffett" e "o Oráculo de Irvine". Os ativos sob sua gestão atingiram US$ 600 milhões. Ele se recorda: "Tudo que eu fazia dava certo."

Os lucros de Pabrai foram impulsionados por uma série de apostas em ações subestimadas, cercadas por muita incerteza. Ele investiu, por exemplo, na Embraer, fabricante de aviões brasileira, pouco tempo depois dos atentados terroristas do 11 de Setembro, que fizeram com que muitas empresas aéreas cancelassem encomendas de aeronaves. Esse choque de curto prazo levou investidores temerosos a não enxergar a realidade de longo prazo – que a Embraer continuava a ser uma empresa de alta qualidade, com um produto superior, baixo custo de fabricação, gestão de primeira linha e muito dinheiro em caixa no balanço. Pabrai pagou cerca de US$ 12 por ação em 2001 e vendeu suas últimas ações por US$ 30 em 2005.

Da mesma forma, em 2002, ele investiu em uma empresa de navegação escandinava, a Frontline Ltd., depois que o preço do arrendamento de petroleiros sofreu um colapso. As ações desabaram até US$ 5,90, mas ele calculou que o valor de liquidação da Frontline estivesse acima de US$ 11 por ação. O valor do arrendamento acabaria se recuperando, já que a oferta sofreria uma redução. Nesse meio-tempo, a Frontline tinha como sobreviver à limitação de caixa vendendo navios um por um. Assim como com a Embraer, a incerteza afugentou os investidores. Mas o potencial de crescimento superava de longe o risco de queda. Pabrai cunhou um lema que resume esse tipo de aposta: "Se der cara, eu ganho. Se der coroa, eu não perco muito." Em questão de meses ele obteve um retorno de 55%.

Em 2005 ele apostou pesado em outro tiro certo: uma fabricante de aços especiais chamada IPSCO Inc. Pabrai pagou cerca de US$ 44 por ação em uma época em que a empresa tinha cerca de US$ 15 por ação de caixa excedente no balanço. Ele esperava que a IPSCO gerasse cerca de US$ 13 de caixa excedente anual por ação durante dois anos, rendendo ao todo US$ 41 por ação. Com a ação valendo US$ 44, na prática ele estava comprando parte de todas as siderúrgicas e demais ativos da IPSCO por apenas US$ 3 por ação. Pabrai não tinha como prever quanto a empresa iria faturar para além dos dois anos seguintes, mas, no entender dele, a ação estava tão barata que o risco de perder dinheiro era mínimo. Ao vender em 2007, seu investimento de US$ 24,7 milhões se transformara em US$ 87,2 milhões – um retorno de 253% em 26 meses.

Nos últimos anos virou quase um dogma dizer que a longo prazo é impossível superar o mercado. Mas Pabrai, graças a Buffett e Munger, havia descoberto a fórmula do desempenho superior. Como vimos, os princípios-chave não foram tão difíceis de identificar e clonar. *Seja paciente e seletivo, dizendo não a quase tudo. Explore as oscilações bipolares do humor do mercado. Compre ações muito abaixo do valor subjacente. Permaneça dentro do seu círculo de competência. Evite tudo que for complicado demais. Faça um número reduzido de apostas em preços mal avaliados, com risco mínimo e potencial significativo.* Apesar disso, Pabrai estava quase sozinho na sua determinação fanática de respeitar essas regras. "Ninguém mais está disposto a fazer isso", diz, estupefato. "Então, que seja este indiano."

Pabrai queria expressar pessoalmente toda sua gratidão. Por isso, em julho de 2007, ele se uniu ao melhor amigo, Guy Spier, para participar de um leilão beneficente por um "jantar especial" com Buffett.* Pabrai e Spier, um gestor de fundos *hedge* sediado em Zurique que tem a mesma obsessão por Buffett, venceram o leilão com um lance de US$ 650.100. O dinheiro iria para a Fundação GLIDE, entidade beneficente que auxilia sem-teto. Mas Pabrai enxergou essa doação como sua versão do "guru dakshana" – termo hindu para o presente que é dado ao mentor espiritual ao término do processo de formação.

Em 25 de junho de 2008, Pabrai finalmente encontrou-se com seu guru. Eles passaram três horas juntos em uma churrascaria de Manhattan, a Smith & Wollensky, abrigados em uma área reservada cercada por painéis

---

\* A título de esclarecimento, cumpre citar que Spier é um dos meus amigos mais íntimos. Investi no fundo *hedge* dele, Aquamarine, durante vinte anos. Em várias ocasiões fui o editor do relatório anual do fundo. Sou membro do conselho da sua empresa de investimentos. Também o ajudei a escrever seu livro de memórias, *The Education of a Value Investor* (A educação de um investidor em valor). Em outras palavras, sou um observador de Spier anormalmente próximo, mas não imparcial.

de madeira no fundo do restaurante. Pabrai levou a então esposa, Harina, e suas filhas, Monsoon e Momachi, que se sentaram dos dois lados de Buffett. Spier levou a esposa, Lory. Buffett, que se mostrou brincalhão e paternal, levou sacolas de presentes para as crianças, incluindo M&M's com a cara dele gravada. A conversa passou pela empresa favorita dele (GEICO), chegando à pessoa que ele mais gostaria de encontrar.

Para Pabrai, o almoço rendeu duas lições inesquecíveis – uma sobre como investir e outra sobre como viver. A primeira veio quando ele perguntou a Buffett: "O que aconteceu com Rick Guerin?" Buffett havia mencionado o esplêndido histórico de investimentos de Guerin no artigo "Os superinvestidores de Graham e Doddsville". Mas Buffett disse a Pabrai e Spier que Guerin recorria a empréstimos colaterais para alavancar seus investimentos porque estava "com pressa de ficar rico". Segundo Buffett, Guerin se viu a descoberto depois de sofrer perdas desastrosas no *crash* de 1973-74. Em consequência disso, foi forçado a vender ações (para Buffett) que tempos depois passaram a valer uma imensa fortuna.*

Em compensação, Buffett disse que ele e Munger nunca tiveram pressa porque sempre souberam que ficariam imensamente ricos se continuassem acumulando rendimentos ao longo de décadas sem cometer muitos erros catastróficos. Enquanto comia um filé com batatas suíças e tomava uma Cherry Coke, Buffett disse: "Mesmo que você seja apenas um investidor *ligeiramente* acima da média, que gasta menos do que ganha, ao longo da vida não há como não ficar muito rico." Pabrai afirma que esse conto moral a respeito dos perigos da alavancagem e da impaciência ficou "gravado" em seu cérebro: "Só por isso já teria valido o almoço com Buffett."

Mas o que ficou marcado mais profundamente em Pabrai foi a impressão de que Buffett era autêntico – que viveu em sintonia absoluta com a própria personalidade, com seus princípios e preferências. No almoço, Buffett explicou que ele e Munger sempre mediam a si próprios com uma "régua interior". Em vez de se preocupar com o julgamento alheio, focaram em viver conforme os próprios e exigentes padrões. Um jeito de saber se

---

* Guerin levou seus acionistas para uma aventura repleta de emoção, perdendo 42% em 1973 e 34,4% em 1974. Mesmo assim, sua taxa de retorno acumulada em 19 anos foi de 23,6%, descontadas as taxas.

você vive por uma régua interior ou exterior, segundo Buffett, é perguntar a si mesmo: "O que eu prefiro: ser o pior amante do mundo e ser conhecido publicamente como o melhor ou ser o melhor amante do mundo e ser conhecido publicamente como o pior?"

Buffett rege todos os aspectos da própria vida de maneiras que se mesclam com a sua natureza – desde a sua alimentação guiada por um paladar infantil (composta em grande parte de hambúrgueres, doces e Coca-Cola) até o jeito de tocar seus negócios. Ele deixou claro, por exemplo, que a estrutura descentralizada da Berkshire nunca teve a intenção de maximizar os lucros: apenas convinha à personalidade dele supervisionar as diversas atividades da Berkshire sem grande envolvimento, na confiança de que os CEOs usariam essa liberdade com bom senso. Da mesma forma, ele observou que cuida da própria agenda diária, mantendo-a prazerosamente livre ao rejeitar quase toda demanda que possa distraí-lo da leitura e da contemplação. Ele também insiste em trabalhar somente com pessoas que aprecia e admira. Como negociador de ações, igualmente sempre atuou do jeito dele, evitando qualquer tipo de ativo superestimado que estivesse na moda.

A conversa teve um impacto duradouro em Pabrai e Spier. Em maio de 2014 eu os acompanhei na convenção anual da Berkshire. No dia seguinte voamos de Omaha para Nova York em um jatinho que Spier tinha fretado da NetJets, uma subsidiária da Berkshire. Ele e Pabrai tinham vindo de um café da manhã com Buffett e Munger e estavam zonzos de alegria. Durante o voo, o assunto principal da conversa foi a ideia de guiar-se por uma régua interior. Nas palavras de Pabrai: "Provavelmente 99% das pessoas neste planeta se preocupam com o que as outras pessoas pensam delas." Uma minúscula minoria adota o ponto de vista inverso, o que ele expressou poeticamente da seguinte forma: "Foda-se o que o mundo acha."

Pabrai e Spier sacaram da memória uma lista de modelos de "régua interior": Jesus Cristo, Mahatma Gandhi, Nelson Mandela, Margaret Thatcher, Steve Jobs e investidores de ponta como Buffett, Munger, Ted Weschler, Li Lu, Bill Miller e Nick Sleep (que vamos estudar com mais profundidade no Capítulo 6). Pabrai comentou: "Todo mundo que atingiu o ápice chegou lá desse jeito."

Ninguém que eu conheço vive mais obstinadamente pelas próprias regras do que Pabrai. O exemplo de Buffett reforçou seu compromisso de viver uma vida compatível com sua personalidade. Em um dia normal, Pabrai vai dormir tarde e chega ao escritório depois das dez da manhã, sem agenda definida. Um assistente traz prints de seus e-mails por volta das onze horas e Pabrai rabisca brevíssimas respostas diretamente no papel – prática que ele copiou de Munger. Assim como Buffett e Munger, Pabrai passa a maior parte do dia lendo. Ele faz, sem culpa, uma sesta na maioria das tardes; em seguida, retoma a leitura até tarde da noite.

Na medida do possível, Pabrai se refugia nesse casulo. Ele evita encontros com os CEOs das empresas que está analisando, por acreditar que o tino destes para os negócios faz deles fontes suspeitas de informação – política que ele copiou de Ben Graham.* Ele evita conversar com os próprios clientes, exceto no encontro anual, e se recusa a marcar encontro com investidores em potencial: "Não gosto mesmo desse tipo de interação e de todo aquele bla-bla-blá."

Ele não se incomoda se essa atitude irrita as pessoas ou lhe custa milhões de dólares em taxas desperdiçadas. "Munger diz que não se importa de ser rico. O que importa, para ele, é ser independente. Assino totalmente embaixo. O que o dinheiro lhe proporciona é a capacidade de fazer o que quiser do jeito que quiser. E isso é uma tremenda vantagem."

Os relacionamentos são tratados por Pabrai com a mesma clareza impiedosa de suas prioridades. No almoço que tiveram, Buffett disse: "Ande com gente melhor que você e você só vai se aprimorar." Pabrai segue esse conselho com tanto zelo que muitos ficariam chocados. "Quando encontro uma pessoa pela primeira vez, faço uma avaliação posterior e pergunto: 'Relacionar-me com essa pessoa vai fazer de mim alguém melhor ou pior?'" Se a resposta for "pior", diz ele, "corto aquela pessoa". Da mesma forma, depois de um almoço de negócios ele se pergunta: "Gostei ou não gostei?" Se não gostou, "nunca mais haverá outro almoço com aquela pessoa". Ele acrescenta: "A maioria das pessoas não passa nesse teste olfativo."

Diplomacia não é o forte de Pabrai, mas ele encara a sinceridade como

---

* Pabrai abre uma exceção a essa política quando investe em mercados menos desenvolvidos, como a Índia, onde ele procura avaliar pessoalmente se a gestão é confiável.

uma preocupação de primeira ordem.[7] No final dos anos 1990 ele leu um livro intitulado *Poder versus força – Os determinantes ocultos do comportamento humano*, de David Hawkins, descrito por Pabrai como "uma grande parte daquilo em que acredito". Hawkins alega que o "verdadeiro poder" emana de características como honestidade, compaixão e dedicação a melhorar a vida alheia. Esses "atrativos" poderosos têm um efeito inconsciente sobre as pessoas, levando-as a "fortalecer-se", ao passo que características como desonestidade, medo e vergonha geram "enfraquecimento". Pabrai tirou uma lição específica de Hawkins e decidiu-se a viver de acordo com ela. "Mentir para os outros não leva a nada", diz Pabrai, "e essa é uma ideia muito profunda."

Durante a crise financeira de 2008-09, os fundos altamente concentrados de Pabrai sofreram uma queda de cerca de 67% antes de protagonizar uma rápida recuperação. No encontro anual de 2009 ele disse aos acionistas: "A maior parte dos equívocos nos fundos ocorreu porque eu fui estúpido. Não foi por causa de problemas do mercado." Ele chamou a atenção para diversos erros "imbecis" que cometeu na análise de ações como as da Delta Financial e da Sears Holdings, que desabaram. Quase nenhum investidor o abandonou. A lição: "Em relação à variável da verdade, vá o mais longe que puder e o dividendo será alto."

De fato, uma das satisfações de quem entrevista Pabrai é que ele responde a todas as perguntas com franqueza, sem se preocupar em como será interpretado. Certa vez, só para experimentar, mandei-lhe um e-mail com algumas perguntas bem pessoais e impertinentes, uma delas sobre seu patrimônio líquido. Ele respondeu: "Patrimônio líquido, em 30/11/17, é de US$ 154 milhões." Em seguida compartilhou mais detalhes financeiros, esclarecendo o que não estava incluído nesse número. Foi uma demonstração maravilhosa de confiança no poder da sinceridade.

Para mim, o que há de mais notável na inquebrantável consistência de Pabrai é a obediência a esses princípios. "Quando você se depara com essas verdades que as outras pessoas não compreendem, só resta agarrar-se muito a elas", afirma. "Sempre que você descobre uma verdade que a humanidade não compreende, você tem uma enorme vantagem competitiva. A humanidade não compreende *Poder versus força*."

Quem é inteligente se deixa seduzir facilmente pela complexidade, subestimando a importância das ideias simples, cujo peso é formidável. Pabrai, um pragmático por excelência, não cai nessa armadilha. "Os juros compostos são uma ideia simplíssima. A clonagem é uma ideia simplíssima", diz. Mas, quando você põe em prática um punhado de ideias poderosas com fervor obsessivo, o efeito acumulado "se torna imbatível".

O problema é que a maioria das pessoas não se dedica com afinco quando encontra uma ideia que funciona. Pabrai não consegue disfarçar seu desprezo: "Os caras escutam e falam: 'Ah, é, faz sentido. Tanto faz. E daí? Vou tentar levar em conta.' Sabe, isso não adianta porra nenhuma. Ou você dá 10 mil por cento, ou é melhor não fazer nada!"

Na visão dele, a atitude a ser imitada é a de Swami Vivekananda, sábio hindu do século XIX que dizia aos seguidores: "Pegue uma ideia. Transforme essa ideia em sua vida. Pense nela, sonhe com ela, viva dela. Deixe o cérebro, os músculos, os nervos, todos os órgãos do seu corpo se encherem dessa ideia e simplesmente deixe de lado qualquer outra ideia. Esse é o caminho para o sucesso."*

## Bem-vindo à capital indiana dos sequestros

À medida que a fortuna de Pabrai foi aumentando, ele se viu diante de um agradável problema. Uma vez mais, foi buscar inspiração em Buffett. Ao longo dos anos, Buffett não se cansa de repetir que sua riqueza contribui muito pouco para sua felicidade. Lembro-me de estar sentado ao lado de Pabrai e Spier, em um dos encontros anuais da Berkshire, quando Buffett disse à plateia: "Chega um ponto em que a relação entre riqueza e qualidade

---

* Como você pode supor, Swami Vivekananda não estava falando do caminho para a glória nos investimentos. Em vez disso, o que ele estava ensinando aos candidatos a iogue era como se tornarem "gigantes espirituais". Seu conselho era abrir mão de uma vez por todas do hábito de "mordiscar as coisas", concentrando-se, em vez disso, em um único objetivo: "Para ter êxito, você precisa ter enorme perseverança, enorme força de vontade. 'Vou beber o oceano', diz a alma perseverante, 'ao meu comando, montanhas hão de desmoronar.' Tendo esse tipo de energia, esse tipo de força de vontade, trabalhe duro, e atingirá o objetivo."

de vida se inverte. Minha vida teria sido pior se eu tivesse seis ou oito casas. Uma coisa simplesmente não tem relação com a outra."

Pabrai não é propriamente um asceta. Uma vez gastou milhares de dólares em um par de sapatos sob medida e anda em uma Ferrari azul conversível – recompensa apropriada por um golaço que marcou com ações da Ferrari. Mas ele também sabe que o hedonismo não é um caminho confiável para a felicidade. Também tem receio de brindar as filhas com centenas de milhões de dólares, pois introjetou o conselho de Buffett de que a quantia ideal para dar aos filhos é a bastante para poderem fazer qualquer coisa, mas não tanta que eles possam não fazer coisa alguma. Buffett se comprometeu a devolver à sociedade o grosso dos bilhões que arrecadou. Por isso Pabrai decidiu "clonar a doação".

Sua primeira pergunta foi: "Se eu morrer hoje, para que causa ou organização eu mais gostaria que meus ativos fossem?" Ele gostaria de uma entidade beneficente gerida como um negócio eficiente nos gastos, com métricas precisas para monitorar quanto cada dólar gasto estava fazendo o bem. Nada o empolgava até que, em 2006, deparou-se com um artigo sobre um programa no interior da Índia administrado por Anand Kumar, um professor de matemática que dava aulas e alojamento grátis, todos os anos, a 30 estudantes pobres do ensino médio. O programa Super 30 tinha um índice de sucesso incrivelmente alto na preparação para o vestibular dos IITs.

Na mesma hora Pabrai se deu conta da força desse modelo: o custo era baixo, oferecia a adolescentes talentosos uma oportunidade de mudar suas vidas e fugir da pobreza, e apresentava resultados mensuráveis. Ele mandou um e-mail para Kumar oferecendo-lhe dinheiro para ampliar o programa. Mas Kumar não pensava em expansão. Pabrai não desanimou e tomou uma decisão fundamental: "O jeito é pegar o avião e aparecer lá."

Bihar, que muitas vezes foi descrita como "capital indiana dos sequestros", não era um destino muito atraente para um gestor de ponta de fundos *hedge*. Por isso Pabrai contratou dois guarda-costas de uma empresa de segurança de Nova Déli para acompanhá-lo em sua missão. Um deles era um antigo soldado dos Gatos Negros – especialistas indianos em contraterrorismo "treinados para tomar de assalto aeronaves sequestradas e eliminar o sequestrador. Eles levavam menos de três segundos entre acordar e matar o sequestrador!". Esse soldado teve que viajar até Bihar separadamente, de trem, porque não podia levar a arma no avião. Depois soube-se que Kumar também tinha contratado quatro guarda-costas para garantir a segurança de Pabrai.

Em Bihar, Pabrai encontrou um lugar decadente e sem esperança, onde bandidos às vezes roubavam trilhos ferroviários para vender como ferro-velho. Sua conclusão ranzinza foi: "O clima é um horror, a infraestrutura é um horror, o hotel é um horror." Pabrai nutre a esperança de um dia se tornar tão magnânimo que não se importe em ficar em um hotel de uma estrela. Infelizmente, ainda está longe disso. Mesmo assim, apesar do incômodo, nunca se esqueceu do dia que passou com Kumar, que dava aulas para seus alunos em um galpão alugado sem paredes. Pabrai ficou encantado com o intelecto, a paixão e o dom para ensinar de Kumar: "Ele é um em centenas de milhões."

Sem conseguir convencer Kumar a aceitar seu dinheiro, Pabrai pediu permissão para replicar – e ampliar – o programa Super 30. Ao se apropriar da estratégia de investimentos de Buffett, ele havia provado a si mesmo o poder da clonagem. Por que não, então, aplicar à filantropia a mesma abordagem? Kumar lhe deu seu aval e Pabrai arregaçou as mangas.

A fama de Kumar fazia com que milhares de estudantes se candidatassem a seu programa. Ele pegava, então, os mais brilhantes. Pabrai resolveu o problema da seleção de gênios fechando uma parceria com uma rede governamental de quase seiscentos internatos com processo seletivo que educam dezenas de milhares de crianças pobres da zona rural todos os anos. A Fundação Dakshana, de Pabrai, passou a oferecer bolsas a centenas dos "cérebros mais promissores" desse grupo, dando-lhes mentoria de dois anos em matemática, física e química e preparando-as para o vestibular dos IITs. "Se não se matarem de estudar, vão voltar sem nada para seus vilarejos", diz Pabrai. "É a única chance que eles têm."

A força desse modelo filantrópico é transformar tantas vidas custando tão pouco. Em 2008, o custo total da Dakshana por bolsista era de US$ 3.913 e 34% de seus alunos conquistaram vagas nos IITs. Em 2016, a Dakshana havia adquirido tamanha eficiência que o custo por estudante caiu para US$ 2.649 e o índice de sucesso atingiu espantosos 85%. Melhor ainda, o governo concede um subsídio significativo tanto para os internatos quanto para os IITs: Pabrai estima que, para cada dólar que a

Dakshana gasta com um estudante, o governo gasta mais de US$ 1.000. É, portanto, como se ele estivesse fazendo uma aposta alavancada, com um gigantesco retorno social sobre o capital investido.*

Antes do encontro no almoço com Buffett em 2008, Pabrai enviou-lhe o primeiro relatório anual da Dakshana. Buffett ficou tão impressionado que o compartilhou com Munger e Bill Gates. Depois, em uma entrevista ao canal Fox, Buffett declarou que Pabrai "pensa tanto na filantropia quanto pensa nos investimentos. (...) Eu o admiro muitíssimo". O discípulo – o plagiador desavergonhado – recebera a bênção do mestre. "Depois disso", diz Pabrai, "senti que eu podia morrer e ir para o céu."

Desde então a Dakshana cresceu exponencialmente. Em 2018 dava mentoria a mais de mil estudantes, simultaneamente, em oito sedes por toda a Índia, entre elas um campus de 450 mil metros quadrados chamado Dakshana Valley, comprado por Pabrai, com desconto, de um vendedor em dificuldades. Somente essa sede viria a abrigar 2.600 alunos. Ao mesmo tempo, a Dakshana ampliou seu foco para além dos IITs: agora prepara milhares de estudantes atingidos pela pobreza para o vestibular das faculdades de medicina. Só em 2019, 164 bolsistas da Dakshana conquistaram vagas para estudar medicina – um índice de sucesso de 64%. Todas essas iniciativas são administradas pelo CEO da Dakshana, um oficial de artilharia reformado chamado coronel Ram Sharma, que cobra uma rupia (o que equivale, em 2021, a menos de R$ 1,00) por ano por seus serviços.

Em outras palavras, aquilo que começou como uma humilde réplica do programa de Kumar transformou-se em algo gigante – um tributo ao fato de que a clonagem inteligente envolve algo mais que a simples imitação. No caso da Dakshana, Pabrai calcou-se em um modelo que funcionava em pequena escala e o reconstruiu em escala industrial. "Seu sucesso se deve à atenção aos detalhes", diz o coronel Sharma. "Isso é algo que posso afirmar com certeza."

---

* Até o final de 2018, a família de Pabrai havia doado mais de US$ 27 milhões à Fundação Dakshana. Os maiores doadores externos são Prem Watsa (CEO da Fairfax Financial Holdings e ex-aluno do IIT) e Radhakishan Damani (considerado a segunda pessoa mais rica da Índia). Esclarecimento: eu doei alguns milhares de dólares à Dakshana.

Quando eu e Pabrai viajamos para o Dakshana Valley, nos encontramos com Ashok Talapatra, um dos ex-alunos mais famosos da fundação. Talapatra me contou que foi criado em um barraco que custava US$ 6 mensais de aluguel em uma favela de Hyderabad e era filho de um alfaiate que ganhava US$ 100 por mês. Era uma casa tão humilde que tinha uma cortina rosa de box no lugar da porta e um teto de amianto que não protegia da chuva. Quando Pabrai e a filha, Monsoon, iam visitar Talapatra, a mãe dele servia *chai* e lanche em cima de um banquinho porque a família não tinha mesa.

Mas Talapatra era um aluno brilhante. Ele quase gabaritou no vestibular dos IITs, ficando em 63º lugar entre 471 mil candidatos – a posição mais alta alcançada até então por um aluno da Dakshana. Ele foi estudar informática e engenharia no IIT de Mumbai, conseguindo depois um emprego de mais de US$ 100 mil anuais na Google. Depois de um período em Londres, ele se mudou para a sede da empresa na Califórnia, onde hoje tem o cargo de engenheiro de software. "Ele está subindo na hierarquia", diz Pabrai. "Está em uma trajetória muito rápida." Menos de um ano depois de entrar para a Google, Talapatra comprou um apartamento novo para os pais, com dois quartos, cozinha, ar-condicionado e teto impermeável.

O incrível percurso de Talapatra não ficou por aí. Inspirado por Pabrai, que se tornou seu amigo e mentor, ele está cada vez mais fascinado pelo mundo dos investimentos. Pabrai lhe recomenda livros sobre o tema e Talapatra costuma encontrá-lo na convenção anual da Berkshire Hathaway. Quando vejo os dois juntos em Omaha e penso no impacto que Pabrai teve na vida de Talapatra, fico admirado ao pensar em como o talento de um homem para apostar em ações mal avaliadas produziu algo tão bom. Nos momentos emotivos, me pego pensando em um trecho do Talmude: "Quem salva uma vida é como se tivesse salvado o mundo inteiro."

Mas Pabrai, com seu jeito brutalmente franco, ridiculariza qualquer ideia de que seja uma espécie de herói justiceiro. Dentro de um táxi em Mumbai, ele me disse: "Quando você se dá conta de que a vida não faz sentido, o que deve fazer? Não ferrar com a vida dos outros. Deixe o planeta melhor do que quando você chegou. Crie bem seus filhos. O resto é um jogo. Não tem importância."

## Lições de Mohnish

Depois de várias conversas com Pabrai, me peguei pensando cada vez mais na força da clonagem e em como usá-la em minha vida. Voltando de avião de Irvine, escrevi para mim mesmo um lembrete intitulado "Lições de Mohnish". Principiava com duas perguntas fundamentais: "Que hábitos vencedores estão aí, à vista, que eu devo clonar e quem eu devo clonar?" Por exemplo, para mim faz sentido, como autor de livros de não ficção, fazer uma engenharia reversa de livros de autores que admiro, como Michael Lewis, Malcolm Gladwell e Oliver Sacks.*

Refletindo sobre a vida de Pabrai e aquilo que devo aprender dele, diversos princípios me tocaram mais profundamente. No meu lembrete escrevi:

Regra 1: Clone como um louco.
Regra 2: Ande com pessoas melhores que você.
Regra 3: Encare a vida como um jogo, não como uma luta pela sobrevivência ou uma batalha mortal.
Regra 4: Mantenha-se alinhado com quem você é; não faça o que não quer ou o que não achar direito.
Regra 5: Viva conforme uma régua interior; não se preocupe com o que os outros pensam de você; não se deixe definir pela validação alheia.

---

* Lendo *Sempre em movimento*, a autobiografia de Sacks, descobri que seu estilo também era produto de clonagem. Sacks, neurologista que escrevia relatos arrebatadores dos casos de transtorno de seus pacientes, conta que leu *The Mind of a Mnemonist* (A mente de um mnemonista), livro escrito em 1968 por um neuropsicólogo soviético chamado A. R. Luria. Esse livro, que relembra a história de um paciente de Luria que tinha memória ilimitada, "mudou o foco e o rumo da minha vida", escreveu Sacks, "servindo de modelo não apenas para *Tempo de despertar*, mas para todo o restante que eu viria a escrever". Quando li o livro de Luria, fiquei empolgado ao descobrir que ele era, também, um clonador. Escrevendo suas histórias de casos médicos, Luria afirmou: "Tentei seguir os passos de Walter Pater em *Retratos imaginários*, escrito em 1887." Depois que comecei a pesquisar, encontrei toda uma série de clonadores nos mais variados setores, inclusive nos negócios. Por exemplo, ao explicar o sucesso do Walmart, Munger comentou: "Sam Walton não inventou praticamente nada. Mas copiou tudo que os outros tinham feito que fosse inteligente – só que com mais fanatismo. (...) Assim, ele passou em disparada à frente de todos."

Por fim, citando uma frase de Munger que Pabrai repete com frequência, escrevi: **"Pegue uma ideia simples e leve-a a sério."** De todas essas lições, essa última talvez seja a mais importante. O tempo todo nos deparamos com princípios ou hábitos poderosos, que analisamos, adotamos por um tempinho e depois abandonamos. Pabrai fica obcecado por eles. Vive por conta deles. São hábitos que eu *preciso* clonar.

Mas a intenção, aqui, não é se tornar um seguidor escravizado das ideias alheias. Mais inteligente é pegar o espírito de determinado princípio e adaptá-lo para que se encaixe em nossas prioridades. Por exemplo, eu não parava de pensar na ideia fixa de Pabrai de "ir o mais longe que puder em relação à variável da verdade". Isso me levou a pensar: e se, em vez disso, você focasse em ir o mais longe que puder na variável da gentileza ou na variável da compaixão? O hábito de Pabrai de focar com ideia fixa, sem concessões, em uma virtude específica tem inegável força, mas não somos obrigados a escolher a mesma virtude.

Também acho que isso funciona melhor quando clonamos de um jeito que combina com nossos talento e temperamento. Pabrai e Spier costumam debater sobre as empresas antes de decidir investir nelas ou não – um costume clonado de Buffett e Munger. Em consequência, costumam adquirir muitas ações iguais. Mas o tamanho das posições de Spier é significativamente menor, porque ele é bem mais cauteloso e bem menos autoconfiante que Pabrai. Em suas palavras: "Não tenho colhões de aço como Mohnish."

Em 2015, metade dos ativos dos fundos de Pabrai estava em apenas dois investimentos: *warrants* da Fiat Chrysler e da General Motors. Spier, que tinha apenas um quarto de seus ativos em ambos, considerava o nível de concentração de Pabrai "assustador, de tirar o fôlego". Seu receio era ter deixado de proteger o amigo de um excesso de confiança e de arrogância. Outro gerente de fundo *hedge* advertiu que a concentração exagerada de Pabrai no setor automobilístico era "loucura de pedra". Mas Pabrai multiplicou por sete suas aplicações, em seis anos, com a disparada das ações da Fiat. Sem remorso, em 2018 possuía 70% dos ativos de seus fundos *offshore* em duas ações – posição destemidamente agressiva que o levou a uma perda de 42% naquele ano. Como me disse Spier certa vez: "É difícil distinguir a fronteira entre o brilho e a estupidez."

A estratégia de Pabrai de "concentração extrema" é influenciada por Munger, segundo o qual "bastam quatro ações para ter um portfólio bem diversificado". Mas, para você e eu, seria suicida clonar essa abordagem, a não ser que compartilhemos a intensa fortaleza intestinal e os dons analíticos de Pabrai. Quando lhe perguntei como lidava com o estresse de uma queda como a de 67% durante a crise financeira de 2008-09, ele disse: "Eu não sinto estresse. (...) Nem minha esposa conseguiu perceber que havia um problema." Pelo contrário, as ações compradas por ele em meio ao *crash* estavam tão baratas que ele achou a experiência "orgástica".

Psicologicamente, é bom para Pabrai não levar as coisas tão a sério. Certa vez ele me falou: "Na minha lápide quero que escrevam: 'Gostava de jogar, principalmente jogos que sabia que podia ganhar.' Clonar é um jogo. *Blackjack* é um jogo. Bridge é um jogo. A Dakshana é um jogo. E, claro, a bolsa de valores é um jogo. É tudo apenas um monte de jogos. Tudo é uma questão de probabilidades."

O que espanta em Pabrai é a facilidade com que fez as probabilidades penderem a seu favor estudando os métodos alheios e copiando o tempo todo os melhores lances. "O fato é: nada é complicado neste negócio", diz, com uma risada espalhafatosa. "Não entregue o serviço, cara! Não conte ao mundo!"

CAPÍTULO 2

# A disposição para ficar sozinho

### Para derrotar o mercado, você precisa de coragem, independência e esquisitice suficientes para se afastar da multidão

---

É impossível produzir um desempenho
diferenciado sem se diferenciar da maioria.

— SIR JOHN TEMPLETON

---

Mais de vinte anos atrás, caminhando sozinho em uma praia das Bahamas, deparei-me com uma visão curiosa. Um idoso estava imerso até o pescoço no mar, vestindo uma camisa de mangas compridas e um chapéu ridículo com visor e abas cobrindo as orelhas. O rosto estava besuntado com filtro solar em abundância. Escondi-me atrás de uma palmeira para que ele não percebesse que eu o espiava. Fiquei, então, vários minutos observando enquanto ele sacudia os braços para a frente e para trás, forçando a marcha contra a resistência da água. Descobri depois que ele fazia isso todos os dias, durante 45 minutos.

Aquele senhor era Sir John Templeton, provavelmente o maior investidor internacional do século XX.[8] Eu saíra de Nova York até as Bahamas para entrevistá-lo em sua residência no Lyford Cay Club, um paraíso gradeado cujos condôminos incluíam o príncipe Rainier III de Mônaco, Aga Khan e Sean Connery. Se não me falha a memória, porém, nosso encontro estava marcado apenas para o dia seguinte. Era o tipo de viagem de trabalho dos sonhos de todo jornalista – entrevistar uma lenda em um local exótico, com todas as despesas pagas por uma revista rica que ainda não havia sido destroçada pelo advento da internet.

O histórico de investimentos de Templeton era espetacular. O Templeton Growth Fund, criado por ele em 1954, amealhara um retorno anual de 14,5% ao longo de 38 anos. Uma aplicação de US$ 100 mil teria atingido mais de US$ 17 milhões nesse período. Nascido em 1912 em uma cidadezinha do interior do Tennessee, Templeton começou do zero e acabou bilionário. Eu queria saber como ele tinha chegado lá e o que o restante de nós poderia aprender com esse truque de alquimista.

Na época ele estava com 85 anos, o decano do mundo dos investimentos, e até certo ponto eu esperava encontrar um homem com aparência de sábio. Em vez disso, eu me vi enfeitiçado por aquela imagem improvável de um homem caminhando em meio às ondas com um chapéu engraçado. Porém, como eu viria a compreender, esse vislumbre do programa fitness de Templeton foi importante para me ajudar a explicar sua grandeza. Templeton havia descoberto uma maneira eficiente de se exercitar de graça em um ambiente idílico. Para ele, era absolutamente irrelevante se alguém o achasse esquisito, e essa indiferença era essencial para seu êxito.

Michael Lipper, presidente de uma firma de investimentos chamada Lipper Advisory Services, me disse uma vez que Templeton, George Soros e Warren Buffett tinham em comum uma característica de valor inestimável: "A disposição para ficarem sozinhos, a disposição para se posicionarem de um modo que os outros não consideram lá muito brilhante. Eles possuem uma convicção interior que a maioria das outras pessoas não tem."

Essa expressão – "a disposição para ficar sozinho" – ficou gravada na minha mente por vários anos. Ela resume de forma eloquente a noção crucial de que os melhores investidores não são como as demais pessoas. São iconoclastas, aventureiros e desajustados que enxergam o mundo de maneira diferente da turba e seguem o próprio caminho peculiar – não apenas no modo de investir, mas no modo de pensar e viver.

François Rochon, gestor financeiro canadense que superou o mercado com larga vantagem nos últimos 25 anos, tem uma teoria interessante. Como todo mundo sabe, o código genético humano evoluiu ao longo de centenas de milhares de anos em favor do objetivo primordial de sobreviver.

Uma lição que aprendemos pelo menos 200 mil anos atrás é que é mais seguro pertencer a uma tribo. Esse instinto inconsciente tende a aflorar de maneira quase irresistível quando nos sentimos ameaçados, diz Rochon. Por exemplo, quando a bolsa desaba, o investidor médio vê os outros em pânico e segue instintivamente a tribo, vendendo ações e se refugiando em portos financeiramente seguros. O que os que seguem a tribo deixam de perceber é que a verdade aparentemente contraditória é que essa pode ser a melhor hora para *comprar* ações, já que é quando elas estão à venda.

"Mas eu acho que algumas pessoas na raça humana não possuem esse gene tribal", diz Rochon, "e por isso não sentem a ânsia de acompanhar a tribo. E essas pessoas podem virar bons investidores, porque são capazes de pensar com a própria cabeça." Rochon, que emprega seu talento na escolha de ações para sustentar sua paixão por colecionar arte, desconfia que muitos artistas, escritores e empreendedores também carecem desse gene tribal.

É totalmente impossível provar a teoria de Rochon, mas existem inúmeras evidências empíricas de que os melhores investidores foram "programados" de maneiras diferenciadas, que podem ser vantajosas do ponto de vista financeiro. Um famoso investidor, que pediu para não ter o nome citado nesse caso, me contou que muitos de seus colegas mais bem-sucedidos "são meio que Asperger" e que quase todos "não sentem emoções". Ele comenta que "não sentir emoções ajuda" ao fazer apostas fora do convencional, que a turba consideraria estúpidas. Ele acrescenta que pessoas com condições relacionadas ao desenvolvimento, como a síndrome de Asperger, "costumam ganhar algo em compensação, e muitas vezes é a habilidade com números. Não sentir emoções e [ser bom com números] é uma excelente combinação para investimentos".

Toquei nesse assunto com outro gestor de fundos altamente bem-sucedido, dotado para a matemática e extremamente desajeitado em situações sociais. Ele confidenciou: "Quando eu era criança, meus pais tinham medo de que eu fosse autista ou tivesse um pouco de Asperger. Acho que eles concluíram que não. Ou, pelo menos, que não era tão preocupante. Então, sim, pode ser que eu pertença um pouquinho ao espectro autista, ou não." Em seguida rememorou um trauma de infância arrasador, que também o levou a "distanciar-se" das próprias emoções. "Se você está achando, então, que sou um medroso psicopata, talvez tenha razão."*

Uma das ideias mais reveladoras em relação a esse tema vem de Christopher Davis, que cuida de US$ 25 bilhões em ativos na Davis Advisors, uma firma de investimentos fundada por seu pai em 1969. Ele se encontra em uma posição de rara felicidade para observar as personalidades idiossincráticas dos mais bem-sucedidos investidores. É amigo de alguns dos mais importantes, como Buffett, Munger, Mason Hawkins e Bill Miller. Além disso, seu avô (Shelby Cullom Davis) e seu pai (Shelby M. C. Davis) foram, ambos, lendas dos investimentos que amealharam fortunas colossais na bolsa.[9]

"Uma característica necessária aos grandes investidores é que eles não se deixem influenciar demais pelo pensamento alheio", diz Davis. "O jeito mais fácil de não se deixar influenciar demais pelo pensamento alheio é *não tomar conhecimento* do que os outros pensam. Quando você não procura saber o que os outros pensam e *não se importa* com o que os outros pensam, fica mais fácil se tornar um grande investidor." Disso decorre, segundo Davis, que "uma característica constante dos grandes investidores é a baixa inteligência emocional". Ele observa que muitos dos melhores investidores têm dificuldade quando se trata de "criar vínculos com os outros" e cultivar "laços de carinho na vida familiar".

Em compensação, diz Davis, a tendência é encontrar um perfil psicológico inteiramente diferente entre os executivos de empresas. Deles se exige inteligência emocional para demonstrar empatia, compreender e influenciar o pensamento alheio. Para um investidor "do contra", porém, seria "catastrófico ficar o tempo todo incomodado pela consciência do julgamento dos outros em relação às suas decisões". Na juventude, acrescenta, muitos CEOs competiram em esportes coletivos, foram capitães de equipe ou comandaram um centro acadêmico. E quanto aos melhores

---

* Vale a pena notar que existe uma enorme controvérsia em relação a rótulos de diagnóstico como a síndrome de Asperger, uma forma de autismo altamente funcional assim chamada em referência a um pediatra nazista que propugnava a eutanásia infantil. Meu objetivo aqui não é realizar diagnósticos amadores de grandes investidores, e sim sugerir que muitos deles parecem ter sido programados de uma forma que lhes propicia uma vantagem de temperamento.

investidores? "Na esmagadora maioria", diz Davis, eles deram preferência a esportes individuais, como "atletismo, tênis, golfe ou natação. Não há muitos que jogaram futebol americano, lacrosse ou coisas assim".

O pai de Davis, hoje com mais de 80 anos, foi um dos gigantes dos investimentos da sua geração. Durante os 28 anos de Shelby Davis à frente do New York Venture Fund, uma aplicação de US$ 100 mil teria se transformado em cerca de US$ 3,8 milhões. Como ele se encaixaria, então, no perfil psicológico traçado pelo filho? "Meu pai era profundamente solitário", diz Davis. "Não consigo imaginá-lo praticando esportes coletivos, presidindo um centro acadêmico ou comandando uma ONG. Ele ficava só o tempo todo em busca de informação, arrancando informação dos outros e lendo balanços anuais. Era um tipo de trabalho solitário. Quer dizer, ou ele estava no telefone, ou com uma pilha de balanços e relatórios de empresas."

Esse relato me fez lembrar a resposta educada, mas definitiva, dada por Buffett quando Mohnish Pabrai ofereceu-se para trabalhar de graça para ele: "Eu simplesmente atuo melhor operando por conta própria." De fato, Buffett é notório por passar boa parte do tempo sozinho, sentado em seu escritório em Omaha, com a persiana fechada, dominado pelo prazer solitário da leitura de relatórios anuais de empresas.

Para além dessas características gerais, existem inúmeras exceções e sutilezas. Não estou dando a entender que todos os grandes investidores possuem transtornos ligados ao desenvolvimento, levam vidas solitárias ou estão condenados ao divórcio (embora a lista de gigantes dos investimentos que se divorciaram certamente seja extensa, incluindo Munger, Miller, Pabrai, Bill Ackman, Carl Icahn, David Einhorn e incontáveis outros). Isso seria um exagero grosseiro. Além disso, é bobagem ver em cada excentricidade ou bizarrice uma patologia.

Mesmo assim, apesar de todos esses poréns e esclarecimentos, considero verdade que todos os investidores que você conhecerá neste livro são livres-pensadores que não seguem a tribo. Eles têm uma rara capacidade de desafiar o senso comum. E se importam muito mais em ganhar e acertar do que em obter aceitação ou aprovação da sociedade.

Matthew McLennan, que cuida de mais de US$ 100 bilhões na First Eagle Investment Management, descreve assim seu trabalho: "Todos os dias você tenta entender como o mundo funciona – de cima para baixo, de baixo para cima – e tenta sintetizar tudo isso de um jeito que seja diferente do consenso. No fim das contas, somos pagos para enxergar o mundo por um prisma diferente."

A única maneira de derrotar o mercado é divergir do mercado. Essa tarefa é mais apropriada a pessoas que sejam, de maneira bem literal, extraordinárias – tanto em temperamento quanto em intelecto. Não surpreende, portanto, que esse jogo favoreça os malucos brilhantes. E, na minha experiência, ninguém foi mais brilhante – ou maluco – que Sir John Templeton.

Pioneiro do *value investing* em nível global, ele criou do zero, para si mesmo, um conjunto de práticas e princípios que podem ser benéficos a qualquer investidor dos dias de hoje. Porém, olhando para trás, bem depois de sua morte, aos 95 anos, em 2008, me dei conta de que eu não soube captar uma das lições mais valiosas da sua vida.

## A formação de um rebelde

Foi no outono de 1998 que conheci Templeton. Mesmo naquela época, poucas semanas antes de completar 86 anos, ele ainda comparecia todos os dias ao escritório na cidade de Nassau, a poucos minutos de carro de onde morava. Nosso dia juntos começou nesse escritório, onde ele me cumprimentou com modos cavalheirescos de tempos que não voltam mais. "Meu tempo está à sua disposição", disse, com um leve sotaque sulista. "Ficarei quanto o senhor precisar."

Estava usando um agasalho esportivo amarelo-claro, camisa aberta no peito e calça cinza sem cinto. Baixo, magro e bronzeado, aparentava quinze anos a menos que a sua idade real. Sua sala estava repleta de honrarias de um gênero incomum. Havia um prêmio de melhor desempenho de fundo mútuo nos últimos 35 anos; um troféu da televisão pública americana homenageando sua entrada no Hall da Fama do programa de TV *Wall $treet Week*, de Louis Rukeyser; uma parede inteira decorada com seus diplomas *honoris causa*; seu prêmio de Religioso Internacional do Ano; e seu prêmio Norman Vincent Peale de Pensamento Positivo.

Templeton mudou-se para as Bahamas nos anos 1960, depois de um período morando em Nova York. Abandonando sua tribo, abriu mão do passaporte americano, tornou-se cidadão britânico e construiu uma casa em Lyford Cay. Criado em uma família cristã devota de Winchester, Tennessee, a fé arraigada teve um papel na decisão de se estabelecer nas Bahamas. "É o país que tem mais igrejas *per capita* no mundo", informou-me, "o que o torna muito atraente e harmonioso."

Também havia o charme social do exclusivo Lyford Cay Club. "No geral, o comitê de análise de novos sócios tem feito um bom papel garantindo que só quem é realmente de elite entre no clube. Era, portanto, uma oportunidade de conviver com gente verdadeiramente fascinante." Ele citou Joseph Lewis, um bilionário das *commodities* "com o iate mais magnífico que já vi na minha vida, tirando o iate da rainha. É enorme. Ele zela muito pela privacidade – o tipo de sujeito que a gente gosta de ter por aqui. Não fica se exibindo. Encontrei-o em festas. Fica só fazendo os investimentos dele, de casa ou do iate."

O clube dispunha de uma marina própria, quadras de tênis e um campo de golfe em frente ao mar. Mas Templeton não se deixava levar por essas frivolidades decadentes. "Meus vizinhos saem para jogar golfe ou andar de barco, etc. Mas, do meu ponto de vista, ser útil é muito mais importante", disse. "Nunca achei a busca do prazer uma boa ideia. Deve existir uma razão mais profunda para Deus ter criado o ser humano. E uma das coisas mais claramente evidentes é que quem está ocupado com coisas realmente úteis é mais feliz do que quem fica ocioso."

Ele também foi taxativo em relação aos perigos da aposentadoria, que desdenhava como "fatal" tanto para o corpo quanto para a mente. Na visão de Templeton, a ideia equivocada de se aposentar aos 65 anos criou "um número incrivelmente maior de gente ociosa, *inútil*", que é "um peso para a civilização". Foi a primeira vez que notei esse aspecto de sua personalidade – um lado moralista e áspero, que parecia contradizer seu charme à moda antiga e seus modos corteses.

Enquanto os outros estavam jogando fora suas vidas, Templeton dizia nunca ter estado tão ocupado. Alguns anos antes, vendera sua firma de investimentos por centenas de milhões de dólares. Agora dedicava seu tempo à filantropia, cuidando das finanças de suas fundações beneficentes, gerindo sua fortuna pessoal e escrevendo livros com títulos como *As leis mundiais da existência – 200 princípios espirituais eternos*. Como veremos, seu dom para acumular imensas quantidades de dinheiro nunca o abandonou, mas sua paixão principal passara a ser espalhar o que chamava de "riqueza espiritual".

Era uma cruzada tipicamente fora do comum. Por exemplo, entre suas muitas iniciativas filantrópicas, Templeton gastou milhões financiando pesquisas científicas na Faculdade de Medicina de Harvard e em outros lugares para investigar a eficácia da reza.[10] Animado, listou para mim algumas das diversas perguntas cujas respostas ele esperava encontrar: "Rezar por alguém acelera a recuperação da pessoa? A oração só funciona se o próprio doente rezar ou pode ser feita por outra pessoa? Se for outra pessoa rezando, faz diferença se ela puser as mãos sobre a pessoa por quem está rezando? É melhor rezar para curar o câncer ou rezar para que a vontade de Deus seja feita?"

Templeton também financiava estudos científicos que investigavam os benefícios de virtudes como o perdão, a humildade, a honestidade e o amor. Dava incentivo financeiro a professores universitários lecionando cursos sobre "como a ciência revela mais sobre Deus". Também financiou o Prêmio Templeton para o Progresso pela Pesquisa ou Descobertas sobre Realidades Espirituais, que recompensava "empreendedores do espírito" por "expandir nossa visão do propósito e da realidade finalística do ser humano". Na ânsia de ressaltar que essas questões incorpóreas eram mais importantes que as preocupações mundanas, organizou esse prêmio anual de modo a ser mais lucrativo que o Prêmio Nobel. Hoje o ganhador embolsa 1,1 milhão de libras esterlinas (cerca de US$ 1,5 milhão).

Tudo isso era parte de uma grandiloquente campanha de Templeton para "multiplicar cem vezes a informação espiritual". Não era um empreendimento aplaudido unanimemente. Em um dos extremos do espectro, cientistas laicos ficaram chocados com o interesse em experiências para medir os efeitos de princípios espirituais. No outro extremo, religiosos conservadores se abismaram com aquele espírito livre e disposto a questionar suas crenças. Ele contou a história de um encontro recente que tivera com uma "senhora distinta" que lhe pedira uma opinião sobre a história bíblica de Noé e o dilúvio. Ele deu a entender que era uma "alegoria útil, mas não uma verdade literal". Ela respondeu, indignada: "Bem, o senhor não é cristão."

Quando lhe fiz a pergunta impertinente indagando se muitos o consideravam "um biruta", Templeton respondeu: "Sim, claro. Mas eu tenho mais autoconfiança que o ser humano médio." Dei-me conta de que essa característica também residia no cerne do seu êxito como investidor. Templeton concordou: "Quando você põe a cabeça para fora, tem que ter ou bastante autoconfiança ou bastante coragem. Foi o que eu fiz no setor de investimentos e estou fazendo agora no setor espiritual."

Ele atribuiu essa atitude à sua criação fora do comum: "Em toda a minha infância, não consigo me recordar nem do meu pai nem da minha mãe me dizendo jamais 'Faça isso' ou 'Não faça aquilo'. Eles achavam que me ajudaria a ganhar autonomia e autoconfiança se eu fizesse tudo por conta própria. E que forma maravilhosa de educar, meu filho. É a maior das bênçãos ter que confiar em si mesmo."[11]

Em certa ocasião, os pais o nomearam navegador de uma viagem de família. Templeton, ainda menino, enganou-se com o mapa e os fez rodar mais de uma hora na direção errada. Ninguém o corrigiu. Ficaram só esperando até ele se dar conta sozinho de que tinha cometido um erro. Essa estratégia *laissez-faire* de criação não deixava de ter seus riscos. Quando Templeton tinha uns 8 anos, os pais cederam a seu pedido de ganhar uma arma para caçar. Também deixaram que ele comprasse pólvora para fazer fogos de artifício e cianeto para suas armadilhas de borboletas.

Templeton se orgulhava muito dessa autonomia. Depois de onze anos seguidos só tirando nota A na escola, ele entrou em Yale em 1930. Atingido pela Grande Depressão, seu pai – advogado e empresário – escreveu a Templeton, no final do primeiro ano de faculdade, dizendo que não podia mais pagar "um dólar sequer" por seus estudos. Templeton arrumou bico atrás de bico, ganhou uma bolsa de estudos de Yale e completou a renda com os ganhos em partidas de pôquer. Ao mesmo tempo, dedicava-se tanto aos estudos que ao final do terceiro ano era o primeiro aluno da classe.

Foi em Yale que ele decidiu que ganharia a vida como investidor. Era apaixonado por aritmética e pela solução metódica de problemas. Parecia-lhe ser uma profissão em que poderia ser útil aos outros, ajudando-os a alcançar a segurança financeira que faltava à sua família. Na época, a estratégia mais aceita pelos americanos era investir exclusivamente em ativos americanos. Mas ele já percebia que essa ideia bitolada ia "contra o senso comum. Se alguém vai comprar títulos e ações, faz muito mais sentido procurar em toda parte em vez de se limitar a um só país".

Depois de Yale, Templeton passou dois anos em Oxford, com uma bolsa Rhodes. Queria estudar administração, mas seus professores não achavam que valia a pena: "Eles olhavam para mim de um jeito esquisito, como se eu tivesse dito a eles que queria estudar o lixo." Acabou estudando direito. Nas horas vagas, lia sobre administração. Na época, só conseguiu encontrar um livro sobre investimentos.

No auge da Depressão, a bolsa era uma terra de ninguém contaminada. Entre outubro de 1929 e julho de 1932, o índice Dow Jones Industrial Average despencou 89%. Na esteira dessa catástrofe, poucos tinham a fortaleza financeira ou emocional para sair em busca de pechinchas em meio aos escombros. Mas o fato de que os outros estavam assustados demais para investir em nada arrefeceu o interesse de Templeton. Diante desse pano de fundo de pessimismo generalizado, ele fez a si mesmo uma pergunta decisiva: como eu posso comprar uma ação por menos do que ela vale? Ao que respondeu: "Absolutamente nada fará uma ação cair a um preço extremamente baixo, exceto outras pessoas tentando vender com urgência."

Templeton tinha visto com os próprios olhos como as dificuldades financeiras haviam forçado os fazendeiros do Tennessee a vender suas terras por quase nada. Uma lição ficou gravada no seu cérebro: **"Você tem que comprar na hora em que os outros estejam tentando vender desesperadamente."** Tempos depois ele cunhou um termo que descreve maravilhosamente esses momentos em que o medo e o desespero viralizam: "o ponto de máximo pessimismo".

Nesse meio-tempo, Templeton agarrou toda e qualquer oportunidade de viajar, na ânsia de conhecer mais sobre mercados estrangeiros nos quais poderia vir a investir. Depois de se formar em Oxford, passou sete meses visitando 27 países, levando um saco de dormir, uma muda de roupa, quatro guias de viagem e uma Bíblia. Hospedou-se em Berlim durante os Jogos Olímpicos de 1936, que os nazistas usaram como vitrine de propaganda; viajou pelo Leste Europeu; visitou o Egito e a Palestina; e foi até mesmo à Índia, ao Japão e à China. Em uma época em que poucos americanos se aventuravam além-mar, ele já estava construindo uma vantagem informativa em relação aos investidores que careciam de sua sede insaciável de conhecimento.

De volta aos Estados Unidos em 1937, Templeton casou-se, passou três meses em uma corretora de valores de Wall Street chamada Fenner & Beane, e então pediu demissão para ir trabalhar em uma empresa de prospecção de petróleo. Em 1939 já tinha economizado US$ 30 mil. O ambiente de investimentos da época pareceria desagradável até mesmo para um investidor experiente em ações – pior ainda para um novato. Os Estados Unidos estavam presos em uma espiral de depressão, deflação e desemprego em massa. O Dow Jones, depois de alcançar um pico de 381 pontos em 1929, ainda se arrastava abaixo de 150 em 1939. E, o pior de tudo, o mundo estava prestes a entrar em guerra.

Resumindo, era o momento ideal para um sulista de 20 e poucos anos, quase sem experiência no mercado, demonstrar que era o investidor mais sereno e inteligente da sua geração.

## A aposta do século

Em setembro de 1939 a Alemanha invadiu a Polônia. Em poucos meses, a Noruega, a Holanda e a Bélgica se renderam aos nazistas. Em maio de 1940, quando a Alemanha invadiu a França, o Dow atingiu um novo recorde negativo de 112 pontos. A bolsa de Londres despencou cerca de 40% em menos de quatro meses, em meio ao temor de uma iminente invasão alemã das Ilhas Britânicas. Winston Churchill descreveria 1940, tempos depois, como "o ano mais esplêndido e mais mortal de nossa longa história inglesa e britânica".[12]

Quando o mundo está balançando na beira do abismo, como deve reagir um investidor sagaz? O senso comum poderia indicar tratar-se de um momento para bater em retirada prudentemente. Diante de uma bolsa desabando a seus níveis mais baixos e do pânico generalizado, certamente a reação mais adequada seria buscar segurança em ativos mais defensivos, como dinheiro em espécie, ouro ou imóveis. Mas Templeton não agia de modo convencional.

Depois que a Alemanha invadiu a Polônia, ele se deu conta de que o mundo estava mergulhando inexoravelmente na guerra e que em algum momento os Estados Unidos também teriam que se envolver no conflito. Mas foi a frieza de sua reação lógica que o diferenciou. Templeton me disse: "Pensei, se existe um momento em que há demanda para todo e qualquer produto, é durante uma guerra. Então eu disse: 'Se essa guerra vai se tornar uma guerra mundial, que empresas irão prosperar?'"

Ele concluiu que "90%, talvez" das empresas americanas "teriam mais demanda e menos concorrência durante uma guerra". Mesmo as empresas mais frágeis provavelmente se recuperariam, com a expansão dos gastos em tempos de guerra, revigorando a economia e turbinando o emprego. Destroçadas pela Grande Depressão, muitas empresas chegaram tão perto da morte que uma mudança repentina em sua sorte poderia ter um impacto desmesurado no valor de suas ações. Renascidas, teriam chance de superar o desempenho das ações de empresas mais saudáveis que não tinham sido tão prejudicadas. Podemos dar a isso o nome de "a lei do *mais fraco*".

Mas como tirar o maior proveito possível dessa ideia astuta?

Templeton abriu o *The Wall Street Journal* e identificou 104 empresas americanas que tinham passado "tão terrivelmente pela Depressão" que suas ações passaram a valer 1 dólar ou menos. Dias depois, ligou para um corretor de ações que tinha sido seu chefe na Fenner & Beane e pediu para investir US$ 100 em cada uma dessas empresas. "Ele retornou minha ligação e disse: 'É um pedido muito incomum, mas vamos realizá-lo, a não ser por 37 empresas que eliminei porque já estão falidas.' E eu respondi: 'Ah, não. Não elimine. Elas podem se recuperar.'"

Era uma aposta inacreditavelmente ousada. Mas Templeton tinha tanta certeza de sua avaliação que conseguiu até convencer o ex-chefe a emprestar-lhe US$ 10 mil para bancar o investimento.* O futuro parecia mais sombrio do que nunca. Porém o mercado já tinha precificado tantas notícias ruins que Templeton considerou que as chances pendiam inapelavelmente a seu favor. Ele relembra: "O que me atraía era a aritmética óbvia."

Uma empresa que serve de exemplo dessa aritmética era a Missouri Pacific Railroad, uma das maiores ferrovias do mundo até falir durante a

---

\* Equivalentes a cerca de US$ 183 mil de hoje.

Depressão. Em seus dias de glória, a empresa havia emitido ações preferenciais que supostamente deveriam pagar um dividendo anual perpétuo de US$ 7 por ação. Mas os acionistas pararam de receber dividendos depois da quebra da empresa e o preço da ação preferencial desabou de US$ 100 para cerca de US$ 0,12.

Psicologicamente, não é fácil gostar de uma empresa que perdeu dinheiro e deixou na mão todos os seus investidores. Mas Templeton conta que comprou 800 ações da Missouri Pacific por US$ 100. **Assim como Buffett e Munger, ele fez uma avaliação desprovida de emoções de uma aposta em preços distorcidos, apresentando uma assimetria entre risco e recompensa.** "O potencial a favor era muito mais positivo do que o contrário", explicou-me Templeton. "Certo, eu poderia perder meus 100 dólares. Mas, se eu *não* perdesse meus 100 dólares, poderia ganhar muito."

Ele tinha razão. As ferrovias prosperaram durante a guerra e a ação recuperou-se de US$ 0,12 para US$ 5, momento em que ele embolsou o lucro. Sua única lamentação foi ter vendido cedo demais. "Fiquei tão empolgado ao ver uma ação comprada por mim valorizar-se quarenta vezes que achei que bastava", relembra. "Foi uma tolice. Quatro anos depois ela estava valendo US$ 105."

Evidentemente, uma aposta como essa se baseava em muito mais que simples matemática. Mark Mobius, um conhecido investidor em mercados emergentes que trabalhou por vários anos com Templeton, me disse certa vez que Templeton precisava ter "uma tremenda força de vontade e força de caráter" para comprar no ponto de máximo pessimismo. Nas palavras de Mobius, "todos os outros estão se mandando do edifício em chamas".

Para mim, o mais notável não é apenas a coragem de Templeton para investir em 104 ações desprezadas no momento em que o mundo entrava em guerra. O que mais me chama a atenção é que ele tenha tido a coragem de *mantê-las* durante anos, mesmo com o barulho cada vez mais ensurdecedor dos tambores das notícias catastróficas. Em dezembro de 1941 os japoneses atacaram Pearl Harbor, arrastando os Estados Unidos para a guerra. Em 1942 a Alemanha controlava a maior parte da Europa. A desesperança em relação ao futuro era tão profunda que os mercados sofreram um terrível impacto. Em abril de 1942 o Dow Jones despencou para 92 pontos, o índice mais baixo de toda uma geração.

Em seu maravilhoso livro *Wealth, War & Wisdom* (Riqueza, guerra e sabedoria), Barton Biggs observa que em 1942 a Comissão de Seguros do Estado de Nova York chegou a proibir aplicações em ações nos portfólios das seguradoras, considerando-as um "investimento inadequado". Na época, escreve Biggs, "todos os futurólogos de bom senso, com a cabeça no lugar, estavam pessimistas".

Mesmo assim, Templeton aguentou firme. "Eu tinha autoconfiança suficiente para acreditar que a maioria dos chamados especialistas estava cometendo enormes enganos", disse-me. Também o sustentava sua fé religiosa, que lhe permitia confiar que o mundo, mais cedo ou mais tarde, emergiria do caos. Mesmo no momento mais terrível, disse, "nunca me senti deprimido ou desesperado".

E os céus sorriram para ele. Na primavera de 1942, o mercado parou de cair e decolou à medida que a sorte dos Aliados foi melhorando e a economia americana se recuperava. Depois de cinco anos tempestuosos, ele finalmente pôde vender. "Quando liquidei esses ativos, lucrei com 100 das 104", contou. "Multipliquei mais ou menos por cinco o meu dinheiro."

Passei a considerar a aposta de Templeton durante a guerra como um dos investimentos mais ousados e visionários da história – um triunfo tanto do intelecto quanto do caráter. Apesar de inexperiente, ele conhecia o suficiente da história econômica, dos mercados financeiros e da natureza humana para reconhecer que o pessimismo avassalador acabaria dando lugar ao otimismo sem freios. Mesmo nos momentos mais sombrios, ele nunca deixou de lembrar que o sol sempre nasce.

## Seis princípios básicos para o investidor não tribal

Depois de conversarmos durante algumas horas em seu escritório, Templeton me levou até a casa dele. Era uma mansão imponente, com colunas brancas no estilo dos casarões pré-Guerra Civil do Sul dos Estados Unidos. Ele costumava dizer que sua performance de investimento melhorara depois de se mudar para lá, porque a localização reforçava seu distanciamento psicológico do rebanho de Wall Street. Nos primeiros anos morando lá, o *Wall Street Journal* às vezes levava dias para chegar. Para um investidor de longo prazo, isso pode ser uma inesperada vantagem.

A casa era mobiliada com um charme à moda antiga. A sala de estar tinha uma cadeira de balanço de madeira, candelabros de prata e livros com encadernação de couro, como uma *Vida de Cristo* e poemas de Henry Wadsworth Longfellow. No andar de cima, em seu escritório, Templeton me mostrou uma pintura que o representava no Palácio de Buckingham em 1987, quando a rainha Elizabeth II o tornou cavaleiro por seus serviços filantrópicos. Perguntei como ele se sentia ao receber tantas honrarias. "É como ganhar um jogo", respondeu. "Preciso reconhecer que sou humano. Este ano recebi meu 22º título de doutor *honoris causa*, e é verdade que isso me deu uma certa sensação de que talvez eu não tenha sido tão estúpido."

Nós nos acomodamos na sala de estar. Templeton bebericava chá em uma xícara gravada com o lema do FBI: Fidelidade, Bravura, Integridade. Em seguida compartilhou comigo uma das lições que ele considerava mais importantes em sua carreira nos investimentos. Durante aquela conversa e em uma entrevista posterior por telefone, ele citou seis princípios mestres que, na sua visão, ajudam todo e qualquer investidor.

Era uma sabedoria advinda de mais de sessenta anos de experiência prática e contemplação por uma das mentes mais brilhantes do mundo dos investimentos. Vale notar que nenhum desses princípios mestres foi clonado. Quando perguntei a Templeton se alguém havia sido uma influência para ele, fosse como investidor, fosse em outras áreas da vida, ele respondeu: "Absolutamente ninguém (...), não encontrei ninguém em quem eu quisesse confiar." Nem mesmo seus pais? "Nem mesmo eles."

**Antes de tudo, disse Templeton, tome cuidado com as emoções: "A maioria das pessoas se deixa levar pelas emoções ao investir. Deixam-se levar pelo excesso de descuido e otimismo quando lucram muito e pelo excesso de pessimismo e cautela quando perdem muito."** Um dos serviços primordiais que ele fornecia como gestor financeiro era ajudar os clientes a "fugir do emocionalismo. Esse foi um fator preponderante no meu sucesso".

Mas ele não se limitava a driblar as armadilhas da emoção. Explorava as emoções inconstantes dos *outros* investidores, comprando deles quando o pessimismo irracional os dominava e vendendo para eles quando o otimismo irracional os tomava. "Comprar quando os outros estão vendendo sem dó e vender quando os outros não param de comprar é o mais difícil", disse, "mas é o que traz mais recompensas."

Para Templeton, era natural abordar de maneira analítica todas as decisões, fosse na escolha de uma profissão, de uma ação ou de um lugar para morar. Antes de se mudar para Lyford Cay, ele pegou várias folhas de papel, escreveu no topo de cada uma o nome de um lugar e fez uma lista com todas as vantagens do local. Ao descrever esse processo, disse enfaticamente que *"não* era algo emocional".

**Em segundo lugar, disse Templeton, cuidado com a própria ignorância, que é "provavelmente um problema ainda maior que a emoção. Muita gente compra as coisas com uma quantidade mínima de informação. Não têm compreensão real daquilo que estão comprando."** Vale a pena relembrar o simples fato de que em toda transação de investimentos existem dois lados: "Aquele com um maior grau de informação tende a levar vantagem. É necessário muito trabalho, estudo e investigação."

Templeton afirmava que essa dedicação tivera um papel muito maior no seu êxito que o talento inato. Ele costumava falar da sua determinação de "dar a gota de suor a mais" – dar mais um telefonema, marcar mais uma reunião, fazer mais uma viagem de prospecção. Também se dedicava assim a seu programa vitalício de autodidatismo. Quando jovem, disse, "eu pesquisava tudo que havia sido escrito sobre o tema dos investimentos, e ainda pesquiso". Mesmo com mais de 80 anos, dizia: "Tento ser um investidor mais bem informado a cada ano."

Segundo Templeton, tanto os amadores quanto os profissionais devem evitar se deixar enganar achando que é fácil construir um histórico de investimentos sólido: "Mesmo entre os profissionais, são poucos os que conseguem produzir resultados superiores. Por isso o jeito de investir é dizer a si mesmo: 'Será que eu tenho mais experiência e bom senso que os profissionais?' E, se não tiver, então *não* faça. Contrate um profissional. Não seja egocêntrico a ponto de achar que vai se sair melhor que os especialistas."

**Em terceiro lugar, disse Templeton, você precisa diversificar bastante para se proteger da sua falibilidade.** Segundo seus cálculos, ele tinha tomado pelo menos 1 milhão de decisões de investimento em toda a carreira. Durante muitos anos manteve um registro detalhado dos conselhos que dera aos clientes sobre comprar ou vender ações. Isso revelou uma verdade incômoda: cerca de um terço de seus conselhos foi "o oposto do que seria certo". Investir é tão difícil, concluiu, que até mesmo os melhores investidores precisam supor que não conseguirão acertar mais de dois terços das vezes, por mais que se esforcem.

Moral da história? Mantenha seu ego – e sua exposição ao risco – sob controle. "Não confie todo o seu dinheiro a especialista nenhum. Não coloque todo o seu dinheiro em nenhum setor ou nenhum país específico. Ninguém é tão esperto. Então o sensato a fazer é diversificar." Templeton recomendava que o investidor médio possuísse um mínimo de cinco fundos mútuos, cada um deles focado em um setor diferente dos mercados financeiros. Convém estudar o histórico de longo prazo do gestor do fundo, acrescentava ele, mas isso dificilmente será garantia de êxito contínuo. Uma vez mais, é preciso sermos honestos em relação aos limites do nosso conhecimento: "Não seja tão egocêntrico a ponto de achar que sabe quem é o especialista certo."

**Em quarto lugar, disse Templeton, o sucesso nos investimentos exige paciência.** Quando ele comprou ações de empresas americanas ao rebentar a Segunda Guerra Mundial, sabia que estavam baratas, mas não tinha como prever quanto tempo levaria até o mercado concordar com ele. Sua vantagem não repousava apenas na sua visão superior, mas também na sua disposição de esperar sofridamente, ano após ano, até que a situação ficasse do jeito que ele previra.

O carinho de Templeton pela matemática reforçava sua convicção de que a paciência traz frutos. Para ilustrar esse pensamento, ele contou a história dos imigrantes holandeses que compraram a ilha de Manhattan por 24 dólares em 1626.* Se os nativos americanos que a venderam tivessem investido essa soma irrisória a 8% ao ano, disse, teriam "um valor infinitamente maior que o atual valor de Manhattan, com todos os prédios incluídos". Templeton encarava isso como um exemplo extremo de um princípio financeiro fundamental: "A fim de ter um resultado verdadeiramente bom nos investimentos, tudo de que se necessita é paciência."

---

\* Os detalhes reais desse negócio são um pouco nebulosos. O que se sabe a respeito provém de uma carta de 1626 de um comerciante holandês que, naqueles tempos politicamente incorretos, escreveu: "Eles compraram a ilha de Manhattan dos selvagens pelo valor de 60 florins."

Ele advertia que "quase todos" os investidores são "impacientes demais" e acrescentava: "Quem muda de um fundo para outro todo ano se baseia mais em emoção do que em pesquisa."

**Em quinto lugar, disse Templeton, a melhor maneira de encontrar pechinchas é estudar toda e qualquer ação cujo desempenho tenha sido muito fraco nos cinco anos anteriores e em seguida verificar se a causa desses males é temporária ou permanente.** A maioria das pessoas é naturalmente atraída por investimentos que já são bem-sucedidos ou populares, sejam eles ações em voo de cruzeiro ou um país em rápido crescimento. Mas, quando o futuro brilhante já está refletido no preço daquele ativo, provavelmente essa é uma aposta para otários.

Templeton, o menos bovino dos investidores, adotou a abordagem contrária. Ele queria saber "qual a pior perspectiva". Esses bolsões de depressão tenderiam a conter as pechinchas mais sedutoras, já que os preços dos ativos refletiriam o pessimismo da tribo. Sua estratégia do contra envolvia examinar minuciosamente as ações de setores em dificuldade e mercados mundo afora, perguntando-se o tempo todo: "Qual delas está com o preço mais baixo em comparação com aquilo que eu acredito valerem?"

Na época das nossas conversas, a crise financeira asiática de 1997 havia deixado um rastro de destruição em países como a Tailândia, a Indonésia e a Coreia do Sul. Se alguém quisesse identificar a firma de investimentos mais atingida no planeta, um candidato sério seria o Matthews Korea Fund, que perdeu cerca de 65% em 1997. Esse fundo teve a infelicidade de investir exclusivamente em um país traumatizado por um congelamento do crédito, uma moeda em colapso e níveis letais de alavancagem das empresas.

No final de 1997 Templeton concluiu que as ações sul-coreanas eram as mais baratas do mundo em comparação com o faturamento futuro das empresas. O índice preço/lucro (P/L) das ações coreanas desabara de mais de 20, em junho de 1997, para 10 em dezembro – uma medida grosseira, mas reveladora, do medo e da aversão do mercado. Mesmo assim, era razoável supor que em algum momento o país retomaria seu histórico de forte crescimento econômico, já que a perversa crise de liquidez tinha passado. Por isso Templeton despejou US$ 10 milhões no Matthews Korea Fund, tornando-se seu maior investidor individual. Ele me disse: "Não tinha muito como piorar, de um ponto de vista psicológico e de relações públicas."

Para o investidor comum, pode não soar como um endosso empolgante. Mas pense só por um instante na elegância simples da lógica de Templeton e na cabeça independente necessária para chafurdar no mercado sul-coreano no momento em que todo mundo fugia em disparada. De fato, a crise se mostrou fugaz, exatamente como ele imaginara. Em junho de 1999 a Bloomberg News noticiou que o Matthews Korea Fund subira 266% no ano anterior, o que fazia dele o de melhor desempenho no ranking de 5.307 fundos de ações da agência. Como diz a Bíblia, "muitos primeiros serão últimos e os últimos, primeiros".

**Em sexto lugar, disse Templeton, "uma das coisas mais importantes para um investidor é não correr atrás de modinhas".** Nos anos 1980, a editora da Fundação Templeton republicou um livro atemporal com um título magnífico: *A história das ilusões e loucuras das massas – As armadilhas dos cisnes negros*. Escrito em 1841 por Charles Mackay, conta a história de delírios como a tulipomania e a bolha dos Mares do Sul. Templeton escreveu um prefácio que oferecia um antídoto racional à insanidade financeira: "A melhor maneira de um investidor evitar as ilusões da população é focar não nas perspectivas, mas no valor."

O que ele queria propor é que nos baseemos na realidade, investigando um leque de medidas específicas de valor, entre elas o preço de mercado da empresa em relação a seu volume de vendas por ação, o valor patrimonial líquido por ação e o faturamento médio por ação dos cinco anos anteriores. Essa "análise crítica" do "valor fundamental do investimento" atua como uma proteção contra "a loucura das multidões".

Na época em que nos encontramos, as ações das empresas americanas tinham vivenciado oito anos de crescimento e, eufóricos, os investidores estavam apostando cegamente em ações de tecnologia e internet. Para mim, estava claro que vivíamos em meio a uma modinha, mas eu queria que Templeton confirmasse aquilo de que eu suspeitava. Ele não facilitou as coisas.

No comecinho da nossa conversa ele me disse: "O ponto de máximo otimismo é a hora de realizar seus lucros." Mas, quando lhe perguntei insistentemente se havíamos atingido aquele ponto, ele driblou a pergunta. Por fim, disparou: "Qualquer um que faça essa pergunta é *burro*. Está claro? Ninguém nunca tem como saber quando se chega a esse ponto. Há experts que estão certos com um pouco mais de frequência do que *você*. Mesmo assim, o simples fato de perguntar se a bolsa vai subir ou descer já revela uma fraqueza humana. Nunca existiu alguém que soubesse isso."

Minha sensação foi de ter levado um tapa na cara. Eu entendi o argumento mais amplo dele, de que fazer previsões de mercado é uma causa perdida. Mas ele sabia mais do que ninguém que muitas ações de empresas americanas estavam prestes a sofrer forte impacto, porque o valor delas era insustentável. Era impossível prever *quando* a música iria parar de tocar, mas o desfecho era bastante previsível. Olhando para trás, suspeito que ele tenha se irritado comigo por não ter me interessado o bastante pela sua atuação filantrópica, que, ele insistia, era "a verdadeira pauta". Lembrete para mim mesmo: pense duas vezes antes de perguntar a um ícone reverenciado se muita gente acha que ele é "biruta".

Em todo caso, foi revelado tempos depois que Templeton havia criado um bem bolado esquema para lucrar quando a bolha pontocom estourasse. Falemos agora sobre como isso se deu.

Na época, bancos de investimento inescrupulosos estavam faturando horrores lançando na bolsa empresas de internet. A máquina de vendas de Wall Street entrou em modo turbo, bombando e promovendo qualquer lixo que investidores ingênuos, gananciosos ou imprudentes topassem comprar. Era um surto clássico de insanidade investidora – divertido até a hora em que alguém sai ferido. Templeton sabia que essa tragicomédia acabaria em lágrimas. Afinal de contas, mais de uma vez ele alertara que as quatro palavras mais custosas da língua inglesa são: "Desta vez será diferente."

Sua reação foi visar 84 das ações de internet mais gritantemente supervalorizadas, das quais um terço havia triplicado de valor desde a IPO (a oferta pública inicial). Depois da IPO, seguia-se um período de "quarentena", em geral de seis meses, durante o qual os funcionários da empresa não tinham permissão para vender as próprias ações. Templeton inferiu que esses *insiders* iam correr para se livrar de suas ações na primeira oportunidade, pois estariam ansiosos para realizar os lucros antes que a euforia acabasse. Esse *boom* de vendas de ações de *insiders* levaria as ações a desabar.

Por isso Templeton vendeu a descoberto cada uma dessas 84 ações, apostando que elas iam entrar em parafuso assim que expirasse o período de quarentena.[13] Lauren Templeton, gestora financeira e sua sobrinha-neta, conta que ele apostou US$ 2,2 milhões contra cada uma das ações – um total de cerca de US$ 185 milhões.

A estratégia de *short selling* de Templeton funcionou maravilhosamente. Quando a bolha pontocom estourou, em março de 2000, ele obteve um lucro de mais de US$ 90 milhões em poucos meses. Anos depois, quando a revista *The Economist* publicou um artigo sobre as maiores transações financeiras de todos os tempos, considerou que seu esquema "engenhoso ganha, de longe, o prêmio: 'Ah, se eu tivesse pensado nisso'".

Fico maravilhado de pensar que um homem quase entrando na casa dos 90 anos tenha bolado uma jogada tão genial. Melhor ainda: nesse caso há uma simetria curiosa. Em 1939 ele se deu conta de que a grande massa de investidores se deixara convencer pela ilusão de que o futuro nada oferecia além de decepções e prejuízos. Em 1999 ele se deu conta de que a maior parte dos investidores se deixara seduzir pela ilusão de que o futuro nada oferecia além de alegria e lucros. Nas duas ocasiões ele confiou na superioridade da sua avaliação. Em 1939, comprou uma cesta de ações que a massa desprezava. Em 1999, vendeu a descoberto uma cesta de ações que a maioria idolatrava. Dois investimentos de mestre, um espelhando o outro, separados por seis décadas.

## Senhor dos seus domínios

Antes de seguirmos em frente, há algo que preciso confessar. Na verdade, não gostei muito de Sir John Templeton. É bem verdade que estava empolgado por conhecê-lo e agradecido pelo tempo que me concedeu. Mas enxerguei nele uma austeridade frígida que me deixou inquieto.

No seu livro *Wisdom from World Religions* (A sabedoria das religiões do mundo), ele escreveu extensamente sobre virtudes como "o amor sem limites", o perdão, a humildade e a compaixão.[14] Mas o lado caloroso e generoso da sua personalidade coexistia com um lado que podia parecer sisudo e severo. Ele foi gentil a ponto de me dar uma carona até o aeroporto para que eu pudesse continuar a entrevistá-lo dentro do carro. Mas, depois que foi embora, escrevi para mim mesmo um lembrete que resumia meu sentimento ambíguo em relação ao meu entrevistado: "É curiosamente seco, frio, formal. Encantador, mas duro. Tem uma força de vontade incrível. Jura que é aberto à escuta, mas é dogmático e radical."

Na biografia *The Templeton Touch* (O toque de Templeton), de William Proctor, uma das reminiscências mais perspicazes vem de Rory Knight, ex-decano da Templeton College, em Oxford, que Templeton ajudou a financiar. "Ele era um tipo durão", relembra Knight. "Não era aquele homem doce que anda por aí como um seminarista, tratando bem as pessoas. Só que ele nunca era grosso com ninguém e era um verdadeiro *gentleman*. Eu diria, porém, que era exigente o tempo todo em relação às pessoas, no melhor sentido da palavra. Ele arrancava o melhor das pessoas e colocava as expectativas lá no alto."

Em seu favor, diga-se que Templeton era particularmente exigente consigo mesmo. Observe sua atitude em relação a gastar e economizar: "Depois que terminei os meus estudos, não tinha absolutamente dinheiro nenhum; nem eu nem a minha noiva", contou-me. "Por isso eu fiz questão de economizar 50 centavos de cada dólar que eu ganhava." Mas ele não pretendia relaxar essa disciplina financeira nem mesmo quando ficasse astronomicamente rico. Enquanto muitos de seus colegas davam preferência a jatinhos particulares, ele sempre insistiu em viajar na classe econômica. "Tem jeitos muito melhores de gastar meu dinheiro do que desperdiçá-lo em um assento maior", explicou. "Nunca achei sensato desperdício de nenhum tipo."

Na época em que Templeton era um gestor de fundos conhecido, seus empregados achavam risível seu hábito de fazer anotações em folhas de papel reutilizadas, que ele grampeava de modo a formar bloquinhos improvisados. No final da vida, ele se gabava de economizar dinheiro dirigindo um carro simples da marca sul-coreana Kia. Gary Moore, amigo de Templeton e consultor de investimentos para religiosos, brincou comigo: "John é aquilo que chamamos de calvinista. Ele acredita que não há problema em ganhar dinheiro desde que você não desfrute dele." Considerando sua avareza compulsiva, não surpreende que Templeton tenha se especializado na compra de ações subestimadas.

Cético em relação a endividamento, ele sempre comprava carros e residências pagando em espécie. Também jurava que sua aposta da época da guerra tinha sido a única ocasião em que pediu dinheiro emprestado para investir. Durante a Grande Depressão ele testemunhara a facilidade com que pessoas excessivamente endividadas quebravam e enxergava a disciplina fiscal como uma virtude moral. Na hora em que estávamos saindo do seu escritório, um desconhecido o abordou no estacionamento pedindo dinheiro para pagar uma conta de luz. Templeton entregou-lhe US$ 50 mediante a promessa de que o homem nunca mais lhe pediria dinheiro. No carro, explicou-me por que esse era seu procedimento padrão: "O tipo de pessoa que fica sem dinheiro sempre vai ficar sem dinheiro. E, se o obtém de algum lugar, vai continuar indo o tempo todo a esse lugar."

A atenção constante de Templeton em relação ao dinheiro provinha também do fato de ele acreditar que somos meros "guardiões temporários" da riqueza divina. Ele gostava de começar as reuniões na sua firma de investimentos com uma oração e enxergava uma forte correlação entre a espiritualidade e o sucesso material. "Quando você foca em questões espirituais, é bem provável que enriqueça", disse-me. "Nunca encontrei uma família que tenha doado o dízimo à caridade durante dez anos e que não tenha se tornado tanto próspera quanto feliz. Pagar o dízimo é, portanto, o melhor de todos os investimentos do mundo." Ele chegou a criar "uma nova forma" de "superdízimo": "Para cada dólar que gasto comigo mesmo, faço questão de doar 10 dólares."

Ele tinha o mesmo grau de exigência em relação à gestão do tempo. John Galbraith, que comercializava os fundos de Templeton, relembra: "John não perdia tempo com papo-furado. No instante em que ele terminava os assuntos de negócios com você, passava ao problema seguinte." Gary Moore acrescenta: "Na primeira vez que encontrei John, ele disse: 'Esteja aqui às 16h02. Tenho outro encontro marcado às 16h13.'"

Determinado a não desperdiçar um minuto sequer, John adotou o hábito de fazer duas coisas ao mesmo tempo. Durante o encontro na casa dele, ao mesmo tempo que respondia às minhas perguntas, ficou sublinhando trechos relevantes de um livro. Também gostava de ser multitarefa rezando enquanto dirigia. Obcecado pela pontualidade, costumava chegar dez minutos antes das reuniões. Abominava a procrastinação. Odiava distrações como a televisão e o cinema (principalmente o que chamava de "entretenimento sem objetivo"), dando preferência à leitura de avisos de empresas ou livros "inspiracionais". Considerava "ficar à toa" no trabalho "uma forma de roubo" e o ócio, "uma forma lenta de suicídio".

Quando comentei que ele parecia duro demais consigo mesmo, respondeu: "Vamos dar a isso o nome de autocontrole. Eu concordo que sempre lutei para aumentar meu autocontrole e com certeza gostaria que os outros fizessem o mesmo."

Não eram só o dinheiro e o tempo que ele geria com uma autodisciplina implacável. Ele também tinha obsessão pela gestão da própria mente. Em *Wisdom from World Religions* (A sabedoria das religiões do mundo), ele fala o tempo todo sobre o "controle do pensamento". Na vida cotidiana, treinava para concentrar-se em "pensamentos produtivos" e "emoções positivas", como amor, gratidão, serventia e a contemplação da "bondade interior infinita em nós mesmos e nos outros".[15]

Templeton também fazia questão de afastar pensamentos e emoções negativas, como a raiva, a dúvida, o receio, a culpa, o medo, o ódio e a inveja. Uma técnica que ele recomendava era substituir todo e qualquer pensamento negativo pela frase "Dou graças à abundância do bem na minha vida". Ao encarar dificuldades, sugeria verbalizar frases como "É uma bênção para mim". Também buscava erradicar qualquer "ideia sem rumo e sem disciplina" que não atendesse aos "objetivos maiores" da sua vida. Nas palavras de Templeton, temos um poder gigantesco para moldar nossas vidas, escolhendo "onde queremos posicionar nosso foco, pois *aquilo em que focamos cresce*".*

A determinação de Templeton para dominar a própria mente ajudou-o a atravessar períodos terríveis. Em 1951, ele e a primeira esposa, Judith, estavam passando férias nas Bermudas quando ela morreu em um acidente de moto. Viúvo aos 38 anos, ele se viu subitamente responsável único pela criação dos três filhos. Conseguiu superar esse período "não dando espaço" para os pensamentos sombrios que, do contrário, poderiam ter dominado sua mente. Em 1958 casou-se pela segunda vez, com Irene, uma seguidora da Ciência Cristã que compartilhava com ele a fé no poder da mente e da oração.

---

* No livro *The Templeton Touch* (O toque de Templeton), Lauren Templeton conta que seu tio-avô "era tão disciplinado que um simples pensamento improdutivo não tinha lugar em sua mente. Certa vez ele me disse que, quando detectava um pensamento improdutivo, agarrava-o 'e o expulsava de volta ao vazio de onde viera'."

Sendo um jornalista cético, minha tendência naquela época (não hoje) era de menosprezar referências ao "pensamento positivo" e ao "controle dos pensamentos". Minha mente era tão fechada que eu tampouco levava a sério a missão de Templeton de investigar cientificamente se práticas espirituais como a oração ou o perdão poderiam ser benéficas. Fico constrangido de admitir, mas meus preconceitos me tornavam arrogante e desdenhoso. Eu deveria, em vez disso, ter suspendido meu juízo até me informar melhor.

Hoje me dou conta de que os hábitos de Templeton de oração e pensamento positivo devem tê-lo ajudado enormemente no esforço para adquirir controle sobre seus pensamentos e emoções. Para um investidor especializado em adotar posicionamentos impopulares, essa força mental era uma poderosa vantagem.

Por sua vez, a minha mente estava irremediavelmente à deriva e eu me deixava dominar facilmente por sentimentos como medo, dúvida, arrependimento, ganância, impaciência, inveja e pessimismo – todos eles complicadores do desafio de tomar decisões racionais ao investir.

Em *Wisdom from World Religions* (A sabedoria das religiões do mundo), Templeton escreveu: "Para obter êxito no mundo exterior é importante obter êxito no mundo interior. Amigos, sócios, oportunidades, carreiras e experiências de vida do nosso mundo exterior são reflexos do que acontece dentro de nós." Templeton assumiu o controle do seu mundo interior. Na época, eu achava que ele era dono da verdade e metido a superior, o que me tornava menos propenso a aprender algo com ele. Vinte anos depois, porém, sinto admiração pela sua força de vontade interior e gostaria de ter metade do seu autocontrole.

Hoje compreendo que Templeton não tinha apenas domínio sobre os mercados. *Ele tinha domínio sobre si mesmo*. Assumia a responsabilidade por todos os aspectos da própria vida, entre eles o tempo, o dinheiro, a saúde, as ideias e as emoções. Isso exigia uma autodisciplina extraordinária. Não damos o devido valor à autodisciplina: ela é uma virtude vista como ultrapassada e empoeirada. Mas Templeton triunfou levando-a ao extremo. Como Pabrai aprendeu com Munger: "Pegue uma ideia simples e leve-a a sério."

Nos investimentos, como na vida, existe muita coisa que *não temos* como controlar. Templeton não tinha como ter certeza se os Aliados iriam triunfar na Segunda Guerra Mundial e nunca teria como prever que a primeira esposa morreria ainda jovem. Mas ele tinha controle sobre aquilo que *podia* controlar.

Enquanto investidor, isso significava focar com disciplina implacável nas avaliações, na apuração de informações melhores que as dos rivais, nos juízos destemidos e independentes, sem preocupação com as preferências do rebanho. Também significava fazer tudo ao seu alcance para manter o equilíbrio mental e emocional. Ele não tinha como controlar o resultado final, mas tinha como controlar a si mesmo. O que eu não soube aprender com Templeton, duas décadas atrás, foi a importância absoluta desse jogo interior.

CAPÍTULO 3

# Tudo muda

Como tomar decisões inteligentes quando nada é imutável e o futuro é imprevisível? Pergunte a Howard Marks

---

A verdade básica de toda existência é que tudo muda. É uma verdade que ninguém pode negar, e todo o ensinamento do budismo está condensado nela.

– SHUNRYU SUZUKI,
*Mente Zen, mente de principiante*[16]

---

Quando Howard Marks era aluno da Universidade da Pensilvânia, inscreveu-se em uma especialização na faculdade de artes visuais. Era uma escolha excêntrica para um graduando da faculdade de administração, mas Marks tinha mostrado talento artístico desde muito jovem. "Então eu fui para a aula de artes plásticas e o professor entrou na sala, olhou em volta e disse: 'Tem gente demais. Precisamos dar uma filtrada. Vou perguntar o nome e a graduação de cada um.' Então eu disse: 'Meu nome é Howard Marks e curso administração na Wharton School.' E ele disse: 'Ok, você é o primeiro a sair. Dê o fora.'"

Expulso do Éden, Marks foi forçado a procurar outra área para sua especialização. Para sua surpresa, apaixonou-se pela literatura, a arte e a civilização japonesas. Foi em uma aula sobre o budismo japonês que ele descobriu o conceito zen de *mujo*, ou impermanência.* Sentado no escritório em um canto do 34º andar de um arranha-céu no meio de Manhattan, Marks explica como essa ideia antiquíssima moldou a sua filosofia sobre os investimentos e a vida. "A mudança é inevitável. A única constante é a impermanência", diz. "Temos que nos conformar com o fato de que o ambiente muda. Não podemos ter a expectativa de controlar o nosso entorno. Temos que nos acomodar ao nosso ambiente. Temos que esperar e acompanhar a mudança."

Marks entende que tudo está em um estado de fluxo constante: a natureza, as economias, os mercados, os setores econômicos, as empresas e nossas vidas. Para investidores, isso é sem dúvida um incômodo, considerando que estamos tratando de apostar nosso dinheirinho bem concreto em circunstâncias que não vão durar e em um futuro que não pode ser conhecido. Como tomar decisões sensatas diante de uma instabilidade e de uma incerteza tão agudas? Como me disse um dia o famoso investidor Bill Miller: "O mundo muda. Esse é o grande problema do mercado."

De fato, esse é um problema que permeia a nossa vida. O filósofo francês Michel de Montaigne escreveu: "Nós, e a nossa opinião, e todas as coisas mortas fluem e avançam sem cessar. Portanto, não se pode estabelecer nada com certeza sobre uma coisa a partir de outra, estando julgador e coisa julgada em mudança contínua." François-Marie Wojcik, um importante investidor francês, ficou empolgado quando citei para ele essa frase, escrita por Montaigne por volta de 1570. Receoso de superestimar a própria opinião (e a alheia) em um mundo em constante transformação, onde não se pode dar nada como garantido, Wojcik observa: "Tenho três princípios: duvidar, duvidar e duvidar."

O problema da transitoriedade, que reside no cerne dos ensinamentos budistas, é uma preocupação dos investidores mais reflexivos há muito tempo. T. Rowe Price,** fundador da empresa de investimentos que leva seu nome, em Baltimore, escreveu em 1937 um artigo intitulado "Change – the Investor's Only Certainty" (Mudança – A única certeza de quem inves-

---

* Shunryu Suzuki Roshi, famoso professor de zen, usava a palavra *shogyōmujō*, que ele traduzia como "tudo está em mutação".
** Price, apelidado de "o pai do *growth investing*", fundou em 1937 a empresa que leva seu nome, hoje um gigante global com mais de US$ 1 trilhão em ativos.

te).[17] Sofrendo para analisar as ameaças geopolíticas da sua época, Price fazia menção à ascensão de Hitler ao poder para em seguida arriscar uma previsão: "Os alemães vão incorporar territórios, de preferência por meios pacíficos." Dois anos depois, Hitler invadiria a Polônia, mergulhando o mundo em seis anos de guerra. Tudo mudou, mas não da forma como Price (ou qualquer outra pessoa) poderia prever com algum grau de precisão.

Marks nasceu em 1946, alguns meses depois do fim da guerra, e foi criado no Queens, em Nova York, em uma época em que, para ele, o ritmo das transformações parecia relativamente lento e inofensivo. "As revistas em quadrinhos custaram 10 centavos de dólar minha infância inteira", relembra. "Todos nós tínhamos a impressão de que o mundo era um lugar estável e de que os acontecimentos se davam contra um pano de fundo imutável. Hoje, é evidente que o mundo está em transformação o tempo todo, imprevisivelmente e a uma velocidade incrível. Nada é mais o que era antes, e para quem encara a vida com base na mesmice, isso deve ser muito desagradável."

No mundo dos negócios, a mesmice e a estabilidade não são uma opção. Empresas nascem e morrem, presas a uma luta darwiniana pela supremacia e pela sobrevivência, e inovações tecnológicas abalam um setor atrás do outro. A Time Inc., onde passei boa parte da minha carreira de jornalista, deixou de existir pouco tempo atrás, depois de décadas como a editora de revistas mais influente do mundo. Quando entrei na empresa, nos anos 1990, ela era conhecida como "o caixão de veludo", um local de repouso tão rico e ostentador que achávamos que iríamos morrer ali. Em 2018 a Time Inc. tornou-se uma diminuta unidade da Meredith Corporation, que ganhava a vida com revistas como *O fazendeiro de sucesso* e *Frutas, jardins e casa*. A Meredith retalhou a empresa como quem depena um carro para vender as peças no ferro-velho.

Como investidores, sonhamos com respostas definitivas para perguntas complexas a respeito do futuro. *A bolsa vai subir ou cair? A economia vai prosperar ou afundar?* Marks comenta que investir consiste inteiramente em "adivinhar o futuro". Na análise de qualquer ativo, precisamos decidir qual o preço a pagar hoje considerando a nossa expectativa de ganhos e valores futuros. Da mesma forma, nas outras áreas da vida "precisamos lidar com o futuro. Temos que decidir onde morar, onde trabalhar, com quem casar e quantos filhos ter". Mas, se tudo está mudando mais depressa do que nunca e se amanhã tudo pode estar bem diferente de hoje, como fazer para nos posicionarmos corretamente diante do que está por vir?

A maioria das pessoas toma decisões de investimento (e decisões de vida) com base em uma mistura pouco confiável de uma lógica fruto de reflexão rasa, vieses, palpites, emoções e fantasias imprecisas em relação ao futuro. Eu mudei de país mais de uma vez sem refletir de verdade a respeito, movido em grande parte por caprichos ou frustrações.

Em compensação, Marks é um mestre do pensamento disciplinado e objetivo – qualidade que fez dele um dos gigantes incontestáveis do mundo dos investimentos. Como copresidente da Oaktree Capital Management, ele cuida de cerca de US$ 120 bilhões em ativos. Pioneira na área dos investimentos alternativos, a Oaktree é especializada em setores como dívidas depreciadas, *junk bonds*, obrigações conversíveis, imóveis comerciais e investimentos "de controle" em negócios com "potencial inexplorado". Entre os clientes da empresa estão cerca de setenta dos maiores fundos de pensão americanos, centenas de fundações e dotações e muitos dos maiores fundos soberanos.

Os incríveis rendimentos e a reputação da Oaktree tornaram Marks um homem rico. A *Forbes* estimou sua fortuna líquida em US$ 2,2 bilhões. Ele era dono de uma propriedade de US$ 75 milhões em Malibu e depois comprou um apê de US$ 52,5 milhões em Manhattan. Mas sua droga predileta não é o dinheiro, são as ideias. Acima de tudo, Marks é um pensador original – um homem fascinado por temas como o risco, o aleatório, os ciclos, a psicologia dos investimentos e a ameaça daquilo que chama de "desastres improváveis".

Marks supervisiona a estratégia de investimentos da Oaktree, mas estruturou seu trabalho de tal forma que nenhum dos cerca de 950 empregados da empresa se reporte a ele. Todas as responsabilidades de escolhas individuais de investimentos no dia a dia também foram delegadas por ele, o que garante que lhe sobre tempo para ler, pensar e escrever. Os memorandos que ele escreveu durante mais de 25 anos representam uma inestimável mina de sabedoria financeira.[18] Certa vez Warren Buffett escreveu: "Quando vejo memorandos de Howard Marks no meu correio, são a primeira coisa que abro e leio. Sempre aprendo alguma coisa." Marks transformou seus memorandos em um livro indispensável, *O mais importante para o investidor – Lições de um gênio do mercado financeiro*.[19]

Pessoalmente, ele tem um ar de professor de raro brilhantismo, salpicando suas falas com frases como "a suposição refutável tem que ser" e "na minha lenda pessoal". Durante nossas conversas, ele assume naturalmente o papel de professor, fazendo pausas para desenhar um gráfico ou consultar seus muito manuseados exemplares de livros esotéricos como *Decisions Under Uncertainty – Drilling Decisions by Oil and Gas Operators* (Decisões na incerteza – Decisões de escavação de operadores de petróleo e gás), de C. Jackson Grayson. Uma das suas maiores satisfações, diz Marks, é compartilhar ideias e ver as pessoas reagirem dizendo: "Ajudou muito. Nunca tinha pensado nisso."

Na minha opinião, ninguém no mundo dos investimentos pensou de forma mais útil sobre aquilo que dá ou não dá para saber e como podemos nos *preparar* para o futuro em vez de nos enganarmos acreditando ser possível prevê-lo. Diante do desafio da tomada de decisões racionais, às vezes eu me sinto tentado a desistir, desanimado. Como é que eu poderia vir a pensar em ações inteligentes, considerando a esmagadora complexidade das forças em jogo e quão pouco controle tenho sobre o resultado? Porém Marks, que eu considero um nobre sábio das finanças, proporciona um conjunto de ideias originais e estratégias práticas profundas que nos ajudam imensuravelmente a navegar em meio à névoa.

## Primeiro, seja sortudo. Segundo, seja humilde

**Em um mundo onde nada é estável ou confiável e onde quase tudo pode acontecer, a primeira regra de ouro é sermos francos com nós mesmos em relação a nossas limitações e vulnerabilidades.** Assim advertiu quase 2.500 anos atrás o dramaturgo ateniense Eurípides: "Como você pode se achar um grande homem quando o primeiro acidente que o pegue de surpresa pode aniquilá-lo completamente?" Montaigne, um dos mais sábios entre os homens, mandou gravar essa frase em uma viga da biblioteca de seu castelo.[20]

Marks, que tem absoluta consciência dos riscos do orgulho e da arrogância, decorou uma das paredes de seu escritório com uma pintura, de séculos atrás, de barcos a vela de madeira à mercê de ondas assustadoras. Ele comprou o quadro em 2001, em uma época em que especuladores imprudentes haviam sido impiedosamente jogados contra os rochedos pelo *crash* das pontocom. Aquela pintura é uma lembrança incômoda de que nenhum de nós está imune ao poder destrutivo de forças maiores que nós e acima do nosso controle – lição que voltamos a aprender em 2020, quando, surgindo do nada, um vírus jogou o mundo inteiro no caos.

"Absolutamente ninguém tinha uma pandemia no radar e de repente ela se torna o evento definidor das nossas vidas", diz Marks. "Por si só, isso deveria nos convencer de que não temos como saber o que vai acontecer. (...) Às vezes não sabemos nem o que *pode* acontecer."

No romance *A fogueira das vaidades*, de 1987, Tom Wolfe cunhou o termo "mestres do universo" para descrever os banqueiros de investimento bambambãs que faturam milhões de dólares em bônus todo ano. Mas, no entender de Marks: "A maior cagada que você pode fazer é achar que é um 'mestre do universo'. Não somos nada além de pequenas engrenagens e o universo vai continuar sem a gente. Temos que nos encaixar e nos adaptar a ele."

Quando lhe perguntei a respeito de outro bilionário que costuma fazer previsões arriscadas sobre a economia e os mercados, Marks reconheceu que ele é "extremamente esperto", mas acrescentou: "No fim das contas, o mundo vai saber se ele era tão esperto quanto achava ser. Porque, quando você pensa que é mais inteligente do que é, está se metendo em problemas. (...) Eu gostaria que ele não se achasse tão bom quanto é."

Um jeito que Marks usa para manter controlado o próprio ego é lembrar-se do protagonismo que a sorte teve na sua vida. Depois de ler o livro *Outliers – Fora de série*, de Malcolm Gladwell, que investiga as inúmeras razões do sucesso, Marks preparou uma lista de acontecimentos afortunados que o ajudaram a chegar aonde chegou.

A boa fase começou com a "sorte demográfica" de ter nascido em uma família americana branca, de classe média, no advento de uma era de ouro de crescimento, no pós-guerra.\* Ninguém na sua família tinha diploma

---

\* De modo parecido, Warren Buffett costuma dizer que ganhou a "loteria ovariana" por ter nascido nos Estados Unidos em 1930. No almoço com Mohnish Pabrai e Guy Spier, ele contou que, em uma viagem à China com Bill Gates, viu um jovem chinês que trabalhava puxando barcos para a praia. Buffett se deu conta nessa hora de que muitas oportunidades foram vedadas àquele homem por simples obra de acasos de nascença, fora do controle dele. Buffett acrescentou que sua carreira nos investimentos jamais teria sido possível se tivesse nascido na China, porque não teria como ler os livros de Benjamin Graham, que não haviam sido traduzidos para o chinês.

universitário, mas ele teve a boa fortuna de ter pais que davam valor ao aprendizado, compraram uma enciclopédia e o incentivaram a fazer faculdade. Suas notas no ensino médio nada tinham de especial; ele acha, por isso, que teve sorte de ser aceito na Wharton School. E foi a Wharton que lhe apresentou o mundo das finanças, levando-o a abandonar a ambição inicial de fazer carreira em contabilidade. Sua segunda opção, uma universidade estadual importante, certamente careceria do prestígio da Wharton entre os recrutadores de Wall Street.

Certa vez, em uma entrevista, comentei que Marks tem um QI alto, o que sem dúvida teve um papel preponderante em seu êxito. Em resposta, Marks me enviou um e-mail de encantadora modéstia observando: "Aquele que não reconhece integralmente a própria sorte ignora o fato de que ser inteligente não passa de sorte. Ninguém faz nada para 'merecer' um QI alto."

Depois da Wharton, Marks se candidatou ao MBA de Harvard, mas foi rejeitado (assim como Buffett). Falta de sorte? Nem um pouco. Em vez disso, ele foi parar na faculdade de administração da Universidade de Chicago em 1967, quando ali estava ocorrendo uma revolução na teoria financeira. Os acadêmicos da "Escola de Chicago" tinham acabado de desenvolver a hipótese do mercado eficiente, segundo a qual o preço dos ativos reflete corretamente todas as informações relevantes disponíveis aos investidores. Essa teoria deu origem à crença de que é impossível derrotar o mercado o tempo todo, sugerindo que os investidores devem se contentar com a posse de fundos indexados de baixo custo, que espelham os retornos do mercado. A indexação, como veremos mais adiante, é inegavelmente uma opção inteligente, considerando quão difícil é superar o mercado, descontadas as taxas. Nas palavras de Marks: "A maioria das pessoas deve indexar a maior parte de seu dinheiro."

Ao ouvir as explicações dos professores sobre a eficiência do mercado, Marks conta que sentiu o equivalente financeiro do *satori*, "o momento de iluminação no zen-budismo". A ideia de que milhões de investidores se acotovelando em busca do lucro "acabariam achando as pechinchas e comprando-as" fazia sentido para ele. Isso "não é uma verdade universal", segundo ele, "mas faz muitíssimo mais sentido do que achar que uma coisa é uma pechincha evidente e que ninguém mais vai se dar conta disso".

Marks encara a hipótese do mercado eficiente como "um conceito muito poderoso". Apesar disso, existe uma diferença entre a teoria acadêmica e a prática do mundo real, grande o bastante para lhe permitir ter ganhado bilhões para si próprio e para seus clientes. Ele conta uma piada antiga, que é a seguinte: um professor de finanças e um aluno estão caminhando pelo campus de Chicago. O aluno para e exclama: "Olha! Uma nota de 5 dólares no chão!" O professor responde: "*Não pode* ser uma nota de 5 dólares; se fosse, alguém já teria pegado." O professor vai embora, o aluno pega o dinheiro e compra uma cerveja com ele. Não por acaso, Marks guarda na carteira uma nota de 5 dólares dobrada que achou um dia na biblioteca da faculdade de administração de Harvard – um lembrete de que a teoria tem suas limitações.

**Marks extraiu uma lição simples, mas capaz de mudar sua vida, desses debates acadêmicos: se ele quisesse ser um investidor que agregasse valor, teria que evitar os mercados mais eficientes e focar exclusivamente nos menos eficientes.** "Quanto mais estudado, acompanhado, procurado e popularizado um mercado é, menos se encontram pechinchas", afirma. Por exemplo, é difícil encontrar barganhas espetaculares nas grandes empresas americanas, um dos principais mercados, em que enxames de gestores financeiros inteligentes e altamente motivados tendem a "expulsar distorções de preços". Caso queira investir em uma ação das empresas mais negociadas, uma boa ideia é comprar e manter um fundo indexado que acompanhe o S&P 500, reconhecendo que suas probabilidades de obter uma vantagem de longo prazo nesse mercado eficiente são baixas.

Marks adquiria vantagem indo pescar em águas menos concorridas, como garantias de dívida de empresas em dificuldade – uma área que a maioria dos investidores evita, por parecer assustadora e pouco transparente. Ele compara o investimento em mercados ineficientes a jogar pôquer apenas contra adversários fracos e que cometem constantes equívocos.

Depois de se diplomar em Chicago, Marks candidatou-se a vários empregos, entre eles um na Lehman Brothers. "A única coisa de que eu tinha certeza era que queria aquele emprego na Lehman." Para sua decepção, nunca lhe propuseram uma vaga. Por isso ele assumiu um cargo no First National City Bank, que viria a se tornar o Citibank. Passou a década seguinte como analista de ações e, posteriormente, diretor de prospecção. Muitos anos depois, ficou sabendo por intermédio de um recrutador do campus que a Lehman *quisera* contratá-lo, mas que o sócio encarregado de ligar para ele deixou de dar a boa-nova porque estava de ressaca. Muitas vezes Marks fica pensando em que teria se tornado se houvesse recebido aquela ligação e feito carreira na Lehman. Em 2008 a firma foi à falência, fazendo todos os sócios perderem seu dinheiro e provocando a quebra da economia mundial.

Depois de dez anos prospectando *equities*, Marks foi avisado de que o Citibank iria substituí-lo como chefe de departamento e que, portanto, ele teria que encontrar uma nova função. Ele não queria desperdiçar seu tempo em nichos já muito bem cobertos, como ações de farmacêuticas, em que seria difícil estar mais bem informado que os outros investidores. "Por isso disse a mim mesmo: 'Vou fazer qualquer coisa, menos passar o resto da vida optando entre a Merck e a Eli Lilly.' Ninguém tem como acertar *isso* mais que 50% das vezes."

No fim, seu chefe mandou que ele cuidasse de dois novos fundos em uma área na qual não tinha experiência: títulos conversíveis e obrigações de alto rendimento. Deve ter sido o mais afortunado de todos os acasos da sua vida. Sem querer, agora ele estava no lugar certo para aproveitar um *boom* de mais de uma década em formas de crédito novas e exóticas, muito distantes da área respeitável e entediante dos títulos de baixo risco com classificação de risco AAA.

Em geral, supomos que o talento, e não a sorte, é o ingrediente mais vital do sucesso. Talvez. Mas é difícil superar a boa sorte de começar no momento ideal para surfar uma onda gigante. Michael Price, um lendário caçador de ações, contou-me certa vez como sua carreira decolou, aos 24 anos, no dia em que foi contratado por um veterano *value investor* chamado Max Heine, cujo único fundo mútuo tinha, então, um patrimônio de apenas US$ 5 milhões. "Por US$ 200 semanais, comecei em 2 ou 3 de janeiro de 1975, exatamente o ponto mais baixo do mercado de ações do século fora a Grande Depressão", disse-me Price. "Ninguém queria comprar ações nos Estados Unidos. Eu tirei, então, a sorte grande de me juntar a um incrível *value investor* que já tinha quarenta anos de mercado no vale mais baixo do atual mercado em alta, quando havia ações para dar e vender na América. Portanto, eu quase não tinha como fracassar." Nas duas décadas seguintes, o patrimônio dos fundos mútuos da empresa atingiu cerca de US$ 18 bilhões. Em 1996, Price vendeu a empresa por mais de US$ 600 milhões.

É bom também quando, assim como ocorreu com Marks e Price, você tropeça em uma oportunidade que por acaso se encaixa nos seus talentos e no seu temperamento. "Títulos são uma coisa que combina com a minha personalidade", diz Marks, "por causa da promessa de retorno" quando o título chega ao vencimento, além da promessa de pagamento anual de juros. Se o título for pago no vencimento, sabe-se antecipadamente qual será o retorno, pois ele foi pactuado em contrato.

O segredo é evitar ficar sobrecarregado de créditos podres. Por isso a primeira pergunta é se o tomador tem crédito na praça. A segunda é se o patrimônio do tomador vale o suficiente, já que o credor terá prioridade em caso de calote da dívida. "Essas são perguntas que eu considero respondíveis", diz Marks. Em um mundo de incerteza, onde há tantas perguntas *irrespondíveis*, as obrigações oferecem certo grau reconfortante de controle e previsibilidade. Títulos desse tipo também são menos arriscados que as ações, o que é tranquilizador para quem é naturalmente receoso.

O que teria acontecido caso o chefe de Marks lhe tivesse dado uma missão menos adequada, como gerir um fundo de capitais de risco? "Teria sido terrível para mim", diz Marks. "Em capital de risco, é preciso ser futurólogo e sonhador."

Apesar disso, quando começou a trabalhar com obrigações de alto rendimento em 1978, não era exatamente um serviço glamouroso. Conhecidos popularmente como títulos podres, causavam repulsa generalizada, sendo considerados ativos de má fama que apresentavam risco inaceitável de calote. Marks conta que a maioria das empresas de investimentos proibia expressamente comprá-los e a Moody's, agência de classificação de risco, declarava que toda a categoria de fundos B "carecia das características de um investimento desejável". Por ironia, essa crença dogmática de que os títulos podres são *necessariamente* um mau investimento foi o que os tornou atraentes para Marks: "Quando há um viés verdadeiramente forte contra uma espécie de ativo, abre-se o caminho para boas pechinchas. Foi isso que eu fiz."

O que os críticos não conseguiram perceber foi uma verdade básica graças à qual Marks, assim como Sir John Templeton antes dele, enriqueceu: **Qualquer ativo, por pior que pareça, pode valer a compra se o preço for baixo o suficiente.** Marks, a propósito, acredita que "comprar barato" é o caminho mais confiável para enriquecer investindo – e que pagar um

**sobrepreço é o maior risco. Portanto, a pergunta essencial a ser feita em relação a qualquer investimento em potencial deve ser: "Está barato?"**

Paradoxalmente, o preconceito contra os títulos podres barateou tanto esses ativos supostamente arriscados que eles se tornaram relativamente seguros. Para Marks, grande parte do fascínio do mundo dos investimentos mora nessas sutilezas. Em um dos vários memorandos que escreveu a respeito do risco, ele conjectura: "Estou convencido de que tudo que é importante nos investimentos vai contra o senso comum e tudo que é óbvio está errado."

Marks saiu do Citibank em 1985 para trabalhar em uma firma de investimentos com sede em Los Angeles, o TCW Group. Ali, um colega, Bruce Karsh, teve a ideia de criar um fundo de *distressed debt* para investir em títulos de empresas que estivessem falimentares ou rumando para a falência. Uma vez mais, Marks reconheceu de cara a beleza exótica de um mercado pouco compreendido, que os demais achavam repugnante. "Se os títulos podres já são suspeitos", afirma, "o que poderia ter fama pior do que investir em dívida de empresas falidas?" Marks e Karsh firmaram uma parceria duradoura. Em 1995 saíram da TCW e tornaram-se cofundadores da Oaktree, empresa que cresceria até se tornar uma gigante, erguida sobre os improváveis pilares dos títulos podres e das empresas falidas.

Se não tivesse sorte, Marks jamais teria caído de paraquedas nesses mercados ineficientes e repletos de pechinchas. Sem capacidade intelectual e uma cabeça independente, jamais poderia ter explorado as oportunidades que encontrou. "Veja, só a sorte não basta", afirma. "Mas inteligência tampouco basta, trabalho duro não basta, nem mesmo a perseverança basta necessariamente. É preciso uma combinação de todos os quatro. Todos nós conhecemos pessoas inteligentes que deram duro mas *não tiveram* sorte. Isso me entristece. Toda hora alguém me pede emprego. É gente merecedora, de 50 anos, que perdeu o emprego."

Ao se lembrar o tempo todo da boa sorte que teve, Marks se protege contra aquilo que eu chamaria de "síndrome de mestre do universo". Essa humildade reforça sua imunidade contra o excesso de confiança, que é uma ameaça permanente para o investidor mais astuto (ou mais sortudo).

Mas reconhecer a própria sorte lhe traz outro ótimo benefício: felicidade. "Ando por aí com essa sensação incrível de ser um cara de sorte", confidencia Marks. "Quando você é uma pessoa negativa, pode dizer: 'Bem, tive sorte na vida e isso é um saco, porque significa que meu êxito não foi resultado de mérito e pode não perdurar.' Mas eu digo: 'Caramba, como é bom ter sorte. E, sabe, é algo que eu realmente devo a alguém, seja a Deus, ao acaso ou a outra coisa qualquer.'"[21]

Templeton parecia não ter muita dúvida de que seu sucesso era fruto de uma dádiva divina. E quanto a Marks? Judeu de nascimento, foi criado na doutrina da Ciência Cristã e na infância frequentou a igreja todos os domingos. Hoje em dia ele se considera judeu, mas não religioso. "Acredito fortemente na aleatoriedade", afirma, "e acho simplesmente que tive sorte."

## Saiba o que você não sabe

Marks coleciona um "extenso compêndio" de frases úteis que foi acumulando ao longo de décadas e gosta de citá-las ao explicar seu credo de investimento. Uma dessas ideias originais favoritas vem do economista John Kenneth Galbraith, um de seus ídolos intelectuais, que disse: "Temos dois tipos de previsor: os que não sabem... e os que não sabem que não sabem."

O mundo dos investimentos está repleto de gente que acha (ou finge) que consegue enxergar o que o futuro reserva. Essas pessoas são: "estrategistas de mercado" de fala mansa das corretoras de Wall Street, que preveem com confiança o percentual exato de valorização da bolsa no ano seguinte em vez de reconhecer que não têm ideia do que vai acontecer com o mercado; analistas de *equities* que oferecem estimativas de rendimentos trimestrais das empresas que acompanham, alimentando assim a ilusão de que o lucro pode ser constante e previsível em vez de irregular e errático; gestores de grandes fundos *hedge* que fazem apostas agressivas em variações do câmbio, das taxas de juros e de qualquer coisa que suba ou desça; comentaristas de TV e jornalistas especializados que afirmam, na cara dura, que sabem o que as mais recentes (e na maior parte inexplicáveis) flutuações do mercado reservam para os investidores.

Mas, por trás das bravatas, o que há de concreto? Marks costuma citar uma observação de Amos Tversky, psicólogo israelense que estudou vieses cognitivos juntamente com Daniel Kahneman: "Assusta pensar que talvez haja alguma coisa que você não saiba, mas assusta ainda mais pensar que, em geral, o mundo é governado por pessoas que acreditam que sabem exatamente o que está acontecendo."

Vale a pena fazer uma pequena pausa para deixar essa ideia incômoda se instalar definitivamente no seu cérebro.

De vez em quando os futurólogos acertam, mas Marks encara esses acertos como prova do ditado segundo o qual até um esquilo cego às vezes encontra uma noz. Dito isso, ele reconhece que há um número reduzido de exceções legítimas – investidores como George Soros e Stanley Druckenmiller, que desafiaram várias vezes as probabilidades fazendo apostas que deram certo com base em suas previsões macroeconômicas. "O que não falta são motivos para eu achar que você não tem como ser um bom investidor", como "projetar o futuro" e "fazer grandes apostas" com base nessas previsões, diz Marks. Mas certos indivíduos o desmentiram "porque o que você não pode ignorar é o ingrediente humano".

Apesar disso, o próprio Marks é um membro renitente do que ele chama de "escola filosófica do 'Eu não sei'". **Na visão dele, o mundo é influenciado por um número quase infinito de fatores e envolve tanta aleatoriedade que é impossível prever os eventos futuros com alguma constância.** Reconhecer que não temos como prever o futuro pode parecer uma constatação desanimadora de fragilidade. Na verdade, é uma senhora vantagem reconhecer nossas limitações e agir dentro dos limites do que é possível. Da fragilidade sai a força.

De que forma essa consciência das próprias limitações liberta Marks de atividades inúteis – ou nocivas? Para começo de conversa, ele não desperdiça tempo algum tentando prever taxas de juros, inflação ou o ritmo do crescimento econômico. Nós também devemos seguir esse exemplo. Se Marks não consegue prever esse tipo de coisa, fico bem convencido de que tampouco nós conseguiremos. Ao contrário de muitos de seus rivais, a Oaktree não possui sequer um economista próprio e não convida "experts" externos para ler a macroeconomia em folhas de chá.

Marks também descarta a ideia de antecipar-se ao mercado, considerando a impossibilidade de prever o tempo todo o momento certo de entrar e sair. Em um de seus primeiros memorandos, ele observou que o retorno médio anual das ações entre 1926 e 1987 foi de 9,44%, mas "se você tivesse decidido embolsar o lucro e perdesse os 50 melhores desses 744 meses, teria perdido todo o retorno. Isso me dá a entender que as tentativas de se antecipar ao mercado são uma fonte de risco, e não de proteção".*

A Oaktree também tenta evitar aquilo que Marks descreve como "investimentos orientados para o futuro", o que descarta ativos sedutores como ações de empresas de tecnologia, fornecedores de produtos da moda e tudo aquilo que cheira a modismo. No início de sua carreira, o departamento em que trabalhava no Citibank era um empolgado propagandista de um dos modismos mais notórios, conhecido como Nifty Fifty – um grupo de ações de crescimento de alta octanagem, como Xerox Corp., Avon Products e Polaroid Corp., que atingiram valores estonteantes até desabarem entre 1973 e 1974.** Essa experiência deixou nele uma desconfiança perene de fantasias de projeções de crescimento sem fim ao longo de um futuro distante e feliz.

Uma de nossas conversas ocorreu em 2017, durante um período de alta em que Marks identificou um surto semelhante de euforia de investimentos relacionado às chamadas FANGs – Facebook, Amazon, Netflix e Alphabet (antiga Google). "Estão agindo como se não houvesse limites para seu sucesso e nenhum preço fosse alto demais", alertou. "Historicamente, na maioria dos casos isso foi perigoso. (...) Nenhuma árvore cresce ao infinito. Pode ser que um dia cresça. Eu não apostaria nisso."

Se seu ceticismo habitual significar desperdiçar uma exceção ocasional à lei da gravidade, tudo bem para ele. Marks prefere continuar bem preso ao chão, concentrado em "propostas razoáveis", em que o preço de um determinado ativo esteja baixo em relação a seu valor intrínseco. "Investir em sonhos é fácil", diz ele. "O desafio é discernir o valor naquilo que é tangível hoje."

Qualquer investidor que tem esperança de atingir êxito duradouro deve incutir essa ideia básica de comprar ações subvalorizadas. Como vimos, esse é um fio comum que une todos, de Buffett a Pabrai, de Templeton a Marks.

---

\* Estudos mais recentes chamaram a atenção para o mesmo risco. Um relatório da Calamos Investments mostrou que o índice S&P 500 deu um retorno anual de 7,2% entre 1998 e 2017. Quem tivesse perdido os vinte melhores dias do mercado ao longo desses vinte anos teria visto o retorno anual cair para apenas 1,1%.

\*\* A Polaroid apresentava um índice preço/lucro (P/L) de 94,8 no auge da mania pelas Nifty Fifty. No momento mais baixo do mercado, em 1974, a ação da Polaroid caíra 91%. A da Avon caiu 86%, enquanto a da Xerox perdeu 71%.

**Ao analisar qualquer ativo, o que Marks quer saber, acima de tudo, é "a quantidade de otimismo embutida no preço".** Em relação às FANGs, "há muito otimismo. Demasiado? Quem há de saber? Será que uma delas vai se tornar a primeira máquina de moto-perpétuo, a primeira empresa que: (a) nunca tropeça e (b) não é suscetível a reveses? Não sei". Essa mistura altamente inflamável de impossibilidade de conhecimento e otimismo sem freios é suficiente para assustá-lo – não porque ele saiba exatamente o que vai acontecer, mas porque a probabilidade de uma decepção é alta demais.

Nos meses seguintes à nossa conversa, as FANGs continuaram disparando. Mas Marks consegue contemplar sem lamentações quando outros tiram a sorte grande com o que ele chama de apostas malfeitas. Incorrigível colecionador de sabedoria alheia, ele guardou um antigo biscoitinho da sorte dizendo: "Os cautelosos raramente erram ou escrevem excelentes poemas." Ele se sente à vontade com uma abordagem prosaica, que reduz a probabilidade de erros catastróficos: "Você tem que agir conforme sua embocadura. Isso é muito importante." Quando pergunto quais foram seus mais danosos equívocos de investimento, ele responde: "Eu não me lembro de ter cometido nenhum grande erro por comissão – apenas por omissão."

Olhando para trás, Marks reconhece que não ter comprado Amazon foi um erro por omissão. "Mas *não foi* um erro ter tido uma abordagem cautelosa no todo" em uma época em que havia "confiança demais, aversão ao risco de menos, capital demais tentando encontrar um pouso e uso excessivo da alavancagem". Esses sinais de exagero levaram a Oaktree a investir com cautela exacerbada durante vários anos.

Por fim, em março de 2020 a alta de onze anos do mercado terminou quando o terror crescente com a Covid-19 levou o índice S&P 500 a despencar 33,9% em menos de um mês. Ninguém tinha como prever que um vírus saltando de morcegos para seres humanos em Wuhan seria o catalisador do mais rápido derretimento do mercado na história americana. "Mas, quando o mercado está precário, você *não precisa* saber qual vai ser o catalisador", diz Marks. "Você só precisa saber que existe uma vulnerabilidade."

À medida que o vírus se espalhava, o humor dos investidores virou de "Não consigo imaginar o que pode dar errado" para "Não consigo imaginar o que pode dar certo". Não era um pessimismo infundado. Como me disse Marks em 2020: "Estamos em uma época em que as pessoas têm medo de morrer, têm medo de sair de casa e têm medo de uma depressão." Mas a prontidão para vender ativos "a preços muitos baixos e urgentemente" lhe propiciou uma oportunidade há muito esperada. Em meio ao pânico, a Oaktree investiu "alguns bilhões de dólares" abocanhando títulos podres que ofereciam "enorme recompensa".

Poucas vezes o futuro pareceu mais imprevisível ou menos convidativo. Apesar disso, os riscos para investir na verdade haviam diminuído. Do ponto de vista de Marks, "as probabilidades mudaram de precárias para propícias" pelo simples motivo de que "as coisas ficaram baratas o bastante".

Então o mercado tornou as expectativas ainda mais confusas novamente, protagonizando a mais rápida recuperação desde os anos 1930. Marks então "recalibrou" de novo, retomando uma postura defensiva à medida que o otimismo crescente fazia secar a fonte de pechinchas. Seu comportamento distanciado e objetivo refletia de maneira perfeita a lição básica de investimento que ele tirara do budismo. Lembre-se: **"Temos que nos conformar com o fato de que o ambiente muda."**

## Encontre ordem em meio ao caos

Quando eu estava no ensino médio, fiz uma prova de literatura inglesa em que havia uma pergunta de rara profundidade: *O romancista Henry James escreveu que a vida é "só inclusão e confusão", enquanto a arte é "só discriminação e seleção". Discorra.* Como escritor, adoro a ideia de que a missão do artista seja encontrar ordem em meio à confusão e ao caos da existência, que tudo inclui. James comparou essa busca pela estrutura oculta ao esforço de um cachorro desconfiado para farejar "um osso enterrado".

O investidor se vê diante de um desafio parecido: a vida é uma confusão e complicação sem fim. Porém, e se tivéssemos como detectar padrões subjacentes em meio a essa teia de infinita complexidade? Nesse caso, teríamos mais êxito em descobrir o que o futuro nos reserva. Marks tem um raro dom para identificar padrões cíclicos, que ocorreram repetidamente nos mercados financeiros. Uma vez compreendidos esses padrões, temos como evitar nos deixarmos enganar por eles e podemos até mesmo lucrar com eles.

"Me ajuda muito", diz-me Marks, "enxergar o comportamento do mundo como cíclico e oscilante, e não retilíneo." Ele acredita que quase tudo seja cíclico. A economia, por exemplo, se expande e se contrai; os gastos dos consumidores aumentam e diminuem; a lucratividade das empresas sobe e desce; a disponibilidade de crédito afrouxa e aperta; a cotação das ações decola e despenca. Em vez de seguirem sem parar em uma direção, todos esses fenômenos em algum momento dão meia-volta. Ele compara esses padrões ao vaivém de um pêndulo, de um extremo a outro.

Os mercados financeiros são o laboratório perfeito para o estudo da ciclicidade, porque são impelidos pela psicologia dos investidores, que oscila permanentemente entre a euforia e o desânimo, a ganância e o medo, a insensibilidade e o ceticismo, a complacência e o terror. O ser humano se deixa levar e por isso as tendências sempre são exageradas em um sentido ou em outro.

Mas Marks opera pressupondo que os ciclos se corrigem em algum momento e o pêndulo sempre oscilará na direção contrária. **Por mais imprevisível que seja o futuro, esse processo recorrente de altas e baixas é *incrivelmente previsível*. Uma vez reconhecido esse padrão subjacente, paramos de voar às cegas.**

O problema é que a maioria dos investidores age como se a tendência mais recente do mercado fosse se prolongar indefinidamente. Os economistas comportamentais usam o termo *viés de recência* para descrever a falha cognitiva que nos leva a dar um peso excessivo à importância de nossas experiências recentes. Marks observa que a mente humana também tem uma tendência traiçoeira a apagar lembranças desagradáveis. Não fosse assim, suponho que minha esposa não teria disposição para encarar mais uma gravidez e não estou certo de quantos escritores reuniriam as energias para voltar mais uma vez à página em branco. Nas nossas vidas financeiras, essa capacidade vital de esquecer experiências desagradáveis é menos útil, porque as tristezas e os passos em falso do passado tendem a proporcionar as lições mais preciosas.

Um modo de enfrentar essa tendência custosa é por meio do estudo intensivo da história do mercado. **"Não dá para saber o futuro"**, diz Marks, mas "ajuda saber o passado".

Da estante de livros ele puxa seu exemplar anotado de *Uma breve história da euforia financeira*, de Galbraith, e lê para mim seu trecho favorito de literatura financeira, que investiga as razões da euforia nos mercados: "A primeira [causa] é a extrema brevidade da memória financeira. Por conta disso, os desastres financeiros são rapidamente esquecidos. Uma consequência adicional é que, quando as mesmas circunstâncias, ou similares, se apresentam de novo, às vezes apenas alguns anos depois, são saudadas por uma nova geração, em geral juvenil e sempre absolutamente autoconfiante, como uma descoberta brilhantemente inovadora no mundo das finanças e da economia como um todo. Deve haver poucas áreas do empreendimento humano em que a história conte tão pouco quanto no mundo das finanças. A experiência passada, na medida em que ainda subsiste de alguma forma na memória, é desprezada como o esconderijo primitivo daqueles que não têm discernimento para apreciar as incríveis maravilhas do presente."

Ao observar a ascensão meteórica do preço do Bitcoin em 2017, Marks ficou pensando se era apenas a mais recente de uma longa história de incríveis maravilhas que acabariam se revelando não tão maravilhosas. Da mesma forma, ele não conseguia se convencer a apostar que ações tão empolgantes quanto Tesla e Netflix continuariam a disparar para o alto e avante: "Quando alguém, ou alguma coisa, faz sucesso, isso em geral traz junto arrogância, expansão excessiva, crença na infalibilidade, o que é muito perigoso." Ele sempre supõe que o pêndulo em algum momento vai oscilar no sentido contrário, assim como ocorreu com as "super-ações" que dominaram os mercados em alta no passado. É mais fácil detectar tais excessos quando você já viu esse filme várias vezes antes, diz ele, "e portanto é bom tentar amadurecer".

Também é bom tentar ler de tudo. François-Marie Wojcik, o investidor francês cheio de dúvidas que citei anteriormente, mostrou-me um romance de 1891 de Émile Zola, *O dinheiro*, que descreve uma febre especulativa na bolsa de Paris nos anos 1860. Zola nos oferece um relato estranhamente familiar de uma bolha desastrosa que culmina em um colapso dos bancos, detalhando até como o "fascínio popular" leva uma ação para além de seu "valor máximo", a um ponto de onde ela inevitavelmente cairá.

Para Wojcik, um apaixonado estudioso da história, o romance de Zola oferece um exemplo precoce desses "padrões" permanentes de comportamento errático das multidões. "Individualmente, somos inteligentes", diz

Wojcik. "Coletivamente, somos idiotas." Como precaução, ele realiza um teste de estresse constante de suas opiniões para reafirmar (ou desmontar) suas convicções: "Preciso dizer: 'François, você *está seguro* quanto a este investimento hoje de manhã? Deixe-me verificar de novo.'" Ele tem uma expressão francesa maravilhosa para descrever esse estado de espírito neuroticamente vigilante: *Toujours rester en éveil* ("Fique sempre alerta.")

Marks também nunca baixa a guarda. A maioria dos investidores tende a se acomodar quando tudo vai bem. Já a sua vigilância fica até maior, porque ele sabe que tudo muda, que o pêndulo não para quando chega ao máximo de sua oscilação e que "os ciclos acabam se impondo". Como explica Marks, o maior risco é quando a tolerância ao risco atinge o auge – um paradoxo que ele chama de "perversidade do risco".

Marks passa boa parte de seu tempo analisando o estado de espírito e o comportamento de outros agentes financeiros, tentando deduzir em que ponto do ciclo se encontram os mercados. Ele se orgulha, em especial, de um memorando que escreveu em 2007, um ano antes da crise financeira, identificando uma série de sinais de perigo. Entre eles estavam critérios de empréstimo estupidamente frouxos para as hipotecas nos Estados Unidos e no Reino Unido, uma disposição descuidada para financiar empresas sem mérito e uma prontidão para investir em fundos arriscados sem as salvaguardas de praxe. Escrevendo em negrito para dar ênfase, ele advertiu que "**períodos de desleixo sempre foram seguidos mais cedo ou mais tarde por correções que impõem penalidades**".

Um dos métodos de Marks para tomar o pulso do ambiente atual de investimentos é colecionar "historinhas" de "transações idiotas" em andamento. Por exemplo, em 2017 a Argentina emitiu um título de cem anos com retorno anual de 9%. Foi muito mais comprado do que seria de esperar, embora a Argentina tivesse dado calote em sua dívida *oito* vezes em duzentos anos, a mais recente delas em 2014. Parecia um exemplo ideal daquilo que Samuel Johnson chamou de "triunfo da esperança sobre a experiência". Como era de esperar, quando entrevistei Marks em 2020 ele comentou que a Argentina acabara de dar seu *nono* calote.

Os sintomas de burrice, excesso de confiança, ganância e baixo grau de exigência ficaram especialmente evidentes pouco antes da crise financeira global. Marks e seu sócio, Karsh, comparavam suas anotações e comentavam: "Olha só esse lixo aqui! Um negócio desses não poderia ser feito – e o fato de que *pode* acontecer indica que tem algo errado com o mercado."

Esse tipo de constatação propicia a Marks uma visão empírica, e não numérica, do mercado. "Todos os meus procedimentos são intuitivos, instintivos, das tripas", afirma. "Tudo que eu tento é ter uma ideia. O que está realmente acontecendo no mundo? E que deduções importantes posso tirar disso?"

Para chegar a uma conclusão, ele faz a si próprio perguntas como *Há ceticismo e aversão ao risco suficientes entre os investidores ou eles estão ignorando os riscos e só gastando alegremente? As avaliações são razoáveis em relação aos padrões históricos? As transações são justas para os investidores? Há confiança demais no futuro?*

De certa forma, segundo Marks, ele está tentando "prever o presente" – porque, ao contrário do futuro, o presente é conhecível. O que *não é* conhecível é o momento em que o ciclo vai virar. "Não fico nem pensando no momento certo", diz ele. "No setor dos investimentos, é muito difícil fazer a coisa certa e é impossível fazer a coisa certa na hora certa."

A vantagem de reconhecer em que ponto do ciclo se está é que isso lhe permite projetar um rumo adequado, com base nas condições predominantes, da mesma forma como dirigiria com mais cuidado em uma estrada congelada à noite do que em uma tarde de sol. "Temos que reconhecer o mercado tal como ele é, aceitá-lo e agir de acordo", diz Marks. Por exemplo, quando retornos elevados deixam os investidores menos temerosos de perder dinheiro do que de deixar passar lucros exorbitantes, estamos diante de um sinal de que devemos baixar nossas expectativas e agir com cautela. Do ponto de vista prático, o que isso implica? Essa situação pode exigir trocar alguns ativos de ações por títulos, comprar ações menos ousadas ou certificar-se de que não haverá necessidade de liquidez caso ela desapareça de uma hora para outra. "Não estou dizendo para sair vendendo", diz Marks. "Estou dizendo apenas: se a perspectiva de valorização muda no mercado, seu portfólio deve mudar."

Para mim, há uma sabedoria profunda nessa abordagem que consiste em enxergar a realidade como ela é, aceitá-la e adaptar-se. **Como Marks costuma dizer: "O ambiente é o que é." Não podemos *exigir* um conjunto** de condições de mercado mais favoráveis. Mas podemos *controlar* nossa reação, ficando mais defensivos ou agressivos conforme o clima.

Essa atitude de ir junto com a corrente provém diretamente dos ensinamentos sobre impermanência que Marks estudou na faculdade. "Você sabe que a mudança acontecerá, por mais que tente resistir", diz. "Acho que diante disso você deve relaxar e dizer: 'Não vou tentar controlar o futuro. Não tenho como conhecer o futuro. Vou tentar me preparar para um futuro incerto.'" Os investidores costumam se meter em encrenca quando há uma desconexão entre o ambiente e seu comportamento – quando eles ignoram ou rejeitam a realidade.

Em um memorando de 2006, Marks citou Lao-Tsé, filósofo taoista da Antiguidade: "Para ser forte, é preciso ser como a água: quando não há obstáculos, ela flui; quando há um obstáculo, ela para; quando uma barragem se rompe, ela volta a fluir; quando o vaso é quadrado, sua forma é quadrada; quando o vaso é redondo, ela é redonda. Por ser tão mole e maleável, é a mais necessária e mais forte das coisas." Para o investidor, da mesma forma, ser como a água é uma força, ajustando-se a tudo aquilo que encontramos. Parece tão simples, mas a natureza humana conspira para complicar. Quase todos nós nos deixamos levar pelos humores da massa e temos a maior dificuldade de agir de maneira racional nas situações extremas em que há mais elementos em jogo.

No *crash* dos mercados em 2008, a maior parte dos investidores entrou em pânico, como sempre entra. A festa virou terror quando a ciclicidade voltou a tomar conta e se vingou. Como Marks reagiu? Ele deu uma lição de mestre na avaliação e na resposta ao ambiente, com uma lógica cristalina – e levou sua empresa a realizar o maior lance de investimentos de uma geração.

### "Na maioria das vezes, o fim do mundo não acontece"

Meses antes de acontecer a crise do crédito, a Oaktree já estava preparada para o caos. No início de 2008, quando a maior parte do mundo estava otimista e complacente, a empresa terminou o levantamento de US$ 10,9 bilhões em ativos, criando o maior fundo de títulos depreciados da história.

De todos os ciclos estudados por Marks, nenhum lhe parece mais previsível que o ciclo de crédito. Como explica no livro *O mais importante para o investidor – Lições de um gênio do mercado financeiro*: "A prosperidade traz um aumento do crédito, que leva a empréstimos duvidosos, que levam a enormes prejuízos, que levam os credores a parar de emprestar, o que acaba com a prosperidade e assim por diante." Entre 2003 e 2007, ele testemunhou anos de empréstimos insensatos. Quando as perdas inevitáveis se acumularam e o crédito parou de uma hora para outra, sua intenção era lucrar com a crise. Não há nada como dispor de liquidez quando os outros estão implorando por ela.

A crise de crédito começou com a farsa das hipotecas *subprime* e as metástases se espalharam. O crédito hipotecário congelou. O preço dos imóveis residenciais desabou. O valor dos imóveis comerciais despencou. O banco de investimento Bear Stearns entrou em colapso. Desastres improváveis se tornaram ocorrências cotidianas.

Em mensagem aos investidores da Oaktree em 31 de julho de 2008, Marks relatou que ainda enxergava uma escassez de ativos comprometidos e sugeriu "ir devagar" até que aparecessem pechinchas melhores. Em questão de semanas o sistema financeiro entrou em desintegração. Em setembro o governo americano assumiu o controle das empresas Fannie Mae e Freddie Mac, de financiamento de hipotecas; o banco Merrill Lynch foi forçado a vender-se ao Bank of America; o Lehman anunciou a maior falência da história americana; a seguradora AIG teve que ser salva por um empréstimo de US$ 85 bilhões do governo; e até o Goldman Sachs ficou pendurado no abismo.

Aquele foi o maior pânico que Marks presenciara até então. Mas, enquanto os mercados despencavam e o pessimismo explodia, ele ficou otimista pela primeira vez em anos. Em 15 de setembro, o dia em que o Lehman quebrou de vez, a Oaktree começou a acumular um imenso conjunto de ativos tóxicos nos quais ninguém mais queria tocar. Nas quinze semanas seguintes, a empresa – sob a liderança de Marks e Karsh – investiu impressionantes aportes semanais que iam de US$ 500 milhões a US$ 600 milhões.

Essa foi a maior aposta da carreira de Marks, algo que consolidaria ou destruiria a sua reputação. Você pode imaginar, portanto, que ele tinha certeza do que estava fazendo. Mas, quando o Lehman naufragou, ele se deu conta de que *ninguém* sabia o que estava fazendo.

Em 19 de setembro ele escreveu um memorando aos clientes da Oaktree fazendo uma pergunta irrespondível, que de alguma forma *tinha* que ser respondida: "O sistema financeiro vai derreter ou este é simplesmente o maior ciclo de baixa da história? Minha resposta é simples: não temos escolha, a não ser supor que este não é o fim, mas apenas outro ciclo do qual devemos tirar proveito." Com seu característico humor seco, acrescentou: "Na maioria das vezes, o fim do mundo não acontece."

Quando perguntei o que o fizera mudar a sua posição de defensiva para agressiva no meio de setembro, Marks respondeu: "O mundo virou o inferno. Ativos estavam sendo dados de graça. Ninguém tinha confiança alguma de que o mundo ainda existiria no dia seguinte e ativo nenhum tinha compradores. Era uma tempestade perfeita de circunstâncias para o desastre."

Marks nunca pensa no futuro como um único roteiro predeterminado que certamente acontecerá. Em vez disso, ele o enxerga como uma "distribuição de possibilidades diferentes". Sua abordagem padrão é a de atribuir probabilidades a cada um desses "futuros alternativos". Naquele caso, porém, a incerteza era tão extrema que não adiantava sequer tentar atribuir probabilidades àquele leque de resultados possíveis. Ele considerou mais útil simplificar sua tomada de decisões pensando na situação em termos binários: "Acho que dá para reduzir para: 'Ou o mundo acaba, ou não acaba.' (...) E, se não acabar e não tivermos comprado, então não fizemos nosso trabalho. Isso tornou as coisas terrivelmente simples."

Porém, à medida que os mercados continuavam a despencar e os pilares do mundo financeiro a desmoronar, poucas pessoas concordavam com ele. Alguns dos melhores investidores que ele conhecia estavam "simplesmente em estado de choque. Diziam: 'Vai derreter'". Marks sabia quão próximos estávamos do abismo. Ele conseguia visualizar desfechos em que os dominós continuavam a tombar e em que acabaríamos com desemprego em massa e desastre social. "Até que ponto ia piorar? Não dá para dizer qual é o pior cenário. Anarquia, rebeliões, fome?"

Então, em meados de outubro, ele teve uma experiência inesquecível que fortaleceu a sua convicção contra a corrente. Um dos fundos da Oaktree fez investimentos alavancados em dívidas de títulos podres, endividando-se tanto que poderia apostar US$ 5 para cada dólar que detinha em capital de *equities*. O fundo possuía créditos privilegiados cujo risco era relativamente baixo: nos trinta anos anteriores, a taxa de *default* média da Oaktree para esse tipo de dívida ficara em apenas 1% ao ano. Mas os preços caíram tão abaixo do normal histórico que naquele momento a Oaktree se via diante da ameaça de uma "chamada de margem".\* Marks contatou os clientes e pediu-lhes que aumentassem suas cotas, o que permitiu ao fundo cortar pela metade a alavancagem e evitar a chamada de margem. Os preços, porém, continuaram a despencar, o que o obrigou a pedir que contribuíssem com *mais* dinheiro.

Era uma decisão simples. Se eles não bancassem, estariam fixando as próprias perdas naqueles valores catastróficos. Mas Marks se encontrou com um gestor de fundo de pensão que não parava de perguntar o que aconteceria com os títulos da Oaktree sob condições cada vez mais e mais extremas. A cada vez que Marks respondia com um fato tranquilizador, recebia a mesma resposta cheia de pânico: "E se ficar ainda pior?"

Marks voltou correndo para o escritório e disparou um memorando intitulado "Os limites do negativismo". Refletindo sobre aquela reunião, ele teve uma revelação. Durante décadas ele havia alertado os investidores para que mantivessem o ceticismo quando o otimismo era disseminado a tal ponto que nos levasse a crer que não havia história boa demais para ser verdade. Mas o pessimismo atingira níveis tão profundos que os investidores agora agiam como se "nenhuma história fosse ruim demais para ser verdade". Para um cético racional, a questão não é ser pessimista o tempo todo, e sim questionar aquilo que "todo mundo" acredita ser verdade, seja positivo demais *ou* negativo demais. Para explicar sua epifania, ele escreveu: "**O ceticismo demanda pessimismo quando há excesso de otimismo. Mas também demanda otimismo quando há excesso de pessimismo.**"

E foi assim que Howard Marks, o eterno receoso, transformou-se no que se pode chamar de único otimista de Wall Street.

---

\* Em inglês, *margin call*. No jargão do mercado financeiro, representa a impossibilidade de negociar por falta de capital líquido (N. T.).

Remar contra a maré em meio ao "pânico total", quando "todos estão convencidos de que as coisas só podem piorar", exige um nível incomum de clareza intelectual e imperturbabilidade. Porém, quando eu pergunto se a crise foi doída para ele, Marks responde diretamente: "Não me lembro de ter sido difícil." Ele foi pragmático o tempo todo? "É." Sabendo que já se casou duas vezes, fico pensando se esse aspecto da sua personalidade irrita sua esposa. "Sim, a minha primeira mulher sofreu mais com isso", diz. "Acho que nos últimos tempos dei uma melhorada."

Contribuiu o fato de que ele e seu sócio na Oaktree, Karsh, conversavam o tempo todo, apoiando-se mutuamente e certificando-se de caminhar na velocidade certa. Enquanto Marks cuidava da orientação mais geral, Karsh e sua equipe faziam o feijão com arroz da avaliação de ativos. Dois ou três anos antes, as firmas de *private equity* haviam lançado mão de alavancagem maciça para adquirir empresas de alta qualidade a valores exorbitantes. Agora a Oaktree comprava o crédito prioritário dessas empresas por uma ninharia. Em alguns casos, a Oaktree não ficaria no vermelho mesmo que essas empresas terminassem valendo *um quinto* do valor pelo qual tinham sido compradas no passado. "Sempre olho para as coisas em termos de 'Onde está o erro? O erro é comprar ou não comprar?'", diz Marks. "Não precisava ter muita fé para concluir que essas eram boas aquisições."

O resultado mais espetacular veio do investimento de US$ 100 milhões da Oaktree na Pierre Foods, que adquiriu já falida em 2008. Rebatizada AdvancePierre Foods, tornou-se uma líder nacional em sanduíches industrializados e foi adquirida em 2017 pela Tyson Foods. Em oito anos, a Oaktree ganhou cerca de US$ 2,2 bilhões – um ganho de 21 vezes em relação ao capital investido.

Ao todo, a Oaktree desembolsou cerca de US$ 10 bilhões nas profundezas da crise. Marks estima os ganhos com esses investimentos em US$ 9 bilhões – o maior lucro da história da empresa. Quanto aos seus maiores acionistas, nenhum lucrou mais que Marks e Karsh. Mas havia também o prazer puro e simples de se antecipar aos demais e ter razão. Como diz Marks, "apostamos e ganhamos".

## "A pergunta é: você tenta ir além do limite?"

Nas nossas conversas e nos seus escritos, Marks retorna o tempo todo a um punhado de temas que há décadas o obcecam. Para mim, são cinco as ideias cruciais que reaparecem o tempo todo:

- A importância de admitir que não temos como prever ou controlar o futuro.
- As vantagens de estudar os padrões do passado e utilizá-los como guia básico do que pode vir a ocorrer.
- A inevitabilidade da reversão dos ciclos e da punição dos excessos por imprudência.
- A possibilidade de colocar a ciclicidade a nosso favor comportando-se de modo anticíclico.
- A necessidade de humildade, ceticismo e prudência para alcançar êxito financeiro a longo prazo em um mundo de incertezas.

A vida é tão complexa que é útil introjetar um pequeno conjunto de ideias simples e potentes que podem emprestar alguma ordem a nosso raciocínio difuso. Todas essas cinco têm enorme utilidade para qualquer investidor em busca de orientação diante de um futuro desconhecido.

Porém, sintetizando aquilo que aprendi com Marks, não posso deixar de pensar que uma lição em especial tem consequências de tão longo alcance que precisa se tornar central na minha visão de mundo. Para mim, esse fundamento é aquele aprendido por ele na faculdade, mais de cinquenta anos atrás: tudo é impermanente.

Os mercados financeiros nos proporcionam vários exemplos desse ensinamento budista. Ao "milagre econômico" asiático seguiu-se a crise financeira asiática de 1997; à onda pontocom do final dos anos 1990 seguiu-se o *crash* de 2000; à bolha imobiliária seguiu-se a crise de crédito, seguida por um mercado em alta épica, iniciada em 2009; então, em 2020, o mercado desabou 34% em 23 dias, antes de reagir quase 40% nas semanas seguintes.

Se Buda fosse gestor de um fundo *hedge*, poderia ter observado que, por fim, a mudança propriamente dita não é o problema. Na verdade, nós nos condenamos ao sofrimento – tanto nos investimentos quanto na vida

– quando esperamos ou desejamos que as coisas continuem iguais. O verdadeiro problema é esse hábito de agarrar-se ou confiar naquilo que não pode durar.

**Como ensina o budismo, precisamos reconhecer a transitoriedade de todos os fenômenos mundanos para não nos surpreendermos ou decepcionarmos quando a mudança ocorre.** Shunryu Suzuki afirmou: "Se não pudermos aceitar o ensinamento de que tudo muda, não temos como manter a serenidade."

Do ponto de vista financeiro, a inevitabilidade da mudança tem consequências importantes. Para começo de conversa, precisamos reconhecer que o clima econômico e a trajetória do mercado são fenômenos temporários, assim como todas as outras coisas. Precisamos, portanto, evitar nos posicionarmos de tal modo que fiquemos dependentes dessa continuidade na mesma trajetória. Como Marks observa, os investidores cometem o tempo todo o erro de superestimar a longevidade das altas e baixas do mercado; esquecem que nada dura para sempre. Da mesma forma, muitos compradores de imóveis residenciais se arruinaram durante a crise financeira, endividando-se demais na crença de que os preços dos imóveis continuariam a subir até o infinito. Moral da história? **Nunca aposte tudo contra as inexoráveis forças da mudança.**

Você pode ser tomado por uma sensação de insegurança ao reconhecer que tudo é transitório e que a sua vida (e tudo que é importante para você) é irremediavelmente precária. Viver em negação é tentador. Mas é prudente reconhecer que caminhamos no fio da navalha e que nunca sabemos quando a queda virá. Essa consciência não significa que tenhamos que viver trancados em casa – ou que devamos deixar o dinheiro parado, recusando-nos a correr qualquer risco. **Tanto no mercado quanto na vida, o objetivo não é abraçar o risco *ou* fugir dele, e sim suportá-lo de maneira inteligente, sem jamais esquecer a possibilidade de um desfecho desagradável.**

Não se trata de um equilíbrio fácil de atingir. Nos dias mais sombrios de 2008, Marks tinha que lembrar o tempo todo a si mesmo de resistir à tendência à cautela: "Se eu exagerar, não cumprirei o meu compromisso com os meus clientes, porque não fui contratado para me acovardar. Eles querem que eu seja um investidor seguro, mas não um covarde." Quando levado ao extremo, acrescenta, o "evitamento do risco" o condena ao "evitamento do lucro".

Felizmente, não somos impotentes diante da mudança. Existem várias maneiras de reduzir nossa vulnerabilidade. Em vez de tentar prever o imprevisível, Marks propõe que foquemos na construção de "portfólios antifrágeis e vidas antifrágeis", que dificilmente desmoronem mesmo nas condições mais desfavoráveis.* Para o investidor comum, o que isso significa? "Evite excesso de endividamento e alavancagem", diz ele, e não deixe seus sonhos de "bonança" o levarem a "expor-se à possibilidade de uma catástrofe". **"Não tentar maximizar é um ingrediente importante ao se preparar para aquilo que a vida pode lhe trazer, e vale tanto para os investimentos quanto para a vida. A pergunta, portanto, é: você tenta ir além do limite?"**

Essa pergunta se aplica não apenas aos investimentos, mas também aos gastos. "A independência financeira não provém da posse ou do ganho de muito dinheiro", diz Marks. "Sabe de onde ela vem? De gastar menos do que você ganha. De viver dentro dos seus recursos. É importante saber que sua antifragilidade ocorre na medida em que você não vive no limite."

O problema é que temos tendência a nos esquecermos disso quando estamos prosperando – ou quando assistimos à prosperidade alheia enquanto ficamos para trás. Nessa hora, ficamos mais perto do nosso limite e, em algum momento, o ultrapassamos.

Marks acrescenta que também precisamos reconhecer nossa fragilidade financeira e psicológica. "É *melhor* sentir medo – medo no sentido de admitir a possibilidade de que algo ruim aconteça – e ser realista em relação à própria capacidade de suportar desfechos negativos." Ele alerta para as bravatas de "machões" que afirmam que não se importarão se a bolsa despencar: "O que normalmente acontece quando ela cai 30% é que as pessoas entram em pânico, vendem e transformam aquela flutuação negativa em um prejuízo permanente, o que é a pior coisa que se pode fazer."

Portanto, é vital que sejamos francos com nós mesmos em relação a

---

* Ao se referir à fragilidade, Marks toma emprestada a terminologia usada por Nassim Nicholas Taleb no livro *Antifrágil – Coisas que se beneficiam com o caos*. Mas outro livro de Taleb exerceu uma influência mais profunda sobre ele: *Iludidos pelo acaso – A influência da sorte nos mercados e na vida*.

quanto de risco podemos suportar: "Se você se arrisca demais, isso destrói sua resiliência emocional e você acaba forçado a fazer a coisa errada, mesmo quando não há nenhuma outra ameaça a você – como uma chamada de margem ou a necessidade de comprar pão."

Há um valor budista nesse hábito de enxergar a realidade como ela é sem receio ou autonegação. Um dos maiores textos do budismo é o *Satipatthana Sutta*, o discurso do Buda sobre a atenção plena como caminho para o nirvana. Ele explica que o caminho do despertar exige de nós "atenção permanente" a tudo aquilo que se apresenta diante de nós – contemplar com distanciamento todas as coisas (inclusive nossos pensamentos, emoções e percepções sensoriais) que vêm e que passam. A liberdade advém da "compreensão clara" de que tudo é efêmero e de nos treinarmos para parar de tentar segurar aquilo que é inerentemente instável. O Buda repete treze vezes o mesmo mantra: "E ele permanece independente, sem se apegar a qualquer coisa mundana."[22]

Essa ideia de desapego pode soar fria e antinatural. Mas a admissão da impermanência tem suas vantagens. Para citar uma, não são só as coisas boas (sua beleza juvenil, seus entes queridos, as fases de crescimento econômico, os mercados em alta) que desaparecerão. As ruins (dores físicas e emocionais, péssimas lideranças políticas, recessões e pandemias) também passarão. Considerando que tudo muda, não devemos nos deixar empolgar nos momentos bons nem nos deprimir nos ruins.

O sentimento de impermanência também pode nos levar a valorizar e fortalecer nossos relacionamentos (já que não sabemos por quanto tempo qualquer um de nós estará por aqui) e viver o agora mais plenamente. Em seu livro *The Science of Enlightenment* (A ciência da iluminação), Shinzen Young fala do aprendizado da vivência do mundo com "plenitude radical", concentrando-se em cada momento com "foco extraordinário, clareza sensorial e equanimidade. (...) Você pode estender sua vida enormemente – não multiplicando seu número de anos, mas expandindo a plenitude dos seus momentos".*

---

\* Shinzen Young define a equanimidade como "um pragmatismo distanciado e delicado, no qual se permite que a dor e o prazer se expandam e se contraiam sem interferência de si mesmo". Não é muito diferente da forma como Marks enxerga o mercado, reconhecendo e aceitando que ele "é o que é", e, nesse estado não reativo, tendo a clareza de agir de maneira lógica e sem emoção.

Hoje na casa dos 70, Marks tem plena consciência de sua impermanência. Seu pai chegou aos 101 anos; pode ser, portanto, que ele tenha herdado um diferencial genético. Mesmo assim, ele sabe que a probabilidade de que seja imortal é diminuta. Neste estágio da vida, ele tem analisado cada vez mais seu comportamento, com o intuito de verificar se portou-se de modo admirável – não menos importante, tem refletido sobre a maneira como tratou colegas e clientes. "O que você realiza na vida não é a única coisa importante. Também é importante *como* você realiza", diz. "Talvez seja insegurança minha. Mas, para mim, é muito importante que reconheçam que vivi uma boa vida." Ele se alegra com os retornos da Oaktree, mas também se orgulha da reputação de integridade e da relação com seu cofundador, Karsh. Marks conta que eles nunca brigaram ao longo de três décadas trabalhando juntos.

O que ele espera alcançar nos próximos anos? "Não tenho nenhuma ambição grandiosa", diz Marks. "Minha vida é sensacional. Quero ser um bom marido, pai, avô. E quero continuar a enxergar no mundo dos investimentos as coisas que os outros não veem, e descrevê-las com clareza aos meus clientes."

Seu plano é trabalhar por tempo indeterminado, porque acha que é intelectualmente recompensador, e não porque tenha uma sede "insaciável" por dinheiro e status. Ele relembra seu professor de estudos japoneses, explicando o ensinamento budista de que "você tem que romper a cadeia de obter e querer" – um ciclo interminável de desejos que leva ao sofrimento inevitável. Talvez. Mas Marks reconhece que acumular riqueza propiciou-lhe liberdade e segurança e o deixou "menos temeroso". Até aqui, pelo menos, ter ficado bilionário não lhe causou muito sofrimento.

Olhando em retrospectiva a sua "vida afortunada", ele tem a humildade de reconhecer que o talento, por si só, nunca foi o bastante – foi preciso que vários acasos o favorecessem para que ele atingisse tal nível de êxito. Essa consciência ajuda a protegê-lo do orgulho que precede a queda. Por enquanto, Marks está mais perto que qualquer outro de se tornar um "mestre do universo". Mas, se há algo de que ele tem certeza, é de que a mudança virá – e todos nós teremos que nos adaptar.

CAPÍTULO 4

# O investidor resiliente

## Como constituir uma fortuna duradoura e sobreviver à selvageria à espreita

> O verdadeiro problema com este nosso mundo não é o fato de ser um mundo injusto nem sequer o fato de que ele é um mundo justo. O tipo de problema mais comum é que ele é quase justo, mas não totalmente. A vida não é ilógica; e é, no entanto, uma armadilha para os lógicos. Parece só um pouco mais matemática e regular do que é; sua exatidão é óbvia, mas sua inexatidão fica oculta; sua selvageria fica à espreita.
>
> – G. K. CHESTERTON

Quando era um jovem analista de investimentos no banco Société Générale, em Paris, nos anos 1960, Jean-Marie Eveillard não tinha ideia do que estava fazendo. Seus chefes o doutrinaram conforme a estratégia tradicional de escolha de ações da época deles. "Basicamente, o jogo era, para eles, negociar o tempo todo as principais ações do índice, e só", diz. Como todos à sua volta, ele seguia obedientemente essa respeitável trajetória rumo a retornos medíocres. Como ele comentaria anos depois, "no meio do rebanho é bem mais confortável".

Eveillard começou a desviar desse rumo em 1968, quando o banco o enviou para a sucursal de Nova York. Naquele verão, ele estava andando de bicicleta no Central Park com dois franceses que estudavam na faculdade de administração de Columbia. Eles comentaram a respeito de Benjamin Graham,[23] desenvolvedor do método do *value investing* quando ali lecionava nos anos 1920.* Eveillard leu os livros *Security Analysis* (Análise de segurança) e *O investidor inteligente* e viu a luz instantaneamente. Ele compara a descoberta de Graham à conversão religiosa de Paul Claudel, escritor francês que encontrou Deus espontaneamente dentro da catedral de Notre-Dame em 1886: "Fui iluminado pela abordagem de Ben Graham. Encontrei o que eu procurava." Eveillard tentou convencer seus chefes a deixá-lo investir conforme seu novo credo, mas eles não tinham ouvido falar de Graham e não conseguiam enxergar atrativo naquela filosofia estrangeira. Por isso Eveillard continuou jogando o jogo à moda antiga. Ao todo, conta, "perdi quinze anos da minha vida profissional".

Por fim, aos 39 anos de idade ele ficou livre. O banco o nomeou gerente do SoGen International, um fundo mútuo tão pequeno e obscuro que ninguém se importava com o que ele fizesse por lá. Quando Eveillard assumiu, em 1979, o fundo tinha apenas US$ 15 milhões de patrimônio. Com sede em Manhattan, ele trabalhou sozinho durante anos, saboreando a falta de interferência de seus superiores na França.

Sua nova estratégia de investimentos baseava-se em uma ideia fundamental, que ele extraiu de *O investidor inteligente*. "**Já que o futuro é incerto, convém minimizar o risco**", **diz Eveillard.** Como a maioria das grandes verdades, é tão simples que é fácil deixar passar sua importância, analisá-la superficialmente sem introjetar suas consequências de grande alcance.

Foi uma lição que Graham aprendeu com uma experiência aterradora. Nascido em Londres em 1894, ele foi criado em um próspero lar nova-iorquino, sustentado pelo negócio familiar de importação de porcelana europeia. Mas o pai de Graham morreu aos 35 anos, deixando sua viúva com

---

* A relação de Graham com Columbia transformou a escola no centro intelectual do *value investing* – status que conserva até hoje. Ele ganhou uma bolsa em Columbia e mostrou-se um polímata tão brilhante que, antes de se formar, em 1914, já havia sido convidado a lecionar em três diferentes departamentos: inglês, matemática e filosofia. Em vez disso, tornou-se investidor. Mas voltou a Columbia, como palestrante noturno, em 1928, e ali lecionou pelos 28 anos seguintes, formando uma geração de investidores que incluía Warren Buffett, Irving Kahn e Bill Ruane.

três filhos para criar sozinha. O negócio quebrou. Por isso ela transformou a casa em uma pensão, que também faliu. Para piorar as coisas, ela tomou empréstimos para comprar ações e perdeu tudo no Pânico de 1907, quando a bolsa perdeu quase metade do valor em questão de semanas. Graham, que na infância tinha uma cozinheira, uma faxineira e uma governanta, lembraria anos depois a "vergonha pela nossa desgraça" quando a família foi obrigada a vender seus bens em um leilão.

Por si próprias, essas lembranças de infância poderiam explicar a ideia fixa de Graham com a aquisição de resiliência diante das incertezas. Nos anos seguintes, porém, ele deparou-se com uma série de calamidades: a Primeira Guerra Mundial, o *crash* de 1929 e a Grande Depressão. Depois de fazer fortuna como gestor financeiro no mercado em alta dos anos 1920, ele teve uma perda de 70% entre 1929 e 1932. Essas experiências o levaram a uma conclusão perturbadora: "**O futuro do preço das ações nunca pode ser previsto.**"

Forjado a ferro e fogo, Graham desenvolveu um credo de investimento que priorizava a sobrevivência. Ele resumiu isso no último capítulo do livro *O investidor inteligente*, escrito na esteira do Holocausto: "No antigo mito os sábios acabavam resumindo a história dos assuntos mortais em uma única frase: 'Tudo isso há de passar.' Diante do desafio análogo de destilar o segredo do investimento sensato em três palavras, propomos o lema: MARGEM DE SEGURANÇA."*

Graham explicou que a margem de segurança pode ser atingida comprando ações e fundos com um desconto "favorável" em relação a seu "valor intrínseco". Essa diferença entre preço e valor proporcionaria um colchão para absorver o impacto dos "cálculos errados" do próprio investidor, da "sorte abaixo da média" e das "condições desconhecidas do futuro". Era uma estratégia mundana, baseada no reconhecimento da fragilidade humana e dos acidentes da história. *Nós cometemos erros. A falta de sorte nos atinge. O futuro é desconhecido.*

---

\* Graham, cujo nome de nascença era Benjamin Grossbaum, provinha de uma família de imigrantes judeus da Polônia. Compartilhando com ele essa origem, não acho indevido traçar um paralelo entre o seu histórico familiar (marcado pela perseguição e pelo risco vividos pelos judeus do Leste Europeu) e a sua filosofia de investimentos (centrada na mitigação do risco e na busca de segurança).

Graham conclui que comprar ativos subavaliados daria ao investidor "mais chance de lucro que de prejuízo", mas advertiu que *mesmo assim* não havia garantia de que um investimento específico não daria terrivelmente errado. A solução? Diversificar.

Eveillard, assim como Graham, era um filho da incerteza. Nasceu na cidade francesa de Poitiers em 1940, poucos meses antes da invasão alemã. Sua perspectiva cautelosa, inquieta, levemente sofrida em relação à vida foi influenciada pelos sermões que ouviu na infância visitando a igreja católica romana da avó no interior da França. Dirigindo-se a uma comunidade que acabara de sofrer o trauma da derrota, da carnificina e dos bombardeios, o padre dizia: "Não contem com a felicidade neste mundo. Este é um vale de lágrimas. Só podemos ser felizes no além."* Eveillard ficou, assim, preparado para aceitar os alertas de Graham de que os investidores devem esperar e suportar a adversidade.

Nos tempos de Graham, os Estados Unidos tinham tantos ativos no vermelho que ele não precisava procurar pechinchas no exterior. Mas Eveillard clonou e depois adaptou essa estratégia para uma nova era, indo à caça de ações mundo afora que custassem de 30% a 40% menos que a estimativa de seu valor. Ele baseava suas avaliações em um ponto de vista conservador em relação àquilo que um comprador sensato pagaria à vista pela empresa inteira. Tomando emprestada uma frase de Graham, era uma abordagem baseada "não no otimismo, e sim na aritmética". Só para garantir, Eveillard detinha normalmente mais de cem ações diferentes. Buffett e Munger tinham estômago para manter um portfólio mais concentrado, mas Eveillard não conseguia reunir coragem para tanto. "Sou cético demais em relação a minha habilidade", admite, "e me preocupo demais que tudo possa implodir."

Sua estratégia deu certo e ele angariou reputação por retornos altos com riscos baixos. Virou o queridinho da revista *Business Week* e da empresa de análises Morningstar. Corretores e planejadores financeiros despejavam nele o patrimônio dos clientes. Ele contratou uma equipe de analistas e

---

* Quando perguntei a Eveillard se ele ainda é católico praticante, ele respondeu: "Eu acredito. Mas a Igreja me aborrece." Ele é um *outsider* que não segue o rebanho, não só nos investimentos, mas até na vida religiosa.

lançou dois novos fundos. Mesmo assim, nunca perdeu o sentimento de cautela. À medida que os fundos cresciam, Eveillard sentia o fardo de gerir o dinheiro de centenas de milhares de investidores que estavam poupando para a aposentadoria ou para os estudos dos filhos. "É um dinheiro que não se pode dar o luxo de perder", diz. "Se eu errasse, tinha plena consciência de que estaria tornando a vida cotidiana mais difícil para quem investisse em meus fundos. Isso me levou a tentar ser cauteloso."

O foco rigoroso de Eveillard na avaliação mantinha seus acionistas seguros. No final dos anos 1980, por exemplo, os investidores ficaram tão fascinados pelo Japão que os preços dos ativos pararam de refletir a realidade econômica. Em 1989 o Japão representava 45% da capitalização das bolsas mundiais – mais que os Estados Unidos e o Reino Unido somados – e a maioria das principais empresas do mundo era japonesa. Eveillard pulou fora totalmente do Japão em 1988, por não conseguir encontrar uma só ação de empresa japonesa que atendesse a suas exigências de avaliação. A bolha estourou no final de 1989 e as ações japonesas entraram em uma espiral da morte que durou décadas. No ponto mais baixo, em 2009, o índice Nikkei 225 perdera mais de 80% em vinte anos. Durante uma das nossas conversas, Eveillard falou do seu espanto ao constatar que, em 2020, o mercado japonês "*ainda* estava 30% abaixo de onde estava trinta anos atrás".

Em um prefácio de *O investidor inteligente*, Buffett escreveu: "Para investir com sucesso ao longo da vida, não são exigidos um QI estratosférico, sacadas empresariais incomuns ou informações de bastidores. O necessário é uma base intelectual sólida para a tomada de decisões e a capacidade de evitar que as emoções corroam essa base." Até que ponto Eveillard cumpria isso? Sua base intelectual, com sua ênfase, validada pelo tempo, na margem de segurança, era sólida. Ele também tinha a força emocional para se distanciar da multidão, resistindo à tentação de afrouxar seus padrões enquanto outros pisavam no acelerador. Durante algum tempo ele desfrutou de uma vantagem crucial: dispunha de liberdade institucional para agir do seu jeito, em parte por trabalhar a 6 mil quilômetros da sede da sua empresa e em parte porque seus resultados não davam a ninguém motivo para reclamar ou intervir.

Esses eram pré-requisitos para um desempenho acima da média. Mas, como Eveillard viria a descobrir, existem forças que conspiram de forma quase irresistível para engendrar a fragilidade e retornos fracos. Precisamos compreender essas forças porque elas são inimigas impiedosas da resiliência. Neste capítulo vamos ver o que foi preciso para que Eveillard e seu brilhante sucessor, Matthew McLennan, atravessassem esse campo minado produzindo um retrospecto notável ao longo de mais de quatro décadas. A forma de pensar deles proporciona várias lições sobre como acumular – e *manter* – uma fortuna ao longo da sua vida de investidor.

## "Ficar para trás é sofrer"

As dificuldades de Eveillard começaram em 1997. Até ali ele tinha um histórico de dezoito anos evitando equívocos e superando o mercado. Em seu pior ano – 1990 – a SoGen International perdera apenas 1,3%. Ao longo do caminho, o patrimônio sob sua gestão atingira US$ 6 bilhões. Inesperadamente, a ameaça a essa fortaleza financeira não veio de um colapso do mercado, e sim de uma onda especulativa.

De janeiro de 1997 a março de 2000, o índice Nasdaq, repleto de empresas de tecnologia, subiu 290%, impulsionado pela fixação por ações de empresas de internet e telecomunicações. Para entender o absurdo emocionante dessa época, considere a ascensão e a queda do theGlobe.com: o site de rede social abriu seu capital em 1998, viu o valor das suas ações subir 606% no primeiro dia em que foram negociadas na bolsa e deixou de ser cotado pela Nasdaq em 2001, quando cada ação já valia menos de US$ 1. Ou considere a sina da eToys: a varejista virtual abriu seu capital em maio de 1999 a US$ 20 a ação, atingiu o ápice de US$ 84 em outubro do mesmo ano e faliu 18 meses depois. Ou considere a Cisco Systems: o valor de mercado da empresa de equipamentos de rede disparou de US$ 100 bilhões para US$ 500 bilhões em menos de 500 dias, o que fez dela a maior empresa do mundo (por um breve período); depois a bolha estourou, e as ações despencaram 86%.

Eveillard, um homem que vivia de se preocupar, se recusou a entrar nessa montanha-russa. Analiticamente, não se tratou de uma decisão difícil, dadas as arbitragens de valor ridículas e a notória dificuldade de se prever quais empresas de tecnologia vão vingar e quais vão fracassar. Mas ele adotou a postura radical de não possuir ações de nenhuma empresa de tecnologia. Para que gestores de fundos se desviem radicalmente dos índices de mercado é preciso coragem verdadeira, porque, caso estejam errados, podem colocar em xeque toda a sua carreira. E isso é particularmente desagradável caso você seja casado, tenha filhos ou simplesmente aprecie a ideia de conservar seu estilo de vida luxuoso. Uma opção mais fácil é "subponderar" certas ações ou setores em vez de evitá-los completamente. O fantasma do "risco para a carreira" ajuda a explicar por que muitos fundos "abraçam" o índice, condenando a si mesmos a receber retornos medíocres, mas evitando sofrimentos excepcionais.

Eveillard, que tem uma veia de obstinação indômita, não escolheu a opção fácil. Consequentemente, ficou na retaguarda do mercado por três longos anos enquanto as ações de empresas de tecnologia subiam meteoricamente. Somente em 1998, o índice Nasdaq aumentou 39,6%, o da MSCI World, 24,3%, ao passo que o da SoGen International *caiu* 0,3%. No ano seguinte a SoGen International deu a volta por cima, com uma taxa de retorno de 19,6%. Muito bom, não? Errado. Naquele ano o índice da Nasdaq disparou a 85,6%. Os retornos relativos de Eveillard pareciam patéticos em uma época em que qualquer imbecil poderia ganhar uma bolada, e seus acionistas não se sentiam inclinados a agradecer-lhe por agir de forma responsável. Pelo contrário: a sua prudência começou a se assemelhar a um lento suicídio profissional.

"Ficar para trás é sofrer", diz Eveillard. "Torna-se doloroso psicologicamente, mas também financeiramente. Depois de um ano, seus clientes ficam irritados. Depois de dois anos, ficam furiosos. Depois de três anos, vão embora." De fato, a SoGen perdeu 70% de seus participantes em menos de três anos e o patrimônio sob sua gestão encolheu de mais de US$ 6 bilhões para pouco mais de US$ 2 bilhões.

Compreensivelmente, os chefes de Eveillard não ficaram satisfeitos. Seu empregador, a Société Générale, raramente demitia. "Quando achavam que alguém não estava mais dando conta, colocavam você em uma salinha sem nada para fazer." Mesmo assim, em 1999 ele começou a pensar no impensável: "Talvez me deem um pé na bunda."

O setor de fundos mútuos pode proporcionar lucros maravilhosos – não exige capital demais e apresenta margens operacionais incomumente elevadas. O falecido Marty Whitman, renomado investidor com um dom para a franqueza sem meias palavras, certa vez me disse que os gestores de fundos são competitivos em todos os aspectos – exceto quando se trata de baixar suas taxas. Os executivos que gerem fundos mútuos têm forte incentivo para acumular ativos sem parar. Não são tolos nem bandidos. São empresários pragmáticos, cujo foco é quase total em vendas e marketing. Alguém como Eveillard, que superava a média, é um ativo cobiçado em tempos de bonança. Mas nos momentos de crise é fácil pintá-lo como um radical cujo extremismo punha em risco os bônus de todo mundo. Se investidores crédulos estavam dispostos a comprar ações de pontocom, por que não lhes dar aquilo que desejavam? Por que não alimentar os patinhos enquanto eles estão fazendo "quá-quá"?

Era uma pressão palpável. Eveillard ouviu dizer que um alto executivo estava insinuando, pelas suas costas, que ele estava "meio gagá". Eveillard, que tinha apenas 59 anos, comentou o episódio com a esposa, Elizabeth, uma calejada banqueira de investimento. "Minha mulher nem tirou os olhos da revista que estava lendo e disse: 'Só meio?'" Um outro executivo analisou a taxa alarmante de saques dos fundos da SoGen e disse ter "feito uma estimativa do dia exato, que não estava tão longe, em que nos restaria zero para gerir".

Eveillard se sentia sitiado. "Até o comitê do fundo ficou contra mim. Diziam: 'Como é que você não enxerga o que todo mundo está enxergando, que você tem que ter ações de tecnologia, mídia e telecom?'" Ele tentou explicar que seu estilo de investimento não se encaixava com setores em transformação veloz, repletos de empresas de alto risco sendo negociadas a valores irracionais. Mas ele parecia "por fora" – uma velharia que não compreendia as maravilhosas inovações da "Nova Economia".

Ele tinha consciência de que viveria períodos de desempenho abaixo da média. No passado, chegou a passar vários meses atrás do mercado, em certos momentos. *Mas três anos?* "Levou tanto tempo que em certos dias eu achava que era um idiota", confessa. "A verdade é que você começa a duvidar de si mesmo. Todo mundo parece ter visto a luz. Como é que *eu* não vejo?"

Seria possível que os mercados tivessem se tornado irreconhecíveis e seu estilo de investimento não fosse mais aplicável? Julian Robertson, uma lenda dos fundos *hedge* que produzira retornos incríveis durante duas décadas apostando em ações subavaliadas e opções de ações superestimadas, fechou seus fundos no começo do ano 2000. "Em um ambiente racional, essa estratégia funciona bem", resmungou Robertson. "Mas em um mercado irracional, em que faturamento e preocupação com preços ficam em segundo plano diante de cliques no mouse e impulsos, esse tipo de lógica, como viemos a descobrir, não conta muito."

Apesar disso, Eveillard continuou lutando, recusando-se a deixar a lógica de lado ou a se aposentar. Certa vez sua mãe lhe disse que ele encontrara a única profissão em que tinha alguma chance de êxito: "Acho que ela tinha razão. Além disso, *value investing* é tudo que sei fazer. Não conseguiria operar de outro jeito."

Por fim, a Société Générale encontrou um jeito diplomático de se livrar dele. Vendeu seu conjunto de fundos a um pequeno banco de investimento, Arnhold & S. Bleichroeder. Eveillard, que detinha 19,9% de participação no setor de fundos, trabalhara desde 1962 na mesma empresa. Depois de três anos de péssimo desempenho, ele foi negociado para outra equipe como um atleta em fim de carreira.

O *timing* da venda foi quase cômico, de tão ruim. Foi anunciada em outubro de 1999 e o negócio foi fechado em janeiro de 2000. Dois meses depois, em 10 de março, a bolha de tecnologia estourou.

O portfólio de Eveillard, de ações compradas por uma pechincha, teve um desempenho espetacular à medida que a racionalidade voltava a tomar conta do mercado. Seu principal veículo de investimentos, rebatizado como First Eagle Global Fund, goleou o índice Nasdaq por 49 pontos percentuais em 2000, 31 pontos percentuais em 2001 e 42 pontos percentuais em 2002. A Morningstar ungiu Eveillard como "Gestor de Fundos de Ações Internacional do Ano" em 2001. Em 2003 ele recebeu o primeiro Prêmio da Morningstar pelo "Conjunto da Obra", em reconhecimento pela sua "performance notável a longo prazo", sua atenção ao interesse dos investidores e sua "coragem para divergir do consenso".

Os investidores são um grupo volúvel. Em um ano, Eveillard era um dinossauro, um tolo. No ano seguinte, era um sábio, reverenciado por todos. Entrou tanto dinheiro nos fundos sob sua gestão que ele chegou a dispor de US$ 100 bilhões. Seus antigos patrões tinham vendido o negócio na baixa, por "5% do que vale hoje", diz ele, com um misto de ressentimento, tristeza e satisfação. "Ouvi dizer que, pouco tempo depois, eles estavam chutando o próprio saco."

Graham, que também sofrera no rumo da glória, não ficaria surpreso com a sequência de ascensão, queda e ascensão de Eveillard. Graham abre o livro *Security Analysis* (Análise de segurança) com uma citação do poeta romano Horácio: "Muitos dos agora caídos renascerão, e muitos hoje em voga cairão."*

## A indelicadeza dos estranhos

Eveillard fez tudo certo e mesmo assim sua carreira quase foi destroçada. Qual é, então, a moral da história? Acima de tudo, ela demonstra como é difícil construir o êxito nos investimentos ao longo de décadas, considerando a infinidade de forças desestabilizadoras e acidentes imprevisíveis com que nos deparamos ao longo do caminho.

Ao contrário de muitos de seus pares, Eveillard tinha algumas vantagens importantes. Teve a sorte de topar com os princípios de Graham, orientados para o valor, o que lhe deu uma vantagem analítica. Teve a disciplina de ser fiel a esses princípios nas horas boas e nas horas ruins, resistindo à tentação das ações supervalorizadas. E teve a força emocional de suportar o desprezo dos colegas e descartar as próprias dúvidas. Em suma, pertencia a uma minúscula minoria intelectual e temperamentalmente capacitada para ter melhor desempenho a longo prazo. Mesmo assim, qualidades tão impressionantes não bastaram para fazer dele um investidor verdadeiramente resiliente. Como é possível?

O problema é que Eveillard estava operando em uma posição que tinha desequilíbrios *estruturais*. Em primeiro lugar, ele estava à mercê de seus investidores, já que eles podiam resgatar diariamente suas ações, o que o forçava a vender ações quando estavam mais baratas em vez de comprá-las. Essa variação emocional e essas decisões inconstantes representavam uma ameaça externa sobre a qual ele não tinha controle. Em segundo lugar, ele estava

---

\* Embora se trate de uma citação conhecida no mundo dos negócios, no trecho original da *Ars Poetica* Horácio se refere às palavras, que caem em desuso e ressurgem (N. T.).

extremamente vulnerável às pressões internas da própria empresa, incluindo o receio dos colegas de que ele pusesse em risco o interesse financeiro destes ao se recusar a investir em tecnologia. Para piorar, seu cargo estava à disposição (ou à indisposição) de seus patrões. Não era ele quem mandava.

Já é difícil tomar decisões racionais em um mercado enlouquecido, que abriu mão das medidas de valor tradicionais. É infinitamente mais difícil quando você é bombardeado com pressões externas dos investidores pulando do barco, colegas que têm as próprias agendas e patrões que perdem a confiança em você no pior momento. Como se pode ver das atribulações de Eveillard, a fragilidade pode se apresentar de diversas maneiras. E isso nos leva à seguinte conclusão: *a resiliência financeira também precisa ser multifacetada.*

O fato de Buffett e Munger terem estruturado a Berkshire Hathaway para ser resiliente sob todos os aspectos é revelador. Eles se comprometeram, por exemplo, a nunca dispor de menos de US$ 20 bilhões em espécie, de modo a nunca serem surpreendidos por falta de liquidez. Quando a Covid-19 derrubou o mercado em 2020, a Berkshire tinha US$ 137 bilhões líquidos, o que a deixava indestrutível mesmo diante de uma incerteza sem precedentes. Buffett e Munger também compraram negócios de alta qualidade, com prosperidade garantida durante décadas, mesmo em períodos de turbulência ou inflação. E a área de seguros da empresa é enormemente capitalizada, de modo a suportar catástrofes que fariam firmas mais frágeis naufragar.

A Berkshire conta ainda com a vantagem estrutural de ser uma empresa de capital aberto, e não um fundo. Assim, ela investe capital próprio, que não pode ser retirado às pressas por investidores em pânico. "Quando você gere um fundo mútuo, tem que se preocupar o tempo todo com a possibilidade de o investidor pular fora caso as coisas não andem bem temporariamente", diz Eveillard. "Até certo ponto, o que o Buffett tem com a Berkshire Hathaway é um fundo fechado. *Não há como* resgates súbitos causarem sua quebra."

Durante a crise financeira, as ações da Berkshire foram atingidas, despencando 50,7% entre setembro de 2008 e março de 2009. Mas essa volatilidade de curto prazo do mercado teve impacto nulo no valor de longo prazo do negócio. Pelo contrário, Buffett utilizou a crise para turbinar o valor da Berkshire, injetando bilhões de dólares em termos preferenciais em gigantes feridos como o Goldman Sachs, a General Electric e o Bank of America. Guy Spier, cujo fundo *hedge* investiu na Berkshire durante mais de vinte anos, diz que Buffett se posiciona sistematicamente para ser "o último sobrevivente".

Em *Um bonde chamado desejo*, Blanche DuBois diz: "Sempre dependi da gentileza de estranhos." Isto seria muito amável, não fosse o fato de que ela enlouqueceu e diz isso ao médico que veio interná-la. Em uma carta de 2018 aos acionistas, Buffett acrescentou um toque pessoal à fala da personagem, prometendo: "Charlie e eu *nunca* iremos operar a Berkshire de modo a depender da gentileza de estranhos – nem mesmo de amigos que possam estar enfrentando seus problemas de liquidez. Montamos intencionalmente a Berkshire de modo que ela possa resistir com conforto a descontinuidades econômicas, inclusive a períodos prolongados e extremos de falências."

Se nosso objetivo é a resiliência econômica, talvez o melhor seja clonar Buffett, e não Blanche. Por isso temos que nos certificar de que também possamos seguir em frente bem, sem a gentileza de estranhos. Como gestor de fundos, Eveillard não tinha como escapar da dependência dos outros. Mas investidores individuais têm uma vantagem significativa: não têm que prestar contas a investidores de dedo nervoso ou quaisquer outros críticos descontentes (tirando, talvez, a própria família).

Como um indivíduo pode, então, reduzir a própria vulnerabilidade e aumentar a resiliência? **Na esteira do exemplo de Buffett, devemos sempre manter liquidez suficiente para não sermos forçados a vender ações (ou qualquer outro ativo em dificuldade) em uma crise. Não devemos nunca nos endividar excessivamente, porque, como alerta Eveillard, a dívida corrói nossa "força para resistir". Assim como ele, devemos evitar a tentação de especular em ações do momento, com suposto potencial infinito de crescimento, mas sem margem de segurança. E devemos nos abster de empresas com balanços frágeis ou necessidade premente de financiamento externo, pois elas ficam suscetíveis a desaparecer em momentos de dificuldade.**

Não estamos ensinando física quântica. Mas isso exige de nós levarmos a sério um mandamento comumente esquecido: *Não dependerás da gentileza de estranhos.*

## Um jogo de paciência

Não estar com pressa demais para enriquecer é também um fator bastante útil. Em 2014 pedi a Irving Kahn que compartilhasse as lições mais importantes da sua carreira extraordinariamente longa. Na época ele estava com 108 anos de idade e trabalhava em Wall Street desde 1928. Ninguém no mundo dos investimentos tinha sobrevivido a mais turbulências. Por isso eu o via como a encarnação da resiliência financeira (e biológica).* Kahn estava frágil demais para me encontrar pessoalmente. Mas seu neto Andrew – analista na empresa de investimentos da família, a Kahn Brothers – leu para ele as minhas perguntas e tomou nota das respostas. Acabou sendo a última entrevista de Kahn, tendo ele morrido apenas três meses depois, aos 109 anos.

Kahn tornou-se professor assistente de Graham em Columbia na década de 1920 e eles continuaram amigos por décadas. Eu queria saber quais das lições aprendidas com Graham o ajudaram a prosperar durante seus 86 anos no mercado financeiro. A resposta de Kahn: "Investir é uma questão de *preservar*, mais que qualquer outra coisa. Esse deve ser seu primeiro pensamento, e não buscar ganhos elevados. Se você alcançar retornos apenas razoáveis e sofrer perdas mínimas, vai se tornar um homem rico e superar qualquer amigo apostador que tiver. Esse também é um bom jeito de combater a insônia."

**Nas palavras de Kahn, o segredo dos investimentos poderia ser expressado em uma palavra: "segurança". E a chave para a tomada de decisões de investimento sempre foi começar perguntando: "Quanto eu posso perder?"** Ele explicou: "Considerar as desvantagens é a atitude isolada mais importante que um investidor deve tomar. Deve-se cumprir essa tarefa antes de pensar em lucro. O problema é que hoje em dia as pessoas acham que são muito espertas, porque conseguem fazer as coisas

---

\* Biologicamente, Kahn era um exemplar magnífico. Raramente se exercitava, tinha um apetite insaciável por carne vermelha e fumou até mais ou menos os 50 anos – e mesmo assim chegou aos 109. Isso nos leva a pensar quanto ele teria vivido se cuidasse melhor de si mesmo. Seu filho Thomas diz que a mente curiosa de Irving o ajudou a manter-se jovem. Mas ele também tinha uma genética espetacular: outros três de seus irmãos passaram dos 100 anos.

muito rapidamente. Você pode fazer o cavalo disparar. Mas você está no caminho certo? Dá para ver para onde está indo?"

A mentalidade defensiva de Kahn me faz lembrar a advertência que é incutida na cabeça dos estudantes de medicina: "Antes de tudo, não faça mal." Para os investidores, essa instrução exige uma pequena mudança: *Antes de tudo, não faça mal a si mesmo*. Quando tentamos explicar o êxito nos investimentos, temos atração natural pelos aspectos mais arriscados desse jogo. É mais divertido contar histórias de apostas ousadas que renderam bilhões do que fazer um resumo de todos os incidentes que nunca chegaram a acontecer. Mas evitar incidentes é importante, porque é muito difícil se recuperar de um desastre. Pense na matemática brutal de uma perda financeira: quando você perde 50% em uma aposta imprudente, precisa de um ganho de 100% apenas para retornar ao ponto de partida.

O que tornou Eveillard um gigante duradouro nos investimentos globais foi evitar perdas, escapando constantemente dos perigos mais letais pelo caminho. Foi um triunfo da omissão, e não da ação. Analisando a sua carreira na SoGen e na First Eagle, ele afirma: "Se considerarmos que fomos bem-sucedidos ao longo de décadas, isso se deve acima de tudo àquilo que *não* detínhamos. Não detínhamos ações japonesas no final dos anos 1980. Não detínhamos ações de tecnologia no final dos anos 1990. E não detínhamos ativos financeiros relevantes entre 2000 e 2008." Sua capacidade de escapar desses três desastres em três décadas fez toda a diferença entre o fracasso e o êxito.

## Tudo caminha para a extinção

Eveillard aposentou-se como gestor de fundos em 2008 e passou a uma função consultiva na First Eagle. Ele entregou o bastão a Matthew McLennan, um australiano de 39 anos que começara na função uma semana antes da quebra do Lehman Brothers e da grande crise do sistema financeiro global. Hoje, com um patrimônio de mais de US$ 100 bilhões e milhões de investidores em seus fundos, McLennan é um dos investidores mais influentes do mundo – e um dos mais ponderados.

Em um primeiro momento, saltam aos olhos as grandes diferenças que o afastam do seu antecessor. Eveillard, com sua expressão facial de cachorro abandonado e uma visão de mundo pessimista, me lembra o Ió do *Ursinho Pooh* – uma figura melancólica vivendo em um cantinho do mapa com o nome de "Cantinho escuro do Ió; bem triste e pantanoso". McLennan, quase trinta anos mais jovem, exala entusiasmo idealista e charme natural. Quase toda frase que pronuncia é acompanhada por um sorriso.

Como investidores, porém, Eveillard e McLennan têm muito em comum. Quando se conheceram, em 2008, compartilharam suas experiências no campo de batalha enfrentando a bolha de tecnologia. McLennan, que na época geria um portfólio de investimentos globais orientado para valor no Goldman Sachs, relembrou seu caso, tendo que se recusar a aderir à onda de compras sem margem de segurança. Eveillard aprovou. "Ele gostou do fato de que eu estava disposto a ficar 'vendido' em aceitação social e a distanciar-me da maioria", diz McLennan. "Às vezes é uma sensação solitária quando você não faz parte da modinha do momento. Foi assim que surgiu um vínculo entre nós."

O currículo pouco convencional de McLennan ajuda a explicar sua disposição a optar pelo caminho menos trilhado. Nascido em 1969, ele passou os primeiros seis meses de vida em Papua-Nova Guiné, para onde o pai (agrimensor) e a mãe (fisioterapeuta e artista) se mudaram em busca de aventuras. Quando brinquei que ele era o investidor mais famoso de Papua, ele respondeu: "Amostragem de um." Os pais, que ele descreve como "livres-pensadores" que "não sentiam necessidade de símbolos convencionais de riqueza", compraram anos depois um terreno idílico na Austrália que fazia limite com a floresta tropical. Como não obtiveram autorização para conectar-se à rede elétrica, McLennan passou boa parte da juventude sem os confortos da civilização, afastado do "ruído normal e literal da vida".

A casa era repleta de livros, mas não tinha água quente. Por isso ele tomava banho debaixo de uma árvore, usando água de um saco de plástico preto que ficava esquentando ao sol da tarde. Não tinham geladeira. O aquecimento provinha de um forno de ferro fundido que frequentemente o obrigava a acordar com a casa cheia de fumaça. "Levou muito tempo para termos televisão", lembra. "Até que tivemos uma que meu pai conseguiu ligar na bateria do carro. Não durou muito porque, pouco tempo depois de comprá-la, ele deu ré na garagem com a televisão ainda ligada na bateria do carro, arrastando-a porta afora."

McLennan passava boa parte do tempo lendo, muitas vezes à luz de um lampião. Também andava com o avô, "um verdadeiro pensador" que comprava ações, colecionava vinhos, cultivava rosas e contava histórias do tempo em que morou na Antártida, trabalhando como médico em uma expedição geofísica. McLennan herdou a paixão da família pela curiosidade intelectual. Seu papo é recheado de referências a grandes pensadores – de Heráclito a Tucídides, de Montesquieu a Schrödinger. Nada lhe proporciona mais prazer que a vida intelectual: "Quando me ocorre uma ideia ou estou bolando um jeito de pensar sobre as coisas que me parece correto, a alegria é a mesma de um surfista pegando onda."[24]

McLennan, por ser um leitor voraz, chegou à mesma conclusão cautelosa a que chegaram Graham e Eveillard: **o futuro é tão "intrinsecamente incerto" que os investidores devem se concentrar fortemente em evitar prejuízos definitivos e montar "um portfólio que possa suportar várias conjunturas internacionais".** Na visão de McLennan, devemos começar definindo o nosso objetivo mais amplo, que deve ser o guia de todas as nossas decisões de investimento. Ele sustenta esse argumento citando o filósofo romano Sêneca: "Não há vento a favor para quem desconhece o porto de destino." Para McLennan, esse destino está claro: "Nosso objetivo não é tentar enriquecer depressa. É criar riqueza resiliente." Para quase todos nós, esse é um objetivo mais sensato do que tentar ganhar de goleada do mercado.

O "respeito pela incerteza" de McLennan advém, em parte, do seu estudo da história. Ele tem um fascínio especial pela relativa calma do início dos anos 1900. E observa que um investidor que analisasse o mundo, digamos, entre 1908 e 1911, teria todos os motivos para se sentir confiante em relação ao futuro. A economia global vivera um período de crescimento sem precedentes. O valor dos ativos parecia razoável. E havia uma crença geral de que a inflação fora derrotada. Por que se preocupar? Foi aí que começou a confusão.

O "inafundável" *Titanic* naufragou na viagem inaugural, em 1912 – um lembrete de que o ser humano não tem como domar a natureza. Um assassinato cometido por um revolucionário da Bósnia levou a uma reação em cadeia que precipitou o estouro da Primeira Guerra Mundial em 1914.

A bolsa de valores de Nova York fechou por quatro meses durante a guerra e todas as bolsas importantes da Europa foram paralisadas. A pandemia de gripe de 1918-19 matou nada menos que 50 milhões de pessoas. A hiperinflação tomou conta da Alemanha em 1922, preparando o terreno para a ascensão de Hitler ao poder, que começou em 1923. Ao *crash* de 1929 seguiu-se a Grande Depressão. Em seguida veio a Segunda Guerra Mundial, de 1939 a 1945. Assim, um período de paz e prosperidade deu lugar a *três décadas* de desastres. Atropelada pelos acontecimentos internacionais, a bolsa de valores apresentou uma volatilidade atroz entre 1926 e 1945, deixando toda uma geração de investidores escaldada em relação ao risco.*

Um equívoco perigoso, cometido o tempo todo pelos investidores, é supor que o período seguinte se parecerá com o período vivido recentemente. "Mas o futuro pode ser *incrivelmente* diferente", diz McLennan. "A geração *seguinte* tem uma experiência de vida muito diferente da geração *anterior*."** Buffett argumentou coisa parecida depois do 11 de Setembro, que custou bilhões de dólares à Berkshire em prejuízos com seguros. Em mensagem aos acionistas em 2002, ele reconheceu: "Nós não percebemos, ou não demos importância, à possibilidade de prejuízos de grande escala em função do terrorismo. Em suma, todos nós do setor cometemos um erro básico de assunção de risco ao nos concentrarmos na experiência, e não na exposição." **Tendo em mente essa lição, McLennan concentra**

---

* Em *Desafio aos deuses – A fascinante história do risco*, Peter Bernstein escreve que o retorno médio total foi de apenas 7% ao ano entre 1926 e 1945. Enquanto isso, o desvio padrão dos retornos anuais (uma medida da variação em relação à média) foi de 37% ao ano. Era uma combinação terrível: retornos insatisfatórios e volatilidade intragável.

** Em verdade, as décadas posteriores a 1945 se mostraram uma era de ouro para os investidores. Aqueles que aprenderam, entre 1926 e 1945, que as ações eram traiçoeiras demais para mexer com elas, desperdiçaram o período em que o índice Dow Jones Industrial disparou de cerca de 150 em 1945 para quase 1.000 em 1966. Bernstein observa que o desvio padrão do retorno total entre 1945 e 1966 caiu para um terço do que havia sido entre 1926 e 1945. Foi uma combinação incrível: retornos elevados e baixa volatilidade. Para os investidores, a lição é extraordinariamente importante. Se você um dia achar que o mundo ficará estável ou os mercados financeiros continuarão em uma trajetória constante (seja ela positiva ou negativa), basta lembrar-se das diferenças entre estes três períodos: 1908-11, 1912-45 e 1945-66. A norma é a mudança. O inimigo é a complacência.

grande parte da sua atenção na *exposição* – e em se preparar para um futuro que não se pareça em nada com a sua experiência recente.

Quando conversamos pela primeira vez, em seu sofisticado escritório em Manhattan no verão de 2017, ele listou uma série de ameaças a que os investidores estavam expostos. Observou, por exemplo, que a dívida dos Estados Unidos, em relação ao PIB, era ainda maior que antes da crise financeira de 2008. As taxas de juros estavam tão baixas que os poupadores estavam sendo punidos por serem prudentes. O crescimento da automação vinha estimulando inquietação social e política. O pano de fundo geopolítico estava repleto de riscos de conflitos, sendo que a ascensão da China como rival dos Estados Unidos não era o menor deles. E o preço baixo do capital levara o preço dos ativos a níveis exuberantes, dificultando achar ações que propiciassem uma margem de segurança ampla. Ele descreveu esses fenômenos como "formas de fraqueza e fragilidade que, a história demonstra, é perigoso ignorar".

McLennan, que considera as previsões do mercado uma "missão de tolos", não estava fingindo saber o que viria a acontecer. Porém, assim como Howard Marks, ele acha vital reconhecer que "a precificação do risco passa por ciclos enormes. O ideal é estar mais disposto a comprometer capital com o investimento quando o risco está sendo obviamente bem precificado, como no final de 2008 ou em 2009. E o ideal é ter mais cautela quando o risco *não está* sendo bem precificado, como em 1999 ou 2007, ou talvez hoje."

Ele comparou a situação a viver em cima da falha tectônica de São Francisco. "Talvez tenhamos dez anos ótimos pela frente [e] o terremoto não aconteça." Mas seria temerário agir como se a ameaça não existisse. "O que queremos é mostrar a importância de admitir que existem coisas que podem não dar tão certo no futuro", disse-me. **"O ideal é estar preparado para ser um participante da marcha da humanidade, mas sobrevivendo aos tombos ao longo do caminho."** Essa é uma máxima útil para os investimentos e para a vida.

Quando a ameaça finalmente apareceu, foi uma pandemia, e não um terremoto, que desencadeou o colapso do mercado no início de 2020. Em junho daquele ano, falando comigo de uma casa em Greenwich, Connecticut, que ele havia alugado para fugir de Manhattan durante a pandemia, McLennan comentou que o *crash* – que sobreveio em um momento de "complacência" depois de uma década de "crescimento quase ininterrupto"

– sublinhava a sua crença de que "os mercados fazem parte de um ecossistema complexo, que é *inerentemente imprevisível*. Afinal, em dezembro de 2019 não havia nenhum economista pedindo que a Covid-19 perturbasse o ciclo dos negócios". Fundamental para a resiliência, portanto, é certificar-se de estar "prudentemente posicionado" quando "as coisas parecerem boas", já que "o futuro é incerto e pode trazer acontecimentos como esse".

Como McLennan monta um portfólio para atingir seu objetivo de ser resiliente na criação de riqueza? Ele começa imaginando os mercados globais como um bloco de mármore gigante. Daí ele começa a "raspar" todos os pedaços que *não* quer ter, retirando tudo aquilo que promove a fragilidade, de modo a "esculpir um resultado melhor". O princípio orientador por trás desse processo é o de "eliminação de erros". Como explica McLennan, existe uma "insegurança básica" nesse modo de pensar. Ele reflete a admissão de que "existem muitas coisas que podem nos atingir" e que a resiliência exige que ele "as evite".

McLennan tem flexibilidade para pesquisar oportunidades em qualquer lugar do mundo, visto que gere um fundo global e um fundo internacional. A maioria dos investidores abordaria essa missão indo em busca daquilo que ele chama de "bolsões aquecidos" de "crescimento temático" – apostas da moda, como ações brasileiras em 2010, empresas de mídias sociais em 2017 ou carros elétricos em 2020. Influenciados por suas experiências recentes, os investidores muitas vezes se abastecem daquilo que vinha tendo o melhor desempenho. Mas expectativas generalizadas de êxito ininterrupto levam a preços inflacionados. Além disso, as áreas de alto crescimento acabam atraindo uma competição feroz. Nas palavras de Marks: "O sucesso carrega consigo as sementes do fracasso."

**Caso seu objetivo seja uma criação sustentada de riqueza, você não pode agir como um míssil atraído pelo calor.** O risco é elevado demais, porque os ativos mais populares não proporcionam margem de segurança. Por isso McLennan começa cinzelando tudo aquilo que pareça da moda, inclusive países e setores que venham atraindo fluxos "indiscriminados" de capital. Essa prática protegeu seus investidores quando os tão amados BRICs (Brasil, Rússia, Índia e China) tropeçaram e a economia brasileira desabou. Ele também evita países com sistemas políticos que não respeitam os direitos de propriedade. Estamos falando de você, Rússia.

Da mesma forma, McLennan corta qualquer empresa que, no seu entender, adicione fragilidade ao seu portfólio. Ele evita, por exemplo, modelos de negócio particularmente vulneráveis a transformações tecnológicas. Também é avesso a empresas com balanços pouco transparentes, excesso de alavancagem ou administração imprudente, "aventureira demais". Isso o protegeu de bombas-relógio como a Enron, a Fannie Mae e todos os bancos que implodiram durante a crise financeira.

Em vez de supor que empresas bem-sucedidas continuarão crescendo perpetuamente, McLennan as enxerga com lentes mais sombrias, algo que ele copiou da ciência. "Ocorre que eu acredito que *tudo* caminha para a extinção", diz. "Se você refletir sobre a evolução, 99% das espécies que um dia existiram estão extintas. As empresas não são exceção."[25]

Ele enxerga a economia como uma ecologia em que os atuais senhores da selva acabarão sendo derrotados por tecnologias inovadoras e novos competidores. "Empresas que são robustas hoje não serão robustas no futuro", diz McLennan. "A incerteza é intrínseca ao sistema. É a entropia – a segunda lei da termodinâmica. Basicamente, as coisas tendem à desordem com o tempo e é necessária muita energia para manter no lugar tanto a estrutura quanto a qualidade. Portanto, do ponto de vista filosófico, temos que respeitar muito o fato de que na natureza as coisas não são estruturalmente permanentes, que as coisas decaem."

Essa constatação tem consequências profundas quando a questão é escolher ações. A maioria dos investidores quer deter empresas glamourosas, com perspectivas ótimas de crescimento. McLennan se concentra, em vez disso, em uma missão mais negativa de "evitar a decadência". Como? Identificando "negócios persistentes", menos vulneráveis a "forças concorrentes complexas". Encare isso como uma estratégia antientropia.

Um exemplo de negócio que ele espera que "persista" é a FANUC Corp., uma empresa japonesa que manteve uma posição incrivelmente estável como maior vendedora mundial de produtos de robótica, como servomotores. Qualquer que seja o carro que você adquira nos Estados Unidos, diz McLennan, é provável que tenha sido pintado por um robô FANUC. A empresa tem uma base enraizada de clientes, que está acostumada com seus produtos. Ela colhe dados em tempo real desses clientes e tira proveito desse conhecimento superior do mercado para expandir continuamente a liderança em relação aos concorrentes. A FANUC também se beneficia da tendência de automação da indústria, não sendo, portanto, uma vítima de transformações tecnológicas. Seus números são saudáveis, com ativos líquidos no balanço, e ela é gerida por uma equipe clarividente, que faz referência explícita à prioridade em posicionar a empresa para "sobreviver para sempre". Nada disso assegura que a FANUC esteja imune à entropia, mas McLennan acredita que é "difícil tirá-la da sua atual posição".

Outro exemplo de uma empresa dominante que ele considera "feita para a resiliência" é a Colgate-Palmolive, produtora de bens de consumo. A empresa vende pasta de dentes desde a década de 1870 e controla mais de 40% do mercado mundial. É um produto barato e comum, resistente a perturbações – exceto na improvável ocorrência de que, digamos, se descubra que um de seus ingredientes ativos é cancerígeno. Mesmo em períodos de caos econômico, como em 2008 ou 2020, é um negócio que "simplesmente tende a ir levando", diz McLennan. E, como acontece com a FANUC, "essa combinação de grande escala e clientela cativa tende a produzir margens melhores e, com isso, maior fluxo de caixa".

Essa é uma empresa sem novidades ou *sex appeal*. E no entanto seu modelo de negócios seria tão difícil de replicar que possui a qualidade batizada por McLennan de "escassez banal". Existe uma elegância contrária ao senso comum na ideia de que, quando se trata de investir, *muitas vezes a beleza consiste na banalidade, e não no glamour*. Ao longo dos anos ele detectou os encantos ocultos de incontáveis patinhos feios – de uma madeireira adquirida durante um ciclo de baixa até uma empresa de venda de uniformes. Não é exatamente uma Tesla.

Da mesma forma, quando as ações despencaram em março de 2020, McLennan aumentou sua participação em uma empresa japonesa, a Hoshizaki – outro negócio de rara banalidade e persistência que ele descreve como "líder mundial em máquinas de gelo para restaurantes". Ele explica: "Restaurantes sempre abrem e fecham, mas precisam do mesmo equipamento. Assim, o fabricante do equipamento é uma aposta muito mais segura que um restaurante."

McLennan também faz questão de que toda ação comprada por ele seja "precificada para a extinção". Em outras palavras, a avaliação deve estar baixa o bastante para compensar sua suposição de que a empresa, assim como todo negócio, seguirá num momento ou noutro "rumo à irrelevância". Em geral, ele busca investir com um desconto de 30% em relação ao que considera ser o valor intrínseco daquela empresa. Se o negócio *não* desaparecer, mas em vez disso continuar a crescer, "lucramos de graça com o crescimento".

O que resta, depois do trabalhoso processo eliminatório de McLennan? Um "núcleo resiliente" de empresas de persistência incomum, gestão conservadora, boa capitalização e subvalorização, que têm maior probabilidade de prosperar, mesmo em um ecossistema darwiniano, no qual nada dura para sempre.

Na média, ele conserva essas posições durante mais da metade de uma década, cortando algumas ou acrescentando outras conforme a flutuação das avaliações. McLennan reconhece que todos esses negócios têm defeitos e que alguns vão decepcionar. Por isso ele adiciona uma camada extra de resiliência, possuindo cerca de 140 empresas diferentes. Assim como Graham e Eveillard, ele vê a diversificação como um componente fundamental de uma estratégia "tolerante a erros" que possa sobreviver aos seus erros, a faltas de sorte ou à incapacidade de enxergar o futuro.*

As oportunidades de comprar "bons negócios a bons preços" tendem a surgir esporadicamente, muitas vezes em meio a surtos de volatilidade. Mas McLennan não se incomoda de esperar cinco ou dez anos até que uma empresa desejável, dentro da sua lista de observação, atenda aos seus critérios de avaliação. Nesse meio-tempo ele deixa disciplinadamente o dinheiro se acumular em vez de se sentir obrigado a investir quando os preços estão altos demais para ter segurança. De fato, a ideia mais crucial que ele busca incutir em seus analistas é a importância de dizer não.

Quando os mercados estão em efervescência e as pechinchas andam fugidias, a capacidade de McLennan de dizer não se torna francamente

---

\* Também vale reconhecer que um gestor de fundo com US$ 100 bilhões de patrimônio não pode viver de um patrimônio concentrado. Mohnish Pabrai, que põe a maior parte do dinheiro em um punhado de ações, considera a diversificação uma receita para ter retornos medíocres. Mas existe uma tensão entre desempenho alto e sobrevivência. Pabrai tem mais chances que McLennan de produzir retornos fantásticos, mas também tem mais chance de bater em uma montanha. McLennan acrescenta que, desde 1926, "a maioria esmagadora do desempenho do mercado vem de cerca de 4% das ações. Quando você tenta concentrar demais, suas probabilidades matemáticas de estar dentro desses 4% certos são bastante baixas".

"eveillardiana". Em 19 de fevereiro de 2020, um dia antes de começar o *crash* da Covid-19, a First Eagle Global tinha apenas 71% de seu patrimônio em ações, com 15% guardados em segurança em espécie e dívidas soberanas – reflexo da sua preocupação com avaliações elevadas e os riscos latentes que ele descrevera já em 2017. Ele comenta: "É o fato de não termos que *forçar* o capital a trabalhar em uma época em que os preços não estimulavam investir que nos ajuda a sermos resilientes nos momentos de baixa."

McLennan também detinha 14% do patrimônio do fundo em ouro, que ele enxerga como uma garantia de longo prazo contra derretimentos do mercado, caos geopolítico ou perda de confiança em sistemas monetários com base em papel. "O ouro tem uma correlação negativa com as ações em maus momentos verdadeiramente extremos", diz. Ele é também "um dos elementos mais escassos e resistentes da tabela periódica. Não sofre corrosão, não apodrece e não desaparece, como uma empresa ou um governo". Em um mundo de instabilidade fabricada pela mão do homem, ele alega (contra a corrente) que o ouro acrescenta força "natural" contra intempéries a seu portfólio, ajudando a garantir que ele sobreviva a esses tombos inesperados. Afinal de contas, empresas podem morrer, mas o ouro fica.

Sem surpresas, o Global Fund aguentou firme em meio ao tumulto de 2020, sustentado pelo "lastro" em espécie e ouro. "É um exemplo clássico de que você precisa de um guarda-chuva *antes* que chova", diz McLennan. "Na hora em que você sai caçando um guarda-chuva no meio da tempestade, é bem difícil achar um. Por isso, ter a mentalidade correta antecipadamente foi crucial nesse caso." Enquanto os demais entraram em pânico, ele também podia investir em ações desvalorizadas "a preços que agora estavam muito mais sadios". Ele observa: "Não basta apenas ser conservador. É preciso estar disposto a pôr o dinheiro para trabalhar na hora em que os outros sentem menos segurança em fazer isso."

A abordagem resiliente de McLennan representa um forte contraste em relação ao comportamento da maioria dos investidores. Seu foco sistemático na eliminação de fragilidades exige que ele evite todos os "defeitos comportamentais evidentes" que os outros exibem. Eles são, por exemplo, impacientes demais para aguardar o preço de compra ideal. Eles "alugam" ações em vez de possuí-las durante anos. Eles cedem à ilusão egocêntrica de que conseguem prever o futuro em vez de reconhecer os limites do próprio conhecimento. E pulam de cabeça nas modinhas, com o julgamento turvado pela "inveja dos retornos" e pelo medo de ficar de fora.

Um livro que influenciou suas ideias a respeito dos motivos de decisões tão autodestrutivas é a *História da Guerra do Peloponeso*, escrita pelo general ateniense Tucídides cerca de 2.400 anos atrás. McLennan conta que Atenas e Esparta acabaram entrando em guerra porque ambos os lados tomaram decisões "apressadas" e "arrogantes", na "paixão do momento". Seu raciocínio é que as características opostas – *paciência* e *humildade* – propiciam uma vantagem de temperamento quer estejamos esfriando um conflito ou construindo uma fortuna. Uma vez mais, o sucesso provém da resistência consciente a tudo que estimula a fragilidade.

Ao descrever o processo de construção de um portfólio que com o tempo pode prosperar, McLennan se recorda de quando era criança na Austrália e ficava olhando a mãe cuidando do jardim. Sempre havia algum problema. Umidade baixa. Vinhedos secando. Pragas de insetos. Muitas vezes ele ficava pensando por que ela se dava ao trabalho de persistir. Seria tão mais fácil deixar o mato crescer ou se contentar com um simples gramado, que precisasse ser cortado uma vez por semana. Mas seus cuidados geraram resultados notáveis ao cabo de três décadas. "O que eu vi acontecer, com o passar do tempo, foi o surgimento progressivo de um jardim lindo, lindo, que levou tempo. Foi necessária seletividade. E acho que essa é uma boa metáfora para os investimentos."

O First Eagle Global Fund é bem parecido com esse jardim. Aconteceu muita coisa desde que Eveillard assumiu o fundo, em 1979 – mercados em alta, bolhas, inflação, guerras, crises e uma pandemia. Mesmo assim, a mesma estratégia disciplinada e avessa a riscos foi mantida o tempo todo. O resultado? Desde 1979 o fundo conseguiu uma média anual de 12,46%, contra 9,35% do Índice Mundial MSCI.* Se você tivesse investido US$ 100 mil no Global Fund em 1979, esse valor teria atingido US$ 12,94 milhões em 2020, contra US$ 4,5 milhões se você tivesse aplicado no índice – uma

---

\* Esse valor, que exclui uma taxa de aquisição ao aderir ao First Eagle Global Fund, abarca o período de janeiro de 1979 a maio de 2020. O retorno acumulado do fundo ao longo dessas quatro décadas (aproximadamente) foi de 12.845%, contra 3.945% do Índice Mundial MSCI. A lição? Juros compostos constantes - desastre = êxito espetacular.

diferença de mais de US$ 8 milhões. Essa é a maravilha dos juros compostos. Pequenas vantagens acumulam-se ao longo de décadas, transformando-se em uma esmagadora margem vitoriosa.

O paradoxo é que Eveillard e McLennan marcaram esse golaço sem que nunca tivessem ido com tudo para o ataque. McLennan atribui seu êxito a um foco constante em "mitigação de riscos", "eliminação de erros" e "atos prudentes de omissão". Em suma, "vencer ao não perder".

## "A vida não é simples"

Mesmo assim, a rota da prosperidade não foi indolor. Eveillard, hoje aposentado, não esconde as cicatrizes emocionais que carrega desde a época em que sua carreira quase saiu dos trilhos. Olhando para trás, também lamenta a dificuldade que teve de equilibrar trabalho e família. O trabalho era tão "intenso" e "às vezes psicologicamente sofrido" que ele "negligenciou" as duas filhas. Será que ele teria sido um caçador de ações menos bem-sucedido se tivesse lhes dado mais atenção? "Não sei e nunca saberei", diz. "O padre católico tinha razão. A vida não é simples."

Apesar disso, ele tem uma sensação profunda de orgulho pelo que conquistou. "O que me dava prazer não era me sair melhor que os outros, mas entregar retornos muito maiores que os de um fundo indexado por um longo período de tempo", diz. "É um jogo em que os números não mentem."

McLennan, como o restante de nós, também teve sua cota de altos e baixos. Quando perguntei a ele como as forças de entropia e impermanência afetaram a sua vida, ele respondeu: "Ah, eu senti isso na pele. Sabe, eu era casado." Ele se separou depois de muitos anos, após ter três filhos. Desde então, ele se apaixonou de novo, casou-se de novo e teve a quarta filha – uma menina batizada Tennyson, "como o poeta".[26]

Tanto profissional quanto pessoalmente, diz McLennan, ele constatou que muitas vezes os "momentos de intensa dor" foram seguidos de "recomeços" e "oportunidades extremamente propícias". Por exemplo, o final dos anos 1990 foi um período brutal para investidores em valor como ele e Eveillard, "mas o começo dos anos 2000 foi uma época de ouro. Então, para quem foi capaz de aguentar, a vantagem foi enorme".

**Tanto nos mercados quanto na vida, muita coisa depende da nossa capacidade de sobreviver aos tombos.**

McLennan passou catorze anos no Goldman Sachs, trabalhando com alguns dos gestores de melhor desempenho em Wall Street. No começo, ele ficava pensando se aquele grupo de elite possuía algum talento singular que o diferenciava. "Com o passar do tempo, entendi que eram simplesmente aqueles que não desistiam, que continuavam aprendendo, evoluindo, firmes e dispostos a atravessar as adversidades." Ele enxerga a mesma característica nos melhores investidores: "Eles simplesmente não desistiram. Seguem constantemente sob o fascínio de desvendar o segredo" e têm a força "para suportar os inevitáveis períodos de decepções".

McLennan sabe que o futuro trará mais problemas, mais instabilidade, mais decadência. Afinal de contas, "a entropia é a regra férrea do universo". Mas ele se enxerga como um "realista informado", e não um pessimista. "Acredito no potencial do ser humano, mas acho que a trajetória não é linear", diz. "Ela é perturbada por rupturas episódicas. Por isso, se você estruturar o seu portfólio e a sua mentalidade de modo a *aguentar* esses momentos de ruptura, maior é a probabilidade de que tire proveito da marcha da humanidade ao longo do tempo em vez de depender de que tudo corra bem."

## Cinco regras da resiliência

Vamos fazer uma pausa momentânea e tentar extrair algumas lições práticas de Graham, Kahn, Buffett, Eveillard e McLennan sobre como reforçar a nossa resiliência como investidores. Para mim, existem cinco ideias fundamentais que não posso me permitir esquecer.

**Em primeiro lugar, temos que respeitar a incerteza.** Basta pensar em toda a turbulência que Graham e Kahn testemunharam ao longo do século passado para que você comece a perceber que a desordem, o caos, a volatilidade e as surpresas não são falhas, e sim características do sistema. Não temos como prever o momento, o fator desencadeador ou a natureza exata dessas rupturas. Mas temos que esperá-las e estar preparados para elas, de modo a suavizar seus impactos. Como? Identificando e afastando (ou reduzindo), de maneira consciente, nossas vulnerabilidades. Como escreve

Nicholas Taleb em *Antifrágil – Coisas que se beneficiam com o caos*, "é muito mais fácil descobrir se algo é frágil do que prever a ocorrência de um evento que possa danificá-lo".

**Em segundo lugar, para alcançar a resiliência é imperioso reduzir ou eliminar o endividamento, evitar a alavancagem e tomar cuidado com o excesso de gastos, coisas que podem nos tornar dependentes da gentileza de estranhos.** As perguntas cruciais a responder são duas: "Quais são os meus pontos frágeis? E como posso reduzir a minha fragilidade?" Caso, digamos, todo o seu dinheiro esteja em um só banco, uma corretora, um país, uma moeda, um tipo de ativo ou um fundo, você pode estar brincando com uma arma carregada. Com sorte, você pode escapar com tudo a curto prazo. Com o tempo, aumentam as chances de que a sua vulnerabilidade seja exposta por eventos imprevistos.

**Em terceiro lugar, em vez de ficarmos obcecados com ganhos de curto prazo ou com a superação de metas, devemos colocar uma ênfase maior em nos tornarmos resistentes a choques, evitar a ruína e continuar no jogo.** Até certo ponto, o lado bom se resolve à medida que as economias crescem, a produtividade aumenta, as populações se expandem e os juros compostos realizam a sua magia. Mas, como alertou Kahn, não podemos ignorar o lado ruim.

**Em quarto lugar, cuidado com o excesso de confiança e com a complacência.** Aristóteles afirmou: "O caráter resultante da riqueza é de um tolo próspero." Pessoalmente, se existe algo de que eu tenho certeza, é o fato de que sou irracional, ignorante, autoiludido e propenso a todas as falhas de comportamento que ironizo nos outros – inclusive o perigoso hábito de acreditar que o futuro será semelhante ao passado recente.

**Em quinto lugar, como realistas informados, precisamos ter consciência aguda da nossa exposição ao risco e devemos sempre fazer questão de uma margem de segurança.** Mas há um porém importante. Não podemos deixar que a nossa consciência do risco nos torne medrosos, pessimistas ou paranoicos. Nietzsche alertou: "Olhe para o abismo por tempo demais e você se torna o abismo." Como McLennan provou durante a pandemia, o investidor resiliente tem a força, a confiança e a fé no futuro necessárias para agarrar oportunidades na hora em que os investidores não resilientes titubeiam. A defesa vira rapidamente o ataque. A ruptura traz o lucro.

CAPÍTULO 5

# A simplicidade é o máximo da sofisticação

Uma busca longa e sinuosa pelo caminho mais simples para ter retornos espetaculares

---

>Os detalhes vão desgastando nossa vida.
>Simplifique, simplifique.
>
>– HENRY DAVID THOREAU

>O grande paradoxo desta nossa época notável é que quanto mais complexo se torna o mundo à nossa volta, mais devemos buscar a simplicidade a fim de concretizar nossas metas financeiras. A simplicidade é, na verdade, a chave-mestra do sucesso financeiro.
>
>– JACK BOGLE

---

A umidade do ar está sufocante. Em dias de verão como esse, mesmo os nova-iorquinos mais calejados sonham em escapar do calor aprisionado pelos arranha-céus da cidade. Em Wall Street, os aspirantes a plutocrata, dentro de seus ternos formais e abotoados, devem estar sofrendo para respirar.

A mais de 160 quilômetros dali, Joel Greenblatt refugiou-se da cidade. Hoje está trabalhando da sua casa de praia nos Hamptons. Estamos sentados à sombra da sua varanda mobiliada com elegância, desfrutando de uma brisa fresca e da sua maravilhosa vista para o Atlântico. A casa tem piscina, quadra de basquete e campinho de futebol. Na parede atrás de nós estão encostadas duas pranchas de surfe. A luz do sol reverbera na superfície do oceano.

Bronzeado e descansado, Greenblatt está de jeans e mocassins pretos de couro sem meias. As mangas estão arregaçadas. Tenista inveterado, ele parece esbelto e em forma às vésperas de completar 60 anos. Nem sempre os titãs dos investimentos são dotados de grandes habilidades sociais. Mas Greenblatt, titã entre os titãs, tem modos sedutores e um sorriso caloroso. Ele tem, acima de tudo, uma postura e uma confiança silenciosa – uma sensação de que está acima da busca banal pela aprovação alheia. Sente-se à vontade sendo quem é, na certeza de quem sabe tudo que conquistou.

Talvez isso não surpreenda, considerando o alcance das suas conquistas. Os retornos das aplicações de Greenblatt são cantados em prosa e verso. Em 1985, na tenra idade de 27 anos, ele fundou a Gotham Capital e lançou um fundo *hedge* com patrimônio de cerca de US$ 7 milhões. Em 1989 juntou-se a ele Robert Goldstein, que três décadas mais tarde ainda é seu sócio. Nos dez primeiros anos, o fundo registrou retornos de 50% ao ano (fora despesas, mas sem excluir as taxas). Ao longo de vinte anos, alcançou uma espantosa média de 40% ao ano. Nesse ritmo, US$ 1 milhão se transformam em US$ 836 milhões – um truque bem bacana.

Ao cabo de cinco anos, a Gotham devolveu metade do dinheiro aos investidores. Ao cabo de dez, devolveu o restante, de modo que Greenblatt e Goldstein puderam se concentrar em cuidar das próprias fortunas. A maioria dos gestores de fundos é vulnerável aos caprichos dos seus acionistas. Mas eles dispunham do luxo absoluto de não ter que responder a ninguém.

Livre para ir atrás daquilo que despertava a sua curiosidade onde quer que fosse, Greenblatt seguiu uma trajetória imprevisível. A maioria dos grandes investidores tem interesses restritos, uma vez que a excelência exige foco. Mas Greenblatt levou uma vida variada e rica. Antes de tudo, ele é um homem de família dedicado, com esposa, cinco filhos e dois cachorros. Também é um escritor irritantemente talentoso. Publicou três livros sobre investimentos, recheados de um mix único de conselhos pontuais, tiradas irreverentes ("*Observação*: Existem três tipos de pessoa – as que sabem contar e as que não sabem"), trocadilhos maravilhosos (*ipso facto* grafado *ipso fatso\**) e anedotas divertidas das suas desventuras juvenis tentando imitar um cão vomitando ou apostando, ainda menor de idade, em corridas de galgos.[27]

Seu primeiro livro, *You Can Be a Stock Market Genius (Even If You're Not Too Smart!)* (Você pode ser um gênio da bolsa de valores – Mesmo sem ser inteligente demais), era voltado para o público em geral, mas se tornou uma bíblia para gestores de fundos *hedge* em busca de um diferencial. O segundo, *O mercado de ações ao seu alcance*, foi criado para desmistificar os investimentos para os seus filhos, mas vendeu mais de 100 mil exemplares e foi exaltado por Michael Price como "um dos livros sobre investimentos mais importantes dos últimos cinquenta anos". Seu terceiro livro, *The Big Secret for the Small Investor* (O grande segredo para o pequeno investidor), fez menos sucesso. Greenblatt brinca que "o segredo continua", porque "ninguém leu".

Desde 1996 ele também leciona o curso "Investimento em valor e situações especiais" na faculdade de administração de Columbia. Até hoje ele ensinou a um grupo de elite de cerca de 800 alunos de MBA, compartilhando com eles a filosofia que lhe permitiu derrotar o mercado. Greenblatt abre o curso informando aos alunos que as habilidades que ele está para ensinar podem torná-los extremamente ricos, mas adverte que o valor dessa busca para a sociedade é o mesmo de alguém que leva jeito para apostar em cavalos. Tendo essa ressalva em mente, ele pede aos alunos que "descubram um jeito de retribuir".

Greenblatt encontrou duas maneiras recompensadoras de retribuir: escrever e dar aulas. Em uma área repleta de conselhos egoístas e equivocados, que podem ser perigosos para a sua saúde financeira, ele seguiu a honrosa tradição de Ben Graham, Warren Buffett e Howard Marks, compartilhando uma sabedoria de investimentos que comprovadamente deu certo. Ao mesmo tempo, como filantropo, Greenblatt também desempenhou um papel decisivo na criação de 45 escolas públicas gratuitas que atendem 1.800 estudantes de toda Nova York. A maioria desses estudantes

---

\* Intraduzível em português, trata-se de um jogo de palavras com a expressão latina que significa "pelo mesmo fato" e a palavra inglesa *fat*, "gordo" (N. T.).

vem de famílias de minorias e de baixa renda, em regiões como o Bronx e o Harlem.[28]

Nos últimos anos Greenblatt também recomeçou a administrar algo além de dinheiro. Ele e Goldstein criaram um grupo de fundos mútuos de longo e curto prazos, o que representa uma mudança inesperada e interessante em relação à estratégia que os levou ao estrelato. Greenblatt, que tem um histórico empresarial robusto, adora iniciar empreendimentos novos. Mas a ambição por trás disso não é maximizar a própria fortuna montando um império financeiro. "Não tenho nada contra ganhar dinheiro", diz. "Mas não é isso que me motiva de verdade. Eu tenho o bastante."

Em vez disso, a sua motivação básica é o prazer do jogador em bolar maneiras engenhosas de ganhar. "O que mais me atrai é a graça do desafio de compreender as coisas", diz. "E, como todo mundo está tentando entender por aí, resolver o quebra-cabeça é uma sensação agradável." De fato, encaro Greenblatt como um tipo de decifrador de códigos, inexoravelmente atraído pelo desafio intelectual de derrotar o sistema.

Eu queria compreender o que ele tinha descoberto em mais de três décadas tentando decifrar o mercado e ser mais esperto que a concorrência. Como logo viria a entender, os princípios básicos de suas estratégias são surpreendentemente simples. Na verdade, o que torna Greenblatt um guia de investimentos tão iluminado é seu dom para reduzir esse jogo complexo à sua essência mais pura. Por exemplo, durante uma entrevista em seu escritório bem no centro de Manhattan ele me contou que todo o segredo de sua bem-sucedida seleção de ações se resume a isto: "Descubra quanto alguma coisa vale e pague bem menos."

Será que é tão direto assim? Bem, vejamos.

Antes disso, porém, vamos fazer um rápido desvio para explicar por que é tão importante identificar alguns poucos princípios fundamentais que são, no mínimo, parcialmente verdadeiros. Então, com a ajuda de Greenblatt e alguns outros titãs do mundo financeiro, vamos reduzir tudo a um punhado de princípios específicos de investimentos que devem nos ajudar a manter o rumo durante décadas a fio. O objetivo? Neste nosso mundo supercomplicado, buscamos uma trajetória simples, lógica e confiável para atingir retornos superiores.

## A simplicidade que mora do lado de lá da complexidade

Na minha infância londrina nos anos 1970, eu podia escolher entre a grande variedade de três canais de televisão. Ainda me lembro de uma noite mágica em 1982 em que minha terra natal foi agraciada com a milagrosa chegada do Channel 4, que prometia entregar um banquete infinito de maravilhas televisivas. Hoje em dia, na Nova York do século XXI, tenho pelo menos cem canais. Mesmo assim, raramente sinto vontade de ligar a TV, exceto uma vez a cada quatro anos, quando tenho a decepção garantida de assistir à seleção inglesa sendo eliminada de mais uma Copa do Mundo.

Em geral, supomos que ter mais escolhas nos deixa mais felizes. Até certo ponto, pode ser verdade. Mas não sou o único a achar que tanta complexidade extra é saturante. O psicólogo Barry Schwartz pondera, em *O paradoxo da escolha – Por que menos é mais*, que muitos consumidores ficam paralisados diante de um problema típico de países do primeiro mundo: prateleiras de supermercado cedendo ao peso de 24 diferentes tipos de geleia gourmet.

Quando a questão é investir, a proliferação de escolhas pode dar vertigem. Devo comprar ações específicas, ETFs, fundos *hedge* ou fundos mútuos? Fundos indexados ou de gestão ativa? Devo dar preferência a um estilo de investimento ou a um mix de categorias com ênfase em valor, crescimento, crescimento a um preço razoável, *deep value*, momento, fundos macro ou fundos neutros? E como devo dividir o dinheiro entre ações nacionais e estrangeiras, títulos, espécie e "alternativas" como *private equity*, *venture capital*, fundos imobiliários, ouro e futuros *pork bellies*?

Em termos práticos, a capacidade de reduzir a complexidade tem imenso valor. Pense apenas por um instante no Antigo Testamento, que contém nada menos que 613 mandamentos. Quem consegue se lembrar de tantas regras? E de obedecer a todas elas? Talvez seja por isso que precisamos de uma lista de dez mais. Mas neste instante, ao tentar colocar no papel os Dez Mandamentos, só acertei seis – e, ainda assim, colando um pouquinho.

Em todo caso, *disso* eu me lembro bem: cerca de dois mil anos atrás pediram a um sábio chamado Hilel que ensinasse o Antigo Testamento inteiro apoiado em uma perna só. Ele respondeu: "Não faz a teu irmão aquilo que te prejudica. O resto são só comentários." O Antigo Testamento exige apenas três palavras para sintetizar sua regra central: *Veahavta lereacha kamocha*, que em hebraico significa "Ama o próximo como a ti mesmo".

Da mesma forma, quando perguntaram a Jesus qual era o mais importante dos mandamentos, ele optou pela suprema simplicidade, declarando: "Amarás o Senhor teu Deus de todo o teu coração, e de toda a tua alma, e de toda a tua força, de toda a tua mente; e a teu próximo como a ti mesmo."

Também tenho um fraco por esta exortação maravilhosamente sucinta do Buda: "Refreia-te daquilo que é prejudicial. Faz o bem. Purifica tua mente." Como manual de instruções para a vida, de que mais precisamos além dessas doze palavras? Assim como Hilel e Jesus, o Buda deve ter entendido que nós, reles mortais, sofremos de uma vulnerabilidade extrema à confusão diante da complexidade – e que um número mínimo de instruções simples e memorizáveis pode nos guiar de maneira bastante eficaz no rumo geral do nirvana.

A simplificação é uma estratégia importante igualmente em terrenos mais mundanos, como a ciência e os negócios. Cientistas invocam constantemente, por exemplo, o "Princípio da Navalha de Ockham", atribuído a um frade e filósofo inglês do século XIV chamado Guilherme de Ockham. Segundo esse princípio: "Tudo mais permanecendo constante, a solução mais simples tende a ser a correta."

A imagem de Ockham de uma navalha capta a ideia crucial de que a nossa probabilidade de encontrar a resposta correta aumenta se "rasparmos" todos os detalhes desnecessários. Albert Einstein concordou ao declarar: "Todas as teorias da física, se deixarmos de lado suas expressões matemáticas, devem se prestar a uma descrição tão simples que até uma criança possa compreendê-las." Lorde Ernest Rutherford, o pai da física nuclear, chegou a uma conclusão semelhante, tendo supostamente dito que "se um conceito da física não pode ser explicado a uma garçonete, então não é um bom conceito da física".*

---

\* Outro exemplo de simplicidade vem do Dr. Dean Ornish, que sintetizou tudo que aprendeu em saúde e nutrição: "Coma bem, mexa-se mais, estresse-se menos, ame mais." Ele me disse: "Quando você entende uma coisa profundamente, de verdade, passe a vida inteira fazendo aquilo, de modo a simplificá-la. Você pode reduzi-la à sua essência. E esta é a essência." Recomendo a leitura de seu livro *Reverta! Como simples mudanças no seu estilo de vida podem reverter a maioria das doenças crônicas* – ele pode até vir a salvar sua vida.

A simplicidade também desempenha um papel importante na maioria dos negócios bem-sucedidos. Pense na página principal do Google, que consiste basicamente em um logotipo e uma janela em forma de pílula na qual você digita seus termos de busca. Ou pense na elegância sóbria e despojada que Steve Jobs – inspirado pela estética minimalista do zen-budismo – conferiu aos produtos da Apple. Como Jobs explicou várias vezes, sua devoção à simplicidade ia muito além do design: "Na forma como administramos a empresa, no design de produtos, na publicidade, tudo se resume a isto: 'Vamos fazer simples. Bem simples.'" Já em 1977 o primeiro folheto de marketing da empresa apresentava uma foto de uma maçã vermelha bem brilhosa com os dizeres: "A simplicidade é o máximo da sofisticação."

O setor de serviços financeiros tem tendência a *não* priorizar a simplicidade – daí o surgimento de "inovações" de fundir a cuca, como as obrigações colateralizadas de dívida, os veículos estruturados de investimentos e os *credit default swaps*, que por pouco não destruíram a economia global em 2008. O falecido Jack Bogle, que fundou em 1975 o Vanguard Group e criou um ano depois o primeiro fundo indexado, comentou em um livro intitulado *Enough* (Suficiente): "As instituições financeiras operam em uma espécie de Navalha de Ockham *às avessas*. Elas têm enormes incentivos para privilegiar o complexo e caro, em detrimento do simples e barato, exatamente o contrário daquilo que a maioria dos investidores necessita e deve exigir."\*

Quando entrevistei Bogle, em 2001, ele observou que nada poderia ser mais simples que a sua teoria de que fundos indexados, de baixo custo, poderiam superar os fundos de gestão ativa no conjunto, uma vez que estes últimos carregavam o peso de despesas operacionais e custos de transação mais elevados. "Quando existe um intermediário financeiro – um crupiê – perde-se muito do retorno do mercado", disse-me. "Por isso

---

\* Em carta de 2016 aos acionistas da Berkshire Hathaway, Buffett escreveu: "Se um dia erguerem uma estátua em homenagem à pessoa que mais fez pelos investidores americanos, a escolha indiscutível deve ser Jack Bogle. (...) No início da sua carreira, Jack era motivo de chacota do setor de gestão de investimentos. Hoje, porém, ele tem a satisfação de saber que ajudou milhões de investidores a obter retornos muito melhores para suas economias do que jamais teriam obtido sozinhos. É um herói para eles e para mim." Bogle faleceu em 2019.

os fundos indexados *acabam* ganhando. Não era complicado." Essa ideia elementar em relação à vantagem matemática dos fundos indexados revelou-se tão poderosa que o patrimônio do Vanguard atingiu, desde então, US$ 6,2 trilhões.

Um dos propositores da simplicidade mais ponderados é Josh Waitzkin, especialista em desempenho de ponta em campos tão díspares quanto o xadrez, as artes marciais e os investimentos. Menino-prodígio, foi campeão nacional de xadrez e personagem do filme *Em busca de Bobby Fischer*. Já adulto, foi campeão mundial de tai chi chuan, coach de gestores de fundos *hedge* e autor de um livro fascinante, *The Art of Learning – An Inner Journey to Optimal Performance* (A arte de aprender – Uma jornada interior rumo ao desempenho ideal).

Com base na própria experiência como alguém de desempenho de nível mundial, Waitzkin ressalta a importância de subdividir desafios complicados em componentes simples. Ao ensinar xadrez, ele retirava todas as peças do tabuleiro, exceto três (dois reis e um peão), para explorar os princípios essenciais do jogo em um contexto de complexidade reduzida. Da mesma forma, ele dominou o tai chi "refinando em pequenos incrementos o mais simples dos movimentos – por exemplo, empurrando a mão 15 centímetros no ar". Praticando obsessivamente tais "movimentos simplificados", ele introjetou aos poucos os princípios subjacentes dessa arte marcial como um todo, tais como "a coordenação de mente, respiração e corpo". Ele conclui: "O que nos leva ao topo dificilmente é uma técnica misteriosa, e sim um domínio profundo daquilo que pode muito bem ser um conjunto de habilidades básicas."

Essa é uma sacada crucial, que pode ser proveitosa até mesmo para os investidores mais espertos. Afinal de contas, a complexidade pode ser uma armadilha particularmente sedutora para pessoas inteligentes. Na escola, elas eram premiadas por solucionar problemas complexos. Por isso não surpreende que se sintam atraídas por soluções complexas, quando colocadas diante do quebra-cabeça dos investimentos. Nos mercados financeiros, porém, assim como nas artes marciais, a vitória não depende de exibições estonteantes de técnicas esotéricas. Ela depende de um domínio firme dos princípios do jogo e de um profundo conhecimento das habilidades básicas. Como disse Buffett: "As faculdades de administração premiam comportamentos difíceis e complexos muito mais que comportamentos simples. Mas os comportamentos simples são mais eficientes."

O próprio Buffett é um grande mestre da simplificação. Em mensagem aos acionistas em 1977, ele expôs os seus quatro critérios de seleção de uma ação: "O ideal é que seja um negócio que: (1) possa ser compreendido; (2) com perspectivas de longo prazo favoráveis; (3) gerido por pessoas honestas e competentes; e (4) disponível a um preço muito atraente." Isso pode não impressioná-lo como segredo de arrasar quarteirão. Mas é difícil superar essa filtragem de verdades eternas sobre aquilo que torna uma ação desejável. Mais de quarenta anos se passaram, mas os quatro filtros de Buffett continuam mais relevantes e úteis do que nunca.

Não canso de me fascinar com a capacidade dos melhores investidores de condensar muitos anos de aprendizado em alguns poucos princípios-chave. Não é uma questão de idiotização das coisas ou de fingir que não existem complicações e contradições. Trata-se de sintetizar os detalhes de um assunto infinitamente rico e cheio de sutilezas para então condensá-lo em uma essência irredutível. Isso me faz lembrar de um comentário que costuma ser atribuído ao juiz Oliver Wendell Holmes, da Corte Suprema dos Estados Unidos: "Eu não daria um vintém pela simplicidade que mora do lado de cá da complexidade, mas daria minha vida pela simplicidade que mora do lado de lá da complexidade."*

Por que há tanto valor em reduzir os investimentos a alguns princípios centrais? Para começo de conversa, isso nos força a refletir sobre aquilo em que acreditamos verdadeiramente. Essas convicções são particularmente úteis em momentos tempestuosos, quando somos bombardeados pela incerteza, pela dúvida e pelo medo. Basta pensar em como nos sentimos desorientados nos primeiros meses de 2020, quando a Covid-19 matou mais de 100 mil pessoas só nos Estados Unidos, atirou dezenas de milhões no desemprego e promoveu uma queda de um terço no mercado em questão de semanas.

---

* Sendo bem inconveniente, suspeito que Holmes nunca proferiu exatamente essas palavras. Mas ele chegou perto, em uma carta escrita em 1902 a lady Georgina Pollock: "A única simplicidade pela qual eu daria um tostão é aquela que está do lado de lá do complexo – e não aquela que nunca a adivinhou. Feito esse comentário, eu me calo."

Mas quase tão fácil quanto isso é sair do rumo nos momentos bons. No noticiário, há muito alarido que induz a ansiedade; há muita gente tentando convencê-lo a comprar isso ou aquilo dos vigaristas com péssimos produtos de investimento e expertise duvidosa; tantas tentações para mudar para essa ou aquela estratégia ou ativo superaquecido da moda que parece estar fazendo todo mundo ficar ridiculamente rico.

Os melhores investidores têm a disciplina de não se deixar seduzir por essas distrações. Nas palavras de Greenblatt: "Meu jeito de ver as coisas é abraçar aquilo que me parece fazer sentido, faça chuva ou faça sol. É isso."

## O molho secreto de Will Danoff

As virtudes de uma crença simples e constante nos investimentos me chamou a atenção com mais força quando entrevistei Will Danoff na sede de Boston da Fidelity Investments. Não há nada de descolado ou exibicionista em Danoff, um workaholic amigável com um sorriso que mostra o espaço entre os dentes e um senso de humor irônico. Ele parece mais um gerente de médio escalão, amarrotado e insone, do que um "mestre do universo". Mesmo assim, desde que assumiu o Fidelity Contrafund, em 1990, transformou-o em um colosso com cerca de US$ 118 bilhões de patrimônio, tornando-o o maior fundo de gestão ativa gerenciado por uma só pessoa nos Estados Unidos. Ao todo, ele cuida de mais de US$ 200 bilhões.

É sabidamente difícil superar o rendimento do mercado com um fundo de grande porte. Porém, quando nos encontramos, em 2017, Danoff havia alcançado o notável feito de dar um couro no índice S&P 500 durante um, três, cinco, dez e 27 anos. Eu estava ansioso para revelar os ingredientes recônditos de seu molho secreto. Mas ele conseguiu resumir toda a sua filosofia de investimentos em cinco palavras: "As ações acompanham o faturamento."

Tendo em mente esse princípio, ele sai em busca, de maneira incansável, dos "melhores exemplares da raça" de negócios que, no entender dele, vão "ficar bem maiores nos próximos cinco anos". Por quê? Porque, se uma empresa duplica seu lucro por ação em cinco anos, ele acredita que o preço da ação provavelmente também vá dobrar (aproximadamente). É uma generalização fácil de menosprezar, porque soa simplista a ponto de gerar suspeita. Mas não esqueça: investir não é uma prova olímpica de saltos ornamentais, em que os juízes atribuem pontos a mais pelo grau de dificuldade.

Danoff não se envergonha da sua ideia fixa na previsão de crescimento do faturamento. Ao contrário da maioria dos investidores citados neste livro, ele tampouco se preocupa muito com os níveis de avaliação, exceto quando se tornam "ridículos". Ele pergunta: "Você quer ganhar o jogo para os seus investidores e ser dono das melhores empresas? Às vezes, para deter uma ótima empresa, é preciso pagar um preço justo."

Essa mentalidade o levou a acumular posições gigantescas e prolongadas em negócios hegemônicos e bem gerenciados, como a Berkshire Hathaway (que desde 1996 é uma importante *holding*), a Microsoft, a Alphabet (ele foi um dos maiores investidores na IPO da Google, em 2004, e mantém o investimento desde então) e o Facebook (ele também foi um dos maiores compradores na IPO). "É um negócio bastante básico", diz ele. "Minha atitude ao investir é: por que não investir nos melhores?"

Para explicar seu jeito de pensar, Danoff me mostra uma pilha de anotações amarfanhadas e manchadas de café que oferecem um histórico parcial das suas reuniões com dezenas de milhares de empresas ao longo das três últimas décadas. E puxa uma de suas notas favoritas: duas páginas com seus garranchos confusos de uma reunião com Howard Schultz, o visionário que transformou a Starbucks em uma marca global. Eles se conheceram em junho de 1992 – exatamente uma semana antes de a empresa entrar na bolsa, com um valor de mercado de US$ 250 milhões. Hoje em dia, a Starbucks está avaliada em cerca de US$ 120 bilhões.

Revendo suas anotações daquela reunião, Danoff me diz: "Tudo que você precisava saber foi exposto ali. Era uma oportunidade enorme." Por exemplo, Schultz observou que só na Itália havia pelo menos 200 mil cafeterias. A título de comparação, a Starbucks tinha 139. Mas a empresa sediada em Seattle estava promovendo uma expansão agressiva para outras cidades, abrindo novos cafés a um custo modesto de cerca de US$ 250 mil por unidade. No terceiro ano, uma cafeteria poderia gerar um lucro de US$ 150 mil – um retorno de 60% sobre o investimento inicial. "A chave", diz Danoff, "era o retorno bem alto de cada loja", de modo que a empresa pudesse "crescer em um ritmo veloz sem necessidade de financiamento externo".

Danoff conta que não gostou muito de Schultz ao conhecê-lo. Mas a Starbucks acabaria se tornando um dos maiores ativos do Contrafund. Ao longo do caminho, a empresa se tornaria a ilustração perfeita do valor de investir a longo prazo em bons negócios que mantêm uma taxa de crescimento bem acima da normal. Danoff aponta para um gráfico que acompanha o desempenho estupendo da empresa ao longo de duas décadas: seu lucro por ação cresceu 27,45% ao ano durante vinte anos, enquanto a ação disparou 21,32% ao ano. No mesmo período, o faturamento das empresas do S&P 500 cresceu 8,4% ao ano, enquanto o índice subiu apenas 7,9% ao ano.

Danoff passa o dedo pelas linhas ascendentes do gráfico e me pergunta que lição elas demonstram. Respondo: "O preço da ação mais cedo ou mais tarde acompanha o faturamento." Seus olhos se arregalam e ele sorri alegre para mim: "Exatamente! Bingo! *Foi isso* que eu aprendi. *As ações acompanham o faturamento!*"

Seu mantra não parece particularmente profundo. Mas a vantagem de Danoff reside em parte na sua recusa constante a complicar demais as coisas. Um de seus amigos, Bill Miller, um dos pensadores mais criativos da área de investimentos, diz que Danoff concentra-se conscientemente nas questões que mais importam em vez de se deixar enredar por detalhes que tirem a sua atenção: "Will me disse uma vez, falsamente: 'Olhe, eu não sou tão esperto e tem informação demais por aí. Por isso, quando olho para uma empresa, pergunto a mim mesmo somente: As coisas estão melhorando ou piorando? Se estão melhorando, eu quero entender o que está acontecendo.'"

Miller também aprendeu a simplificar o seu processo de investimento. "Estou tentando me livrar das partes desnecessárias daquilo que eu costumava fazer", diz. Por exemplo, ele tinha o hábito de elaborar modelos financeiros complexos, na tentativa de dominar as complexidades de cada empresa que estava analisando. "Eu não construo mais modelos. Isso é simplesmente uma bobagem. Não faz nenhum sentido." Em vez disso, ele se concentra em três ou quatro questões cruciais que, para ele, vão impulsionar o negócio. "Para cada empresa, existem algumas variáveis-chave de investimento", diz, "e o resto é só ruído."

É um padrão evidente. Cada um à sua maneira, Greenblatt, Buffett, Bogle, Danoff e Miller sempre estiveram todos em busca da simplicidade.

O restante de nós deve segui-los. **Precisamos ter uma estratégia de investimentos simples e constante, que funcione bem a longo prazo – uma estratégia que entendamos e em que acreditemos o bastante para segui-la fielmente nas horas boas e más.** Mais adiante vamos retomar essa ideia, dada a sua importância. Por enquanto, porém, vamos nos aprofundar na mente de Greenblatt e descobrir o que ele concluiu em relação a como resolver a charada dos investimentos.

## Mercados eficientes, gente louca e dinamite

Quando Greenblatt era aluno da Wharton, no final dos anos 1970, os professores insistiam que não adiantava sequer *tentar* superar o mercado. Como propositores da teoria do mercado eficiente, eles alegavam que o preço das ações incorpora toda a informação disponível publicamente. Na visão deles, a interação entre compradores e vendedores informados resulta em uma precificação eficiente das ações pelo seu valor justo, o que significa que a caça às pechinchas é inútil.

Intelectualmente, essa é uma teoria elegante – um tributo à sabedoria coletiva das multidões. Além disso, teve o efeito positivo de atrair muitos investidores comuns para os fundos indexados. Eles se baseiam na noção realista, mas desanimadora, de que, se não se pode *derrotar* o mercado, deve-se focar em acompanhar seus rendimentos ao menor custo possível. Para a maioria esmagadora dos investidores, a indexação é a estratégia mais racional – e mais simples – de todas.

Mas Greenblatt não comprou a ideia que lhe estava sendo ensinada. "Eu tinha uma forte reação àquilo que estava aprendendo em relação aos mercados eficientes", diz. "Não me parecia fazer sentido, no nível mais básico, lendo os jornais e vendo o que acontecia."

Para começo de conversa, ele constatava que as ações passavam o tempo todo por enormes oscilações entre o pico e o ponto mais baixo ao longo das 52 semanas de um ano. Se uma ação vale US$ 50 em fevereiro e dispara até US$ 90 em novembro, como ela pode ter sido corretamente precificada em ambos os extremos? E o que dizer de ações da moda, com as Nifty Fifty, que de uma hora para outra viraram pó? Por exemplo, a tal multidão bem informada avaliou o preço justo da Polaroid em US$ 150 em 1972 *e* em US$ 14 em 1974? Parecia altamente improvável.

Greenblatt observou que o mercado, como um todo, também ziguezagueia entre um extremo e outro. A euforia seguida da depressão no período entre 1972 e 1974 estabeleceu um padrão de volatilidade estonteante que ele veio a constatar ao longo de toda a carreira. Ele observa que o S&P 500 duplicou entre 1996 e 2000, caiu pela metade entre 2000 e 2002, duplicou entre 2002 e 2007, caiu pela metade entre 2007 e 2009 e triplicou entre 2009 e 2017. Será que os investidores estavam precificando as ações de maneira lógica e eficiente enquanto os mercados decolavam, desabavam e despencavam? Ou será que eles eram muito menos racionais do que os teóricos da academia queriam acreditar?

Greenblatt diplomou-se *summa cum laude* em 1979 e inscreveu-se no MBA da Wharton. Mas a sua educação formal pouco ajudou a resolver esses mistérios do mercado. Ele se matriculou em aulas de gestão de investimentos, mas não encontrou a luz por meio de temas bizarros, tais como programação paramétrica quadrática. Um feito, porém, ele alcançou: "Consegui ter a nota mais baixa da classe."

Greenblatt foi salvo pela revista *Forbes*. No primeiro ano da Wharton, ele topou por acaso com um artigo curto a respeito da estratégia de Ben Graham para identificar pechinchas nas ações. Isso o levou a ler os livros *Security Analysis* (Análise de segurança) e *O investidor inteligente*, que ele descreve como "a antítese do que eu estava aprendendo na faculdade". O ponto de vista de Graham em relação ao funcionamento do mercado "era tão claro e simples", diz Greenblatt, "que eu fiquei muito empolgado".

Acima de tudo, Graham ensinou-lhe uma lição transformadora. Nas palavras de Greenblatt: "Ações são participações na propriedade de negócios" que "você está avaliando e tentando comprar com desconto". A chave, então, é identificar situações em que há uma diferença particularmente grande entre o *preço* e o *valor* daquele negócio. Essa diferença lhe proporciona uma margem de segurança, o que Greenblatt (assim como Graham e Buffett) considera o mais importante conceito em investimentos.

**Descobrir que sua única missão é avaliar as empresas e pagar por elas muito menos do que valem é incrivelmente libertador.** "Ao enxergar a coisa de maneira tão simples e não tirar da mente essa simplicidade, o seu grau de motivação aumenta muito e quase todo o *resto* passa a parecer sem importância", diz Greenblatt. "Isso meio que me livrou de 99% de tudo mais que já tinham me dito a respeito de como encarar o mundo e o mercado."

Muitos investidores se assustam quando leem as últimas notícias sobre, digamos, a crise da dívida grega, que ameaça a economia europeia. Mas Greenblatt afirma: "Eu vejo a coisa assim: se sou dono de uma rede de lojas no Meio-Oeste americano, vou vender de repente tudo por metade do que vale por causa de algo ruim que aconteceu na Grécia? Acho que não! Mas é isso que você lê no jornal, e é isso que todo mundo está lendo. Ter um contexto que permita pensar 'Bem, isso é importante ou não é importante?' simplesmente ajuda muito."

De fato, você começa a se dar conta de que grande parte do mundo dos investimentos perde tempo com nonsense infrutífero. Os economistas de Wall Street e os estrategistas do mercado ficam pontificando a respeito dos bons ou maus ventos da macroeconomia, que ninguém é capaz de prever de forma constante ou confiável. Os comentaristas da imprensa conjecturam a respeito da relevância de flutuações de curto prazo dos preços, que são aleatórias e sem sentido. Os mais inteligentes analistas das corretoras jogam fora o próprio tempo calculando o faturamento das empresas no trimestre seguinte, com a precisão de centavos – um jogo de adivinhação absurdo, irrelevante para os investidores de longo prazo bem-sucedidos.

Os acadêmicos, que não gostam de sair perdendo, lecionam complicadas fórmulas matemáticas e discursam em um código próprio a respeito de índices Sharpe, índices Sortino, alfa, beta, medida Modigliani-Modigliani e outros conceitos bizantinos, que conferem um ar de precisão científica à bagunça dos mercados. Enquanto isso, consultores de investimentos se valem desses conceitos pomposos para convencer os clientes de que seus portfólios necessitam correções frequentes e sutis. Buffett ironizou esses bem pagos vendedores de complexidade como "hiperassistentes", cujos "conselhos são muitas vezes expressos em um bla-bla-blá esotérico".

Graham, por sua vez, escrevia com simplicidade e clareza sobre o "Sr. Mercado". Ele definiu todo o jogo dos investimentos em uma parábola breve sobre sua personalidade desorganizada. Em *O investidor inteligente*, Graham sugere que você imagine que detém uma participação de

US$ 1.000 em uma empresa privada. Todos os dias, seu sócio – o gentil, mas irracional Sr. Mercado – faz uma avaliação dessa participação. A cotação dele se baseia em como ele está se sentindo naquele dia, animado ou receoso: "No dia em que ele fixa um preço absurdamente alto, você vende alegremente para ele; e da mesma forma, no dia em que o preço está baixo, você compra alegremente dele." No restante do tempo, você pode esperar sentado, até que o Sr. Mercado perca a cabeça de novo e lhe ofereça outro negócio que você não pode recusar.

Em outras palavras, o mercado não é a máquina eficiente que estabelece preços justos de maneira confiável e constante. Ele é uma comédia de erros, um festival de loucuras. "As pessoas são doidas e emotivas", diz Greenblatt. "Compram e vendem as coisas de forma emocional, e não lógica, e essa é a única razão pela qual temos alguma oportunidade. Portanto, se você dispuser de uma forma de avaliar as empresas que seja disciplinada e faça sentido, em tese você tirará proveito das emoções alheias."

Isso suscita uma pergunta óbvia, mas crucial: *Você sabe avaliar um negócio?*

Qualquer que seja a sua resposta, ela não será motivo de orgulho ou de vergonha. Mas você e eu precisamos responder a essa pergunta com franqueza, já que o autoengano é um hábito caro em esportes radicais como pular de paraquedas ou investir na bolsa. "A fração de pessoas capazes de avaliar negócios é muito diminuta – e, se não der para você fazer isso, não recomendo que invista por conta própria", diz Greenblatt. "Como você pode investir de forma inteligente se não é capaz de descobrir quanto vale alguma coisa?"* Ele acrescenta que "indexar, apenas, é o que a maioria das pessoas deve fazer", por "não saber o que estão fazendo".

Eu não tenho a capacidade técnica, a paciência ou o interesse para avaliar negócios. Por isso, para mim faz sentido terceirizar o serviço para profissionais mais bem equipados para a tarefa: Esse comedimento pode nos evitar muito sofrimento. Como observa Greenblatt em *O mercado de ações ao*

---

\* Caso queira melhorar a sua capacidade de ler balanços e demonstrações financeiras, Greenblatt recomenda livros como *A interpretação das demonstrações financeiras*, de Benjamin Graham, *How to Use Financial Statements* (*Como usar demonstrações financeiras*), de James Bandler, e *How to Read a Financial Report* (*Como ler um relatório financeiro*), de John Tracy.

*seu alcance*: "Escolher ações específicas sem ter ideia do que se está procurando é como correr pela fábrica de dinamite com um fósforo aceso. Você pode sobreviver, mas continua sendo um idiota."

De tempos em tempos eu ignoro essa advertência e compro uma ação qualquer, contra meus princípios. Atualmente sou dono de três ações. Uma é da Berkshire Hathaway, com a qual espero continuar por muitos anos. Gosto de pensar que compreendo essa empresa bem o bastante para justificar esse investimento de longo prazo. De maneira menos defensável, também detenho uma minúscula participação em uma empresa de mineração e imóveis recomendada por um conhecido investidor, que prefere se manter anônimo. Como ela tem se saído? Até agora, caiu 87%. Por ora, mantenho isso como um lembrete doloroso para tomar mais cuidado ao lidar com fósforos acesos e dinamite. A ação número três é da Seritage Growth Properties, um investimento contra a corrente que clonei de Mohnish Pabrai quando o setor imobiliário de varejo quebrou, em 2020.

Dependendo da empresa, Greenblatt usa alguma mistura de quatro técnicas-padrão de avaliação. Método 1: ele realiza uma *análise de fluxo de caixa com desconto*, calculando o valor líquido atual do faturamento futuro estimado da empresa. Método 2: ele avalia o *valor relativo* da empresa, comparando-o ao valor de empresas semelhantes. Método 3: ele estima o *valor de compra* da empresa, calculando o que um comprador informado pagaria por ela. Método 4: ele calcula o *valor de liquidação* da empresa, analisando quanto ela valeria se fechasse e vendesse seu patrimônio.

Nenhum desses métodos é preciso e cada um tem suas limitações. Mas Greenblatt trabalha com a base de que, quando uma ação está suficientemente barata, o potencial positivo supera de longe o negativo. O conceito por trás da compra de pechinchas é a simplicidade em si. Mas o processo de execução *não é* tão simples, porque envolve detalhes complexos, como prever (grosseiramente) o faturamento e o fluxo de caixa futuros de uma empresa. Isso me faz lembrar de um comentário cáustico sobre os investimentos feito certa vez por Charlie Munger ao final de um almoço com Howard Marks: "Não é para ser fácil. Qualquer um que ache que é fácil é tolo."

Greenblatt insiste que seu talento como avaliador é apenas "mediano". Sua vantagem é proveniente, na verdade, sobretudo da sua capacidade de "contextualizar" tudo que ele observa no mercado, fazendo com que se encaixe em um enquadramento coerente. A sua confiança nesse enquadramento é tão firme que ele garante uma coisa a seus alunos de Columbia: se eles forem competentes na avaliação das empresas, comprarem suas ações com um desconto importante em relação ao valor intrínseco e esperarem com paciência pela redução da diferença entre o preço corrente e a estimativa de valor delas, o mercado mais cedo ou mais tarde vai recompensá-los.*

O porém é que nunca dá para dizer quanto tempo vai levar o processo de convergência entre o preço e o valor. Mesmo assim, diz ele, "acredito firmemente que, em 90% dos casos, o mercado reconhecerá esse valor ao cabo de dois ou três anos".

Isso leva a uma verdade fundamental, que é uma das leis mais confiáveis do universo financeiro. A curto prazo, o mercado é irracional e frequentemente avalia mal as ações – mas a longo prazo é surpreendentemente racional. "No fim das contas", afirma Greenblatt, "o Sr. Mercado sempre tem razão."

## Apostas indevidas e patinhos feios

Depois de sair da Wharton, Greenblatt foi para a faculdade de direito de Stanford, mais para fugir de ter que arranjar um emprego de verdade. Um ano depois, desistiu. Muitos de seus colegas seguiram os caminhos costumeiros, tornando-se advogados de empresas ou banqueiros de investimento. Mas o sonho dele não era suar a camisa cem horas por semana em uma corporação gigante e sem rosto, na busca por uma carreira convencional. Por fim, o que ele queria era achar um jeito agradável de "ser pago por ideias inteligentes em vez de bater ponto".

Nesse meio-tempo, conseguiu um emprego de verão no Bear Stearns, onde foi parar em uma área relativamente nova: o mercado de opções. Ele recorda: "Eu ficava executando transações de arbitragem, literalmente cor-

---

* No "Manual do proprietário" dos acionistas da Berkshire Hathaway, Buffett explica: "O valor intrínseco é um conceito de absoluta importância, que representa a única abordagem racional à atratividade relativa de investimentos e empresas. O valor intrínseco pode ser definido de maneira simples: é o valor com desconto da liquidez que pode ser obtida de uma empresa no que lhe resta de vida. Com o passar do tempo, o preço das ações gravita em direção ao valor intrínseco."

rendo pela sala do pregão, pegando uma folha da única impressora e correndo de volta para minha mesa", e esquadrinhando o conteúdo da folha "à procura de anomalias que eu pudesse negociar". Jogando com as opções de compra e de venda, ele podia garantir "lucros automáticos" sem risco de prejuízo. "Isso abriu meus olhos para o que era possível em Wall Street."

Greenblatt sempre foi fascinado por apostas. Aos 15 anos, descobriu o prazer secreto de entrar de penetra em um campo de corridas de cães e jogar um punhado de dólares apostando em galgos. Seu cérebro foi feito para apostar. "Gosto de calcular as probabilidades", diz. "Consciente ou inconscientemente, fico calculando probabilidades em todo investimento. Qual o lado bom? Qual o lado ruim?" Quando comento que todo grande investidor parece raciocinar em termos de probabilidades, pesando cuidadosamente as chances desse ou daquele resultado, ele responde: "Não acho possível você ser um bom investidor *sem* pensar desse jeito."

Greenblatt passou os três anos seguintes como analista em uma investidora startup, fazendo apostas de "arbitragem de risco" em empresas envolvidas em fusões. Ele não tardou a se dar conta de que era um jogo com probabilidades péssimas. Se a fusão seguisse conforme o planejado, "dava para ganhar um ou dois dólares", diz. Mas, se a fusão inesperadamente fosse por água abaixo, "dava para perder dez ou vinte". Era "exatamente o contrário" da estratégia de Graham de comprar ações baratíssimas, "nas quais você pode perder um ou dois dólares e *ganhar* dez ou vinte. *Isso* é uma boa relação risco/recompensa".

Em 1985, Greenblatt lançou a Gotham Capital, a fim de aplicar os princípios que aprendera de Graham. Greenblatt começou com um capital de US$ 7 milhões, a maior parte fornecida por Michael Milken, o rei dos títulos podres, que fora apresentado a ele por um ex-colega da Wharton.[29] Dizia-se que Milken tinha ganhado mais de US$ 1 bilhão em quatro anos na Drexel Burnham Lambert; logo, uma apostazinha paralela em um rapaz de 27 anos, promissor mas inexperiente, não seria um risco tão grande.*

---

\* Greenblatt não sabia disso, mas Milken estava voando perto demais do Sol. Em 1990 ele se declarou culpado em seis acusações de fraude fiscal e de investimentos, e acabou pagando mais de US$ 1 bilhão em multas e acordos. Passou 22 meses na cadeia, mas escapou da miséria: segundo a revista *Forbes*, hoje ele possui cerca de US$ 3,7 bilhões. Em 2020 Milken recebeu um polêmico perdão presidencial.

Greenblatt conta que sua estratégia de investimento na Gotham consistia em "ganhar dinheiro sem correr risco, apenas fazendo apostas imperdíveis". Em outras palavras, ele só investia quando as probabilidades pareciam favorecê-lo esmagadoramente. Entre uma modalidade de investimento e outra, os detalhes variavam, mas ele sempre ia atrás de propostas "assimétricas", nas quais "não dava para perder muito e talvez desse para ganhar muito". Ele brinca: "Quando você não perde dinheiro, a maioria das demais alternativas é boa."

Apostas imperdíveis são raras, mas Greenblatt não precisava de tantas assim. Em geral, ele mantinha 80% do seu fundo em seis a oito investimentos – um grau de concentração extraordinário. "Não existem tantas boas oportunidades", explica ele. "Eu ia em busca de obstáculos baixos – coisas que outras pessoas também comprariam se tivessem pesquisado direito."

Aproveitando sua experiência com arbitragem de risco, ele adquiriu expertise em "situações especiais" que a maioria dos investidores deixava passar, tais como empresas surgidas a partir de outras, reestruturações e "*equities* órfãs" de empresas que tinham acabado de sair da concordata (recuperação judicial). Também investia em ações de empresas pequenas com dificuldade de liquidez, já que a maioria dos investidores empresariais era grande demais para comprá-las. Ele comenta: "É mais fácil achar pechinchas fora dos circuitos tradicionais ou em situações extraordinárias em que os outros não prestam atenção."

Greenblatt tinha autonomia para pesquisar esses "lugares pouco frequentados" porque nunca deixou seu fundo inchar demais. "Dava para levantar qualquer soma que desejássemos, mas isso reduz o rendimento", diz. Em 1994, quando o patrimônio da Gotham atingiu cerca de US$ 300 milhões, ele devolveu todo o capital dos investidores externos. Dessa forma, o fundo permaneceu enxuto o bastante para se aventurar onde bem entendesse.

De fato, quando lhe perguntei o que explicava o êxito da Gotham, o primeiro fator que ele citou foi que "permanecemos pequenos". O segundo foi que seu portfólio era excepcionalmente concentrado e assim ele "só tinha que encontrar algumas ideias". O terceiro? "Demos um pouco de sorte." Ao longo dos anos, explicou, a Gotham sofreu pouquíssimos desastres, o que ele atribui em parte à boa sorte. "Também sempre odiei perder dinheiro", acrescentou. "Por isso, antes de comprar qualquer coisa, sempre colocamos o sarrafo lá em cima."

A estratégia ultrasseletiva de Greenblatt fez com que ele recusasse constantemente ações que pareciam boas, mas não ótimas. Da mesma forma, quando era difícil demais avaliar uma determinada empresa, ele pulava fora. "Eu queria facilitar as coisas para mim mesmo", diz. "Talvez eu seja mais preguiçoso que a maioria das pessoas. Ou, pelo menos, fico indo atrás de obstáculos de meio metro em vez de buscar obstáculos de três metros."

Mas, naqueles raros momentos em que o mercado mandava uma bola quicando pronta para ele chutar, não hesitava em mandar uma bomba. Uma dessas dádivas preciosas dos deuses das finanças veio em 1993 – um investimento dos sonhos, diz Greenblatt, que "era o pacote completo".

Tudo começou em outubro de 1992, com o anúncio de que o grupo Marriott ia ser dividido. A empresa se vira em dificuldades durante um período de baixa no setor imobiliário, diz Greenblatt, e "de repente estava com uma pilha de hotéis que tinha construído e não tinha como vender". Stephen Bollenbach, um mago das finanças que tinha acabado de reestruturar o decadente império de cassinos e hotéis de Donald Trump, caiu de paraquedas no Marriott para realizar outra missão de resgate empresarial.

O Marriott tinha dois negócios: um cisne maravilhoso e um patinho feio. O negócio bonito gerava um fluxo de faturamento gordo e previsível na gestão de hotéis e outras empresas. O negócio feio, de construção e propriedade de hotéis, estava sobrecarregado de dívidas. Bollenbach prescreveu uma cirurgia radical separando os dois negócios.

A parte boa seria transformada em uma nova empresa, a Marriott International. Cerca de 85% do valor do grupo Marriott seriam reempacotados em uma *spin-off* impecável e livre de dívidas. Enquanto isso, os hotéis invendáveis e cerca de US$ 2,5 bilhões em dívidas seriam jogados em uma segunda empresa, a Host Marriott – uma pária que, à primeira vista, era constituída apenas de todo o lixo tóxico que ninguém queria ter. O cisne bonito (a Marriott International) ficaria livre para deslizar oceano afora, deixando o patinho feio (a Host Marriott) afundar. Pelo menos era o que parecia.

Greenblatt sabia que quase ninguém se daria ao trabalho de analisar a Host Marriott, muito menos de investir nela. "A cara era péssima", diz. "Toda endividada. Em um setor ruim. Não tinha nada de bom." Além disso, era pequena demais para que os investidores empresariais pudessem comprá-la, mesmo que aguentassem o fedor. Os acionistas do grupo Marriott à época receberiam ações da Host Marriott quando terminasse a separação. Mas Greenblatt tinha certeza de que eles as venderiam aos montes. O que fez, então? Mirou no patinho feio.

"O melhor jeito de achar pechinchas", diz, é procurando valor oculto em ativos "que os outros não querem".

Uma pista de que a Host Marriott talvez não fosse tão podre quanto parecia era o fato de que Bollenbach ("o cara que bolou esse plano malévolo") era quem iria administrá-la. Por que esse inveterado fazedor de dinheiro iria querer cuidar do negócio se ele estivesse mesmo fadado à bancarrota? Ocorre que ele tinha um bom incentivo para fazer a empresa dar a virada. Além disso, a família Marriott também seria proprietária de 25% da Host Marriott. Portanto, havia gente boa com forte interesse no sucesso da empresa.

Greenblatt estudou a empresa em profundidade e descobriu mais valor do que se poderia supor. É bem verdade que havia muitos "imóveis podres", inclusive hotéis inacabados. Mas também havia ativos de valor, como concessões de restaurantes em aeroportos e várias propriedades isentas de dívidas.

O melhor de tudo é que as ações estavam incrivelmente baratas, em torno de US$ 4. O palpite dele é que, *isoladamente*, os ativos isentos de dívidas estavam valendo US$ 6 por ação. Havia ainda uma subsidiária mergulhada em dívidas que também poderia ter valor se a situação melhorasse. "Era uma assimetria inacreditável", conta. "Por quatro dólares eu estava comprando ativos que, sem dívidas, valeriam seis, e ainda tinha o potencial favorável da outra pilha de ativos. Se a subsidiária não valesse nada, mesmo assim eu estaria pagando quatro por uma coisa que valia seis."

Por isso Greenblatt apostou tudo, colocando quase *40%* do patrimônio do seu fundo na Host Marriott. Foi um lance ousado de tirar o fôlego. Era uma empresa em dificuldade alavancada até o pescoço. Mesmo assim, Greenblatt enxergou o que todo mundo deixou passar: uma aposta irresistivelmente imperdível.

Conforme os ensinamentos de Graham, o mais importante era a margem de segurança. Se você comprar uma ação por um valor muito mais baixo que o intrínseco, outros investidores se darão conta disso cedo ou tarde, puxando o preço para cima. Nesse meio-tempo, afirma Greenblatt, "não dava para ver como eu poderia perder muito dinheiro". Foi exatamente por isso que ele fez uma aposta tão agressiva. "Você calcula sua posição de acordo com o risco que está correndo", diz. **"Eu não compro mais daquilo que pode me fazer ganhar mais dinheiro. Eu compro mais daquilo que pode me fazer *não perder* dinheiro."**

E o que aconteceu? No outono de 1993 a Host Marriott passou a ser negociada como uma empresa separada. Em quatro meses Greenblatt triplicou o dinheiro, enquanto aquele patinho feio saía voando, desafiando quem duvidava. Greenblatt nunca esperaria que sua jogada fosse dar certo tão rapidamente. "Foi sorte", diz. "Mas nós nos posicionamos para ter sorte."

Pois bem, antes que eu me empolgue demais, devo admitir que a *execução* desse investimento não foi tão simples. Para começo de conversa, Greenblatt comprou ações preferenciais, o que lhe teria dado um grau maior de proteção caso a empresa quebrasse. Ele também usou opções de compra para estruturar a sua aposta. Além disso, foi necessária uma rara combinação de frieza racional, mente autônoma e puro instinto para apostar tanto em um negócio que causava repulsa tão generalizada. Em todo caso, o princípio por trás disso não poderia ser mais simples. Lembra? *"Descubra quanto vale aquilo e pague muito menos."*

## Bom + Barato = O Santo Graal

O método de investir de Greenblatt continuou a evoluir, em parte porque ele observou como Buffett havia atualizado e aprimorado a estratégia de Graham de compra de ações subavaliadas. Nas palavras de Greenblatt, Buffett acrescentou um "toquezinho simples" que "fez dele uma das pessoas mais ricas do mundo: **Comprar barato é bom – mas, se puder comprar empresas *boas* e baratas, melhor ainda**".

Inicialmente, Buffett enriqueceu entrando e saindo de empresas medíocres que ele comprava com forte desconto. Mas, à medida que seu patrimônio foi se inflando, ele precisava de uma estratégia mais adaptável. Influenciado por Munger, Buffett passou a comprar o que ele chamava de "negócios espetaculares a preços justos", segurando as ações por tempo indefinido. Em 1988 a Berkshire investiu US$ 650 milhões na Coca-Cola, pagando o que na época foi visto como um preço exorbitante.* No fim, ao contrário, a transação revelou-se uma grande jogada. Por quê? Porque era uma máquina de crescer excepcional, com uma vantagem competitiva sustentável e elevado retorno sobre o capital investido. A Berkshire acabou decuplicando o dinheiro em doze anos.[30]

Ao estudar Buffett, Greenblatt angariou uma visão clara daquilo que constitui um negócio espetacular. Um exemplo típico apresentou-se em 2000, com o *spin-off* da Moody's Corporation, uma agência de classificação de risco que antes fazia parte da Dun & Bradstreet. A Moody's "não parecia, à primeira vista, estar barata", conta Greenblatt. Mas, em um exemplo perfeito de clonagem, ele e Goldstein fizeram uma engenharia reversa da compra de ações da Coca-Cola por Buffett para descobrir se também valeria pagar um preço extra pela Moody's. Eles concluíram que se tratava, provavelmente, do melhor negócio que já haviam visto.

A Moody's era um de dois *players* dominantes em um nicho lucrativo, com um sarrafo alto para entrar. Sua receita crescera 15% ao ano durante quase duas décadas. E, enquanto a Coca podia se vangloriar de um impressionante retorno sobre o capital, a Moody's podia continuar crescendo em um ritmo saudável *sem* investimento em capital, fora pagar uma ou outra mesa ou computador. Greenblatt supôs, de maneira conservadora, que o faturamento poderia continuar crescendo 12% ao ano durante uma década. O problema é que a ação estava sendo negociada a nada menos que um múltiplo de 21 vezes o faturamento do ano seguinte. Mas, quando ele levou em conta quanto Buffett pagara pela Coca, deu-se conta de que a Moody's ainda estava "bem baratinha".

Quem mais reconheceu essa pechincha disfarçada? Buffett. Ele comprou 15% da Moody's e, duas décadas depois, ainda detém grande parte dessa participação. Em 2020, as ações que ele comprou originalmente por US$ 248 milhões valem quase US$ 6 bilhões. Por sua vez, Greenblatt realizou um lucro respeitável e realocou o dinheiro em ações mais baratas.

---

\* Buffett continuou comprando ações da Coca-Cola até 1994, chegando a investir cerca de US$ 1,3 bilhão naquela que chamou de "melhor grande empresa do mundo".

"Quase tudo que já possuímos, vendemos cedo demais", diz. "Se você compra muito barato, é difícil continuar se sentindo à vontade quando duplicou ou triplicou, mesmo que ainda esteja indo bem."

Como professor e autor de livros, Greenblatt sempre se esforça para articular de maneira clara aquilo que descobriu a respeito de investimentos. Esse processo "me ajudou incrivelmente a tentar sintetizar, de maneira bem simples, exatamente aquilo que tento fazer", afirma. "E foi ficando cada vez mais simples." E a conclusão a que ele chegou é a de que tudo pode ser sintetizado da seguinte forma: **Compre bons negócios a preços de pechincha.** Isso é a essência destilada de Graham e Buffett.

A carreira de Greenblatt proporciona inúmeras evidências empíricas de que é um jeito inteligente de vencer o jogo dos investimentos. Mas ele queria provar de maneira mais rigorosa que havia descoberto o código secreto. Por isso, em 2003 lançou um projeto de pesquisa que acabaria tendo um custo de US$ 35 milhões. Sua missão: demonstrar que empresas "boas e baratas" geram retornos acima do normal.

Ele contratou um nerd para analisar imensas quantidades de dados de modo a poder explorar o desempenho histórico dessas empresas. Greenblatt precisava de uma medida simplificada de qualidade e preço baixo. Por isso escolheu duas métricas como termômetros grosseiros dessas características fundamentais. Primeiro, a empresa tinha que ter um alto índice de *earnings yield* (lucro por ação) – indicativo de que gera um faturamento alto em relação ao preço. Segundo, tinha que ter um alto retorno sobre o capital tangível – indicativo de que se trata de um negócio de qualidade, que converte efetivamente patrimônio fixo e capital-trabalho em faturamento.*

Em seguida, o gênio da informática analisou 3.500 ações de empresas americanas, ranqueando-as com base nessas duas métricas. Aquelas com

---

* Em sua pesquisa, Greenblatt mediu o *earnings yield* calculando a taxa de faturamento operacional antes de impostos (o EBIT) em relação ao valor da empresa (valor de mercado da *equity* + dívida remunerada). Em outras palavras, EBIT / valor da empresa. Ele mediu o retorno sobre o capital calculando a taxa de faturamento operacional antes de impostos (EBIT) em relação ao capital tangível empregado (capital-trabalho líquido + patrimônio fixo líquido). Em outras palavras, EBIT / (capital-trabalho líquido + patrimônio fixo líquido). Em nome da simplicidade, seus cálculos usarão números de faturamento do período de doze meses anterior.

o total somado mais alto deveriam, em linhas gerais, ser empresas acima da média negociadas a preços abaixo da média. Greenblatt queria saber o que teria acontecido se um investidor hipotético comprasse trinta dessas ações no começo de um ano, vendesse-as depois de um ano e, então, as substituísse por um novo grupo de trinta ações líderes do ranking. Em seu estudo, ele partiu do pressuposto de que esse processo seria repetido todos os anos, criando assim um método sistemático de investimento em empresas boas e baratas.

Greenblatt ficou "bastante surpreso" com o resultado do seu teste retrospectivo. Entre 1988 e 2004, essa estratégia teria rendido um retorno médio de 30,8% ao ano, contra 12,4% ao ano do S&P 500. A essa taxa, US$ 100 mil dólares teriam se transformado em mais de US$ 9,6 milhões, contra cerca de US$ 730 mil acompanhando o S&P 500. Ali estava uma estratégia de escolha de ações baseada somente em duas métricas – e ela aniquilava o mercado. Era um testemunho espantoso do poder da simplicidade.

Greenblatt fez uso dessa pesquisa para escrever sua obra-prima, *A fórmula mágica de Joel Greenblatt para bater o mercado de ações*. Entre uma e outra piada, ele mostra como "dar um couro até mesmo nos melhores profissionais de investimentos" usando "apenas duas ferramentas simples". Caso você queira se tornar "um mestre do mercado de ações", explicou, *"atenha-se a comprar boas empresas (aquelas que têm um retorno elevado sobre o capital) e a comprar essas empresas apenas a preços de pechincha (preços que lhe dão um elevado rendimento sobre o faturamento)"*.

Ele chamou essa combinação simples de duas características vencedoras de "fórmula mágica".

## Você acredita em mágica?

Só tem um problema. A maioria dos investidores fracassa espetacularmente tentando se tornar mestre da bolsa de valores – mesmo depois de alguém ter feito todo o trabalho de pensar por eles e apresentado uma fórmula mágica.

Depois da publicação de *A fórmula mágica*, em 2005, Greenblatt começou a se dar conta de quão difícil era pôr em prática o plano que havia recomendado a seus leitores. Ele tentou fazer com os filhos, mas constatou que era complicado manter um acompanhamento de tantas transações. E acrescenta: "Recebi, literalmente, centenas de e-mails de pessoas dizendo: 'Oi, obrigado pelo livro. Será que você pode fazer isso *por mim*?'" Também o inquietava a possibilidade de alguns leitores se prejudicarem usando dados pouco confiáveis das empresas, pesquisados na internet, ou metendo os pés pelas mãos nos cálculos ao tentar aplicar a sua fórmula. E se esses erros os levassem a escolher as ações erradas e isso na prática causasse prejuízo às pessoas que ele se dispusera a ajudar?

A solução de Greenblatt foi criar um site gratuito, www.magicformulainvesting.com, que utilizava dados confiáveis e tornava fácil filtrar as ações que atendiam aos seus dois critérios. Ele costuma brincar: "Em Wall Street não existe fada do dente." Mas lhe agradava a ideia de proteger o investidor comum. Por isso ele também montou o que chama de "corretora benevolente", que permitia aos clientes investir unicamente em sua lista pré-aprovada de ações da fórmula mágica.

Greenblatt deu aos clientes da sua corretora duas opções. Opção 1: podiam abrir uma conta "gerenciada profissionalmente", que seguia um processo predeterminado de compra e venda sistemática de ações, a partir de sua lista de aprovadas, a intervalos fixos. Cerca de 90% dos seus clientes escolheram essa alternativa "faça-isso-por-mim", que os livrava de tomar quaisquer decisões. Opção 2: eles podiam adotar uma abordagem "faça--você-mesmo", escolhendo um mínimo recomendado de vinte ações de uma lista fixa e decidindo por conta própria quando comprar ou vender. Os poucos corajosos que optaram pela via do "faça-você-mesmo" esperavam, supostamente, que seu próprio julgamento adicionasse um pouco a mais de magia. Ah, quanta arrogância!

Quando Greenblatt foi estudar milhares de contas dos clientes, levou um choque ao descobrir quão pior os investidores "faça-você-mesmo" se saíram. Em um período de dois anos, esse grupo gerou um rendimento acumulado de 59,4%, contra 62,7% do índice S&P 500. Por sua vez, o grupo com contas geridas profissionalmente gozou de um retorno de 84,1%, goleando o índice S&P 500 por 21,4 pontos percentuais. Por incrível que pareça, os investidores "faça-você-mesmo" haviam jogado fora quase 25 pontos percentuais de performance *por terem tomado decisões por conta própria*. O "julgamento" tinha transformado uma estratégia vitoriosa sobre o mercado em uma roubada perdedora. Foi uma espantosa demonstração de autossabotagem.

"Eles cometeram todos os passos em falso que os investidores cometem", diz Greenblatt. "Quando o mercado subia, eles compravam. Quando descia, eles vendiam. Quando a estratégia era ganhadora, eles compravam. Quando era perdedora, paravam com ela." Teoricamente, eles podem ter acreditado nesse conceito de compra de negócios de alta qualidade a preços baixos. Na prática, eles iam atrás de ações quando estavam caras e as abandonavam quando estavam mais baratas.

Para piorar, esses investidores "faça-você-mesmo" também desprezavam as ações mais "feias" da lista da fórmula mágica, deixando de perceber que essas são, na maioria das vezes, as pechinchas mais atraentes. Do ponto de vista emocional, era difícil comprar as empresas mais baratas da lista porque suas perspectivas de curto prazo pareciam sombrias e muitas vezes eram prejudicadas por um noticiário negativo. Receosos diante dessa incerteza, os investidores perdiam a chance quando essas ações desvalorizadas reagiam e passavam a figurar entre as de melhores resultados.

Tanta autossabotagem chama a atenção para um dos desafios mais espinhosos diante de qualquer investidor. **Não basta encontrar uma estratégia inteligente, que aumenta as probabilidades a seu favor a longo prazo. É preciso ainda ter a disciplina e a tenacidade para aplicar essa estratégia de maneira constante, sobretudo nos momentos menos confortáveis.**

Ajuda enormemente, diz Greenblatt, "se você tiver princípios aos quais obedecer, princípios simples que façam sentido, que sejam inabaláveis". Por que isso é tão crucial? Porque você precisa de clareza de ideias para suportar todas as pressões psicológicas, os reveses e as tentações que podem desestabilizá-lo ou tirá-lo do caminho. "É um negócio difícil, e o mercado nem sempre vai concordar com você", diz Greenblatt. "É da natureza desse bicho que o valor das ações seja emocional, e você vai levar pancada de todo jeito, e vai ler tudo quanto é especialista dizendo que você está errado."

É particularmente difícil manter a confiança quando se está perdendo dinheiro ou ficando para trás do mercado durante vários anos. Você começa a se perguntar se sua estratégia ainda funciona ou se houve alguma mudança nos fundamentos. Mas a verdade é que *nenhuma* estratégia dá certo o tempo todo. Por isso esses períodos de sofrimento financeiro e psicológico são um ingrediente inescapável do jogo. Inevitavelmente os jogadores mais fracos vão ficando pelo caminho, criando mais oportunidades para aqueles com princípios mais firmes e temperamentos mais robustos. Nas palavras de Greenblatt: "Uma das coisas mais bonitas do sofrimento que as pessoas têm que suportar nos momentos ruins é que, se isso não ocorresse, todo mundo faria o mesmo que nós."

Greenblatt tem convicção suficiente para segurar a onda durante esses períodos de sofrimento. Mas é fácil entender por que o investidor médio acaba vacilando. Em uma análise retrospectiva das mil maiores empresas dos Estados Unidos, a fórmula mágica gerou um rendimento médio anual de 19,7% entre 1988 e 2009, contra 9,5% anuais do índice S&P 500. É uma margem vitoriosa fenomenal. Mesmo assim, a fórmula ficou para trás do índice em seis desses 22 anos e produziu prejuízos brutais de 25,3% em 2002 e 38,8% em 2008. Quando a hemorragia é tão forte assim, fica difícil manter-se impassível, a menos que você compartilhe a certeza arraigada de Greenblatt na lógica inexorável da estratégia.

Essas experiências o levaram a uma constatação importante: "Para a maioria dos indivíduos, a melhor estratégia não é aquela que vai levá-lo ao rendimento mais alto." Em vez disso, o ideal é "uma *boa* estratégia à qual você possa se ater" mesmo "em tempos ruins".

Nos últimos anos, essa conclusão inspirou Greenblatt a desenvolver uma nova ratoeira – uma estratégia de compra/venda projetada para reduzir o risco e propiciar uma trajetória "com menos emoção". Seu objetivo: ir acumulando dinheiro a uma taxa razoável, com uma volatilidade menos violenta, de modo que os investidores em seus fundos tenham maior probabilidade de "se dar bem a longo prazo".

Trata-se de uma evolução surpreendente para um conhecido atirador, cuja abordagem concentrada deu um retorno de 40% ao ano durante duas décadas. Mas é um lembrete de que a maioria dos investidores deve atirar visando retornos sólidos e sustentáveis em vez de algo mais heroico. "Quando eu era dono de seis ou sete ações, não era raro perder 20% ou 30% em poucos dias a cada dois ou três anos", diz Greenblatt. "É difícil sustentar essa estratégia. Por isso ela não é boa para a maioria dos investidores individuais. Mas para mim ela é perfeitamente aceitável. Quando algo cai 20% ou 30%, não entro em pânico porque sei o que tenho."

Hoje em dia a equipe de Greenblatt avalia mais de quatro mil empresas, ranqueando-as com base no preço mais barato. Do lado "comprado", seus fundos compram centenas de ações negociadas com desconto em relação à estimativa de valor razoável. Ele aposta mais, automaticamente, na ação mais barata do que na segunda mais barata. Do lado "vendido", ele aposta *contra* centenas de ações sendo negociadas a valores altos. Da mesma forma, a escala da sua posição é determinada pela avaliação; portanto, a ação mais cara é automaticamente sua maior posição vendida. "O tema subjacente é: comprado no mais barato, vendido no mais caro – e faço isso de maneira sistemática", diz. "Não tem nenhuma emoção em jogo." Ele sabe que algumas apostas vão dar errado, mas o que busca é simplesmente "ficar bem dentro da média".

Não é uma tarefa fácil executar uma estratégia complexa, que envolve centenas de posições compradas e vendidas. Greenblatt montou uma equipe de 20 pessoas, entre analistas financeiros e peritos em tecnologia, para auxiliá-lo a dar conta dessa missão. No entanto, os princípios por trás da sua estratégia são, como sempre, tão simples e sólidos que seria bom que todos nós lembrássemos:

1. **Ações são participações societárias em empresas, que devem ser avaliadas.**
2. **Devem ser compradas apenas quando estão sendo negociadas por menos do que valem.**
3. **A longo prazo, o mercado é racional e vai refletir (mais ou menos) o valor justo daquele negócio.**

O problema é que ninguém tem como saber se essa trajetória rumo ao valor justo levará semanas, meses ou até mesmo anos. Mas Greenblatt está disposto a esperar, porque confia que, em algum momento, esses princípios testados pelo tempo se confirmarão. "Se as ações são participações societárias em empresas e eu for competente na avaliação delas – pelo menos na média –, com o passar do tempo vou me sair bem", diz ele. "As leis da economia e da gravidade não serão revogadas."

## Quatro lições simples

Quando penso em tudo que aprendi com Greenblatt, há acima de tudo quatro lições simples que me marcaram. **Primeiro, você não precisa da estratégia ideal. Você precisa de uma estratégia *sensata* que seja *boa o suficiente* para atingir seus objetivos financeiros.** Como disse o estrategista militar prussiano general Carl von Clausewitz: "O maior inimigo de um plano bom é o sonho de um plano perfeito."

**Segundo, a sua estratégia deve ser simples e lógica, de modo que você a compreenda, acredite nela de coração e seja fiel a ela mesmo em momentos difíceis, em que ela parece não funcionar mais.** A estratégia também deve adequar-se à sua capacidade de tolerar sofrimento, volatilidade e prejuízos. É bom colocar no papel a estratégia, os princípios em que ela se baseia e por que você espera que ela funcione ao longo do tempo. Pense nisso como uma declaração de princípios ou um código de conduta financeira. Em períodos de estresse e dúvidas, você pode recorrer a esse documento para recuperar a calma e o seu senso de direção.

**Terceiro, você precisa perguntar a si mesmo se realmente possui o talento e o temperamento necessários para superar o mercado.** Greenblatt dispõe de uma combinação incomum de características que lhe proporcionam uma vantagem significativa. Ele é um analista brilhante, capaz de desconstruir uma situação complexa decompondo-a em seus princípios mais básicos: *avaliar uma empresa, comprá-la com desconto e então esperar*. Ele sabe avaliar negócios. Não se deixa influenciar pelo senso comum ou por supostas autoridades, como os professores da Wharton que garantiam que o mercado era eficiente. Ao contrário, seu deleite é provar que estão errados repetidas vezes. Ele também é paciente, de temperamento calmo, seguro, competitivo, racional e disciplinado.

**Quarto, é importante lembrar que você pode ser um investidor bem-sucedido sem tentar superar o mercado.** Ao longo de décadas Jack Bogle testemunhou milhares de gestores ativos de fundos tentarem provar, sem sucesso, a sua superioridade a longo prazo sobre os fundos indexados. "Todas essas estrelas se revelaram cometas", disse-me. "Durante um certo tempo, eles iluminam o firmamento. Depois se apagam e as cinzas caem lentamente sobre a Terra. Acredite em mim, isso acontece quase o tempo todo."

Bogle costumava argumentar que "o máximo da simplicidade" é comprar e deter um único fundo indexado balanceado, que possua um percentual fixo de ações e títulos americanos e estrangeiros. *E só*. Nenhuma tentativa autodestrutiva de se antecipar ao mercado. Nenhuma fantasia de achar a próxima ação ou fundo da moda.

Enquanto escrevia este capítulo, segui o conselho dele e escolhi um fundo específico para a aposentadoria da minha esposa – um fundo global que investe 80% do patrimônio em ações e 20% em títulos. Tenho certeza de que não é a estratégia ideal, mas deve ser suficiente, supondo que ela mantenha esse fundo durante vários anos e faça contribuições regularmente. É uma estratégia simples, baseada em ampla diversificação, um equilíbrio razoável entre risco e recompensa, eficiência fiscal, custos excepcionalmente baixos e horizonte de longo prazo. Faltam a ela ousadia e audácia. Mas, como me disse Bogle: "Você *não precisa* ser excepcional."

Pessoalmente, vivo o dilema permanente entre a lógica matemática da indexação e o sonho de derrotar o mercado. Mas de uma coisa eu sei: qualquer que seja o caminho que escolhamos, vale a pena mantê-lo na maior simplicidade possível.

## CAPÍTULO 6

# Nick & Zak – Uma aventura fantástica

Uma sociedade de investimentos radicalmente fora do comum revela que as maiores recompensas vão para aqueles que resistem à sedução da gratificação imediata

---

*Se fosse possível abrir mão de uma felicidade menor por uma felicidade maior, a pessoa sábia renunciaria à menor em nome da maior.*

– *O DHAMMAPADA*

Portanto, quem ouve estas minhas palavras e as pratica é como um homem prudente que construiu a sua casa sobre a rocha. Caiu a chuva, transbordaram os rios, sopraram os ventos e deram contra aquela casa, e ela não caiu, porque tinha seus alicerces na rocha. Mas quem ouve estas minhas palavras e não as pratica é como um insensato que construiu a sua casa sobre a areia. Caiu a chuva, transbordaram os rios, sopraram os ventos e deram contra aquela casa, e ela caiu. E foi grande a sua queda.

– MATEUS 7:24-27

---

Nick Sleep sonhava em se tornar paisagista. Imaginava-se projetando parques e espaços públicos que proporcionassem um refúgio contra a balbúrdia do cotidiano. Por isso, uma vez diplomado na Universidade de Edimburgo, ele arrumou um estágio de paisagismo em um escritório local. "Minha ideia romântica de como deveria ser o trabalho ali foi completamente destroçada pela realidade, que era ficar projetando lucarnas e estacionamentos", conta. Alguns meses depois ele foi mandado embora. "A equipe foi reduzida de trinta para vinte e eu estava entre os dez que levaram o pé na bunda."

Sleep, que é inglês, queria ficar morando em Edimburgo, uma vez que ele e a sua futura esposa, Serita, haviam comprado um pequeno apartamento no subúrbio. "Por isso comecei a sair procurando aquilo em que Edimburgo era boa", diz ele. Uma carreira em tecnologia da informação parecia uma opção viável. Mas ele também descobriu que Edimburgo tinha certa fama pela gestão de fundos. Leu um livro obscuro, chamado *Investment Trusts Explained* (Trustes de investimentos explicados), que o ajudou a entender do que tratava o negócio de investimentos. Ele terminou o livro encafifado: "Gostei da impressão de que aquilo era uma busca intelectual."

Sleep conseguiu um emprego como estagiário de análise de investimentos em um pequeno fundo escocês. Ele não tinha exatamente as qualificações para a vaga. Na faculdade, tinha estudado geologia, mudando depois para geografia – nem de longe a preparação padrão para uma carreira de comprador de ações. Seu histórico profissional não proporcionava a menor evidência de que, desde a infância, ele sonhasse com uma carreira em finanças. Tinha trabalhado na loja de departamentos Harrods, preenchido uma vaga temporária em uma empresa de TI e conseguido um contrato de patrocínio como windsurfista. Com seu jeito de galã e seu charme discreto, não se encaixava no perfil de um predador empresarial.

Mesmo assim, por um golpe do destino, foi parar em uma área que convinha perfeitamente a seu jeito idiossincrático. Como todos os melhores investidores, Sleep enxerga o mundo de um ponto de vista incomum. Ele suspeita que isso provenha da sua formação, na adolescência, no Wellington College, um internato inglês fundado pela rainha Vitória. Sleep era um dos poucos estudantes em regime de externato, o que fazia com que "navegasse livre" pelo mundo no entorno da escola. Chegou a trabalhar em um pub nos fins de semana, enquanto a maioria dos colegas de turma ficava dentro do campus de 160 hectares. "Desde o começo, eu me senti bem sendo diferente dos outros", diz. "Ficar fora do grupo me agradava."

Quando Sleep tinha uns 20 anos, encantou-se por *Zen e a arte da manutenção de motocicletas – Uma investigação sobre os valores*, de Robert Pirsig.[31] Esse misto de tutorial e livro de memórias, rejeitado por 121 editores, é uma meditação inusitada mas brilhante sobre o que significa levar uma vida dedicada à "qualidade". Pirsig exalta as pessoas que se preocupam intensamente com a qualidade de todas as ações e decisões, de modo que até mesmo o trabalho mais mundano se torna um exercício espiritual – uma reflexão sobre características pessoais, como paciência, integridade, racionalidade e serenidade. Esteja você consertando uma cadeira, costurando um vestido ou afiando uma faca de cozinha, segundo o autor, há "um jeito feio de fazer" e "um jeito bonito, de alta qualidade, de fazer".

Para Pirsig, a manutenção de uma motocicleta representa uma metáfora ideal de como viver e trabalhar de modo transcendente. "O verdadeiro círculo em que você trabalha é um círculo chamado você", escreve ele. "A máquina que parece estar 'ali fora' e a pessoa que parece estar 'aqui dentro' não são duas coisas separadas. Quando juntas, elas se aproximam da qualidade ou se afastam da qualidade."

Como você pode imaginar, a maioria dos workaholics hiperambiciosos de Wall Street não tem muita paciência para papinhos místicos sobre motocicletas. Mas a visão de Pirsig, de uma abordagem sentimental, ética, intelectualmente honesta em relação à vida, impactou Sleep profundamente, moldando o tipo de investidor que ele viria a se tornar. Em um e-mail sobre o impacto duradouro de Pirsig sobre ele, Sleep comenta: "O ideal é fazer tudo com qualidade, pois é aí que residem a satisfação e a paz de espírito."

Mas o que significa isso em termos de investimentos? Em 2001, Sleep e o amigo Qais "Zak" Zakaria criaram um fundo batizado de Nomad Investment Partnership, que os dois consideravam um laboratório de como investir, pensar e comportar-se com a mais "alta qualidade". Em uma de suas cartas eloquentes e divertidas aos investidores, Sleep conjecturou: "O Nomad, para nós, representa muito mais que apenas a gestão de um fundo. (...) O Nomad é uma jornada racional, metafísica, quase espiritual (sem a areia e os camelos, embora Zak talvez preferisse que fosse com ambos)."

Nada disso teria importância não fosse pelo espantoso resultado dessa experiência peculiar e intelectual. Em treze anos, o Nomad rendeu 921,1%, contra 116,9% do Índice Mundial MSCI.* Em outras palavras, seu fundo superou o índice médio por mais de *800 pontos percentuais*. Dito de outra forma, US$ 1 milhão que fossem investidos no índice renderiam US$ 2,17 milhões, enquanto US$ 1 milhão investidos no Nomad decolariam até US$ 10,21 milhões.

Em 2014, Sleep e Zakaria devolveram o dinheiro dos investidores e se aposentaram como gestores de fundo na provecta idade de 45 anos. Desde então, vêm cuidando do próprio dinheiro com êxito igualmente impressionante, praticamente triplicando a própria fortuna nos primeiros cinco anos de aposentadoria. Sleep, com uma característica indiferença à opinião convencional, investiu quase toda a sua fortuna em apenas três ações. Houve momentos em que ele e Zakaria chegaram a ter nada menos que 70% do dinheiro em uma única ação.

No meio dos entendidos, há poucos investidores tão respeitados. Bill Miller, que diz admirar a "total independência" e a "clareza de raciocínio" de Nick e Zak, investiu o próprio dinheiro no Nomad. Guy Spier, que é amigo íntimo de Sleep, reverencia-o como um dos mais profundos pensadores do mundo dos investimentos. Quando pedi a Mohnish Pabrai conselhos em relação a quais investidores deveria entrevistar, ele respondeu: "Nick Sleep é excepcional. Ele pesquisa com muita profundidade e tem uma concentração altíssima. E coloca muito o dele na reta. Uma entrevista com ele seria fascinante, mas ele não vai topar. É uma pessoa muito discreta."

De fato, uma parte da lenda em torno deles deve-se ao fato de que Sleep e Zakaria sempre voaram abaixo do radar. O interesse deles em promover o próprio fundo era mínimo; em autopromoção, menor ainda. Como consequência, ninguém nunca contou a história deles. Mas nos últimos anos entrevistei Sleep em diversas ocasiões. Depois, no outono de 2018, passei uma tarde com ele e Zakaria no escritório de ambos na King's Road, em

---

* Esses números excluem as taxas de desempenho do Nomad. O rendimento anualizado do fundo antes das taxas foi de 20,8%. Feitos os descontos das taxas, 18,4%, contra 6,5% do Índice Mundial MSCI.

Londres – um local iluminado e de bom astral, tão informal que Zakaria nem tem uma mesa. Ele prefere trabalhar em uma cadeira luxuosa de couro, de frente para uma parede onde um macacão de apicultor, da mesma cor, fica pendurado em um gancho. Foi nesse local – a "sede da galáxia" – que eles refletiram sobre o que chamam de suas "aventuras no capitalismo".

Dessas conversas saiu uma história cuja moral, em que o bem sempre vence, é animadora. Também é uma história sobre as vantagens extraordinárias que levam os investidores com paciência e disciplina a resistir às tentações da gratificação imediata. Em uma era de alta velocidade, dominada por raciocínios de curto prazo, essa capacidade de adiar recompensas é uma das contribuições mais poderosas para o sucesso, não apenas nos mercados, mas nos negócios e na vida.

## Uma casa construída sobre a areia

Zakaria, assim como Sleep, nunca sonhou em trabalhar em Wall Street. "Para ser franco, eu adoraria ter feito alguma outra coisa", diz. "Se meus pais deixassem, eu teria sido meteorologista. Tinha fascínio por aquilo. Costumava ler os boletins do tempo e fazer meus boletins, e meus pais achavam que era bobagem."

Nascido no Iraque em 1969, ele vinha de uma família relativamente privilegiada. O pai trabalhava para o Banco Central do Iraque. A mãe era palestrante em nutrição na Universidade de Bagdá. Era uma época arriscada, repleta de intrigas e violência política. "Fomos expulsos", conta Zakaria. A família fugiu, deixando tudo para trás. Em 1972, uma entidade católica beneficente ajudou seus pais a encontrar asilo no Reino Unido, onde criaram os três filhos. "Eles chegaram aqui sem nada", diz Zakaria. "Literalmente nada, exceto um Volvo laranja que ganharam de presente de alguém na Turquia."

O pai saiu batendo de porta em porta até encontrar emprego como contador júnior. Foi subindo na hierarquia e então abriu uma bem-sucedida empresa de exportação de maquinário para o Iraque. Os pais de Zakaria tinham a esperança de que ele fosse trabalhar na empresa e depois virasse o diretor, ajudando a aumentar o colchão de segurança contra as incertezas da vida. "Para eles, dinheiro era muito importante", conta. "Acumular dinheiro. Não necessariamente gastar. É uma questão de segurança e status." Em 1987 Zakaria foi para a Universidade de Cambridge estudar matemática. Tudo parecia nos conformes. No mesmo ano, porém, o pai foi à falência.

Acontece que ele havia especulado na bolsa usando dinheiro emprestado. Negociou ações da moda, promovidas em folhetos suspeitos, e caiu em esquemas de pirâmide vendidos por picaretas. Um corretor "recomendava uma ação com base nessa pirâmide de quem entrou primeiro e saiu por último", diz Zakaria. "Quanto mais dinheiro você colocava, mais alto ficava na pirâmide. Meu pai nunca subiu o bastante e, quando tudo desabou, ele perdeu tudo." A família ficou atolada em dívidas e a firma de exportação fechou.

Para Zakaria, foi uma introdução dolorosa ao mundo dos investimentos. "Meu pai ganhou o dinheiro dele em coisas de que entendia e perdeu em coisas das quais não entendia. Foi destruído por pessoas muito inescrupulosas." Essas memórias deixaram em Zakaria uma suspeita permanente em relação a vendedores, esquemas para enriquecer depressa e o lado "cassino" de Wall Street.

Depois de se formar em Cambridge, em 1990, Zakaria entrou no jogo dos investimentos em grande parte por *default*. A empresa da família já não era mais uma opção. Ao contrário dos irmãos, ele não podia virar médico, porque desmaia ao ver sangue. E a meteorologia era vista como uma bobagem. Por isso arranjou um emprego em Hong Kong, como analista de *equities* na Jardine Fleming, um dos principais gestores de patrimônio da Ásia. Até 1996, tudo correu bem. Foi aí que seu patrão, um bambambã da gestão de fundos, foi acusado de transferir para a própria conta transações lucrativas, supostamente privando os clientes de lucros que deveriam ter sido contabilizados nas contas *deles*. O gestor do fundo foi demitido e multado em milhões de dólares. Com a reputação da empresa em frangalhos, foi preciso reestruturar o negócio. Zakaria foi demitido.

"Saí ligando para meia dúzia de amigos, dizendo: 'Tem alguma coisa aí? Eu faço literalmente *qualquer coisa*.'" Um amigo que geria uma mesa de corretagem de ações no Deutsche Bank apiedou-se e lhe deu um emprego de analista *sell-side* especializado em ações asiáticas. Era uma dessas piadas cósmicas cruéis que a vida prega. Zakaria, tão desconfiado de vendedores em geral e corretores de ações em especial, ia ganhar a vida promovendo dicas de ações aos clientes institucionais do banco. "Fiz isso durante quatro anos e foi um inferno absoluto", conta. "Sendo alguém para quem não é fácil vender, eu não sabia como vender para ninguém."

O período no Deutsche representou para Zakaria um curso-relâmpago dos métodos de Wall Street. "Foi assustador trabalhar ali", diz. As concessões morais eram cortesia da casa. "Meu bom amigo e chefe disse: 'Nunca convença uma pessoa a não fazer o que quer fazer, mesmo que você ache que a pessoa está errada. Simplesmente deixe-a fazer, porque ninguém vai jamais lhe agradecer.' E eu pensei: 'Que jeito terrível de viver.' É horrível! Digo, se você acha que a pessoa está cometendo um erro, você *tem* que contar a ela." Zakaria diz que era tão inadequado para a vaga que teria sido demitido em um mês, caso não tivesse sido protegido pelo chefe. Apesar de tudo, houve um consolo. Ele conheceu Nick Sleep.

Depois de três anos em seu primeiro emprego de investidor, lá em Edimburgo, Sleep tinha se tornado analista de investimentos na Sun Life, uma gigante canadense de serviços financeiros com dezenas de milhares de funcionários. "Eu era quase alérgico a trabalhar ali", conta. "Depois que você já trabalhou para uma empresa agitada, é um tanto difícil ir trabalhar em um lugar grande, chato e sem graça." Ele pediu demissão depois de poucos meses e em 1995 foi parar na Marathon Asset Management, onde ficaria por mais de uma década. Era uma empresa de investimentos bagunçada e bem-sucedida de Londres que estava "tentando derrotar os peixes grandes".

O mentor de Sleep na empresa era um dos cofundadores da Marathon, Jeremy Hosking, um inglês excêntrico que tinha entre seus hobbies colecionar motores antigos a vapor. "Ele é um iconoclasta por natureza", afirma Sleep. "O método dele é comprar basicamente o que puder encontrar de mais desprezado. Ele gosta da controvérsia, da dificuldade." Quando a crise financeira asiática veio, em 1997, Hosking e Sleep saíram vasculhando ações baratas nos mercados ainda fumegantes do Sudeste Asiático. Parecia que todo mundo estava procurando se esconder enquanto o milagre econômico asiático se transformava em desastre. Mas os "Marathonistas" encontraram um aliado improvável em um corretor baseado na Ásia que não era como todo mundo: Zakaria.

Sleep e Zakaria conversavam constantemente a respeito das tremendas pechinchas que estavam descolando em lugares como Singapura, Hong Kong e Filipinas. A maioria dos corretores se concentrava em ativos populares, fáceis de vender. Mas Zakaria se empolgava com ações menosprezadas, negociadas por pechinchas fabulosas. "Zak era um corretor horrível, porque o que o atraía nos atraía e não atraía mais ninguém", diz Sleep. "Por isso, eram coisas sem valor comercial. Não dava para vender para mais ninguém." Mas o olho de Zakaria para joias jogadas fora era exatamente o que o tornava valioso para a Marathon. Hosking disse a ele: "Quando você não conseguir vender uma ação para mais ninguém, ligue para a gente."

Durante os anos do milagre, os investidores se empolgaram tanto com a Ásia que apostaram em ações que estavam sendo negociadas por um valor três vezes maior que o custo de reposição dos ativos. Durante a crise, dava para comprar as mesmas ações por *um quarto* do custo de reposição dos ativos. Em menos de um ano a Marathon investiu cerca de US$ 500 milhões no Sudeste Asiático e obteve resultados incríveis à medida que a região reagia. Parte do crédito foi para Zakaria. "Ele era exatamente o analista de que precisávamos na crise asiática", conta Sleep. "Era simplesmente um vendedor que trabalhava para um banco de investimento, mas na verdade não estava fazendo o papel de vendedor, porque não vendia o que pediam a ele que vendesse." Essa sensação de que Zakaria vinha nadando (um tanto desesperadamente) contra a corrente estava prestes a aumentar.

Se você fosse um romancista satírico procurando escrever sobre Wall Street o que ela tem de pior, poderia escolher uma era de ouro da ganância, como o final de 1999 ou o início de 2000. Aquela foi uma época em que a mania por ações de tecnologia e internet virou a cabeça de banqueiros, corretores, gestores de fundos e investidores comuns. Milhões de pessoas foram consumidas pelo desejo de fortuna instantânea e o único medo aparente delas era o de ficar de fora.

O Deutsche e seus rivais lucraram imensamente levando empresas de meia-tigela para a bolsa, com valores inflados, ignorando quaisquer dúvidas que pudessem ter a respeito da durabilidade desses negócios. Analistas de pesquisa de corretoras supostamente respeitadas atuaram como desavergonhados vendedores de ações.* E corretores como Zakaria se sentiram obrigados a vender esse lixo a investidores que ou não tinham a menor ideia do que estavam fazendo, ou sonhavam ficar ricos antes que a onda passasse. Aquilo era a mãe de todos os cassinos. No entanto, Zakaria se negou a jogar. "As IPOs eram absolutamente horrorosas e eu *dizia* às pessoas que eram horrorosas. E, é claro, não conseguia vender nada; era lamentável."

Uma transação que ficou para sempre gravada na sua memória envolvia uma startup taiwanesa de tecnologia, a GigaMedia Ltd. Ela tinha menos de dois anos de vida e os lucros não eram nada além de um sonho distante. Irrefreáveis, o Goldman Sachs e o Deutsche Bank decidiram levar a empresa para a Nasdaq em fevereiro de 2000, no auge da bolha. Zakaria conta que um dos colegas – "o perfeito arquétipo de vendedor que você imagina" – ligou para um gestor de fundo em Paris e disse a ele: "Acho que você devia comprar." O gestor fez um pedido de US$ 150 milhões. Só havia um problema: esse valor era mais que o patrimônio total do seu fundo. Mesmo assim, ninguém pareceu se importar, já que tudo era um jogo. O gerente do fundo apostava que o banco lhe daria uma porcentagem das ações que ele pediu e que a ação ia subir.

De repente, não mais que de repente, a ação da GigaMedia disparou de US$ 27 para US$ 88 no dia da IPO, dando àquele ano perdedor de dinheiro uma avaliação de mais de US$ 4 bilhões. Mas era tudo ilusão. Quando a bolha pontocom estourou, poucas semanas depois, a GigaMedia perdeu 98% do valor.

Para Zakaria, aquilo já era demais – a irracionalidade, a falta de conteúdo, a disposição para fazer o que fosse preciso para ganhar uma graninha

---

\* O departamento de pesquisa do Merrill Lynch era de um cinismo único, posicionando-se como uma equipe incansável de *cheerleaders* que ajudara a atrair lucrativos clientes de bancos para a empresa. Henry Blodget, estrela dos analistas de internet do Merrill, divulgava recomendações de compras de empresas que, privadamente, ele definia como "micos", "pedaços de merda" e "caindo aos pedaços". Em 2003 os reguladores multaram Blodget em US$ 4 milhões e o baniram permanentemente do ramo financeiro. Não estou contando isso para culpá-lo isoladamente, e sim para lhes dar uma noção da euforia daquele período e um sentido mais claro de por que precisamos sempre ter cautela em relação a *qualquer coisa* que Wall Street tenha um forte incentivo para vender.

rápida, sem se importar com quem ia se dar mal. "Eu sofro de ansiedade e precisava de alguma coisa mais pé no chão", conta. "Meu período no Deutsche Bank foi muito ruim para mim, do ponto de vista da saúde, porque não havia nada pé no chão em ser corretor. Você chega de manhã e não faz ideia de como seu dia vai caminhar, se seu cliente vai gostar de você ou odiar você, ou se você vai ser demitido ou não. Era tão instável!"

Ele foi resgatado pela Marathon. Em abril de 2000, quando as queridinhas pontocom começaram a virar picadinho, Zakaria fugiu do Deutsche para trabalhar com Sleep como analista na sede londrina da Marathon. Em maio eles viajaram juntos para Omaha, para o encontro anual da Berkshire Hathaway. "Foi maravilhoso", diz Zakaria. Warren Buffett e Charlie Munger falaram de empresas que eles esperavam deter durante décadas. Não estavam jogando dados na última IPO imbecil, nem tramando para encher os bolsos à custa dos outros. "Meu Deus!", pensou Zakaria. "Isso não tem nada a ver com um cassino! Estamos falando de empresas de verdade!"

Sleep vivia implorando aos chefes que o deixassem criar um fundo concentrado dentro da Marathon, com Buffett servindo de modelo. Buffett o impressionou como a encarnação da qualidade. Não era apenas a profundidade da sua visão sobre as empresas, mas a maneira honrada como tratava os investidores da Berkshire, a começar pelo seu modesto salário de US$ 100 mil por ano. Em uma ponta, diz Sleep, "você tem Buffett, a pessoa mais cheia de princípios que existe". Na outra ponta "você tem empresas baseadas no marketing, que por acaso estão vendendo fundos de investimento, mas poderiam estar vendendo carros ou máquinas de lavar, não estão nem aí para o cliente".

Quando os chefes de Sleep deram o sinal verde para ele abrir a Nomad Investment Partnership em 2001, ele pediu a Zakaria que se unisse a ele como cogestor do fundo. "Era evidente que íamos acabar fazendo algo um pouco bizarro", diz Sleep. Efetivamente, desde o primeiro momento eles consideraram a Nomad um ato de rebeldia contra o que ele chama de "pecado e loucura" do setor de investimentos. "Queríamos provar que existe outro jeito de investir e outro jeito de se comportar", diz Sleep. "Você não precisa ir lá e agir como os escrotos de Wall Street."

## Não ligue para os escrotos*

Sleep e Zakaria não tinham interesse em constituir um fundo colossal em que as comissões jorrassem. Não tinham fantasias de aparecer como gurus do mercado na televisão ou virar objetos de culto na capa da *Forbes*. Não tinham vontade de comprar para si castelos, aeronaves ou iates. Sua ambição era simples: queriam gerar lucros de longo prazo maravilhosos.

Tinham como meta específica um aumento de dez vezes no valor do patrimônio líquido da Nomad. Sleep, que tem três filhos e um enteado, definia essa missão em termos um tanto caprichosos. Se alguém lhe perguntasse "O que você fez durante a guerra?", ele queria poder responder: "Transformamos uma libra em dez libras."

Qualquer pessoa em busca de rendimentos estelares faria bem em estudar o que Sleep e Zakaria descobriram em relação ao foco de sua atenção – e, tão importante quanto isso, o que eles deixaram de lado. Sleep cita um trecho do filósofo William James: "A arte da sabedoria é a arte de saber o que ignorar." Ele e Zakaria rejeitaram uma série de práticas consolidadas. "Queríamos simplesmente nos livrar de todas as coisas de que não gostávamos", diz Sleep. "Éramos sócios de carteirinha de um grupo de esquisitões."

Para começo de conversa, eles descartaram todas as informações efêmeras que distraem os investidores daquilo que importa. Sleep observa que a informação, como a comida, tem uma "data de validade". Mas certas informações são *particularmente* perecíveis, enquanto outras têm "um prazo de validade maior". Esse conceito de prazo de validade se tornou um filtro de grande valor.

---

* Na improvável eventualidade de você estar intrigado com a origem ou com o sentido dessa elegante expressão, em inglês, o título desta seção do livro é uma referência ao álbum punk de 1977 *Never Mind the Bollocks, Here's the Sex Pistols*. A palavra *bollocks* – termo inglês para "testículos" – foi considerada tão ofensiva que muitas lojas se recusaram a vender o álbum. Mas o *Oxford English Dictionary* diz que a palavra é usada desde, pelo menos, o século XIII. Os Sex Pistols saíram triunfantes de um julgamento por obscenidade depois que uma testemunha especialista observou que *bollocks* aparecia até em traduções antigas da Bíblia. O escândalo ajudou a promover a carreira de Richard Branson, que havia lançado o álbum pela Virgin Records.

Por exemplo, quando voltei a falar com Sleep e Zakaria, em maio de 2020, o noticiário financeiro estava repleto de especulações sobre o impacto a curto prazo do vírus da Covid-19 nos gastos dos consumidores, nos lucros das empresas, no desemprego, nas taxas de juros e na cotação dos ativos. Um artigo no *Financial Times* chegou a discutir se a recuperação da economia dos Estados Unidos seria parecida com o formato das letras V, U, W, L ou com o do "*swoosh* da Nike". Para Sleep e Zakaria, toda essa cobertura fugaz do noticiário era parte da "novela" diária do mercado – demasiadamente superficial, efêmera e pouco confiável para prender a atenção deles. Não dava para prever como o noticiário econômico evoluiria. Por que, então, gastar energia mental com o que não dá para saber?

Da mesma forma, eles ignoraram o dilúvio de dados financeiros de curto prazo e recomendações que jorrava de Wall Street. Corretoras, que têm um incentivo para estimular a atividade dos investidores, soltavam estimativas pouco confiáveis do lucro por ação (LPA) do trimestre seguinte de milhares de empresas. Sleep se refere com menosprezo aos "viciados no LPA", que anseiam por essa informação que ao fim de doze semanas já será "sem valor". Na visão dele, a "turma do curto prazo" reage o tempo todo a "falsos estímulos", sejam eles o último número da economia ou uma notícia banal de que uma empresa superou as expectativas dos analistas. "Você precisa estar preparado para não acreditar na bobajada, não dar ouvidos a ela."

Um jeito prático de se livrar desse lixo era descartar toda a pesquisa *sell-side* que Wall Street defecava. "Colocávamos tudo numa pilha", diz Zakaria. "Uma vez por mês, mais ou menos, você começa a olhar em volta, pensando: 'Que saco.' Aí jogávamos tudo na lata de lixo. Aquilo tudo não passava de fofoca e notinhas sem sentido, e a ideia de não escutar nada daquilo nos deixava muito contentes." Da mesma forma, Sleep e Zakaria diziam aos corretores que era inútil ligar para eles tentando vender algo, já que só confiavam na própria pesquisa para chegar a conclusões independentes.

Eles também se distanciavam da atividade cotidiana do mercado, usando o mínimo possível o terminal da Bloomberg. Gestores de fundos costumam passar o dia olhando fixamente para uma parede de quatro monitores onde piscam notícias financeiras e dados em tempo real. A Bloomberg, cujo aluguel custa cerca de US$ 24 mil por ano, é um símbolo de status entre os investidores profissionais. Mas até hoje Sleep e Zakaria relegam seu único monitor Bloomberg a uma mesinha lateral sem cadeira. "A *intenção* é que seja desconfortável", diz Zakaria. "Nick queria que a mesa fosse baixa para que você só pudesse passar cinco minutos sem pensar 'Ai, minhas costas estão me matando' e sair dali."[32]

Pat Dorsey, gestor de fundos *hedge* baseado em Chicago, exprime uma opinião semelhante. "Se o investidor tiver que fazer uma única coisa, seria não ter TV e terminal da Bloomberg no escritório", disse-me certa vez. "É ótimo eu ter que caminhar por um corredor de 15 metros para olhar o preço das ações e dar uma olhada no noticiário sobre nosso portfólio. Ficar olhando para o monitor é tão tentador, é como ficar checando o e-mail obsessivamente: isso te dá um leve pico de dopamina. Mas, como todos nós sabemos lógica e racionalmente, é terrivelmente improdutivo."

Essa prática de *desconexão intencional* pode parecer perversa em uma cultura que valoriza o acesso instantâneo a informações infinitas. Mas Sleep e Zakaria desaconselham o jogo-padrão de ficar incessantemente recolhendo informações e apostando naquilo que essas informações indicam para as ações a curto prazo. Eles queriam refletir serenamente, sem serem incomodados pela obsessão popular com o que Sleep batizou de "palpitaria".

É necessário ter uma convicção rara para desprezar algo que a maioria de seus colegas considera relevante. Porém, tendo decidido cancelar todo o ruído de Wall Street, eles se sentiram alegremente liberados. "É como uma voz na sua cabeça conversando o tempo todo", diz Sleep. "Pare de lhe dar ouvidos e vai ficar tudo bem." Como, então, eles passam o tempo? "Só lemos os balanços anuais até os olhos lacrimejarem e visitamos todas as empresas possíveis até enjoarmos." Sleep viajou tanto que preencheu inteiramente um passaporte com páginas extras e teve que pedir outro.

Quando analisaram empresas e entrevistaram CEOs, Sleep e Zakaria foram atrás de ideias com datas de validade longas. Eles buscavam respostas para perguntas como *Qual é o destino pretendido para essa empresa em dez ou vinte anos? O que a direção deve estar fazendo agora para aumentar a probabilidade de chegar a esse destino? E o que poderia impedir essa empresa de atingir esse destino tão favorável?* Eles se referiram a esse modo de pensar como "análise de destino".

Wall Street tende a ficar fixada em resultados de curto prazo, dando preferência a perguntas como *Quais serão os lucros dessa empresa nos próximos três meses?* e *Qual a nossa meta de preço de doze meses para essa ação?* Em vez disso, Sleep e Zakaria se concentraram nos *inputs* necessários para que uma empresa realize seu potencial. Eles queriam, por exemplo, saber: *Essa empresa está fortalecendo seu relacionamento com os clientes, proporcionando produtos superiores, preços baixos e serviço eficiente? O CEO está alocando capital de maneira racional, de modo a aumentar o valor de longo prazo da empresa? A empresa está pagando mal aos empregados, tratando mal os fornecedores, traindo a confiança dos clientes ou adotando algum comportamento míope que poderia prejudicar sua grandeza futura?*

Vale a pena notar que a análise de destino é uma ferramenta igualmente útil em outros aspectos da vida. Caso a sua meta seja, digamos, chegar saudável à velhice, você precisa perguntar a si mesmo quais *inputs* (em termos de nutrição, exercícios, redução do estresse, check-ups e assim por diante) são necessários para turbinar sua probabilidade de atingir esse destino. Caso você queira ser lembrado com carinho por família e amigos, pode imaginá-los no seu enterro e perguntar como você precisa se comportar agora para que eles tenham uma memória amorosa de você. Essa ênfase no destino teve um impacto profundo sobre Sleep e Zakaria. "Aos 80 anos você vai querer olhar para trás", diz Sleep, "e pensar que tratou os clientes de maneira justa, fez seu trabalho do jeito certo, doou dinheiro acertadamente – e não que você teve quatro casas e um jatinho."

Para eles, foi natural pensar de um jeito não convencional porque ambos eram alienígenas que caíram de paraquedas na área de investimentos por acidente – um paisagista fracassado e um meteorologista frustrado. Como eternos *outsiders*, questionavam tudo. Não conseguiam, acima de tudo, aceitar a crença tácita de que o interesse financeiro deles próprios não batia com o dos clientes. Em consequência, a tabela de taxas da Nomad era de uma rara justiça. Sleep e Zakaria cobravam uma minúscula taxa de administração anual que meramente cobria os custos em vez da taxa rotineira de 1% ou 2% sobre o patrimônio. Também recebiam 20% dos lucros do fundo, mas apenas *depois* de terem obtido um rendimento anual de 6%. Se a performance fosse fraca, não recebiam qualquer comissão.

Alguns anos depois eles decidiram piorar a própria situação ao depositarem a taxa de desempenho em uma conta bloqueada por vários anos. Se posteriormente a Nomad ficasse abaixo da barreira de 6% ao ano, eles *reembolsariam* uma parte da comissão aos investidores. "Até que gostávamos da ideia de que, para nós, não ia rolar muita grana", diz Zakaria. "Não íamos ficar parecendo bandidos como o resto do pessoal."

Essa atitude era influenciada por *Zen e a arte da manutenção de motocicletas*, que Sleep havia recomendado a Zakaria pouco tempo depois de se conhecerem. O livro reforçou a determinação de ambos de resistir a qualquer comportamento de baixa qualidade que parecesse enganoso ou egoísta. "A rejeição imediata das coisas tornou a vida bem mais descomplicada", conta Zakaria. "Era tudo questão de qualidade. (...) O dinheiro estava em segundo plano. Era muito mais uma questão de fazer um bom trabalho, um trabalho *de qualidade*, fazer a coisa certa. Acho que nunca tomamos uma decisão que fosse motivada por..."

"... colocar dinheiro no *nosso* bolso. Definitivamente não", diz Sleep, complementando o raciocínio de Zakaria.

"Nisso tudo havia um pouco de provocação", diz Zakaria. "Daria para montar uma empresa de investimentos que não girasse apenas em torno do dinheiro? Que fosse guiada pela vontade de fazer tudo certo?"

Como seria de esperar, a prioridade na maioria das firmas de investimentos é maximizar o próprio lucro, o que cria alguns conflitos de interesses manifestos. Por exemplo, essas firmas costumam prosperar vendendo produtos a preços altos que proporcionam rendimentos medíocres. Também colocam uma ênfase esmagadora no aumento do ativo sob sua gestão, já que isso gera comissões polpudas que permitem bancar salários e bônus astronômicos. Não é segredo que o retorno dos investimentos tende a piorar com o aumento do patrimônio. Mas os gestores de dinheiro costumam resistir à solução lógica: vetar investimentos adicionais em fundos que cresceram demais. Como escreveu o autor Upton Sinclair: "É difícil fazer um homem entender uma coisa quando seu salário depende de não entendê-la!"

Em compensação, a Nomad foi concebida, desde o começo, como veículo para a maximização dos rendimentos, e não do patrimônio. "Nosso sistema moral era diferente", diz Sleep. "Quando seu negócio é acumular patrimônio, você precisa de uma equipe de vendas, precisa de uma equipe de *compliance*, precisa de uma equipe de manutenção de clientes, precisa de burocracia, e isso tudo vira uma grande engrenagem. Quando seu negócio é acumular rendimento e seu desempenho de investimentos é bom de verdade, você não precisa de nada dessa porcaria. Só nos concentramos em escolher boas ações e achamos todo o resto periférico."

Para começo de conversa, eles enxergavam a área de marketing e vendas como uma distração. Quase nunca falavam com a imprensa. Não se importavam se um cliente em potencial era grande ou pequeno, já que nunca foi prioridade deles montar uma empresa comercial lucrativa. Também deixavam claro que devolveriam o dinheiro aos clientes existentes e vetariam novos investidores se o tamanho da Nomad viesse a se tornar um obstáculo para sua performance. Várias vezes fecharam o fundo para novos clientes, a primeira delas em 2004, quando geriam cerca de US$ 100 milhões – quantia pífia para os padrões do setor. Só reabriram quando consideraram ter encontrado oportunidades atraentes o suficiente para aplicar dinheiro extra.

Os dois também tinham o prazer de recusar investidores que pareciam inadequados ou irritantes, por mais ricos que fossem. Zakaria dá risada ao lembrar de uma reunião comicamente fracassada com um grupo que geria bilhões para os herdeiros da Tetra Pak, empresa de embalagens de alimentos. Os consultores financeiros pediram, como condição para investir no fundo o dinheiro de seus clientes, acesso à pesquisa de ações particular da Nomad. Zakaria disse que o clima da reunião foi ficando "cada vez mais gelado", com Sleep cruzando braços e pernas em um sinal de incômodo cada vez maior. Ao cabo de quinze minutos, Sleep e Zakaria mostraram aos visitantes o caminho da porta.

Eles também pediam a investidores em potencial que assinassem um documento reconhecendo que a Nomad não era apropriada para quem tivesse um horizonte de tempo inferior a cinco anos. "Eu queria que o espaço psicológico fosse diferente de todos os demais investimentos deles", explica Sleep. "Não queríamos mais um maldito fundo *hedge*. Nossa abordagem de todo o problema do investimento era diferente."

De fato, a Nomad rejeitava todas as táticas de como-enriquecer-depressa que os fundos *hedge* costumam utilizar para bombar o desempenho a curto prazo – estratégias ricas em testosterona que Sleep apelidou de "Viagras de investimento". Por exemplo, a Nomad nunca usou alavancagem, nunca operou vendida, nunca especulou com opções ou futuros, nunca fez uma aposta macroeconômica, nunca negociou hiperativamente como reação às últimas notícias, nunca chafurdou em instrumentos financeiros exóticos com nomes machões como LYONs ("leões") e PRIDEs ("orgulhos"). Em vez disso, Sleep e Zakaria jogavam o que consideravam "um jogo simples e de longo alcance", que consistia em comprar poucas ações, intensamente estudadas, e detê-las durante anos.

Essa estratégia lenta, paciente e deliberada ia tão contra a cultura que chegava a parecer pitoresca. Os horizontes temporais dos investidores foram diminuindo fortemente ao longo dos anos. Quando o fundador do Vanguard, Jack Bogle, entrou no mundo dos investimentos em 1951, os fundos mútuos detinham ações, em média, durante cerca de seis anos. No ano 2000, esse prazo tinha encolhido para cerca de um ano, levando Bogle a advertir que "a loucura da especulação de curto prazo substituiu o bom senso do investimento de longo prazo". Em 2006, Sleep escreveu aos acionistas que o período médio de posse de ações da Nomad era de sete anos, enquanto outros investidores detinham as ações americanas do portfólio da Nomad (à exceção da Berkshire Hathaway) durante uma média de apenas 51 dias.

Sleep e Zakaria ficavam chocados com essa mudança de cultura em direção ao "curto-termismo". "Juramos que não conseguimos entender como a sociedade, como um todo, é beneficiada pelo fato de proprietários de empresas trocarem de cadeira de poucos em poucos meses", escreveu Sleep. "Esse tijolinho básico da sociedade é destruído quando aqueles que têm as mãos sobre o capital permanente mudam de ideia como quem muda de roupa." A Nomad faria sucesso adotando a abordagem inversa. "A Bíblia diz que é melhor construir sua casa sobre a rocha do que sobre a areia", diz Sleep. "É melhor construir algo que permaneça."*

---

\* Sleep, que acredita naquilo que chama de "cortesia não religiosa", afirma: "Não sei se Deus existe ou não, mas, se trocar a palavra *Deus* por *Bem*, acredito totalmente. Para mim, basta que exista o bem, e eu acredito que aquilo que é bom cresce."

## Uma casa construída sobre a rocha

Sleep e Zakaria batizaram como Nomad o fundo porque estavam dispostos a ir a qualquer parte em busca de valor. Não estavam tentando replicar um índice específico ou ter uma boa performance por um critério *relativo*. Estavam almejando rendimentos *absolutos* espetaculares, sem a limitação de ter como referência o que os outros estavam fazendo. Essa busca levou-os a alguns dos lugares menos populares do planeta.

O fundo começou a negociar em 10 de setembro de 2001 – um dia antes do ataque às Torres Gêmeas. Os mercados afundaram enquanto os investidores enfrentavam ameaças inimagináveis de terrorismo, guerra e desastres econômicos. Para aumentar o pessimismo, muitos investidores ainda estavam em estado de choque por conta do estouro da bolha de tecnologia. Sleep e Zakaria investiram audaciosamente em meio ao tumulto, tendo como alvo empresas temporariamente abaladas que os demais receavam demais ter na carteira, considerando quão precário parecia o futuro.

Nas Filipinas eles investiram na Union Cement, maior produtor de cimento do país, depois que a ação despencou de US$ 0,30 para menos de US$ 0,02. O pessimismo andava tão generalizado que o mercado avaliava a empresa a um quarto do custo de substituição de seu ativo. Na Tailândia investiram na Matichon, uma editora de jornais cuja ação desabara de US$ 12 para US$ 1. Estava sendo negociada a 0,75 vez sua receita e valia cerca do triplo daquilo que pagaram. Nos Estados Unidos compraram ações preferenciais da Lucent Technologies, uma estrela cadente das telecomunicações, que perdera 98% do seu valor. Essas eram clássicas "bitucas de charuto", no jargão do meio – não eram os melhores negócios, mas estavam fantasticamente baratas. Ao final de 2003, o valor do patrimônio líquido da Nomad havia dobrado, depois que apostas oportunistas como essas deram certo.

O suprimento de pechinchas foi encolhendo à medida que os receios diminuíram e os mercados renasceram. Por isso Sleep e Zakaria partiram para um dos últimos bolsões de desespero remanescentes. Em 2004, cruzaram a fronteira da África do Sul para o Zimbábue. Sob o despótico regime de Robert Mugabe, a economia do país estava paralisada pela corrupção, pelo colapso da moeda, pela nacionalização de muitas empresas privadas e por hordas de saqueadores. Inabaláveis, Sleep e Zakaria compraram uma cesta de quatro ações zimbabuanas – na prática, monopólios que estavam sendo negociados a preço de banana. A Zimcem, produtora de cimento, estava sendo vendida na bolsa de valores de Harare a *um septuagésimo* do valor de substituição de seu ativo.

Em mensagem para os investidores da Nomad a respeito da atração perversa desse mercado desprezado, Sleep comentou: "Os clientes vão odiar. O *compliance* vai odiar. Os consultores vão odiar. O marketing vai odiar. O tamanho das oportunidades de investimento é pequeno. Não faz parte do *benchmarking*. É perfeito."

Durante algum tempo a Nomad atribuiu à sua cesta de pechinchas o valor zero, porque os negócios na bolsa do Zimbábue foram totalmente suspensos. A situação da economia continuava catastrófica. Mesmo assim, no momento em que a Nomad vendeu suas últimas ações zimbabuanas, em 2013, seu valor tinha se multiplicado entre três e oito vezes. Como lembrança, Sleep e Zakaria presentearam cada acionista da Nomad com uma cédula sem valor de 100 trilhões de dólares zimbabuanos, que o governo emitira no auge da hiperinflação.

O apetite da Nomad por ativos aceitáveis negociados a preços insensatamente baixos fazia sentido, considerando as oportunidades disponíveis naquele momento. Mas essa estratégia tinha uma desvantagem. Quando ações como aquelas reagiam e já não estavam tão baratas, eles precisavam vendê-las e sair à caça de novas pechinchas. Mas e se não houvesse nada particularmente atraente à venda quando eles buscavam realocar esses ganhos? **Uma solução óbvia para esse risco de investimento era comprar e deter empresas de mais alta qualidade, mais suscetíveis a continuar acumulando rendimentos durante vários anos.**

Essa segunda estratégia nasceu de um equívoco que custou caro. Em 2002 a Nomad fez a sua maior aposta até então, investindo na Stagecoach, uma empresa de transporte de ônibus britânica atolada em dívidas que tinha dado um desastroso passo maior que as pernas ao expandir-se para o exterior. A ação havia caído de 2,85 libras para 14 *pence*, mas Sleep e Zakaria concluíram que ela poderia facilmente valer 60 *pence*. Em parte, eles estavam apostando na virada comandada pelo fundador, um ex-motorista de ônibus que havia gerido a empresa de maneira tão competente no passado que se tornara uma das pessoas mais ricas da Grã-Bretanha.

Ele largou uma semiaposentadoria para enxugar a empresa e devolver o foco à vaca leiteira negligenciada: a operação de ônibus no Reino Unido. Sua estratégia deu certo. Sleep e Zakaria venderam suas posições por um valor em torno de 90 *pence* e se autoparabenizaram com um ganho de 500%. Mas a Stagecoach era um negócio melhor do que eles previram. No final de 2007 a ação atingiu 3,68 libras. "Na nossa cabeça, encasquetamos que a empresa não era nada além de uma bituca de charuto", conta Sleep.

Sleep e Zakaria começaram a buscar outras empresas comandadas por gestores com visão de longo prazo em quem pudessem confiar para continuar acumulando riqueza ao longo do tempo. "Quando pensam de maneira racional e a longo prazo", diz Sleep, "dá para terceirizar para eles as decisões de alocação de capital. Não é preciso ficar comprando e vendendo ações." Eles também começaram a conjecturar quais as características que pesam para o sucesso de empresas com prazo de validade incomumente longo e acabaram chegando à conclusão de que existe um modelo de negócios que pode ser mais poderoso que todos os outros. O termo que usam para isso é *economias de escala compartilhadas*.

A empresa que os apresentou a esse modelo foi a Costco Wholesale, um varejista popular americano que encarnava tudo aquilo que eles procuravam em um negócio. Quando investiram pela primeira vez na Costco, em 2002, a ação havia caído de US$ 55 para US$ 30, em meio a temores provocados pelas reduzidas margens de lucro da empresa. Mas Sleep e Zakaria enxergavam um potencial subestimado no foco obsessivo da Costco em proporcionar valor a seus consumidores. Na época, os clientes pagavam uma taxa anual de associação de US$ 45, que lhes dava acesso a armazéns repletos de bens de qualidade aos menores preços possíveis. A Costco não cobrava pelas suas mercadorias mais do que 15% acima do preço de custo, enquanto um supermercado comum podia chegar a 30% de margem. Os associados não precisavam pesquisar em outro lugar em busca de pechinchas, porque a Costco os tratava de maneira justa. A empresa podia ter elevado seus preços e turbinado as margens, mas isso teria solapado a confiança dos associados.

Para os céticos de Wall Street, tanta generosidade parecia fragilidade e falta de competitividade – o equivalente empresarial de coletivismo. Mas Sleep e Zakaria enxergaram a lógica de longo prazo dessa generosidade da Costco. Os clientes satisfeitos voltavam sempre, gastando mais dinheiro em suas lojas, gerando, assim, enormes receitas. À medida que a empresa crescia, negociava condições melhores com os fornecedores e continuava baixando seus custos notoriamente baixos. Então a Costco compartilhava essas economias de escala com os clientes, baixando os preços ainda mais. Sleep e Zakaria estimaram que os associados economizavam US$ 5 para cada dólar que a Costco guardava para si. O efeito dessa política de autocontrole foi um círculo virtuoso, que Sleep resume da seguinte maneira: "Receita maior gera economia de escala, que gera custo menor, que gera preço menor, que gera receita maior."

A maioria das empresas grandes e bem-sucedidas acaba recaindo na mediocridade em algum momento. Mas a disposição da Costco de *compartilhar* os seus benefícios de escala com os consumidores fez com que o tamanho se tornasse uma primazia, e não um fardo, permitindo que a empresa ampliasse sua vantagem sobre os rivais que gozavam de margens maiores. A Costco, fundada em 1983, *continuou crescendo ao compartilhar* em vez de se apropriar de todo o tesouro. As suas margens reduzidas refletiam paciência, e não fraqueza. Em mensagem aos investidores da Nomad, Sleep explicou: "A empresa está adiando os lucros agora para ampliar o tempo de vida da franquia. É claro, Wall Street adoraria lucros hoje, mas essa é exatamente a obsessão de Wall Street por resultados de curto prazo."

Sleep e Zakaria continuaram incrementando o valor investido enquanto sua admiração pela Costco aumentava. Em 2005 ela representava um sexto do patrimônio da Nomad. Atualmente, ainda é um dos pilares de seus portfólios pessoais. Durante os dezoito anos em que vêm detendo esse ativo, ele subiu de US$ 30 para US$ 380, pagando ainda polpudos dividendos. Mesmo assim, eles não têm intenção de vendê-lo tão cedo, considerando a probabilidade de a Costco continuar a progredir rumo a um destino desejável.

Um benefício da inatividade é que Sleep e Zakaria tiveram tempo para ler, pensar e conversar calmamente sobre aquilo que estavam aprendendo. Sleep tem agilidade mental para saltitar de um assunto para outro – da história das empresas à religião, da neurociência ao esporte – e identificar temas e padrões em comum. Zakaria, que Sleep descreve como "altamente inteligente", tem menos versatilidade, mas tende a ser um analista mais aprofundado. Um assunto frequente de conversas entre eles era a questão de quais modelos de negócios são mais eficazes. Eles deixavam em um quadro branco do escritório uma lista de modelos. O que saiu dessas discussões foi a convicção de que nada supera a força do modelo de economias de escala compartilhadas para promover a longevidade de uma empresa.

Quando estudaram os balanços anuais do Walmart desde a década de 1970, deram-se conta de que a empresa tinha muito em comum com a Costco. Vencedoras perenes como a Dell Computer, a Southwest Airlines e a Tesco seguiam, todas, um caminho semelhante. Essas empresas incrivelmente eficientes mantinham baixos os custos e repassavam ao consumidor a maior parte dessa economia, e este, por sua vez, retribuía fazendo mais negócios com elas.

Da mesma forma, a GEICO e a Nebraska Furniture Mart – duas das empresas favoritas de Buffett – continuavam a fazer baixar os custos à medida que cresciam, permitindo-lhes poupar tanto dinheiro dos clientes que foi ficando cada vez mais difícil que os rivais conseguissem competir. Um século atrás, Henry Ford realizou um truque semelhante, tirando proveito dos benefícios da produção em linha de montagem para reduzir o preço do Modelo T, um carro de passeio, de US$ 850 em 1908 para menos de US$ 300 em 1925. "Portanto, não se trata de um modelo de negócios novo", afirma Sleep. "Mas ele precisa ser buscado com zelo religioso."

A cultura dessas empresas costuma ser moldada por fundadores visionários, e não por executivos contratados. Eles costumam ser apaixonados pelos menores detalhes, melhorando a experiência do cliente, cortando custos até nas horas boas e investindo para o futuro distante apesar de pressões externas para apresentar números sólidos no presente. "Eles têm que ser quase delirantes nessa iconoclastia", diz Sleep. Entre essas figuras lendárias estão Sam Walton, do Walmart; Jim Sinegal, da Costco; Herb Kelleher, da Southwest; e Rose Blumkin, da Nebraska Furniture Mart. Blumkin, uma imigrante russa que trabalhou dos 6 anos de idade até depois do centésimo aniversário, ergueu a maior empresa de mobília doméstica dos Estados Unidos observando fielmente três mandamentos: "Venda barato, diga a verdade e não tapeie ninguém."

Assim que Sleep e Zakaria compreenderam a mágica desse modelo de negócios específico, fizeram dele o foco prioritário do seu fundo. A atração pelas bitucas de charuto diminuiu e, em vez disso, eles se concentraram em um punhado de empresas que compartilhavam com os clientes as suas economias de escala. Eles tinham consciência aguda do quão pouco chegamos a saber ao longo da vida. Mas *sabiam* que tinham descoberto uma verdade profunda. "É o melhor pensamento isolado que você pode ter na vida inteira", diz Sleep. "Ele acaba se tornando dominante, porque você não terá muitas ideias como essa. Todo o resto é um pouco de baixa qualidade, não é? É meio transitório. Não faz muita diferença."

Sleep e Zakaria abarrotaram o portfólio com empresas feitas do mesmo barro. Apostaram 15% do patrimônio da Nomad na ASOS, um varejista on-line de moda do Reino Unido que tinha uma vantagem de custo em relação às lojas de rua tradicionais e caras, e viu suas ações subirem de 3 libras para 70 libras. Investiram pesadamente na Carpetright, uma rede fundada por Lorde Harris, um empresário britânico com dislexia profunda que herdou a pequena empresa do pai aos 15 anos e acabou tendo centenas de lojas por toda a Europa. A Nomad também se tornou a maior acionista estrangeira da AirAsia, a maior linha aérea *low-cost* do mundo. E havia a Amazon.com – a praticante por excelência de economias de escala compartilhadas.

Quando Sleep se deparou pela primeira vez com a Amazon, em 1997, a empresa era uma livraria virtual preparando-se para entrar na bolsa. Seu fundador, Jeff Bezos, fez uma apresentação em Londres explicando como a sua startup não lucrativa oferecia uma seleção quase infinita de livros, como ela obteria uma vantagem de custo evitando o gasto com lojas físicas e como ela reinvestiria o fluxo de caixa em outros negócios. Sleep voltou correndo para o escritório da Marathon e disse ao chefe: "É absolutamente fantástico. Pode virar algo enorme daí. E ele respondeu: 'Tá, ok, Nick, mas o que eles fazem que ninguém mais consegue fazer?'"

Só muitos anos depois Sleep e Zakaria compreenderam a natureza da vantagem competitiva da Amazon. Mas um dia a ficha caiu. Bezos estava seguindo a trilha sagrada da turma de Ford, Walton e Sinegal – e a internet ia permitir-lhe turbinar essa estratégia clássica.

Assim como eles, Bezos era impiedosamente eficiente em relação ao controle de custos. Segundo Sleep, a Amazon chegou a economizar US$ 20 mil por ano retirando as lâmpadas das máquinas de venda de comida nas suas sedes. Bezos tinha obsessão por economia de tempo e dinheiro para os clientes. E investiu pacientemente no futuro, semeando novas iniciativas empresariais que não esperava que dessem frutos em período inferior a cinco, sete anos. Todo ano ele investia centenas de milhões de dólares sob a forma de descontos e subsídios ao frete – uma clara demonstração de gratificação adiada.

Como era de esperar, Wall Street resmungava em relação à falta de lucros nos balanços, deixando de perceber que Bezos estava pavimentando calmamente o caminho para um crescimento extraordinário. Em mensagem aos acionistas da Amazon em 2005, Bezos explicou que "repassar incessantemente ao consumidor melhorias na eficiência e economias de escala sob a forma de preços menores gera um círculo virtuoso que, a longo prazo, leva a uma quantidade de fluxo de caixa em dólares muito maior e, dessa forma, a uma Amazon.com muito mais valiosa". Sleep e Zakaria haviam encontrado sua alma gêmea corporativa. Naquele ano Bezos lançou o Amazon Prime, um serviço de assinatura que oferecia frete grátis em dois dias mediante uma taxa anual de US$ 79. Tempos depois ele tornaria a oferta mais atraente incluindo de tudo, de filmes e programas de TV gratuitos a armazenamento ilimitado de fotografias. A curto prazo, essa superabundância de benefícios e descontos prejudicaria o balanço. A longo prazo, fortaleceria a lealdade do consumidor e geraria ainda mais desembolsos. Quando Bezos lançou o Prime, Sleep e Zakaria reconheceram imediatamente o equivalente "amazônico" da taxa de associação anual da Costco. "Oh, meu Deus, eu sei *exatamente* o jogo que eles estão jogando aqui", pensou Sleep. "De repente a Amazon se transformou em uma Costco com anabolizantes."

A Nomad começou a comprar Amazon agressivamente em 2005, a cerca de US$ 30 por ação. Em 2006 Sleep e Zakaria renunciaram à Marathon e tornaram a Nomad um fundo totalmente independente, o que lhes dava ainda mais autonomia para seguir suas convicções idiossincráticas. Apostaram 20% do patrimônio do fundo na Amazon e garantiram autorização dos investidores para irem além desse limite. Um quarto dos clientes sacou o dinheiro da Nomad, com medo dessa superexposição a uma única ação.

O ceticismo em relação à Amazon continuava a circular. Em meio ao derretimento do mercado em 2008, Sleep compareceu a um evento em Nova York em que George Soros falou da ameaça iminente de um apocalipse financeiro. Soros, um dos negociantes mais bem-sucedidos da história, citou apenas uma ação em que ele estava vendido enquanto o mundo desmoronava: a Amazon.

Naquele mesmo dia, na hora do almoço, Sleep retomou o contato com Bill Miller, cujos fundos mútuos detinham a maior participação externa na Amazon. Miller havia reconhecido os pontos fortes da Amazon antes de todo mundo e tinha comprado 15% da empresa. Mas disse a Sleep que tinha sido forçado a reduzir sua fatia para atender a pedidos de saque de investidores fugindo de seus fundos. Sleep ligou para Zakaria em Londres naquela noite e perguntou: "Tem certeza de que sabemos o que estamos fazendo, já que aqui está todo mundo indo em outra direção?" Eles nunca tinham se sentido mais confiantes na grandeza futura de uma empresa. Mas e se eles tivessem errado na análise do negócio? E se eles tivessem deixado passar alguma coisa e todos os céticos tivessem razão? "Ou nós éramos brilhantes", pensou Sleep, "ou estávamos ferrados."

Em 2008 a Amazon perdeu quase metade de seu valor de mercado, enquanto a Nomad caiu 45,3%. Sleep e Zakaria realizaram uma reunião de emergência em um local apropriadamente luxuoso – um McDonald's – para discutir a possibilidade de o futuro da Nomad estar em perigo caso o mercado continuasse despencando. Tinham calafrios diante da ideia de acabar como analistas em alguma corretora de quinta categoria de Wall Street.

Mesmo assim, não cederam. Enquanto os outros entraram em pânico, eles exploraram a balbúrdia no mercado para melhorar o portfólio, concentrando-o ainda mais pesadamente em empresas da melhor qualidade, entre elas a Amazon, a Costco, a ASOS e a Berkshire Hathaway. Quando veio a retomada, a recompensa foi de tirar o fôlego. Entre 2009 e 2013, o rendimento da Nomad foi de 404%.

No começo de 2014, Sleep e Zakaria dissolveram a Nomad Investment Partnership. Àquela altura ela tinha atingido US$ 3 bilhões de patrimônio, o que lhes dera escala para faturar quantias astronômicas. Mas esse nunca tinha sido o propósito da sua grande aventura. Muitos fundos "começam tendo como objetivo um bolo enorme", Sleep escreveu em um e-mail. "Mas o que nos traz satisfação não é o bolo. O que achamos gratificante é o processo de solução do problema do investimento, aprendendo ao longo do caminho e fazendo o melhor trabalho possível dentro dos nossos conhecimentos – tudo isso são metas pessoais. O bolo é, então, um (feliz) subproduto."

Zakaria, em especial, temia que o trabalho se tornasse repetitivo.

"Intelectualmente, a nossa sensação era de que a fonte tinha secado totalmente", diz. "Pensamos nisso sob todos os ângulos, sobre aquilo que achávamos importante, e acho que não me engano ao dizer que não sobrou nada." Por isso eles se aposentaram, na esperança de dedicar a segunda metade de suas vidas ao apoio a causas de caridade. Sleep escreveu uma carta a Buffett agradecendo-lhe por seu papel no êxito da Nomad. Buffett respondeu: "Você e Zak tomaram a decisão certa. Minha previsão é que vocês vão descobrir que a vida está só começando."

Em menos de treze anos a Nomad tinha rendido espantosos 921% antes das taxas – só um pouco abaixo da meta de transformar uma libra em dez libras. A Amazon, que tinha decuplicado de valor desde 2005, havia desempenhado um papel-chave. Em determinado momento, chegara a representar 40% do patrimônio do fundo.

Ao aposentar-se, Zakaria manteve uma meia dúzia de suas ações favoritas do portfólio da Nomad. Sua maior propriedade, a Amazon, ultrapassara US$ 3.000 por ação em 2020, dando-lhe um valor de mercado de US$ 1,5 trilhão e tornando Bezos o homem mais rico do mundo. Zakaria, que nunca vendeu uma ação sequer da Amazon de seu portfólio pessoal, tem cerca de 70% de seu dinheiro montado nessa ação. O restante está quase inteiramente investido em Costco, Berkshire Hathaway e em um varejista on-line chamado Boohoo.com. Zakaria conta que, de vez em quando, dá uma olhada em seu portfólio e pensa: "O que Nick faria? E eu penso: 'Nick não faria *nada*.' Então penso: 'Ok, está resolvido por mais seis meses.'"

Quanto a Sleep, ele investiu quase todo o seu dinheiro em apenas três ações: Amazon, Costco e Berkshire. "Existem muito poucos negócios que investem no futuro da mesma forma que eles", afirma. "Eles não se importam com Wall Street. Não se importam com as tendências e os modismos. Só estão fazendo a coisa certa a longo prazo." A volatilidade de um portfólio de três ações não o incomodava, considerando a alta probabilidade de todas as três empresas chegarem a um destino desejável.

No entanto, em 2018 a Amazon tinha crescido de modo tão meteórico que representava mais de 70% de seu patrimônio líquido. Sleep começou a se preocupar. Será que o valor de mercado iria crescer até US$ 3 trilhões ou US$ 4 trilhões, ou será que até para a grandeza da Amazon haveria limites? Ele não tinha certeza. Por isso, depois de treze anos, vendeu metade da sua participação em um único dia, a US$ 1.500 por ação. Qual foi a sensação? "Péssima", diz. "Senti-me terrivelmente em conflito, e não tenho certeza de que foi uma boa decisão."

Por algum tempo, Sleep ficou pacientemente sentado em dezenas de milhões de dólares em espécie, sem saber como investir a fortuna resgatada com a venda das ações da Amazon. Mas em 2020, quando conversamos, ele tinha investido o dinheiro em uma *quarta* ação, da ASOS – o varejista on-line que ele já tinha comprado na Nomad. Desde a recompra, a ação já havia duplicado de valor. Resumindo, a vida continua mansa.

## Cinco lições com prazo de validade longo

Para mim, há cinco lições-chave a aprender com Sleep e Zakaria. **Primeira, eles propiciam um convincente exemplo do que significa buscar a qualidade como princípio guia nos negócios, nos investimentos e na vida – um compromisso moral e intelectual inspirado por *Zen e a arte da manutenção de motocicletas*.** É fácil menosprezar a qualidade como um conceito vago e subjetivo, mas ela proporciona um filtro surpreendentemente útil para várias decisões. Por exemplo, para Sleep e Zakaria ficou evidente que uma taxa de administração anual baixa, que dava apenas para cobrir os custos operacionais da Nomad, era uma opção de mais qualidade que uma comissão mais gorda que os deixasse ricos qualquer que fosse seu desempenho.

**Segunda, há a ideia de focar naquilo que tiver o mais longo prazo de validade, ao mesmo tempo que se deve deixar de lado o efêmero.** Esse princípio se aplica não apenas às informações de mais peso, mas também às empresas mais duradouras às quais eles davam preferência.

**Terceira, há a constatação de que um modelo de negócios em especial – as economias de escala compartilhadas – cria um círculo virtuoso que pode gerar enriquecimento sustentável por períodos prolongados.** Sleep e Zakaria pegaram essa excelente sacada e lucraram maciçamente com ela, focando em poucos negócios de alta qualidade que seguiam trajetórias semelhantes. Paradoxalmente, também alegam que para eles era menos arriscado deter um pequeno número de ações (em geral, apenas dez) do que centenas – uma estratégia padrão que teria inevitavelmente produzido rendimentos menos impressionantes. "Sabíamos que não sabemos muita coisa", diz Sleep. "Por isso, para nós fazia sentido ter poucas ações, porque eram as únicas coisas que já entendíamos e que *realmente* conhecíamos."

Não foi surpresa para eles que as empresas que mais conheciam e mais amavam – Amazon, Costco e Berkshire – mostraram-se notavelmente resilientes quando o mundo foi virado de cabeça para baixo pela Covid-19. Afinal de contas, as economias de escala lhes permitiram propiciar aos clientes um valor excepcional pelo dinheiro aplicado. "Com a Amazon e a Costco, em especial, o que se vê é que seus negócios foram *impulsionados* pela crise", diz Zakaria. "Quanto pior o ambiente fica para a economia em geral, melhor fica para esses negócios com vantagem de custos."

**Quarta, não é necessário comportar-se de forma antiética ou inescrupulosa para alcançar um êxito espetacular, mesmo em uma área vorazmente capitalista na qual o comportamento egoísta é a norma.** Durante a crise financeira, Sleep escreveu a respeito da destruição causada por uma cultura em que "quem joga não pode perder" nem "tem melindres em relação aos métodos". Ele e Zakaria queriam que a Nomad encarnasse uma forma de capitalismo mais esclarecida.

Isso explica por que adotaram um esquema de taxas que favorecia os clientes, em detrimento dos próprios lucros. Eles também foram generosos um com o outro. Por exemplo, Zakaria insistiu para que Sleep detivesse 51% da sociedade em vez de partes iguais; se viesse a ocorrer uma discordância entre ambos, Zakaria confiava em Sleep para tomar a decisão final. Sleep conta que era impensável desrespeitar um sócio que "carregou um revólver, me entregou na outra ponta da mesa e disse: 'Vai, pode atirar em mim se quiser!'". Ele acrescenta: "Na nossa relação há uma cortesia que considero importante para o nosso sucesso." O fato de que ainda compartilham o escritório depois que encerraram as operações do fundo diz muito sobre essa relação. Nas palavras de Sleep: "Bom comportamento tem um prazo de validade maior."

Uma forte ênfase na caridade é outra característica distinta dessa versão gentil do capitalismo. "Tendo provado o que queríamos na gestão da Nomad, ficou bastante óbvio para nós dois que o que havia a ser feito era retribuir o dinheiro à sociedade", conta Sleep. "Isso reduz o risco de nós perdermos a mão por termos dinheiro em excesso." Além disso, "você tem a alegria de doar".

Zakaria e a esposa, Maureen, apoiam uma série de instituições de caridade voltadas para a pesquisa científica e para a medicina, entre elas o Laboratório de Matemática de Londres, a Royal Society e o Hospital Real para Neurodeficiências. Por sua vez, Sleep passa grande parte do seu tempo ajudando a OnSide Youth Zones, uma entidade beneficente que cria áreas seguras onde crianças de regiões carentes podem socializar e aprender novas habilidades. Ele diz que o foco primordial, para ele e Zakaria, passou a ser "fazer o bem ao máximo (...) a longuíssimo prazo".

Dito isso, Sleep não abriu mão de *todos* os prazeres mundanos. Ele é apaixonado por corridas de carros e compete regularmente em seu Shelby Mustang GT350 modelo 1965 e seu Lola T70 de 1967. Também participou, com a filha Jess, de um rali de 36 dias entre Pequim e Paris (via Mongólia e Sibéria), alternando-se ao volante de seu Mercedes Pagoda 1964.

**Quinta, em um mundo cada vez mais voltado para o curto-termismo e para a gratificação instantânea, aqueles que avançam constantemente na direção oposta podem obter uma senhora vantagem.** Isso se aplica não apenas aos negócios e investimentos, mas a nossos relacionamentos, saúde, carreira e tudo aquilo que importa.

Adiar o prazer não é uma tarefa fácil, considerando o ambiente em que vivemos. Nos países mais ricos tudo está disponível *on demand* – comida, informação, programas de TV maratonáveis, todo tipo de pornografia, tudo sem limites, ou qualquer coisa que faça cócegas em nossas fantasias fugazes. Nosso tempo de atenção está encurtando, sob um bombardeio em alta velocidade de e-mails, SMSs, posts no Facebook e notificações no Twitter. Da mesma forma, no mundo dos investimentos agora é possível entrar e sair correndo do mercado instantaneamente, apertando alguns botões em nossos celulares. Todos nós estamos lutando, cada um à sua maneira, para nos ajustarmos a essa revolução tecnológica e social, a um só tempo milagrosa e arriscada. Como criaturas que buscam o prazer, temos tendência a ser atraídos por tudo aquilo que agora causa sensações boas, apesar do preço que nós (ou outras pessoas) possamos ter que pagar posteriormente. Isso fica evidente não apenas nas nossas vidas, individualmente, mas coletivamente em tudo, dos déficits governamentais ao consumo irrefreado de energia.

"É tudo uma questão de gratificação adiada", diz Sleep. "Quando você repassa todos os erros que cometeu na vida, privada e profissional, nota que quase sempre os cometeu ao buscar um paliativo ou alguma adrenalina de curto prazo. E esse é o hábito da maioria esmagadora das pessoas na bolsa."

Pense por um só instante nos inúmeros impulsos não refreados que estragam os rendimentos dos investidores; por exemplo, a tendência de negociar com frequência excessiva; de tomar decisões emotivas com base em reportagens alarmistas ou alarmantes; de agir em rebanho, atacando os ativos mais populares (e superestimados); de se livrar de fundos que ficaram abaixo da média por um ou dois anos; ou de vender prematuramente ações valorizadas em vez de deixá-las acumular valor durante anos. A capacidade de resistir a esses impulsos é "um dos maiores superpoderes", diz Sleep. "Precisamos dar a ela um peso enorme quando vamos avaliar aquilo que funciona."

Sleep e Zakaria são gigantes do controle de impulsos. De que outra forma poderiam ter segurado ações da Costco durante dezoito anos e da Amazon durante dezesseis, vendo-as decolar de US$ 30 por ação para mais de US$ 3 mil? Eles compreenderam a verdade básica segundo a qual é bom adiar a gratificação imediata e priorizar resultados a longo prazo. Mas não basta dominar intelectualmente esse princípio. Tão importante quanto isso foi terem construído um ecossistema interno compatível, que *dava apoio* a essa atitude.

Para começar, a maioria dos seus investidores eram organizações sem fins lucrativos (como filantropias acadêmicas) com horizontes temporais amplos. Nas mensagens aos clientes, Sleep cobria-os de elogios pela "cordial paciência" – um jeito diplomático de reforçar a mentalidade adequada. Além disso, a Nomad investia em empresas administradas por inconformistas como eles, caso de Bezos e Buffett, com visões de longo prazo excepcionais. Também colaborou o fato de que Sleep e Zakaria se estabeleceram em um escritório tranquilo em King's Road, logo acima de uma loja de ervas medicinais chinesas, bem longe da atividade frenética dos grandes polos de investimentos. Ainda eliminaram influências perturbadoras, evitando contratar analistas e consultores financeiros com viés de venda (que monitoram compulsivamente a performance diária dos fundos). Desligaram-se a tal ponto do drama e da emoção que se comparavam a monges ou eremitas.

Caso você e eu tenhamos esperança de alcançar êxito duradouro como investidores, precisamos seguir o exemplo deles *resistindo sistematicamente às forças interiores e exteriores que nos compelem a agir de maneira impetuosa*. Tendo isso em vista, eu ignoro todo o papo inútil da mídia sobre correções e quebras iminentes do mercado. Passo semanas inteiras sem checar o desempenho dos meus investimentos.* Minha posição *default* é não fazer nada. Assim, a maior parte do meu portfólio adormece em dois fundos indexados e um fundo *hedge* baseado em valor, que mantenho há pelo menos vinte anos. Meus erros que custaram mais caro aconteceram sempre que eu fiquei impaciente, tive inveja dos rendimentos alheios ou me desviei do caminho apostando em empresas privadas ou ações individuais que prometiam uma rota mais emocionante para a fortuna. O paradoxo, aqui, é que a estrada mais lenta quase sempre se mostra, no fim, a mais veloz.

Os investidores que eu mais admiro têm tendência a ser heroicamente inativos, não porque sejam preguiçosos, mas porque reconhecem as vantagens da paciência. Certa vez Howard Marks me disse: "Nosso desempenho não vem daquilo que compramos ou vendemos. Vem daquilo que detemos. Portanto, a atividade principal é deter, e não comprar e vender. Sempre pensei se não seria um avanço para uma empresa dizer: 'Só negociamos às quintas.' E nos outros quatro dias da semana só ficar sentado refletindo."

Ninguém personifica essa mentalidade de câmera lenta melhor que Thomas Russo, que durante mais de três décadas gerou rendimentos acima do mercado para a Gardner Russo & Gardner, com sede em Lancaster,

---

* Depois de ter escrito essa frase, vim a me dar conta de que não é inteiramente verdade. Na realidade, checo meu portfólio várias vezes por dia em momentos de estresse, como a pandemia de Covid-19. É um tique nervoso que me atrapalha mais que ajuda. O lado bom é que até hoje não me levou a realizar lances impetuosos de investimento. Mesmo assim, é incômodo perceber como é fácil para mim escorregar e ficar viciado nesses hábitos contraprodutivos.

Pensilvânia. "Eu costumo dizer que sou um fazendeiro", diz Russo. "Wall Street está inundada de caçadores – gente que tenta sair em busca dos maiores animais. Eles derrubam o bicho e o trazem, fazem um grande banquete e tudo é fabuloso, e então partem em busca do próximo bicho. Eu planto sementes e passo o ano inteiro cultivando-as." Entre seus maiores ativos estão a Berkshire Hathaway, a Brown-Forman e a Nestlé, todas detidas por ele desde os anos 1980. Alguns anos atrás, quando ele tinha 59 anos, perguntei-lhe se achava que ia ter ações da Berkshire e da Nestlé pelo resto da vida. Ele respondeu sem vacilar: "Acho que sim."

Assim como Sleep e Zakaria, Russo construiu toda a sua carreira em cima da apreciação do poder da recompensa adiada. Todas as empresas que ele possui comungam de uma característica, que ele descreve como "a capacidade de sofrer". Isto é, elas investem "a longuíssimo prazo", mesmo quando essa despesa exige que aguentem anos de dolorosos prejuízos iniciais. Como observa Russo, temos tendência a sair ganhando sempre que "sacrificamos algo hoje" para "ganhar alguma coisa amanhã".[33]

O que mais me fascina é que esse princípio atemporal se aplica não apenas aos negócios e aos investimentos, mas a todos os setores das nossas vidas. Vemos isso quando nos exercitamos ou fazemos dieta, quando damos duro nos estudos para uma prova ou ficamos no trabalho até mais tarde e quando economizamos dinheiro ou investimos para a aposentadoria. Em cada um desses casos, lucramos a longo prazo ao adotar ou suportar algo que a curto prazo parece pouco atraente. Inversamente, diz Sleep, "acho que é quase sempre verdade que as coisas que nós fazemos e não nos alegram" parecem pouco interessantes "a curto prazo". Ele cita uma série de armadilhas populares: embebedar-se, "comer bolo demais", mentir e "furtar doces da loja da esquina". Na hora, diz, "todas essas coisas parecem boas ideias. São empolgantes. Recompensadoras. Dão um certo barato. Mas no fim, a longo prazo paga-se o preço".

Nada disso é novidade. No Gênesis bíblico, Esaú – um obcecado por gratificação imediata – abre mão de sua preciosa progenitura em favor do irmão, Jacó, em troca de um prato de sopa de lentilha que não valia nada. Em compensação, o filho de Jacó, José – um mestre da gratificação adiada – tem a clarividência de estocar enormes quantidades de grãos durante os "sete anos de abundância", assegurando a sobrevivência do Egito durante os "sete anos de fome" que vieram depois. Milhares de anos mais tarde, somos constantemente reapresentados a essa mesma escolha entre *presente* e *futuro*, entre o *imediato* e o *adiado*.

Para o restante de nós, mortais, trata-se de uma decisão complicada. Mas Zakaria afirma ter gostado da sensação levemente religiosa de "fazer penitência" e "rejeitar a gratificação imediata", enquanto outros sucumbiram à tentação. Isso me lembra de um maravilhoso ditado do budismo, usado para se referir a uma das recompensas mais sutis da resistência a comportamentos impróprios ou nocivos à saúde: *a alegria da não culpa*. De maneira semelhante, os cabalistas, como Rav Yehuda Ashlag e Rav Philip Berg, ensinam que a única maneira de alcançar a felicidade, a realização e a liberdade duradouras é resistir às nossas tendências negativas. Em seu revolucionário livro *O poder da Kabbalah*, Rav Berg escreve: "Em vez de escolher o caminho de menor resistência, a solução rápida, a gratificação instantânea, o cabalista escolhe o caminho de maior resistência." É uma verdade profundamente importante em relação ao caminho para a felicidade contra o senso comum.

Um truque prático, diz Sleep, é "recompensar-se a curto prazo" com o deleite diante da perspectiva de todos os maravilhosos benefícios que você desfrutará por ter escolhido passar por cima do seu desejo de gratificação imediata. Dessa forma, o adiamento fica associado ao prazer e "você fica muito mais suscetível a aceitá-lo". De fato, afirma Sleep: "Eu até *gosto* de passar por cima porque você simplesmente sabe que aquilo vai tornar a sua vida melhor."

CAPÍTULO 7

# Hábitos de alta performance

## Os melhores investidores criam uma vantagem competitiva esmagadora ao adotar hábitos cujos benefícios vão se acumulando com o tempo

---

*Não é de menos importância que desde a mais tenra juventude formemos nossos hábitos desta ou daquela maneira. Faz, pelo contrário, enorme diferença, até mesmo toda a diferença.*

— ARISTÓTELES

*Acho que as pessoas subestimam — até atingir uma idade avançada — quão importantes são os hábitos, quão difícil é mudar quando você tem 45 ou 50 anos e quão importante é formar os hábitos certos na juventude.*

— WARREN BUFFETT

---

Em 1990 Tom Gayner pesava 86 quilos. Ninguém o confundiria com um campeão olímpico de vôlei de praia. Mesmo assim, conta, seu peso estava "dentro dos domínios da razoabilidade". Naquela época, aos 28 anos de idade, ele assumiu o cargo de gerente do portfólio de investimentos da Markel Corporation, uma seguradora com sede em Richmond, na Virgínia. Investir é um esporte sedentário que consiste, em grande parte, em ler, refletir e brincar com números. Gayner foi moldado para isso de maneira singular. Quando ainda era um menino de 8 ou 9 anos, seu conceito de uma noite de sexta-feira agradável era ficar sentado em frente à TV, com a avó, assistindo ao programa *Wall $treet Week with Louis Rukeyser*.

À medida que foi envelhecendo, o talento de Gayner para sentar-se e refletir passou a ter uma consequência imprevista. Seu peso foi gradualmente passando dos 100 quilos. Determinado a não deixar passar mais, ele avisou a amigos e colegas que perderia meio quilo por ano pelos dez anos seguintes. Pode soar absurdamente pouco ambicioso, mas estudos indicam que o americano médio do sexo masculino ganha de meio a 1 quilo por ano entre o início da idade adulta e a meia-idade. Gayner, um mestre da acumulação de juros, entendeu como pequenas vantagens – ou desvantagens – vão se agregando ao longo do tempo. Por isso ele se dispôs a mudar hábitos nocivos de uma vida inteira.[34]

"Quando eu era pequeno, tinha a dieta de um guaxinim de acampamento", conta. Ele calcula, por exemplo, que comia uns duzentos *donuts* por ano. Algumas pessoas em dieta abriram mão totalmente desses prazeres recheados de culpa, comprometendo-se (por algum tempo) com uma existência infeliz e isenta de *donuts*, antes de (quase inevitavelmente) descarrilarem. Gayner não. Ele confessa alegremente que talvez ainda coma uns vinte *donuts* por ano. No geral, porém, saiu-se muito bem no seu compromisso com uma dieta saudável. Fiz várias refeições com ele ao longo dos anos, inclusive um almoço em um clube à moda antiga em Nova York (onde ele pediu uma salada Caesar com salmão e chá gelado sem adoçar), dois almoços no seu escritório (mais salada e mais peixe) e um jantar na sua casa no subúrbio de Richmond (onde ele assou um delicioso salmão ao molho pesto com couve-de-bruxelas, acompanhado de vinho e seguido de sorvete). Em termos nutricionais, como em outros aspectos da vida, a estratégia de Gayner é ser "direcionalmente correto", e não perfeito. "Em linhas gerais", afirma, "eu busco o satisfatório, e não o ideal."

Com os exercícios, ele adotou uma abordagem semelhante. "Nunca fui bom em atletismo", diz. "O auge da minha carreira atlética foi na sétima série, no time de basquete da igreja." Ele jura ter corrido menos de 10 quilômetros *ao todo* antes dos 50 anos. Então, sentado um dia em um avião, leu uma matéria de jornal com a manchete "Você odeia correr?". "Sim", pensou, "odeio correr." Mas a matéria apresentava um programa de 28 dias tão impressionantemente inofensivo que ele decidiu experimentar. Na primeira semana, precisava correr um máximo de 5 minutos por dia. Foi aumentando para 10 minutos por dia na segunda, 15 na terceira e 20 na quarta semana. Àquela altura, diz, "você vai engatinhando de um jeito que acaba criando um hábito". Como era de esperar, mais de cinco anos depois ele ainda corre cinco vezes por semana. Normalmente sai por volta das cinco e meia ou seis da manhã, enquanto a maioria de nós está bem relaxada na cama, e corre cerca de 5 quilômetros em 30 minutos. "Eu sou um falso velocista", diz. "Sou ainda mais lento do que aparento ser."

Gayner, que hoje é o co-CEO da Markel, uma holding financeira que opera com seguros e investimentos no mundo inteiro, pode não bater o recorde dos 100 metros rasos. Mas o hábito de correr (complementado por um pouco de ioga e um mínimo de halteres) o ajuda a dar conta da exigência física e do estresse diário de um trabalho incessante, que exige cuidar de cerca de US$ 21 bilhões em ações e títulos, além de uma coleção de dezenove empresas sob seu controle integral, sem falar nos cerca de 1.700 funcionários. "Ser um executivo ou um gestor de dinheiro com responsabilidades desse tipo faz com que você tenha que jogar o jogo 24 horas por dia, sete dias por semana. Você não tem férias, não tem folgas", diz. "Por conseguinte, acho que é muito importante ter a disciplina de prestar atenção na própria saúde, no sono, nos exercícios, um pouco de equilíbrio entre trabalho e vida pessoal, passar um tempo com a esposa, os filhos e os seus companheiros de paróquia – todo esse tipo de coisa." Essa atitude "pode não gerar o resultado que se deseja, mas aumenta a sua probabilidade de chegar lá".

O que o distingue é a constância inabalável da sua disciplina. A maioria das pessoas se empolga durante alguns dias e depois desanima. Eu tenho um halter e uma corda de pular em casa, e não usei nem um nem outro mais do que três vezes. O objetivo básico da existência deles é me fazer sentir culpa. Gayner, porém, persiste em seu plano: nunca perfeito, mas sempre *direcionalmente correto*. O segredo, diz, é que ele é "radicalmente moderado" em relação a tudo que faz. "Quando eu faço mudanças radicais, elas não são duradouras. Mas mudanças *moderadas, pequenas* – essas são sustentáveis."

Ele também toma o cuidado de não se deixar afastar demais na direção errada. Depois de uma caminhada rápida em torno de um lago perto do escritório, ele me mostra como seu Apple Watch monitora cada movimento, garantindo que cumpra a "obrigação de 30 minutos de exercício diário". Da mesma forma, ele controla o peso todos os dias, exceto quando está trabalhando, e, "quando eu não consigo, malho um pouco mais pesado ou tento aumentar a atenção por um tempo ao que estou comendo. Se você nunca deixar a coisa desandar, fica mais fácil continuar centrado. Essa é, no geral, a descrição de como eu tento viver a vida".

Essa estratégia radicalmente moderada e teimosamente persistente funciona, de maneira demonstrável.* Quando passei um dia e meio entrevistando-o, em 2017, Gayner estava pesando 88 quilos, o que não é muito acima do que ele pesava 27 anos antes. Em termos de ganho de peso, eu o superei por uma margem confortável, o que deixou claro como diferenças mínimas no comportamento do dia a dia vão se acumulando ao longo das décadas.

Tudo isso aponta para uma conclusão importante, que se aplica tanto aos investimentos quanto à vida. **Vitórias contundentes tendem a ser o resultado de avanços pequenos e cumulativos, e de melhorias contínuas por longos períodos.** "Se você quer saber qual o segredo de um grande êxito, eu digo: é simplesmente tornar cada dia um pouco melhor que o dia anterior", diz Gayner. "Existem maneiras diferentes de chegar lá, mas é isso. A parte crucial é simplesmente ir progredindo de modo contínuo."

## "O acúmulo de ganhos marginais"

Gayner aplicou a mesma filosofia aos investimentos. Muitos investidores vão aos solavancos de uma aposta de curto prazo ou estratégia promissora para a próxima, de um jeito bem parecido com as dietas "sanfona"

---

* Não estou querendo dizer que o jeito de Gayner comer e se exercitar funcionaria igualmente para todo mundo, considerando a complexa interseção de fatores como a genética e o metabolismo. Mas estou seguro de que seu método daria mais certo para a maioria de nós que o regime de saúde de Buffett, que inclui café da manhã no McDonald's a caminho do trabalho, quantidades cardiopatas de carne vermelha e rios de Coca-Cola. Buffett brincou certa vez com as filhas de Mohnish Pabrai que não tocaria em nenhuma comida que não tivesse comido antes dos 5 anos de idade.

de quem segue o regime da moda sem introjetar uma solução duradoura. Gayner, o santo padroeiro do progresso constante, adota uma estratégia de escolha de ações baseada em quatro princípios que não mudaram em trinta anos. Eles o guiam na direção correta e o ajudam a evitar "agir como um idiota. Isso funciona como uma espécie de guarda-corpo".[35]

Primeiro, ele busca "empresas lucrativas com bom retorno sobre o capital e sem muita alavancagem". Segundo, o time de gestores deve ter "talento e integridade na mesma medida". Terceiro, a empresa deve ter ampla oportunidade de reinvestir seus lucros a taxas de retorno respeitáveis. Quarto, a ação deve estar disponível para ele a um valor "razoável".

Quando Gayner encontra uma empresa que passa por esse teste de quatro etapas, ele busca investir com um "horizonte de tempo eterno", deixando a ação acumular rendimentos indefinidamente, adiando, assim, as consequências fiscais da venda. A Berkshire Hathaway foi a primeira ação que comprou na Markel, ainda em 1990, e a sua participação cresceu como uma bola de neve, atingindo mais de US$ 600 milhões. Buffett cometeu um erro em 1965, quando adquiriu o controle da Berkshire, que na época era uma indústria têxtil decadente e fadada à falência. No entanto, suas ações dispararam desde então, de US$ 15 para US$ 330 mil, à medida que ele reinvestiu os ativos da empresa em pastos mais verdinhos. "O que atuou em favor disso", diz Gayner, foi que a pessoa "tomando as decisões de reinvestimento era um gênio". Na visão de Gayner, a Berkshire demonstra que o mais importante dos quatro critérios é o terceiro, "a dinâmica de reinvestimento".

A segunda ação que Gayner mais possui é a CarMax, que ele detém desde o final dos anos 1990. Na época era uma empresa pequena, com a ideia inovadora de vender carros usados a preços tabelados, rompendo com a tradição de extorquir e enganar os compradores. Gayner, um devoto da Igreja Episcopal criado na tradição quacre, lembrou que a loja de departamentos Macy's fora fundada na década de 1850 por um quacre que vendia todos os produtos a preços fixos, eliminando qualquer suspeita de que os clientes seriam tapeados por vendedores espertinhos. Será que a CarMax não teria uma vantagem semelhante, levando em conta o seu compromisso com a transparência e com negócios justos? Além disso, a ação estava barata e a CarMax tinha oportunidade ilimitada de reinvestir seus lucros na abertura de novas revendedoras. Desde a sua primeira compra, ela cresceu de umas oito revendedoras para duzentas e o valor da ação multiplicou-se por mais de sessenta.

O portfólio de Gayner é dominado por máquinas confiáveis de acumular dinheiro, como a Brookfield Asset Management, a Walt Disney Company, a Diageo, a Visa e a Home Depot – empresas que ele espera que continuem prosperando por muito tempo, mesmo com a ameaça da destruição criativa. Para ele, por exemplo, é reconfortante que a Diageo seja dona da Johnnie Walker, uma marca de uísque escocês de duzentos anos: "Para mim, parece uma coisa bem durável. É isso, na minha vida eu tento achar esse tipo de coisa." Ele não está pensando em negociar as ações, e sim em aguardar enquanto elas se valorizam: "Na minha experiência, os mais ricos são aqueles que acharam uma coisa boa e ficaram com ela. Aqueles que me parecem menos felizes, mais agitados e menos bem-sucedidos são os que estão o tempo todo em busca da próxima onda."

Ao todo, Gayner possui cerca de cem ações, o que pode ser um excesso de cautela. Mas dois terços de seus ativos estão aplicados em suas vinte maiores posições, o que é moderadamente agressivo. A sua atitude em relação a ações de tecnologia, como Amazon, Alphabet e Facebook, tem sido igualmente comedida. Ele foi "muito lento" para reconhecer a vantagem competitiva sustentável que elas tinham, mas acabou por reconhecer que atendiam aos seus quatro critérios de investimento. No entanto, elas não estavam baratas e ele não conseguiu avaliá-las com precisão. Por isso adotou uma abordagem gradual. Assim, foi acumulando "constantemente" posições grandes (mas não enormes), obtendo desse modo um preço médio em dólares que reduzia o risco de gastar demais. Se desse errado, não seria um desastre.

Essa ênfase na prevenção de desastres me lembra uma ideia maravilhosa de Jeffrey Gundlach, que cuida de cerca de US$ 140 bilhões como CEO da DoubleLine Capital. Gundlach, um bilionário ousado e brilhante conhecido como "o rei dos títulos", diz que se engana 30% das vezes. Por isso, antes de fazer qualquer investimento ele faz a si próprio uma pergunta crucial: "Supondo que eu esteja errado nisto, qual será a *consequência*?" Em seguida ele tenta estruturar sua aposta de modo que o resultado não seja ruinoso, o que quer que aconteça. **"Torne seus erros não fatais"**, me diz Gundlach. **"Isso é fundamental para a longevidade. E, no fim das contas,** *isso* **é que é sucesso neste negócio: a longevidade."**

O portfólio de Gayner foi montado para durar. Teria sido muito mais lucrativo se ele tivesse se abarrotado de Amazon, Google e Facebook. Mas suas decisões de investimento – muito parecidas com a sua atitude em relação à dieta e à atividade física – não buscam ser ideais. Em vez disso, ele tenta usar o bom senso de modo consistente e sustentável. Se o efeito acumulado desse jeito de operar ao longo de três décadas foi extraordinário, isso se deve ao fato de que ele soube tirar proveito do poder do acúmulo de rendimentos a longo prazo, sem jamais sair galopando "num ritmo tão veloz" que aumentaria "as probabilidades de um tombo catastrófico".

Nos dois piores anos da sua carreira de investidor, o portfólio de ações de Gayner caiu 10,3%, em 1999 (quando as ações de tecnologia deram chabu e ele cometeu o erro de ficar a descoberto), e 34%, em 2008 (quando a crise de crédito revelou que algumas das empresas da sua carteira estavam mais alavancadas do que se dera conta). Sua esposa, Susan, que é CEO de uma empresa de casas pré-fabricadas que pertence à Markel, afirma que esses dois períodos foram "noites de trevas para a alma" de Gayner, que ficou tomado por "desespero e insegurança". Gayner conta que a crise financeira foi tão estressante que boa parte do seu cabelo caiu. Apesar disso, ele sobreviveu e com o tempo retomou sua firme trajetória ascendente.

Os resultados são notáveis. Entre 1990 e 2019, o portfólio de ações de Gayner alcançou um rendimento médio anualizado de 12,5%, contra 11,4% do S&P 500. Nesse ritmo, US$ 1 milhão investido no portfólio de Gayner teria atingido US$ 34,2 milhões, contra US$ 25,5 milhões se esse valor tivesse sido investido no índice da bolsa. Essa é uma impressionante demonstração de quão valioso é manter uma vantagem, por menor que seja, por um longo período.

"Quando você consegue se manter sensato e disciplinado, vê gente de todo tipo ficando pelo caminho, e é impressionante quanto você vai subindo no ranking dos percentuais mais altos", diz Gayner. "Eu nunca fui o número um em nada. Sempre fui apenas constante, competente e capaz.

Mas, como dizia meu pai, a qualidade mais importante é a confiabilidade.*  Por isso, continuar fazendo a mesma coisa o tempo todo mantém você no jogo. E é incrível como você, com o tempo, meio que vai se tornando o número um, pelo simples fato de que a concorrência vai diminuindo."

A própria Markel já passou por muita coisa, em uma trajetória mais ou menos parecida. Quando entrou na bolsa, em 1986, era uma obscura seguradora especializada, com um valor de mercado de cerca de US$ 40 milhões. A família Markel, que fundou a empresa em 1930, contratou Gayner (que havia acompanhado a empresa durante anos, como analista e corretor) para ajudá-la a replicar o modelo de negócios da Berkshire Hathaway. Gayner pegou excedentes do ramo segurador da Markel e usou esse capital "flutuante" para comprar ações e, desde 2005, empresas inteiras – algo bem parecido com o investimento feito por Buffett dos excedentes da *sua* área de seguros. O feito foi uma demonstração magistral de clonagem, mantida (como é do seu feitio) ao longo de décadas. Apesar disso, Gayner odeia o termo *clonagem*, porque pode dar a entender que ele simplesmente copiou Buffett em vez de observar o que dava certo e "recombinar" tudo para atender a sua situação.

E em que isso deu? Gayner pega um exemplar do relatório anual de 1987 da Markel e mostra que o seu patrimônio total era, então, de US$ 57,3 milhões. Ao final de 2019, esse patrimônio havia disparado para *US$ 37,4 bilhões*. O valor de mercado da Markel atingiu cerca de US$ 14 bilhões e a companhia figurava no 335º lugar da lista Fortune 500 de 2020. "Nada mau como caminhada", diz Gayner. "É o mesmo caminho. A mesma trajetória. A acumulação."

Os investidores da Markel também têm motivos para comemorar, inclusive Gayner, que tem mais da metade de seu patrimônio líquido em

---

* O pai de Gayner, que foi seu maior influenciador, era a encarnação da resiliência bem-humorada. Ele foi criado durante a Grande Depressão, que faliu a vidraçaria da família, mergulhando-os na pobreza. Na juventude, ganhava dinheiro escapando de casa para tocar clarinete em um restaurante clandestino durante a vigência da Lei Seca. Lutou na Segunda Guerra Mundial e levou um tiro no joelho. Depois formou-se em contabilidade, comprou uma loja de bebidas e fez pequenos negócios imobiliários. "Meu pai foi o homem mais rico que eu conheci", diz Gayner. "E não porque tivesse mais dinheiro que Jeff Bezos ou Warren Buffett. Mas tinha o suficiente. Essa é uma afirmação psicológica."

suas ações. No dia da IPO, a Markel estava cotada a US$ 8,33 por ação. Ao final de 2019, o preço da ação atingira US$ 1.143, um crescimento de 137 vezes.

**O que mostra o histórico de Gayner é que você não precisa ser radical para atingir resultados excepcionais a longo prazo. Pelo contrário, diz ele: "Quem radicaliza se mete em encrenca."** Sua busca inabalável de um caminho radicalmente moderado teria sido aprovada por alguns dos pensadores mais sábios da história, como Confúcio, Aristóteles, Buda e Maimônides.[36]

Aristóteles, o filósofo grego da Antiguidade, observou cerca de 2.400 anos atrás que a excelência e a felicidade duradouras dependem da nossa capacidade de buscar a "média áurea" – uma posição "intermediária" que é "equidistante de cada um dos extremos". Quando se trata de prazeres físicos como alimentar-se, beber e fazer sexo, ele ensinou que devemos estabelecer um meio-termo entre o abuso e a abstinência. Da mesma forma, diante do risco ele recomendava traçar uma rota bem planejada entre os extremos opostos da timidez e da temeridade: "Pois o homem que foge, teme tudo e não enfrenta nada se torna um covarde, e o homem que não teme absolutamente nada e vai ao encontro de todos os perigos se torna imprudente."\*

Gayner não é nem covarde nem imprudente. Tudo que ele faz parece sensato e equilibrado – desde a forma como se alimenta e se exercita até a forma como estrutura seu portfólio, um compromisso entre diversificação e concentração. A beleza dessa atitude moderada nos investimentos e na vida não vem apenas das recompensas polpudas que propicia, mas de ser *replicável* por seres humanos comuns como eu e você. Alguns dos investidores famosos que entrevistei têm uma capacidade cerebral tão grande que parecem atuar em outro planeta, entre eles Charlie Munger, Ed Thorp e

---

\* O esclarecedor livro *The Middle Way – Finding Happiness in a World of Extremes* (O caminho do meio – Encontrando a felicidade em um mundo de extremos), de Lou Marinoff, explora alguns paralelos fascinantes entre Aristóteles, Buda e Confúcio. Buda, como Aristóteles, exortava seus alunos a seguir o "caminho do meio", evitando dois extremos opostos e "prejudiciais": "o vício da concessão aos prazeres dos sentidos" e "o vício da automortificação". Quanto a Confúcio, ele ensinava que o "homem superior" segue "o caminho do meio", que leva ao equilíbrio mental e a uma ordem social harmoniosa.

Bill Miller. Gayner é extremamente inteligente. Mas a sua verdadeira vantagem não é intelectual, e sim comportamental. Ao se comparar a alguns dos seus pares mais inteligentes, ele comenta: "Compenso minha falta de intelecto com mais disciplina, constância e persistência."

Dito isso, não é difícil subestimar Gayner. Jovial e com um humor autodepreciativo, faltam-lhe o ego e o glamour normalmente esperados dos papas do mundo das finanças. Seu carro é um híbrido Toyota Prius ("Gosto de rodar 100 quilômetros por litro porque sou pão-duro", diz. "E se não precisássemos de petróleo o mundo seria um lugar mais pacífico.") Ele mora em um casarão agradável, mas modesto ("É só pelo custo de manutenção baixo.") E se descreve como uma pessoa "muito feliz no casamento" com a namoradinha do colégio – a filha de um pastor presbiteriano que ele namorou desde os 15 anos e com quem casou-se aos 19. No primeiro encontro, foram com os pais dele a um quiosque de cachorro-quente na pequena cidade de Salem, em Nova Jersey, onde ele foi criado em uma fazenda de 40 hectares.

Resumindo, em Gayner não há nada de chamativo ou grandioso. Mesmo assim, seria difícil achar alguém mais exemplar no mundo dos investimentos. Afinal de contas, seu método "lento, constante e satisfatório" de acumular riqueza se baseia fortemente no bom senso e em hábitos bem selecionados, e não em habilidades esotéricas ou riscos imprudentes. Quando lhe perguntei o que os investidores comuns devem fazer para enriquecer, ele deu o conselho menos exótico imaginável: "Viva com menos do que você ganha. Invista a diferença a uma taxa de rendimento positiva. Se cumprir essas duas tarefas, não tem como dar errado." Ele acrescenta: "Se você vive abaixo dos seus recursos, já é rico hoje."

Gayner não tem nenhuma vergonha de controlar custos. Ele gere os investimentos da Markel com despesas mínimas e eficiência fiscal máxima – uma vantagem de custo que qualquer um de nós pode imitar, comprando e vendendo sem muita frequência e evitando produtos financeiros com taxas elevadas. Ele é igualmente frugal na vida pessoal, hábito que diz ter ficado "gravado" dentro dele na infância quacre. Não suporta comprar comida em aeroportos e quando está de férias é com má vontade que come fora duas vezes por dia, mesmo ganhando milhões de dólares por ano.

Se a frugalidade é um ingrediente essencial da sua fórmula de êxito financeiro, o empenho é outro. Quando era aluno da Universidade da Virgínia, ele conseguia ir levando sem muito esforço. E agora? Nem tanto. Em geral, chega ao escritório às 7h15, abarrota suas manhãs de tarefas, já que é sua hora mais produtiva, e evita coisas que o distraiam. "Estruturamos as coisas para haver silêncio", diz. "Estamos sentados aqui no meu escritório. Quantas vezes você ouviu tocar o meu telefone?"

Pregado em frente à tela do seu computador há um pedaço de papel com uma frase de Michael Jordan: "Fracassei várias vezes na minha vida, e é por isso que tive sucesso." Gayner gosta de lembrar a si mesmo que Jordan não conseguiu vaga no time de basquete da escola no primeiro ano do ensino médio, mas depois recorreu à sua dedicação "sobre-humana" e à "pura força de vontade" para se tornar um dos maiores jogadores de todos os tempos. **"Não dá para controlar o resultado final", diz Gayner. "Só dá para controlar o esforço, a dedicação e a entrega de 100% de você àquela tarefa. E o que tiver que vir, virá."**

Quando voltei a entrevistá-lo, em 2020, os Estados Unidos estavam às voltas com manifestações e uma pandemia. Mas Gayner continuava com o mesmo foco de sempre no controle do próprio esforço, fiel ao seu método de investimento, dando exemplo aos seus funcionários. "Continue a colocar um pé diante do outro", disse-me. "Foi isso que me guiou a vida inteira. Então, por que mudar agora?"

Outra característica da estratégia gradual do autoaprimoramento de Gayner é sua profunda dedicação ao aprendizado "continuado". Ele é um leitor voraz – de tudo, de literatura científica sobre a formação de hábitos a romances de seu autor favorito, Mark Twain. Mas também se enxerga como "um nó em uma rede neural", interconectado com muitas pessoas inteligentes que podem ajudá-lo na sua busca constante pela expansão do conhecimento e pela melhoria das suas habilidades.

Chuck Akre, um renomado gestor financeiro que vamos conhecer mais a fundo em breve, o ajudou a aperfeiçoar a sua compreensão do reinvestimento como o mais poderoso impulsionador do êxito empresarial. Josh Tarasoff, um talentoso gestor de fundos *hedge*, o ajudou a descobrir por que não comprar ações da Amazon. Gayner também fez parte durante anos, ao lado de Buffett, do comitê da Washington Post Company. Uma lição indelével foi a de que "persistência e durabilidade" são ingredientes essenciais da vantagem de Buffett: "A energia e o ânimo que ele tem são absolutamente inacreditáveis. De manhã ele está pronto para começar e é como o coelhinho daquele anúncio de pilha, que não para, não para, não para. É uma façanha atlética."

Não é por acaso que Gayner desfruta da confiança de muitos grandes investidores. "Uma das minhas vantagens é ser um cara legal", diz. "Tento ajudar as pessoas. Tento fazer a coisa certa. Em consequência, o que descobri é que passei a ter essa maravilhosa rede de amigos, colegas e parceiros que torcem *por* mim, e não *contra* mim. Eles ajudam. Simplesmente ajudam." Às vezes partimos do pressuposto de que é preciso ser impiedoso e empurrar os outros para chegar ao topo. Mas Gayner ilustra os benefícios mais sutis da tentativa constante de ser gentil e decente. Passei a chamar essa vantagem pouco valorizada de "efeito Mensch". Guy Spier, que gere o Aquamarine Fund, investe tanto de sua energia em ajudar os outros que também ficou cercado de pessoas dispostas a ajudá-lo. Spier descreve esse fenômeno como "os juros compostos da boa vontade".

Caso a sua meta seja o sucesso *duradouro*, Gayner está convencido de que é melhor se comportar de maneira impecável, nem que seja para que as pessoas queiram fazer negócio com você por ser confiável. "Tem gente que às vezes constrói uma ótima carreira, por algum tempo, falando grosso, praticando *bullying*, intimidando e enganando", diz. "Mas uma hora essas pessoas sempre acabam desmascaradas. Sempre. Às vezes leva algum tempo, mas acontece. Por outro lado, se você olhar para aqueles que têm sucesso ano após ano após ano, acho que vai encontrar gente de profundo caráter."

Quando tento identificar as diversas razões pelas quais Gayner alcançou tanta coisa, recordo-me de um conceito que Nick Sleep comentou comigo: "o acúmulo de ganhos marginais". A frase foi cunhada por um lendário coach de desempenho, Sir David Brailsford, que transformou a equipe britânica de ciclismo em uma potência imbatível nos Jogos Olímpicos de Pequim e Londres. Foram triunfos obtidos não com uma grande inovação isolada, mas por *uma série de pequenas melhorias*, que, somadas, criaram uma vantagem esmagadora. Por exemplo, os ciclistas de Brailsford pedalavam com rodas besuntadas de álcool para melhorar a aderência. Usavam vestimentas com aquecimento elétrico para manter os músculos na temperatura certa. Estudaram como os cirurgiões lavam as mãos para reduzir o risco de doenças. Chegavam a levar os próprios travesseiros em viagens, para aumentar a probabilidade de dormirem bem.

Brailsford, que tem um MBA, inspirou-se no princípio japonês do *kaizen* (melhoria contínua), que desempenhou um papel de relevo para catapultar a Toyota à grandeza. Em entrevista a Eben Harrell na *Harvard Business Review*, Brailsford explicou: "Dei-me conta de que temos que pensar pequeno, e não grande, e adotar uma filosofia de melhoria contínua, através do acúmulo de ganhos marginais. Esqueça a perfeição; foque na progressão e acumule os aprimoramentos."

Sleep, que é fanático por pedalar, diz que as melhores empresas compartilham essa obsessão por obter ganhos marginais, por menores que sejam. Ele recorda como Lorde Harris, fundador da Carpetright, insistia em reutilizar etiquetas de preço usadas, imprimindo dos dois lados para economizar um centavo aqui, um centavo ali. "Não é um ingrediente secreto", diz Sleep. "Você só tem que se importar com cada coisinha e ir somando tudo."

Caso queira compreender o êxito de Gayner, não precisa procurar mais. Ninguém se importa mais que ele com cada coisinha. Individualmente, seus hábitos cotidianos parecem irrelevantes – o equivalente a ciclistas viajando com seus travesseiros preferidos. *Ele acorda cedo e chega cedo ao escritório. Corre e faz ioga. Come um monte de salada e só um pouquinho de donuts. Trabalha em um escritório tranquilo, onde pode se concentrar. Aplica o tempo todo quatro princípios, testados pelo tempo, como filtro para qualquer ideia de investimento. Investe de maneira fiscalmente eficaz. Mantém o custo dos investimentos o mais baixo possível. Não gasta mais do que ganha. É um leitor insaciável. Estuda e clona, de maneira inteligente, outros investidores sofisticados. Reza, frequenta a igreja e tira da sua fé em um poder superior a sua fortaleza emocional. Age de maneira que inspira confiança e boa vontade.*

**Nenhuma dessas práticas é, isoladamente, revolucionária. Lembre-se, porém: o poder está no *acúmulo* de ganhos marginais. Além disso, os modestos benefícios gerados por hábitos inteligentes continuam a se acumular ao longo de anos e anos.** A curto prazo, todos esses avanços pequenos e graduais parecem insignificantes. Mas o tempo é inimigo dos maus hábitos e amigo dos bons hábitos. Quando você perde alguns gramas ano após ano, década após década, o efeito acumulado é espantoso. De fato, o que diferencia Gayner é uma característica indispensável: ele é o rei da constância.

A boa notícia, então, é que não precisamos de um ingrediente secreto ou de um QI estratosférico. **Precisamos, sim, de uma seleção de hábitos sensatos que sejam direcionalmente corretos e sustentáveis – hábitos que nos deem uma vantagem marginal que vá se acumulando com o tempo.** Gayner nos coloca no caminho certo. Vamos ver agora quais outros hábitos de alta performance os melhores investidores adotam para obter aquela vantagem duradoura.

## Matando leões

Em 2000 entrevistei Jeff Vinik, um discreto superastro dos investimentos que, aos 33 anos de idade, tinha se tornado gestor do maior e mais famoso fundo mútuo do planeta: o Fidelity Magellan Fund. Will Danoff, que o sucedeu na gerência do Contrafund da Fidelity, diz que Vinik era "o melhor gestor de fundos" da sua geração na Fidelity – "um prodígio dos investimentos".

Durante seus quatro anos no Magellan, Vinik bateu o índice S&P 500; ele saiu da Fidelity em termos pouco amistosos, depois de uma aposta mal calculada em títulos; lançou, então, um fundo *hedge* arrojado cujos resultados eram uma beleza de apreciar. Na época em que conversamos, sua empresa, a Vinik Asset Management, estava prestes a devolver bilhões aos investidores; assim ele poderia gerir a própria riqueza e passar mais tempo com a família. Àquela altura, ele havia passado um total de doze anos como gestor de fundos, conseguindo uma média impressionante de 32% de valorização ao ano.

Quando perguntei a Vinik como ele havia obtido tamanho sucesso, ele ofereceu duas explicações. Em primeiro lugar, disse: "Utilizei de verdade uma mesma e constante atitude de investimento ao longo da minha carreira, que é focar em empresas específicas, com boa perspectiva de receita e sendo negociadas a valores razoáveis." Por exemplo, ele havia feito fortuna pouco tempo antes com "ações de restaurantes pequenos, comuns, cuja receita vai crescer 20% [ao ano] mas que estão sendo negociadas a 12 vezes a receita. Essa é a real, e é assim que se ganha dinheiro." Olhando para trás, me parece o exemplo perfeito do conceito de Joel Greenblatt de reduzir a complexidade dos investimentos à sua essência e pôr em prática os princípios mais básicos o tempo todo.

Em segundo lugar, disse Vinik: "Nesses doze anos houve outra constante, que é muito, muito trabalho pesado. Quanto mais empresas você puder analisar, mais demonstrações do fluxo de caixa você ler – e ler linha por linha –, mais boas ideias vai encontrar e melhor será a sua performance. Não há nada que substitua o trabalho duro."

Como é a agenda diária dele? "Costumo chegar ao escritório às 6h45 da manhã", disse-me. "Vou para casa mais ou menos às cinco da tarde, para poder passar bastante tempo com a minha família. Em geral, depois que meus filhos vão para a cama, fico duas ou três horas lendo, à noite." Ele mergulha em pilhas de relatórios de empresas e publicações setoriais, tentando ler "toda a pesquisa que Wall Street produz". A sua incrível memória o ajuda: "Meu jeito de operar é simplesmente monitorar, dentro da cabeça, o que está ocorrendo em literalmente milhares de empresas." Dessa forma, ele estava preparado para detectar alterações mínimas que os outros deixariam passar – por exemplo, o ponto de inflexão em que o lucro começa a acelerar durante um ciclo empresarial ruim cujas perspectivas começam a melhorar.

O estilo de investimento de Danoff é diferente, com mais ênfase em deter ações a longo prazo. Mas isso não quer dizer que ele trabalhe menos. "Gerir dinheiro é só uma questão de olhar debaixo de mais pedras, conversar com mais analistas, ler mais balanços anuais. E quanto mais você fizer, melhor irá fazer", diz. "É uma competição insana." Danoff gere o Contrafund desde 1990. Mesmo assim, em razão de alguma peculiaridade no seu jeito natural, a fome de derrotar o mercado e adicionar valor para seus investidores nunca diminuiu. "Outros gestores de fundo não estão nem aí, para ser bem franco", diz. Muitos "estão no negócio pela comissão" ou "pela glória. Eu *me importo* mais".

Danoff lê para mim uma carta que recebeu em 1993 de um casal que tinha investido em seu fundo as economias para pagar a faculdade do filho, então com 1 ano de idade: "Anexamos estas fotos para que o senhor possa ter uma ideia de que somos pessoas de carne e osso confiando ao senhor nosso tão sacrificado dinheiro." Para Danoff, essa responsabilidade – juntamente com a "culpa", o "medo" e o desejo de "dar um bom exemplo" – é uma potente motivação. Ele diz: "Preciso matar um leão por dia."*

Qualquer que seja a motivação deles, encaro os melhores investidores como atletas da mente. Eles lutam o tempo todo por uma vantagem intelectual – *mais* informações, *melhores* informações, informações *mais rápidas* ou simplesmente uma interpretação mais sutil das informações que já estão disponíveis para todos. Todo esse conhecimento adquirido com esforço vai se acumulando ao longo do tempo e acaba sendo valioso de maneiras imprevisíveis.

Danoff, que marca centenas de reuniões por ano com diretores de empresas, me mostrou suas anotações de um encontro em abril de 2004 com uma empresa pontocom "moribunda", a Ask Jeeves. Seus executivos revelaram que estavam sendo destroçados por uma *upstart* imbatível: o Google. Foi o dia, afirma Danoff, "em que me dei conta pela primeira vez de que o Google era uma empresa especial". De posse dessa informação, ele se encontrou com Sergey Brin, cofundador do Google, e com Eric Schmidt, CEO da empresa, em agosto de 2004 e começou a se dar conta da enormidade de seu potencial. As receitas do Google estavam duplicando em um espaço de poucos meses, diz Danoff, e a empresa apresentava margens operacionais de 25%, uma montanha de dinheiro em caixa e dívida zero: "Sua performance financeira era extraordinária, principalmente em comparação com muitos unicórnios atuais que dão prejuízo." A maioria dos gestores de fundos ficou de fora quando o Google abriu o capital semanas depois. Mas o fundo de Danoff se tornou um de seus maiores investidores. Dezesseis anos depois, a empresa (hoje rebatizada de Alphabet) ainda está entre seus maiores e mais lucrativos investimentos.

Como principal gestor de uma empresa com US$ 7,3 trilhões em patrimônio de clientes, Danoff consegue ter acesso a praticamente qualquer

---

* A minha história favorita sobre o grau de intensidade de Danoff foi contada por Bill Miller, que lembra ter sido apresentado a ele em um simpósio de investimentos em Phoenix uns trinta anos atrás: "Estendi a mão e disse: 'Prazer em conhecê-lo, Will.' E ele não estendeu a mão. Só olhou para mim e disse: 'Vou ganhar de você, cara. Vou ganhar de você.'"

pessoa. Mas o que o destaca é a sua determinação em alavancar essa vantagem, incentivando a si próprio continuamente nessa caça. Em uma viagem de estudos a Palo Alto, em 2010, ele ficou incomodado ao descobrir um buraco na sua agitada agenda. "Quarta, depois das quatro e meia, por que não temos encontro marcado com ninguém?", perguntou aos colegas. "A gente podia ir ver a Tesla." Danoff visitou a fabricante de carros, então perdendo dinheiro, como "uma coisa secundária", em um fim de tarde de dezembro, quando já estava escurecendo. Em poucos minutos o carismático fundador da Tesla, Elon Musk, apareceu sem ter marcado hora e descreveu a sua visão de "fabricar carros fabulosos, de que os Estados Unidos voltem a se orgulhar". Danoff ficou tão impressionado que fez um investimento precoce – e extremamente lucrativo –, e continua dono de ações da empresa uma década depois daquela auspiciosa visita.

Não é coincidência que tanto Vinik quanto Danoff tenham começado como protegidos de Peter Lynch, que havia gerido o fundo Magellan durante treze anos com um estilo intenso. Quando entrevistei Lynch duas décadas atrás, ele explicou a lógica simples que o levara a estudar todos os dias um número tão grande de ações. "Sempre achei que, se você analisasse dez ideias por dia, acabaria achando uma boa", disse-me. "Se você analisasse vinte, acabaria achando duas." Recordando um de seus melhores investimentos, Lynch acrescentou: "Se em 1982 cem pessoas tivessem ido visitar a Chrysler com a mente aberta, 99 teriam comprado."

Uma vez mais, é tudo uma questão do efeito acumulado de várias vantagens minúsculas que vão se somando de maneira milagrosa com o passar dos anos: *aquela empresa a mais* que Lynch se deu ao trabalho de visitar; *aquele horário vago* que Danoff insistiu em preencher; *as duas ou três horinhas a mais* de leitura que Vinik se forçou a cumprir depois de pôr os filhos para dormir. O melhor índice de previsão de êxito, muitas vezes, não é nada mais misterioso que a intensidade inabalável do desejo de uma pessoa.

No início da carreira, Bill Miller pediu conselhos a Lynch. Este lhe disse que o setor de investimentos é tão recompensador, financeira e intelectualmente, que atrai pessoas inteligentes em abundância. "A única forma de derrotá-los é trabalhar mais que eles", disse Lynch, "porque não tem ninguém que seja tão mais inteligente que outro." Lynch contou a Miller que se destacou na multidão porque lia relatórios de investimentos enquanto ia de carona para o trabalho, às 6h30 da manhã, trabalhava depois do jantar e nos fins de semana, e ficou anos sem tirar férias. Quando Miller perguntou se era possível desacelerar com o passar dos anos, Lynch respondeu: "Não. Neste negócio só existem duas marchas: acelerada e ponto morto." Miller concorda: "Basicamente, é isso. Você *tem* que estar focado."

Em 2014, quando Marty Whitman tinha 90 anos, perguntei a ele por que seu desempenho fora tão ruim durante e depois do *crash* de 2008 – um fracasso raro para um dos gigantes do *value investing*. "À medida que fui ficando mais velho e mais rico, fiquei mais preguiçoso", ele me respondeu. "Em 2007 eu podia ter feito melhor e não agi. Devia ter vendido todas as minhas ações relacionadas ao ramo imobiliário. Não foi algo típico das técnicas de investimento. Você tem que estar atento e cauteloso, e em 2008 eu não fui."

Admiro a franqueza de Whitman, mas foi uma confissão que me incomodou. Durante muitos anos investi meu dinheiro com ele e os resultados me deixaram satisfeito, o que me levou a confiar ao fundo dele uma grande parte das economias da minha mãe. Não me ocorreu que ele pudesse ficar complacente. Olhando retrospectivamente a sua péssima gestão da crise financeira, Whitman comentou: "Intelectualmente, isso não agrada, mas não faz tanta diferença. Que diferença faz se meus filhos acabam com US$ 10 milhões a menos ou uma entidade beneficente acaba com US$ 10 milhões ou US$ 20 milhões a menos?" Não tive coragem de dizer a ele que essa falta de cuidado e atenção teria feito uma diferença enorme para minha mãe.

## "Poucas pessoas aguentariam casar-se comigo"

Para superar tantos competidores astutos, não basta apenas trabalhar mais que eles. Também é preciso *raciocinar melhor* que eles. Até os investidores mais experientes precisam entrar em um processo interminável de educação continuada, porque o mundo muda de maneira tão drástica que certos aspectos daquilo que sabem ficam defasados. Como Munger costuma dizer, uma das características mais preciosas de Buffett é que, mesmo em idade avançada, ele continua sendo "uma máquina de aprendizado contínuo".

Em um dia normal, Buffett chega a ficar cinco ou seis horas lendo, muitas vezes isolado no escritório, com a porta fechada.

"Buffett é um exemplo perfeito de a que ponto você pode se aprimorar ao longo dos anos", diz Paul Lountzis, presidente da Lountzis Asset Management. Lountzis, que durante três décadas participou do encontro anual da Berkshire, fica maravilhado com a capacidade de Buffett de continuar evoluindo. Ele começou investindo em ações baratas, depois optou pelos melhores negócios, então comprou empresas inteiras, em seguida aventurou-se em mercados estrangeiros, como China e Israel, e aí investiu em dois setores que notoriamente sempre evitou: ferrovias e tecnologia. Essa evolução permitiu a Buffett escolher a ação mais lucrativa da sua carreira já com quase 90 anos de vida – um investimento na Apple Inc. que até hoje já lhe rendeu um lucro de mais de US$ 80 bilhões. "Ele se manteve fiel à sua disciplina e aos seus princípios, mas os adaptou ao ambiente econômico e de investimentos específico de cada momento", afirma Lountzis. "É inacreditável. Tem muito pouca gente capaz disso."

Lountzis também é um perfeito praticante do aprendizado contínuo, o que o ajudou a sair de condições modestas de vida e tornar-se um respeitado gestor financeiro. Nascido em 1960, ele pertencia a uma família de imigrantes gregos na Pensilvânia, um de cinco filhos de um atendente de bar e de uma costureira. "Papai deixava as gorjetas na mesa da cozinha e era isso que mamãe usava para fazer as compras", conta. "Meus pais só se sacrificaram. Mamãe ganhava sapatos das amigas e não comprava nada para ela." Nos primeiros anos de casamento, quando já tinham três filhos, a poupança do casal somava US$ 30.

Quando Lountzis tinha 8 anos, começou a ganhar dinheiro lavando pratos. Depois trabalhou como faxineiro em um McDonald's e conseguiu custear os estudos até Albright College trabalhando em tempo integral em um hospital todos os fins de semana e durante as férias. Precisou de oito anos para se formar.

Nas horas vagas estudava investimentos. "Eu mergulhei com fanatismo", conta. Aos 13 anos, leu a respeito de Buffett. Aos 14, ficou encantado com *O investidor inteligente*, de Ben Graham. Depois ficou fascinado pelo clássico de Philip Fisher, *Ações comuns, lucros extraordinários*, livro de 1958 que lhe apresentou a prática da "pesquisa de boato" como método de adquirir uma vantagem informativa. "Esses dois livros me deram as verdadeiras bases", afirma Lountzis. "Devo tê-los lido cinquenta ou sessenta vezes."

Lountzis é um homem simpático e espalhafatoso que fala animadamente dos quatro filhos adultos e da esposa, Kelly, a seu lado há quase quarenta anos. Mas a sua vida gira quase inteiramente em torno da sua paixão compulsiva por qualquer conhecimento que possa torná-lo um investidor melhor. "Tento ler quatro, cinco, seis, sete horas por dia, sete dias por semana", diz. "Não tenho hobbies. Nunca joguei golfe na vida. A minha personalidade é assim, simplesmente – sempre tentando aprender, ficar mais inteligente."

Ele encara as atividades sociais como uma distração incômoda: "Eu gosto das pessoas. Mas quando não estou aprendendo, crescendo e sendo estimulado intelectualmente, prefiro estar em outro lugar." Parte do que ele valoriza na esposa é que ela "não me cobra nada, e eu não tenho palavras para dizer quão importante isso é. Ela me compreende e me deixa ser quem sou. Poucas pessoas aguentariam casar-se comigo". Lountzis não se envergonha de seu radicalismo: "Para ser bom de verdade em alguma coisa, é preciso ter um foco maníaco. Qualquer um que diga que dá para ter tudo de uma vez só está mentindo. O que quero dizer é que você não vira Roger Federer se não jogar tênis. A sua dedicação *tem* que ser total."

Lountzis é um consumidor voraz de ideias dos papas dos negócios e dos investimentos. Ele é apaixonado por livros sobre empreendedores como Phil Knight, um dos fundadores da Nike: "Eu poderia ler tudo que já foi escrito sobre ele. Isso me fascina." Ele também estocou em um servidor milhares de vídeos de magos das finanças que o ajudam a pensar de modo mais eficaz em investimentos, mercados e nos rumos do planeta: gestores de fundos *hedge*, como Mohnish Pabrai e Stanley Druckenmiller; *venture capitalists*, como Michael Moritz e Jim Goetz; e visionários das *private equities*, como Leon Black e Stephen Schwarzman. Lountzis conta que tem pelo menos 500 vídeos de Buffett, assim como todas as gravações que conseguiu encontrar das raríssimas aparições públicas de Munger. Além disso, tem as transcrições de dezenas de seus encontros anuais. Buffett e Munger, para ele, "não são apenas inteligentes: são gênios".

Na maioria dos dias, Lountzis assiste a um vídeo em seu iPhone enquanto se exercita em uma bicicleta ergométrica Peloton na academia de casa. Na maioria das noites, deitado, assiste a um vídeo em seu iPad e muitas vezes cai no sono embalado pelo som mavioso dos sábios dos investimentos. Enquanto escuta, reflete sobre as mesmas perguntas básicas: "Será que estou deixando passar alguma coisa? Será que alguém está fazendo algo que ninguém mais está? Como posso melhorar?" Sua meta é nunca replicar o comportamento de outros investidores. "Não dá para mimetizá-los, porque você não é um deles", diz. "Aprenda, adapte e transforme isso no seu processo."

Suas pesquisas são amplas. Mas o que faz de Lountzis uma máquina de aprender tão poderosa é o seu hábito de repetição obsessiva. Ele estima, por exemplo, ter assistido à palestra de Buffett na Universidade da Flórida, em 1998, quinze vezes e lido a transcrição pelo menos cinco vezes. Da mesma forma, estudou o relatório anual de 1993 da Berkshire com tanta devoção que é capaz de recitar, em ordem, os cinco fatores principais que Buffett disse levar em conta ao avaliar o grau de risco de qualquer ação. É o mesmo hábito repetitivo que tem feito Lountzis peregrinar a Omaha, para o encontro anual da Berkshire, há quase trinta anos e o levou a ler dezenas de vezes os mesmos livros. O benefício de tanta repetição, segundo ele, é que muitos ensinamentos "fundamentais" ficaram "gravados no meu cérebro" – não muito diferente do efeito da repetição das mesmas orações ou frases todos os dias.

Desconfio que o valor da repetição seja enormemente subestimado e que seria bom para a maioria de nós encontrar um ou dois livros para ler com tanta frequência que se tornassem uma parte de nós. Eu mergulho quase todos os dias no *Zohar*, e há outros livros aos quais volto o tempo todo, entre eles as *Meditações* de Marco Aurélio, *A sabedoria da verdade*, de Rav Yehuda Ashlag, e *Contentamento*, do Dalai Lama e do arcebispo Desmond Tutu.

Tendo introjetado muitos princípios atemporais de investimentos, de modo a torná-los parte da sua essência, Lountzis persiste no seu processo sob medida para reunir um portfólio de cerca de quinze ações pesquisadas com afinco.* Ele se concentra em empresas destacadas, com líderes

---

* Lountzis, que na juventude trabalhou como analista para Bill Ruane, herdou dele a disposição de se concentrar agressivamente em um pequeno número de empresas de alta qualidade negociadas a valores atraentes. Lountzis me disse que tirou proveito do *crash* desencadeado pela pandemia de Covid-19 para aumentar a sua participação na Berkshire Hathaway, que passou a representar 25% do seu portfólio de ações.

"criativos, adaptáveis, visionários" que têm "enorme coragem". Qualidades assim são mais importantes do que nunca em uma época de rupturas sem precedentes, que ameaçam até as empresas dominantes. "O problema", segundo Lountzis, é que fatores *qualitativos*, como a adaptabilidade ou a coragem, "não são mensuráveis" nas demonstrações financeiras, que apresentam um registro *quantitativo* do passado.

A sua solução é operar mais como um repórter investigativo do que como um contador. "As empresas estão mudando muito rapidamente e muitas delas estão se tornando obsoletas. Por isso é preciso enxergar um passo adiante e obter alguma sacada para além dos números", diz Lountzis. "Você precisa ir a campo e conversar com concorrentes, clientes, ex-funcionários, e aí criar um mosaico que você pode encaixar em cima dos números." Tendo isso em mente, ele costuma realizar entrevistas presenciais com especialistas, como dirigentes aposentados, que podem proporcionar "ideias únicas, diferenciais".

Laura Geritz é outra tremenda máquina de aprender. Mas ela constituiu um tipo diferente de vantagem informativa. Enquanto Lountzis investe primordialmente nos Estados Unidos, Geritz é uma das principais investidoras americanas em mercados estrangeiros. Em anos normais, ela passa de seis a sete meses atravessando o mundo em busca dos melhores investimentos. Aos 48 anos de idade, já viajou para 75 países. Geritz, que é a CEO e *chief investment officer* da Rondure Global Advisors, em Salt Lake City, estado de Utah, tem um profundo senso de dever para com os investidores em seus dois fundos mútuos. Mas não está interessada em empilhar dinheiro para si mesma. Ela comenta: "Tenho o bastante." Acima de tudo, ela é uma aventureira intelectual, impulsionada pela "paixão de aprender".

Em um setor dominado por machos alfa, muitos deles moldados pelas mesmas faculdades de administração de elite, Geritz não se encaixa em nenhum dos estereótipos da profissão. Ela é uma verdadeira exceção, que compara seu método "não linear" de investimento ao ritmo poético irreprimido dos versos livres. Desde o começo, nunca foi uma candidata convencional a uma carreira na gestão de fundos. Grande parte de seus parentes era de fazendeiros ou operários. O pai conseguiu um cargo de professor de literatura em uma pequena faculdade e mudou-se com a família para um local que Geritz descreve como "uma cidadezinha no oeste do Kansas que parecia tirada do parágrafo inicial de *A sangue frio*". Caso você não conheça o primeiro parágrafo do livro de não ficção de Truman Capote sobre um assassinato quádruplo, ele começa assim: "O vilarejo de Holcomb fica nos trigais da alta planície do oeste de Kansas, uma região erma que o restante do Kansas chama de 'lá longe'." Geritz, uma baixinha do Meio-Oeste com modos suaves e discretos, pode não ter jeito de guerreira. Mas a sua trajetória de "lá longe" para onde está hoje exigiu incríveis força de vontade e determinação.

Geritz estudou ciência política e história na Universidade do Kansas, mas também sempre adorou ler todos os dias o *Wall Street Journal*. Aos 19 anos, já tinha economizado o suficiente para investir pela primeira vez, tendo comprado cotas em um fundo gerido por Marty Whitman. Seu sonho era virar investidora profissional, mas concluiu que jamais conseguiria achar espaço no setor se não desenvolvesse algum talento que a destacasse. Decidiu, então, fazer um mestrado em idiomas e cultura do Leste Asiático, morou um ano no Japão e tornou-se fluente em japonês. Por conta disso, conseguiu emprego como representante bilíngue de clientes na American Century Investments. Alguns anos depois, ganhou um cargo de analista na equipe de gestão de fundos da empresa – vaga que podia atrair até 12 mil candidatos. Depois disso, passou uma década na Wasatch Advisors, angariando renome como gestora de fundos acima da média do mercado, especializada em mercados novos e emergentes. Pediu demissão para abrir a própria firma em 2016 e contratou três analistas para trabalhar com ela em um escritório "superbarulhento".

Na época da nossa primeira conversa, em 2017, os fundos de Geritz tinham apenas dois anos de vida. Mas ela já tinha feito viagens de prospecção à Rússia, à Turquia, ao Japão e à Coreia do Sul. Duas vezes por ano ela filtra cerca de 6.900 ações, o que a ajuda a identificar mercados subestimados, que ela pode visitar na sua busca global por empresas ótimas a bons preços ou boas empresas a preços ótimos. "Gosto de ir aonde os outros não vão", diz ela. "Quando você ousa ser diferente, ser ótima, precisa ir contra a maré." O mercado que mais a empolgava era a Turquia, onde acabara de ter reuniões com cerca de trinta empresas. Mas não era difícil ver por que tão poucos investidores compartilhavam a sua empolgação.

O presidente autocrata da Turquia, que celebrara a própria magnificência construindo para si um palácio com mais de 1.100 cômodos, acabara de sobreviver a uma tentativa de golpe militar. Ele revidou declarando estado de emergência, prendendo milhares de militares, policiais e juízes, fechando veículos de imprensa e denunciando como terroristas seus adversários políticos. A imagem do país ficou ainda mais manchada por uma série de atentados suicidas, um deles no principal aeroporto de Istambul. O turismo despencou. A moeda desabou. A inflação e a dívida dispararam. Os investidores estrangeiros debandaram.

Mas Geritz já tinha visitado a Turquia muitas vezes, o que lhe conferia um ponto de vista mais detalhado. Alguns anos antes, quando o otimismo em relação ao futuro econômico do país estava em pleno desabrochar, ela havia participado de um simpósio de investimentos em Istambul. Na época, o hotel que abrigou o evento pedia US$ 1.200 por noite, e ela se recusou a se hospedar ali. "Desta vez paguei US$ 70 por noite de hotel", conta Geritz. "Para mim, é o ápice do pessimismo." A realidade do dia a dia também não lhe parecia nem de longe tão assustadora quanto a cobertura da imprensa estrangeira levava a crer. "*In loco*, eu não sentia nenhum motivo para ter medo. É um dos países mais amigáveis do mundo."

Para Geritz, o abismo entre a realidade e a percepção propiciava uma oportunidade ideal para investir a longo prazo em três das melhores empresas da Turquia: a maior rede de supermercados, a principal indústria do setor de defesa e o fabricante de doces dominante no mercado. Todas as três tinham vantagens competitivas sustentáveis, fluxos de caixa confiáveis, retornos elevados do capital investido e (o mais crucial) balanços sólidos. Além disso, estavam tão baratas que era improvável que ela sofresse qualquer perda definitiva de capital. Considerando os riscos dos mercados dos países em desenvolvimento, essa ênfase inabalável na mitigação de riscos é fundamental. De fato, a maioria das empresas detidas por Geritz têm liquidez, o que lhes permite suportar períodos terríveis, em que a oferta de capital se desidrata e as empresas frágeis sucumbem. "Estou investindo em sobreviventes mesmo", diz ela. "Compro as melhores empresas, mas gosto de comprá-las em países que foram atingidos."

A disposição de Geritz para viajar lhe confere uma *vantagem acumulada* sobre investidores mais provincianos. "Quanto mais você sai para o mundo, mais enxerga padrões", diz ela, inclusive de ciclos de expansão ou contração, recorrentes em diferentes países, à medida que o crédito se expande ou se contrai e o otimismo aumenta ou diminui. Essa capacidade de reconhecer padrões ajuda a "fugir das crises de grande escala que podem atingi-lo em mercados novos e emergentes". Por exemplo, ela vendeu tudo que tinha no Brasil durante um período de euforia em que o capital estrangeiro inundava o país, o governo gastava demais e os preços tinham subido em demasia. Os sintomas desse excesso pareciam sombriamente reconhecíveis. "Havia hotéis cobrando mil dólares por noite, fácil", lembra. "Paguei, acho, US$ 35 por um pedaço de pizza no aeroporto."

Ela viu sinais de alerta parecidos na Nigéria, onde os estrangeiros puseram muito dinheiro, certos de que era "o melhor destino de investimentos na África". Seu veredito cauteloso: "Já vi esse filme. Vi na China, quando as avaliações começam a subir e todo mundo adora o mercado. Vi isso também no Brasil."

Antes de cada viagem, Geritz cria um programa de estudos projetado para enriquecer seus conhecimentos do lugar que irá visitar. "Tento ler pelo menos três livros sobre cada país aonde vou", diz. Em geral, um livro é sobre a economia ou a política do país ou da região; outro é uma obra literária; e o terceiro é algo mais leve, de cultura pop, como um romance policial ou de mistério. "Se eu fosse fazer uma viagem de estudos a Uganda, provavelmente carregaria uma malinha de roupas e uma mochila enorme abarrotada com vinte livros", diz. "Chega a ser ridículo." Ela também leva um Kindle, "mas já aconteceu de pifar em um ou outro país, e eu não consigo viver sem livros".

Geritz e sua equipe na Rondure realizam encontros de duas em duas semanas, mais ou menos, para discutir algum livro que estejam lendo em grupo: "O último que lemos foi *Investing the Templeton Way* (O jeito Templeton de investir), que li várias vezes. Mas pode ser alguma outra coisa, como *Garra – O poder da paixão e da perseverança* ou *O cérebro criativo*." Nos últimos treze anos ela também sempre elegeu um tema principal (às vezes dois) que estudou em profundidade ao longo do ano. Entre esses temas, que ela escolhe com antecedência e empolgação, estão a África, o

Oriente Médio, física, petróleo e "a literatura e a história da Rússia". Em 2019 batemos um papo enquanto almoçávamos comida japonesa e perguntei a Geritz qual era o mais novo assunto de seu interesse. A resposta dela: "Ah, esse é bem bizarro! Estou lendo tudo sobre exploradores, a começar pelos vikings."

Geritz, que lê dois ou três livros por semana, raramente perde tempo com jornais e ignora as notícias minuto a minuto de seu terminal Bloomberg: "Prefiro ler *Os robôs e o futuro do emprego* e pensar em como será o mundo daqui a dez anos a pensar em como era o mundo dez minutos atrás." É um jeito raro e intelectual de abordar os investimentos, baseado na crença de que aprofundar-se em leituras e viajar por toda parte lhe dão uma perspectiva mais ampla que se torna uma vantagem significativa, ainda que intangível. "Ficar somente sentada em um escritório fuçando relatórios financeiros dia sim, outro também, tem um limite", diz. "Não vejo nosso trabalho como algo linear."

Geritz chegou a tentar institucionalizar essa mentalidade de livre-pensadora batizando as sextas-feiras de "o nosso dia criativo", que os colegas podem passar fazendo o que bem entenderem. Muitas vezes ela aproveita para sentar-se à beira de um rio em Salt Lake City, onde fica lendo tranquilamente ou faz anotações em um diário, uma maneira de sintetizar as ideias das suas viagens. Ela considera benéfico ficar sediada em Utah: "Estar aqui, fora da rota mais comum, me permite refletir." Durante a pandemia do coronavírus, um terremoto e várias obras em andamento tornaram seu apartamento inadequado para "reflexões profundas". Por isso ela alugou "uma casa tranquila com um riacho" em um ponto remoto do estado de Idaho e isolou-se satisfeita com 45 livros.

Mas Geritz também se aventura em outros lugares propícios à contemplação. Entre esses lugares, ela visita uma ilha perto do litoral da Austrália que tem apenas oito casas: "Você pega um barco com as suas compras e eles deixam você na ilha. Às vezes você tem sinal de celular, às vezes, não. Lá não tem internet. Só um pouco de música, uma linda vista para o mar e os seus livros."

De tempos em tempos Geritz finca o pé em algum lugar no exterior por semanas a fio, para poder mergulhar mais integralmente na cultura local, estudar como as pessoas vivem, gastam e consomem. Ela aluga uma residência de veraneio barata, perto do coração do mercado que deseja conhecer, usando-a como base regional, em parte porque "todo o desgaste de viajar de lá para cá às vezes é bem complicado", já que ela viaja na classe econômica. Em todos esses anos, ela já se estabeleceu em lugares tão variados quanto Tanzânia, Quênia, Inglaterra, França, Holanda, Dubai, Abu Dhabi, Tailândia, Singapura e Japão.

Muitos anos atrás, quando os preços dos imóveis no Japão andavam depreciados, ela aproveitou a oportunidade para comprar um apartamento no coração de Quioto, a antiga capital do império, que lhe proporciona uma base a partir da qual ela visita empresas de toda a Ásia. É um lugar simples, com cama, sofá, mesa e duas cadeiras. Antes, tinha sido um restaurante especializado no peixe *fugu* – uma iguaria mortal, a menos que se extraia cuidadosamente o seu veneno. O jardim da casa é dominado por uma pedra gigante, que ela não pode tirar dali porque a população acredita ter sido posta naquele local para venerar "a serpente divina". Geritz passa pelo menos um mês todo ano em Quioto. Quando pergunto que lugar ela enxerga como lar, o Japão ou os Estados Unidos, ela responde: "Para ser honesta, o Japão."

A maioria de nós sonha viver em um lugar onde tenhamos a sensação de inclusão e pertencimento. Mas o estado natural dela é ser "uma total e absoluta forasteira". Para um investidor, afirma, "um dos ingredientes cruciais é ser capaz de apenas observar, e no Japão isso é tudo que dá para fazer: ser uma observadora. Porque ninguém nunca vai se embutir tanto na sociedade japonesa a ponto de ser totalmente aceito como parte dela".

Para ser bem-sucedida investindo em um país tão diferente quanto o Japão, ela precisa deixar de lado os preconceitos e observar a cultura nos próprios termos. Por exemplo, as empresas americanas costumam colocar os interesses dos acionistas acima de tudo. Mas Geritz, cujo Rondure Overseas Fund tem um terço do patrimônio no Japão, afirma que para as empresas japonesas a prioridade é servir os clientes, vindo depois os funcionários, os parceiros comerciais e a sociedade como um todo: "E aí então acho que os acionistas vêm por último."

Investidores "ativistas" do Ocidente costumam tentar, em vão, convencer os dirigentes de empresas do Japão a turbinar os lucros de curto prazo, usando o capital de giro de maneira mais produtiva ou aceitando um endividamento maior. Mas Geritz diz que os japoneses se preocupam mais em montar empresas que sobrevivam – às vezes, durante séculos –, apesar de ameaças como terremotos, tsunamis, guerras e epidemias. "Não é uma cultura de gratificação instantânea", afirma. E, levando em conta a inclinação que ela tem pela construção de riqueza sustentável, esse conservadorismo lhe convém.

A carreira de *globe-trotter* de Geritz satisfez sua curiosidade ilimitada. Mas cobrou um preço. "Não dá para parar", diz. "Se faço uma pausa, por menor que seja, perco meu diferencial. É uma dívida para com os investidores não parar, porque se trata do futuro deles." Mesmo passatempos simples, que "a maioria das pessoas normais" aproveita, "como esquiar nas montanhas ou sair com os amigos", seriam "bem complicados para mim", afirma, "porque só quero pensar em ações e países".

E quanto à família? "Não tenho filhos e tenho a tremenda sorte de ter um marido que amo e que sabe que é isso que eu faço e o preço disso. É por isso que ele sempre me deu um apoio incrível." O marido, Robb, um americano que ela conheceu no ensino médio, cuida das vendas internacionais de um fabricante de artigos esportivos. Esse emprego lhe deu flexibilidade para acompanhá-la em muitas de suas viagens de pesquisa. Mas o trabalho de ambos exige que passem longos períodos afastados. Ele passa a maior parte do tempo na casa de Quioto, enquanto ela mora mais tempo em Utah.

Desde o começo, Geritz sabia que a intensa pressão de uma carreira em investimentos exigiria um foco extremo. Por isso ela adiou todos os planos de ter filhos: "Em parte, foram os desafios e exigências de ser uma mulher de negócios desde muito cedo, o reconhecimento de que, para acompanhar os meninos nesse setor, talvez não fosse a melhor coisa a fazer." Naquela época praticamente não havia exemplos femininos na American Century. Mas Geritz se recorda de uma mulher, no escritório, que não conseguia dar expediente além das cinco da tarde porque tinha um filho: "Diziam a ela que nunca seria promovida a um nível superior porque dela se esperaria um horário mínimo bem maior. Nem era preciso dizer. A gente só copiava quem tinha sucesso, e quem tinha sucesso era quem ficava no escritório das seis da manhã às dez da noite e ainda trabalhava aos sábados e domingos."

Mais adiante na sua carreira, Geritz sentiu-se pronta para ter um filho, mas aí quem relutou foi o marido. "E então o tempo nos derrotou." Ela sente arrependimento? "Às vezes, sim." Por outro lado, diz: "Amo tanto o que faço que não tenho a impressão de ter feito um sacrifício."

## A arte da subtração

Se existe um hábito que todos os investidores neste capítulo têm em comum, é o seguinte: **eles focam quase exclusivamente naquilo em que são melhores e naquilo que é mais importante para eles. Seu êxito advém dessa insistência tenaz em concentrar-se profundamente em um setor relativamente restrito, desprezando as inúmeras distrações que poderiam interferir nessa busca pela excelência.**

Jason Zweig, um velho amigo que é colunista de finanças pessoais do *Wall Street Journal* e editor de uma versão revisada do livro *O investidor inteligente*, me mandou certa vez a seguinte mensagem: "Pense em Munger, Miller e Buffett: caras que simplesmente não gastam um minuto sequer ou um miligrama de energia mental fazendo ou pensando em alguma coisa que não os aprimore. O talento deles é a franqueza que têm consigo mesmos. Não mentem para si em relação àquilo em que são bons ou não são bons. Ser sincero consigo mesmo desse jeito tem que ser uma parte do segredo. É muito difícil e doloroso fazer isso, mas é muito importante."

Acho que isso se aplica a qualquer habilidade fugidia que tentemos dominar, seja ela comprar ações, curar doentes ou encontrar as palavras certas. Um dos meus ídolos é o falecido Oliver Sacks, neurologista respeitado e escritor brilhante, que colocou na porta de casa uma enorme placa amarela com a palavra NÃO! escrita em letras maiúsculas. Em um de seus livros de memórias, ele explicou que era a sua forma de "lembrar de dizer não a convites, de modo a reservar tempo para escrever".

Milhares de anos antes, o filósofo taoista Lao-Tsé escreveu que o caminho da sabedoria exige "subtrair" todas as atividades desnecessárias. "Para atingir o conhecimento, acrescente algo todos os dias. Para atingir a sabedoria, subtraia algo todos os dias."

**A arte da subtração é de uma importância incalculável, especialmente em uma era de sobrecarga de informações, em que as nossas mentes podem facilmente se dispersar.** Quando você se expõe a isso, há um alarido ensurdecedor de noticiário político incoerente, notificações de mídias sociais, ligações de telemarketing e outros ruídos que atrapalham. No livro *O mundo que não pensa – A humanidade diante do perigo real da extinção do Homo sapiens*, Franklin Foer adverte: "Estamos sendo atraídos por toques, notificações e cliques que interrompem qualquer espécie de possibilidade de contemplação. Para mim, a destruição da contemplação é a ameaça existencial à humanidade."

E isso é também uma ameaça existencial ao êxito nos investimentos. Por isso, de tempos em tempos Geritz desaparece, para ficar sentada perto de uma cachoeira nas montanhas de Quioto, onde pode ficar lendo, escrevendo e matutando. O falecido Bill Ruane, que engendrou rendimentos fabulosos no Sequoia Fund, certa vez me contou sobre aquilo que chamava de "meu esconderijo" – uma suíte de hotel em Nova York onde ficava trabalhando sozinho, desconectado dos colegas que estavam no escritório pertinho dali. Guy Spier, que sofre de transtorno de déficit de atenção e hiperatividade, mudou-se com a família de Manhattan para uma casa alugada em um bairro tranquilo de Zurique, onde é mais fácil para a sua mente maravilhosa, mas sujeita a distrair-se, ficar mais parecida com "um lago tranquilo". No escritório de Spier, que fica a uma curta viagem de bonde da sua casa, há uma biblioteca onde nem telefone nem computador podem entrar. Propositalmente, ele criou esse ambiente físico de apoio à contemplação.

Como líder de uma equipe de investidores com mais de US$ 100 bilhões para gerir, Matthew McLennan poderia preencher todos os horários de todos os dias com reuniões e chamadas. "Ficar ocupado é fácil", diz. "Mas você tem que se livrar de todas as ocupações improdutivas. E acho que criar janelas para uma reflexão mais profunda é muito importante." Ele deixa a agenda livre pela manhã, mantém a sexta-feira "relativamente livre de compromissos" e é "bem sistemático" na busca de horários livres do escritório nos dias úteis. Também se exercita regularmente, como forma de limpar a mente, e costuma fazer trilha nos fins de semana. McLennan explica: "Afastar-se de um ambiente frenético de tempos em tempos é muito útil."

**Quanto mais os outros se distraem, maior é a vantagem de subtrair o lixo mental, a intromissão das tecnologias e o excesso de estímulos.** Mas os detalhes podem variar de uma pessoa para outra. Ruane encontrou um refúgio tranquilo em plena Manhattan. Chuck Akre, que superou os índices do mercado por ampla margem ao longo de três décadas, acha mais fácil refletir com tranquilidade no interior da Virgínia, onde sua empresa, a Akre Capital Management, tem sua sede, em uma cidadezinha com apenas um sinal de trânsito. Ele mora em uma casa com vista para as montanhas Blue Ridge. "Vejo cervos, ursos, raposas, coiotes e perus-selvagens", diz. "É um lugar lindo. É bom para a alma." Uma das vantagens de ir para lá é que ele se sente tão distante de "toda a estupidez e de todo o nonsense" que não fica "tenso com o que está acontecendo no mercado e no mundo. A gente simplesmente desliga".

Em vez de se estressar, ele mantém um foco bem restrito na posse de algumas empresas bem administradas que lhe dão um rendimento sobre o capital atraente e têm capacidade de continuar reinvestindo o capital de giro livre a taxas de retorno elevadas. Além disso, ele tem o comedimento de "deixar as coisas como estão". Akre detém ações da Markel há 27 anos e já multiplicou por mais de cem o seu dinheiro. Possui ações da Berkshire Hathaway há 42 anos. As ações que mais tem na sua carteira, da American Tower Corporation, subiram de US$ 0,79 a unidade para cerca de US$ 260 desde 2002. Desfrutando uma vida sem pressa em um lugar tranquilo, Akre consegue "abrigar-se" da influência das "ideias brilhantes" de outros investidores e "ficar totalmente focado naquilo que dá certo para nós". Essencialmente, ele descobriu um lago repleto de peixes e se contenta em pescar nesse lago pelo resto de seus dias. Ou, em suas palavras, "não dá para dançar com todas as garotas".

Tudo isso leva a algumas conclusões práticas que podem nos ajudar a ser mais ricos *e* mais felizes. Em primeiro lugar, para sermos bem-sucedidos e realizados, precisamos decidir aquilo que importa mais para nós e tratar com honestidade aquilo que sabemos fazer melhor. Em segundo lugar, precisamos adotar hábitos cotidianos que nos permitam melhorar continuamente naquilo que importa de verdade – e subtrair hábitos que nos distraem. Vale a pena colocar no papel uma lista de hábitos benéficos, que devem se tornar parte da nossa rotina diária. Mas é igualmente valioso compilar uma lista do que não fazer, para lembrarmo-nos das tantas formas como somos capazes de nos distrair ou autossabotar. Como sugere Gayner, não é uma questão de lutar pela perfeição, e sim de comprometer-se com hábitos que sejam duradouros e direcionalmente corretos.

Michael Zapata, um gestor de fundos *hedge* que foi comandante de uma unidade de elite antiterrorismo, o SEAL Team Six, refletiu muito sobre a necessidade de foco. "Você tem que ter consciência das prioridades na sua vida", diz. "Para mim, elas são Deus, a minha família e o fundo – nessa ordem." Essa clareza o ajuda a decidir como gastar seu tempo e sua energia de modo a ficar "alinhado" com aquilo que é mais importante para ele. "Até mesmo esta entrevista está, de certa forma, fora desse alinhamento, porque não se encaixa na coisa de família, fundo e Deus", afirma. "Mas tudo bem fazer isso. Só é preciso garantir que não o esteja afastando das suas prioridades, que não esteja afetando a sua vida."

Radical demais? Talvez. Mas a maioria das pessoas comete o equívoco de acrescentar complexidade em excesso à própria vida. Elas vão vivendo superficialmente, preocupando-se com aquilo que é insignificante e exterior. Como mostram os melhores investidores, a excelência duradoura exige subtrair e aprofundar.

## CAPÍTULO 8

# Não seja um otário

### Como investir melhor, pensar melhor e viver melhor adotando a estratégia de Charlie Munger para evitar sistematicamente as tolices mais comuns

---

Até quando o tolo caminha mostra a todos que é tolo.

— ECLESIASTES, 10:3

Para ser sábio, é preciso estudar tanto os pensamentos quanto os atos bons e ruins, mas primeiro se deve estudar os ruins. Deve-se estudar primeiro tudo que não é inteligente, tudo que não é justo, tudo que não é necessário saber.

— LEON TOLSTÓI, *Calendário da Sabedoria*

É notável quantas vantagens de longo prazo pessoas como nós conquistaram tentando ser consistentemente não estúpidas em vez de se concentrarem em tentar ser muito inteligentes.

— CHARLIE MUNGER

---

Viajei 5 mil quilômetros para uma entrevista de dez minutos com Charlie Munger. Cheguei uma hora adiantado para minha audiência com ele e a expectativa de ser chamado me deixou nervoso. Estamos em 15 de fevereiro de 2017 e ei-lo no centro de Los Angeles para o encontro anual da Daily Journal Corporation. Munger, que é presidente dessa obscura editora de jornais, é mais conhecido como o bilionário vice-presidente da Berkshire Hathaway e sócio de Warren Buffett há mais de quarenta anos. Nascido em 1924, ele é metade da maior equipe de investidores que já existiu.

Munger concordou em falar comigo em particular momentos antes do início do encontro da Daily Journal. Por isso estou de pé do lado de fora de um auditório na discreta sede da empresa, vendo o lobby encher-se com centenas de seus devotos, entre eles investidores de relevo, como Li Lu, Mohnish Pabrai, François Rochon, Whitney Tilson, Christopher Davis e Francis Chou. Corre a piada de que quase ninguém ali está preocupado com a Daily Journal. Quando os participantes adentram o prédio, assinam um livro onde é perguntado quantas ações da empresa possuem. Para quase todos, a resposta é zero. Assim como eu, eles vêm de todos os cantos para regalar-se com o humor e a sabedoria cáusticos desse ícone de 93 anos.

A perspectiva de entrevistar Munger é ao mesmo tempo empolgante e estressante, considerando a sua reputação de ranzinza assustadoramente inteligente, capaz de detectar defeitos e fraquezas com uma clareza demolidora. Certa vez Buffett afirmou: "Charlie é capaz de analisar e avaliar qualquer tipo de transação com mais velocidade e precisão que qualquer ser humano vivo. Em sessenta segundos ele enxerga qualquer ponto fraco relevante." Buffett também disse que Munger possui "a melhor mente de trinta segundos do mundo. Ele vê a essência de tudo antes mesmo de você chegar ao final da frase". Bill Gates, cofundador da Microsoft, disse que Munger é "o pensador mais completo que eu já conheci".

A cabeça de Munger inspira admiração entre pessoas que normalmente não têm inclinação para a adoração de ídolos. Pabrai, segundo quem Munger está "um salto quântico acima de Warren" em termos de inteligência, dá risada ao lembrar de um dia em que foi ouvi-lo em um evento ao lado de um cientista ganhador do Prêmio Nobel que era "o maior cérebro do Caltech. O cara parecia uma ameba que não sabia coisa nenhuma. Dava para ver o contraste: o idiota de um lado e um cérebro *de verdade* do outro". Pabrai acrescenta que os dons inatos de Munger lhe propiciaram "uma tremenda vantagem inicial", que ele ampliou resumindo vários livros por semana, sobrevoando vorazmente uma infinidade de assuntos. Essa combinação de "natureza incrível" e "intenso *input* de dados faz com que ele pareça um homem que está vivo há trezentos anos".

Mas há outra razão para tanto nervosismo enquanto me preparo para encontrar Munger. Até mesmo seus admiradores mais fervorosos admitem que ele pode ser rude e até mesmo chegar a ser grosso. Chou dá uma gargalhada ao me contar a história de um colega gestor que viajava regularmente a Omaha e à Califórnia para ouvir as palestras de Munger. Um dia, disse Chou, esse amigo cruzou com Munger no elevador e exclamou: "Charlie, você sempre foi uma inspiração para mim! Aprendi tanto com você ao longo dos anos!" Munger o dispensou com duas palavras – "E daí?" – e foi embora.

Bill Miller se lembra de ter cruzado com Munger em uma rua de Nova York: "Eu disse: 'Charlie!' E ele me olhou e disse: 'Quem diacho é você?'" Miller se apresentou e lembrou a Munger que eles haviam se encontrado uma vez, em um evento sobre finanças comportamentais. "E ele tipo: 'Ah, é?' E disse para a esposa: 'Por que você não vai para o hotel e eu vou dar uma caminhada com Bill por um tempinho?' Provavelmente andamos por uma hora, só jogando conversa fora. Mas foi engraçado. 'Quem diacho é você?'"

Mas minha história favorita sobre a exuberante falta de tato de Munger vem de Buffett, que a contou no almoço com Pabrai e Guy Spier em 2008. Munger, que tem um olho de vidro, foi visitar uma fábrica de veículos automotores, onde um burocrata irremediável cometeu o erro infeliz de perguntar para ele: "O senhor só enxerga de um olho?" Munger respondeu: "Não, este aqui cresceu no lugar."

Pabrai me garantiu que Munger é mais gentil e educado do que sua fama dá a entender: "Charlie é um cara muito suave e carinhoso. Por fora, ele é durão. Mas, tirando essa casca, ele é uma pessoa bacana." Molly, a filha de Munger, advogada e filantropa, acrescenta que o pai foi amolecendo: "Ele tem umas arestas meio ásperas. Acho que quando ele era mais jovem isso era mais pronunciado."

Em todo caso, tomei o cuidado de me preparar obsessivamente para o nosso breve encontro. E comecei a me dar conta, depois de examinar décadas de palestras, escritos e outros pensamentos, de que Munger adota uma prática que todos nós deveríamos clonar: **Ele se esforça o tempo todo** para reduzir a sua capacidade de "pensamentos estúpidos", "comportamentos idiotas", "erros repetidos" e "burrices padrão".[37]

Por exemplo, em outro encontro de acionistas, em 2015, ele ridicularizou uma ilusão, comum em círculos acadêmicos, de que o mercado é tão eficiente que ninguém pode superá-lo. "Sempre soube que era bobagem", disse, acrescentando também: "Nunca acreditei que houvesse uma cobra falante no Jardim do Éden. Tenho talento para reconhecer papo-furado. Não tenho nenhuma sacada maravilhosa que os outros não tenham. Só tenho evitado a idiotice com mais constância que os outros. Os outros tentam ser espertos. Eu *só* tento não ser idiota. Acho que tudo que é preciso para se dar bem na vida é não ser idiota e viver muito tempo. É mais difícil não ser idiota do que a maioria das pessoas pensa."

É um paradoxo curioso que uma das pessoas mais inteligentes da Terra busque primordialmente evitar a burrice. Mas, como vamos ver, essa é uma estratégia incrivelmente eficaz no mercado e na vida.

## Um guia não idiota para a vida

A porta do auditório se abre e Munger me cumprimenta com voz baixa e rouca: "Prazer em conhecê-lo. Sente-se." Vejo-me sentado quase encostando na perna do sábio. Várias pessoas vão saindo da sala falando alto, mas Munger não tem dificuldade em ignorar a barulheira e se concentrar. Seu cabelo é branco e ele usa um par de óculos chamativo. O paletó escuro parece folgado em seu corpo magro e frágil. Para meu alívio, seus modos são surpreendentemente afáveis.

Não há tempo para jogar conversa fora, por isso vou direto ao assunto. Digo a Munger que o considero o "grande mestre da redução de burrices" e pergunto-lhe por que concentra tanta atenção em evitar equívocos comuns e padrões previsíveis de irracionalidade. "Porque funciona", diz ele. "Funciona. É contraintuitivo que você volte ao mesmo problema. Se você se esforçar e for inteligente, é complicado. Se você simplesmente olhar em torno, identificar todos os desastres, perguntar 'Qual foi o motivo?' e tentar evitá-los, esse acaba sendo um jeito bem simples de encontrar oportunidades e evitar encrencas."

O método de solução retrospectiva de problemas de Munger foi influenciado por Carl Gustav Jacobi, um algebrista do século XIX famoso por ter dito: "Inverta, inverta sempre." Mas Munger me diz que ele também refinou esse hábito mental de inverter com a ajuda do amigo Garrett Hardin, um ecologista que compartilhava o fascínio pelas repercussões trágicas de um raciocínio malfeito: "A ideia básica de Hardin era: se alguém lhe pedir para *ajudar* a Índia, pergunte apenas: 'O que eu poderia fazer para *arruinar* a Índia de verdade?' Então você analisa todas as coisas que poderiam arruinar a Índia, inverte tudo e diz: 'Pois bem, eu não faria *isto*.' Vai contra o senso comum, mas *reverter* essas questões ajuda de verdade. É um jeito mais completo de analisar um problema."

Em 1986 Munger deu a palestra inaugural de uma escola preparatória de Los Angeles que vários de seus oito filhos e enteados frequentaram. Em vez de repetir as platitudes de praxe sobre os segredos do sucesso e da felicidade, ele apresentou um exemplo inspirado de como aplicar o princípio da inversão. Deu aos estudantes uma série de "receitas para garantir uma vida infeliz", recomendando que fossem pouco confiáveis, evitassem assumir compromissos, guardassem recalques, buscassem vingança, cedessem à inveja, "ingerissem substâncias químicas", se viciassem em álcool, deixassem de "aprender com as boas e más experiências alheias", se agarrassem às próprias crenças com teimosia e "não se reerguessem" quando atingidos pelo "primeiro, segundo ou terceiro revés pesado na batalha da vida".

Quando pergunto a Munger como aplicar essa forma de pensar a problemas práticos, como decidir ou não se casar ou comprar uma determinada ação, ele recomenda perguntar: "'Vai dar tudo errado?' em vez de perguntar: 'Vai ser uma maravilha?' Descobrir aquilo que está errado e tentar evitar é diferente de tentar descobrir o que está certo e tentar obter. É preciso fazer as duas coisas na vida, é claro. Mas essa inversão, de procurar o problema e tentar evitá-lo, mantém você longe de muita confusão. (...) É uma precaução. É como uma checklist antes da decolagem de um avião."

Da mesma maneira, caso esteja procurando por um investimento bem refletido em um fundo bem administrado, pode começar perguntando: "Como posso investir cegamente em um fundo horroroso que é um desastre à espera de acontecer?" Essa pergunta levaria você a fazer uma lista de todas as armadilhas que os investidores costumam não perceber – por exemplo, taxas absurdas, exposição perigosa aos setores mais populares e mais caros do mercado, e um histórico recente de rendimentos estonteantes que, com grande probabilidade, vão se revelar insustentáveis.

**Este, portanto, é o primeiro truque mental que precisamos aprender com Munger como um seguro contra a burrice: imagine um desfecho terrível; vá analisando do fim para o começo, perguntando a si mesmo quais os atos mal calculados que poderiam levá-lo a esse destino infeliz; então, com toda a cautela, evite esse comportamento autodestrutivo.** "É claro", diz Munger, "que muitas pessoas estão tão interessadas em alcançar o tesouro que nem sequer *pensam* nas burrices que podem impedi-las de conquistá-lo."[38]

Buffett e Munger usaram a inversão para evitar muitos desastres previsíveis e imprevisíveis. Em mensagem aos acionistas em 2009, Buffett discutiu extensamente a arte da inversão, sob o título de "O que não fazemos". Por exemplo, "Charlie e eu evitamos empresas cujo futuro não conseguimos avaliar, por mais empolgante que seja seu produto", atendo-nos, em vez disso, "a empresas cuja perspectiva de lucro para as décadas seguintes parece razoavelmente previsível". A Berkshire também mantém uma grande quantidade de capital de giro, evitando qualquer necessidade de "implorar" em tempos de depressão econômica. Buffett também brincou dizendo: "A abordagem invertida funciona em um nível menos sofisticado: cante uma música *country* ao contrário e você irá recuperar rapidamente seu carro, sua casa e sua mulher."

Assim como Buffett e Munger, todos os melhores investidores que encontrei possuem uma clareza extrema em relação a *o que não fazer*. Joel Tillinghast, que superou o índice Russell 2000 por 3,7 pontos percentuais ao ano desde 1989, como gestor do Fidelity Low-Priced Stock Fund, foi considerado "o mais talentoso negociador de ações da sua geração" por Jim Lowell, editor da newsletter *Fidelity Investor*. Durante uma entrevista em Boston, pedi a Tillinghast que explicasse sua estratégia vencedora. Ele respondeu listando tudo aquilo que ele evita. Por exemplo, passa longe de ações de empresas de biotecnologia em estágio de desenvolvimento, por saber que é provável que elas atraiam seu lado ruim. Ele não é capaz de fazer uma avaliação judiciosa porque "elas têm um futuro nebuloso demais". Além disso, a volatilidade das ações de biotecnologia é tamanha que poderia levá-lo a reagir de maneira emocional. "Se eu mexer com ações de biotecnologia, vou enlouquecer", diz. "Então *não vou* mexer com elas."

Tillinghast, um gênio da matemática tímido e reservado que cuida de um patrimônio de mais de US$ 40 bilhões, elaborou uma infinidade de princípios e práticas conservadoras que o ajudaram a superar – e sobreviver a – quase todos os concorrentes. **Para começo de conversa, diz ele: "Não pague demais. Não entre em negócios com tendência a destruição e obsolescência. Não invista com vigaristas e imbecis. Não invista em coisas de que você não entenda."**[39]

Tillinghast também se mantém longe de negócios que são profundamente cíclicos, altamente endividados ou que estão na moda. Ele considera a "gestão marqueteira" e a "contabilidade agressiva" sinais amarelos. Evita setores para os quais não tenha talento ou ideias especiais, porque nada é mais crucial do que "ficar longe da própria ignorância". Ele também evita falar "publicamente ou frequentemente demais" sobre suas ações, porque isso tornaria mais difícil voltar atrás e admitir que estava errado, e resiste à tentação de negociar ações ativamente, já que isso geraria importantes custos e taxas pelas transações, que corroem os rendimentos.

O que sobra depois que ele elimina todos esses motivos comuns de decepção? Um portfólio repleto de empresas subestimadas, bem compreendidas, financeiramente estáveis, lucrativas e prósperas, administradas por pessoas honestas. Sua ação "mais incrível", da Monster Beverage, valorizou-se mil vezes.

Seguindo o exemplo de Tillinghast, todos nós podemos nos beneficiar da compreensão das receitas para o fracasso mais populares. Pense em por que a maioria dos investidores mete os pés pelas mãos e, assim como ele, *não faça isso*. "Caso você queira ser superior, é complicado", diz. "Mas aquilo que você *não* faz é mais fácil de controlar e de atingir. Não vou perder sete quilos. Mas dizer não aos *donuts* é mais fácil para mim."

Por fim, vale a pena observar que o método de Munger de solução dos problemas do fim para o começo também é um jeito eficiente de evitar caos autoinfligido na nossa vida pessoal. Tom Gayner, co-CEO da Markel, oferece o exemplo do marido que sai pela cidade sem a esposa. "Sou casado com uma mulher adorável", diz. "Estar em um bar sem ela, sozinho, sob o efeito do excesso de álcool, cria um conjunto novo de tentações e circunstâncias – o que não aconteceria se eu fosse mais comedido." Ele recomenda aplicar a "técnica invertida de Munger", fazendo um questionamento simples: "O que seria ruim e como posso evitar?" Uma resposta razoável, diz Gayner, seria "tomar dois drinques em vez de dez".

Se o seu objetivo for virar um ótimo negociador de ações ou um ótimo cônjuge, é bom começar perguntando a si mesmo como é ser um mau investidor ou um mau marido. E depois? *Inverta, inverta sempre.*

## O colecionador de tolices

Enquanto outros bilionários colecionam obras de arte, carros antigos e cavalos de corrida, Munger descreve a si mesmo como um colecionador de "absurdos", "asneiras" e "tolices". A filha Molly lembra que quando era mais nova ouvia muitas histórias exemplares do pai "sobre gente fazendo coisas idiotas", entre elas muitas com "um toque de ingratidão ou juízos morais falhos". Uma história típica era a de um herdeiro mimado de uma fortuna que se voltava com amargo ressentimento contra o pai. Molly Munger comenta: "É burrice em todos os níveis: ingratidão, autossabotagem, falta de realismo, egoísmo."

**Esse hábito de colecionar ativamente exemplos do comportamento tolo de outras pessoas é um antídoto inestimável contra a idiotice. Na verdade, é a segunda maior técnica antiburrice que precisamos aprender com Munger.** É um passatempo pervertido que lhe proporciona diversão e ideias sem fim, permitindo que catalogue na sua mente todos os atos "turrões" a excluir do seu guia pessoal. Qualquer um pode se beneficiar dessa prática, ele me conta, "mas acho que não dá para entender isso a menos que se tenha um determinado temperamento. Grande parte do que faço não é questão de QI. É outra coisa – temperamento, atitude. Mas acho que em parte isso é algo herdado", como a coordenação "rápida entre o olho e a mão" ou "o talento para o tênis".

Quando se trata de colecionar tolices nos investimentos, opções é que não faltam a Munger. Por exemplo, ele ironiza a tendência a prestar atenção em previsões de mercado, comparando essas tentativas tímidas de adivinhação financeira à arte milenar de abrir as entranhas de um cordeiro para prever o futuro. Outro erro comum é "comprar uma empresa cíclica no topo do ciclo. Muita gente faz isso o tempo todo e os banqueiros de investimento vão, é claro, incentivá-lo a comprar qualquer bobagem que lhes garanta uma comissão". Esses investidores ingênuos não percebem que "a velha ciclicidade sempre retorna" e em vez disso creem que a alta da empresa "vai continuar acontecendo só porque *está* acontecendo. É uma tolice padrão".

Munger também coleciona exemplos da própria idiotice. Quando assisti ao encontro anual da Berkshire Hathaway em 2017, ele falou com franqueza sobre dois dos erros mais caros, por omissão, que ele e Buffett cometeram. Munger confessou à plateia de cerca de 40 mil acionistas da Berkshire que "deixamos vocês na mão" ao não comprar Google. "Também bobeamos com o Walmart, que era uma moleza total."

A maioria de nós prefere enterrar os próprios erros longe do olhar alheio. Também não gostamos muito de reconhecê-los para nós mesmos. Mas, na visão de Munger, quanto mais transparente ele for na análise dos próprios erros, menor a probabilidade de repeti-los. **Certa vez ele disse aos acionistas da Berkshire: "Gosto quando as pessoas reconhecem que foram totalmente burras. Sei que vou ter um desempenho melhor se der a mão à palmatória pelos meus erros." É um truque maravilhoso a ser aprendido. Esse é, de fato, o terceiro truque que precisamos aprender com ele na nossa campanha para refrear a nossa burrice.**

Apesar disso, Munger não se deixa levar por uma autoflagelação gratuita. Reconhece seus erros, aprende as lições e segue em frente, sem se perder em lamentações. "Fomos atuantes o suficiente a ponto de termos alguns equívocos para recordar", diz. "Aprendemos muito com os outros, porque sai bem mais barato. Mas também aprendemos muito com experiências desagradáveis." Alguns erros da Berkshire doeram, entre eles a compra, em 1993, da Dexter Shoe Co., que foi aniquilada por rivais chineses mais baratos. Mas nenhum desses erros foi catastrófico globalmente.

Nenhum investidor que conheço introjetou mais a importância de evitar catástrofes do que Fred Martin, fundador de uma firma chamada Disciplined Growth Investors, com sede em Minneapolis. Essa é uma prioridade que norteia todos os setores da vida dele – da gestão financeira à pilotagem de seu jatinho particular. Assim como Munger, Martin adotou um foco total na dissecação dos erros alheios. "Não é preciso fazer isso com um sentimento de prazer", diz ele. "É só para aprender." Para Martin, esse modo de pensar nasceu como uma estratégia de sobrevivência durante seus quatro anos como oficial da Marinha americana na Guerra do Vietnã – uma experiência marcante que lhe mostrou as consequências devastadoras de erros evitáveis.

Martin entrou para a Marinha em junho de 1969, depois de se formar na faculdade de administração de Dartmouth. Naquele mês um destróier americano, o *USS Frank E. Evans*, chocou-se com um porta-aviões australiano no mar do Sul da China. Eram três da manhã e o oficial no comando do destróier estava dormindo, tendo deixado no posto dois tenentes sem experiência. O navio virou para o lado errado, entrou na rota do porta-aviões e foi partido ao meio. A proa do destróier afundou em poucos minutos, com grande parte da tripulação presa dentro dela. Ao todo, 74 pessoas morreram. Quatro oficiais foram levados à corte marcial. Uma investigação concluiu que "o trágico acontecimento pode ser atribuído a um erro de julgamento humano individual".

Martin ainda se lembra do terror que sentiu ao olhar uma foto dos destroços partidos da embarcação: "É uma imagem chocante, porque é como se o navio parasse na metade. Literalmente, é como se um soldador pegasse um maçarico e simplesmente cortasse metade do navio." Mas o que tornou a catástrofe inesquecível foi que poderia ter acontecido com ele. Martin tinha sido promovido a tenente em outro destróier e tornou-se um dos oficiais mais jovens da história naval autorizado a comandar um navio em alto-mar. Aos 24 anos, ficou responsável por 240 vidas sempre que seu capitão dormia. Como poderia esquecer os dois desafortunados tenentes do *Frank E. Evans*, aqueles "pobres rapazes" cujos erros afundaram o próprio navio?

Noite após noite Martin ficava de vigia, mesmo exausto pela falta de repouso. O rádio do navio apitava, a casa de máquinas ligava por conta de algum problema e o navio avançava em meio à escuridão por águas traiçoeiras. Era uma situação "propícia a erros enormes", conta. "Rapaz, que cansaço! Eu só tentava sobreviver." Um hábito que ele criou foi andar pela beirada da ponte de comando sempre que o navio ia mudar de direção, para confirmar com os próprios olhos que a rota estava livre. Essa "regra simples" de sempre "olhar antes de virar" não era "parte do nosso treinamento", diz Martin. "Mas devia ser." Hoje, na casa dos 70 anos e olhando para o passado, ele se dá conta de quanto essa atitude cautelosa enraizou-se nele.

Martin saiu da Marinha em 1973. "Saí de lá terrivelmente sério", lembra. A bolsa de valores sempre o interessara. Ele comprou a primeira ação aos 12 anos de idade e tinha até uma assinatura do *Wall Street Journal* enviada ao seu navio em pacotes com frequência irregular. E acabou conseguindo um emprego de analista de *equities* em um banco de Minneapolis. Não tardou a descobrir que a maioria dos seus novos colegas de profissão carecia da vigilância que o protegera e a seus companheiros de navio durante a guerra. Seu pai, um corretor bem-sucedido com tino de vendedor, perdeu meio milhão de dólares naquele ano, quando a corretora na qual trabalhava quebrou. Ele havia comprometido uma parte temerariamente grande do patrimônio da família naquele negócio e não percebeu todos os sinais de alerta de que estava desmoronando.

Muitos anos depois, o pai conseguiu um lucro razoável com uma ação recomendada por Martin. Quando conversamos a respeito pelo telefone, Martin reconheceu – em um momento de terrível clareza – que o pai era "um homem maravilhoso", mas "um péssimo investidor": "hiperativo", "impulsivo", "sempre à procura da próxima jogada. Ele era empolgado demais. Até que me dei conta de que ele não sabia o que estava fazendo".

A carreira de investidor de Martin começou em um período de empolgação coletiva, quando a oferta de racionalidade andava escassa. Sob o impulso das Nifty Fifty, o mercado enlouqueceu em 1973 e ele percebeu que as avaliações tinham se descolado da realidade. Ele se recorda de ter analisado uma ação da moda, de uma empresa que não gerava receita, e dito ao chefe que não via muito valor nela. "E ele disse: 'Ah, não se preocupe com isso, Fred. É uma ação *de confiança*.' Claro que a ação foi destruída." Quando o mercado entrou em colapso, em 1974, "todos os bambambãs" foram "varridos" do setor, conta Martin. Mas ele percebeu que a relação entre preço e valor tinha oscilado para o extremo oposto: "Era uma incrível oportunidade de compra. Tudo que era preciso fazer era ter a coragem necessária para investir." Como poupador dedicado, ele tinha o capital para comprar uma série de ações baratinhas, entre elas a da

FlightSafety International – "minha primeira *ten-bagger*" (ação que rende dez vezes o investido).

Essas lições sobre a loucura do mercado reforçaram algo que Martin aprendera em alto-mar. **Não há nada mais importante que evitar erros evidentes, com potencial para ter consequências catastróficas.** Mas nas décadas seguintes ele observaria o mesmo padrão se repetir: riscos por descuido seguidos por desastres desnecessários.

Por exemplo, durante a loucura da internet e das telecoms no final dos anos 1990, alguns de seus clientes pularam do barco e investiram uma grande parte de suas economias da vida inteira com Jim Oelschlager, um atrevido entusiasta das novas tecnologias que, no auge, chegou a atrair um patrimônio de mais de US$ 30 bilhões. Oelschlager geria fundos com um foco muito restrito em ações badaladas e supervalorizadas, como a Cisco Systems. Quando a bolha estourou, no ano 2000, a Cisco perdeu US$ 400 bilhões em valor de mercado. Como temia Martin, investidores audaciosos que estavam superexpostos a fundos tão ultra-agressivos foram "sacrificados".

Outro cliente ligou perguntando se Martin podia garantir um rendimento de 12% "todos os anos, sem exceção". Martin lhe disse que as ações eram voláteis demais para prometer tamanho grau de consistência: "E ele disse: 'Ahnn, um cara em Nova York – um gênio chamado Madoff – não conta para ninguém como faz, mas *ele* consegue 12% como um reloginho.'" E assim esse cliente confiou suas economias a Bernie Madoff, o operador do maior esquema de pirâmide da história. A lição? "Se a pessoa não pode lhe contar como consegue" e "não dá para entender o que ela faz", diz Martin, "esse provavelmente não é o melhor lugar para estar". **A sua "regra de ouro de gestão de riscos" é simples: "Saiba aquilo que possui."**

Para Martin, a melhor defesa contra desastres é "compreender os princípios centrais" dos investimentos e ter, então, a "disciplina básica" de nunca violar essas "leis financeiras da gravidade". A lei mais essencial é manter uma margem de segurança, que provém da compra de ativos por menos do que valem. Martin, coautor de um livro intitulado *Benjamin Graham and the Power of Growth Stocks* (Benjamin Graham e o poder das ações de crescimento), adverte: "Você *vai* fazer besteira. A pergunta é: vai conseguir se recuperar?" O conceito de Graham de "margem de segurança" o ajuda a "conter" seus erros "para que nunca sejam grandes demais. É assim que você se recupera".

Martin não está defendendo evitar riscos. Ao contrário. "É preciso correr riscos quando se quer obter retorno." Mas esses riscos precisam sempre ser "calculados". Martin, que gerencia US$ 6 bilhões e exige um mínimo de US$ 15 milhões para abrir uma conta separada, é especializado em um nicho ousado: empresas de pequeno e médio portes crescendo a taxas aceleradas. Mas insiste em investir a preços baixos ou justos, com base em sua estimativa do valor intrínseco agora e daqui a sete anos. Trata-se de um "artigo de fé" a crença de que o valor intrínseco de uma empresa e seu valor de mercado convergirão com o tempo. Existem "duas fontes de rendimento de uma ação", diz. "Uma é o crescimento em valor intrínseco. A outra é a hora da verdade" entre o preço da ação e o "verdadeiro valor" do negócio subjacente. Ele não faz ideia de quando essa hora da verdade ocorrerá. Mas seu período médio de permanência com uma ação é de uma década.

Martin só compra uma ação se ela for barata o bastante para gerar uma taxa esperada de retorno elevada em um prazo de sete anos. Para ações de médio porte, ele exige uma taxa de retorno mínima de 12%. Para as de pequeno porte, que têm um risco maior de falência, exige um mínimo de 15% ao ano. Por que isso é importante? Porque esses requisitos padronizados o obrigam a comprar ações *de maneira sistemática*, apenas quando elas representam uma proposta atraente o bastante. **Como Martin aprendeu na Marinha, "obediência ao processo" é uma garantia indispensável: "Sempre a respeite, porque é ela que vai mantê-lo distante dos problemas."**\* Essa ideia de adotar algumas práticas-padrão e regras **inquebráveis é a nossa quarta técnica de redução de tolices.** Buffett e Munger podem não precisar de restrições formais para manter a disciplina. Mas eu e você não somos eles.

Martin tem outra regra que observa "religiosamente" como proteção contra calamidades. Ele nunca investe mais de 3% do patrimônio em uma

---

\* Embora seja verdade que Martin obedeça rigorosamente seu processo de investimento, ele acrescenta um porém importante: "Processos não são coisas fixas. Eles são dinâmicos." Todos os anos sua equipe passa três dias discutindo como melhorar seus processos.

ação no momento da compra. Em geral, possui ações de 45 a 50 empresas. Será que isso é conservador demais? De modo algum. Tanto assim que não o impediu de superar os índices do mercado por amplas margens durante décadas e *evitou* aborrecimentos sem fim.

Vejamos o caso de Bill Ackman e Bob Goldfarb, dois talentosos investidores que fizeram investimentos colossais na Valeant Pharmaceuticals. A empresa perdeu 95% do valor em meio a escândalos relacionados a uma contabilidade fraudulenta e à cobrança de preços obscenos pelos medicamentos. Goldfarb, que tinha colocado mais de 30% do Sequoia Fund na Valeant, aposentou-se humilhado, tendo arruinado seu histórico ilustre com um único erro. Ackman perdeu US$ 4 bilhões. "Aparentemente, ele é um sujeito brilhante", diz Martin. "Mas, cara, foi um ato de amadorismo dele. Não é preciso adotar esse tipo de posição radical." Para Martin, o mais instrutivo é estudar "desastres financeiros" protagonizados pelos "caras bons de verdade", porque o ideal é "lembrar-se sempre de como este setor é difícil. A humildade é extremamente importante nos investimentos. Sempre, *sempre* pense nas suas limitações".

Essa atitude cautelosa em relação ao risco se espraia para além do domínio dos investimentos. Munger costuma pregar a importância de evitar comportamentos cujo lado bom seja insignificante e o lado ruim possa ser devastador. Certa vez ele comentou: "Três coisas arruínam as pessoas: drogas, álcool e alavancagem." A categoria de atividades que apresentam esse tipo de assimetria perigosa também inclui dirigir embriagado, casos extraconjugais e fraude nos impostos ou nos comprovantes de despesas. Qualquer que seja o nosso ponto de vista moral, essas são apostas tolas.

A sobrevivência de Martin – como oficial da Marinha, gestor financeiro e piloto experiente – não é acidental. Ele mantém um foco permanente na prioridade fundamental de "não deixar os desastres matarem você". Hoje em dia ele pilota um jatinho Gulfstream de segunda mão que comprou depois que o preço caiu de cerca de US$ 14 milhões para US$ 5,25 milhões. "É simplesmente fabuloso", diz. "Ele voa que é uma beleza." Mesmo assim, ele descreve a si mesmo e ao piloto principal da empresa como "os dois maiores covardes dos céus".

Eles têm uma "regra a ferro e fogo" que os tem mantido longe de encrenca há muitos anos: se qualquer um dos dois sente "uma coisa esquisita" no estômago durante a viagem, "avisa e não seguimos viagem. Damos meia-volta sem qualquer discussão". Martin se lembra de ter adiado uma reunião crucial com um importante cliente na Flórida por conta do risco de que o avião não tivesse combustível suficiente: "Eu não estava disposto a desobedecer a margem de segurança. Atrasar-me para uma reunião é uma coisa. Cair com o avião e morrer é algo completamente diferente."

Martin adaptou essa regra, tornando-a parte integral do seu processo de investimento. Ele concedeu a dois colegas de confiança o poder de veto a qualquer escolha de ações antes de efetivar a compra – outra salvaguarda sistemática contra a possibilidade de erro de cálculo ou excesso de confiança.

A disposição de Martin para reconhecer que é falível tem sido boa para ele, protegendo-o não apenas de si mesmo, mas o posicionando para lucrar com os erros de outros investidores. Muitos anos atrás, um fundo *hedge* dos mais caros, que chegou a gerir bilhões, fechou, depois de apresentar mau desempenho. Martin entrou na jogada e comprou US$ 500 mil de móveis "maravilhosos" de escritório da finada firma por US$ 25 mil. "Nunca esqueçamos", diz, "o valor de ser o último homem de pé."*

## Cuidado com seu cérebro

Um dos problemas mais espinhosos que enfrentamos como investidores é que o cérebro humano é mal preparado para tomar decisões racionais. Nosso juízo é constantemente torpedeado por emoções como medo, ganância, ciúme e impaciência; por preconceitos que distorcem nossa percepção da realidade; por nossa suscetibilidade a argumentos sedutores de vendedores e à pressão dos pares; e por nosso hábito de agir com base em informações defeituosas ou incompletas. Como escreveu o biólogo

---

* Outro método de Martin para aumentar a sua probabilidade de sobrevivência é manter os custos excepcionalmente baixos na sua empresa de investimentos, a começar pela atribuição a si mesmo de um modesto salário-base de US$ 150 mil por ano. Ele também gasta apenas uma diminuta fração da sua renda total. "Se hoje eu estiver errado, amanhã estarei certo", diz, "porque estarei *aqui* amanhã."

evolucionista Robert Trivers no livro *The Folly of Fools – The Logic of Deceit and Self-Deception in Human Life* (A insensatez dos tolos – A lógica do engano e da autoilusão na vida humana), "os nossos maravilhosos órgãos de percepção" nos permitem obter informações que as nossas mentes sistematicamente "decompõem e destroem".

Nos anos 1990 Munger tratou desse problema em três palestras sobre "a psicologia do erro de julgamento humano". Em 2005 escreveu uma versão ampliada para inclusão em uma coletânea de seus maiores sucessos, *Poor Charlie's Almanack – The Wit and Wisdom of Charles T. Munger* (O almanaque do pobre Charlie – A espirituosidade e a sabedoria de Charles T. Munger). Sua palestra, que Nick Sleep exalta como "a melhor palestra de investimentos de todos os tempos", é uma impressionante demonstração de cara de pau intelectual. Munger, sem nunca ter feito um curso de psicologia e tendo lido apenas três livros sobre o tema, compilou uma lista de 25 "tendências psicológicas" que fazem nossas mentes darem defeito, atribuindo-lhes nomes sonoros, como "tendência ao excesso de autoestima", "tendência ao blá-blá-blá" e "negação psicológica simples de evitamento da dor". Ele cometeu até a temeridade de criticar psicólogos da academia pela incapacidade de compreender o próprio tema.

A compilação de "erros de raciocínio padrão" de Munger proporciona a ele – e a nós – uma *checklist* prática de armadilhas a evitar. "O truque aqui é primeiro compreendê-las e depois treinar para sair delas", diz Sleep. "É algo fácil de explicar. O difícil é introjetar. Essa é a parte que dá trabalho." Mas é essencial, porque "as vantagens mais duradouras são as psicológicas".

Munger começa com uma tendência de enorme importância cuja relevância quase todos nós subestimamos: o papel que o incentivo exerce na "transformação cognitiva e comportamental". Ele cita seu ídolo, Benjamin Franklin, que afirmou: "Quando quiser convencer alguém, apele ao interesse, e não à razão." Munger escreve: "Essa máxima é um guia sensato para uma precaução simples e importante na vida: nunca, jamais pense em outra coisa quando você precisa pensar no poder dos incentivos."[40]

Os incentivos são decisivos em todos os setores da vida, seja para motivar os funcionários ou para persuadir os adversários mais recalcitrantes: seus filhos. Munger observa que a União Soviética sofreu com a "tola e deliberada ignorância do superpoder das recompensas" por parte dos líderes comunistas, que os levou a não incentivar muito o trabalho produtivo. Ele também adverte contra o "viés causado por incentivos" das equipes de vendas, que podem levar "um sujeito bastante decente" a derivar "para um comportamento imoral a fim de conseguir o que deseja". Como antídoto, Munger oferece uma dica: "Receie, sobretudo, conselhos profissionais quando eles são particularmente bons para o conselheiro."

O mundo financeiro é tão repleto de conflitos de interesses que precisamos estar sempre atentos à influência distorcente dos incentivos sobre qualquer pessoa que esteja promovendo produtos ou dando conselhos. Se, por exemplo, você estiver pensando em investir em um fundo ou em um plano de previdência, precisa saber com exatidão como seus "conselheiros" são recompensados pelas recomendações que dão. É igualmente imperioso analisar se os incentivos do gestor do fundo estão alinhados corretamente com o *seu* interesse ideal.

Em 1998 escrevi uma matéria arrasadora sobre o Kaufmann Fund, que tinha ganhado na loteria como um fundo pequeno que havia feito grandes apostas em ações pequenas. Rendimentos fantásticos e publicidade incessante o transformaram em outro animal. Com cerca de US$ 6 bilhões de patrimônio, não podia continuar a focar agressivamente em empresas de pequeno porte e seus resultados foram se deteriorando. Mesmo assim, seus dois gestores embolsaram US$ 186 milhões em comissões no espaço de três anos, apesar de ficarem mais de 50 pontos percentuais abaixo do índice S&P 500. Um deles chegou a admitir para mim que não aplicava nem um centavo do seu dinheiro no próprio fundo. *Isso* é um desalinhamento. Tantos anos depois, não fico chocado ao ver que o fundo ainda cobra uma taxa de despesas espantosa de 1,98% ao ano. Com US$ 7,5 bilhões em ativos, é uma incrível máquina de comissões. Considerando as economias de escala, não seria mais justo cobrar menos? Com certeza. Mas quem lucraria? Só os clientes.

Por sua vez, Martin reconheceu faz muito tempo que não é capaz de investir quantias elevadas em ações de empresas pequenas sem prejudicar o retorno dos seus investidores. Por isso ele fechou o seu portfólio de pequeno porte a investidores novos em 2006, quando o patrimônio da sua firma naquela área atingia apenas US$ 400 milhões. Esse comedimento custou-lhe dezenas de milhões em comissões, mas prestou um grande serviço aos seus clientes de então. Sempre é revelador constatar como os investidores estruturam seus incentivos. Como vice-presidente da Berkshire, que tem um valor de mercado de mais de US$ 500 bilhões, Munger recebe um salário de US$ 100 mil. Como presidente da Daily Journal, ele não recebe salário. Seu lucro é baseado na performance, e não em comissões.*

Munger costuma comentar a importância de associar-se a pessoas honradas e generosas, fugindo ao mesmo tempo daqueles com "incentivos perversos". Ele ficou abismado com a ganância que precipitou a crise de 2008-09, em que as mentes mais brilhantes de Wall Street se meteram com façanhas como o reempacotamento de hipotecas *subprime* para criar títulos radioativos com classificações de crédito impecáveis. É fácil racionalizar o comportamento indevido, principalmente quando não é ilegal e todo mundo está bebendo da mesma fonte. Mas Munger aconselha a ter um padrão moral mais elevado, o que exige dizer: "Disto eu não dou conta."

Outro risco cognitivo que Munger ressalta em sua palestra é a "tendência a desprezar as dúvidas rapidamente", tomando decisões apressadas – hábito muitas vezes desencadeado pelo estresse. Essa "tendência ao evitamento da dúvida" faz sentido do ponto de vista evolutivo, considerando que nossos ancestrais tinham que tomar decisões imediatas diante de ameaças urgentes. Mas os atalhos mentais que levam os investidores a tomar decisões arriscadas costumam redundar em desastre. Para piorar as coisas, também tombamos vítimas daquilo que Munger chama de "tendência ao evitamento da inconsistência", que nos torna propensos a resistir a informações e ideias novas que podem contradizer nossas conclusões, por mais precipitadamente que tenhamos chegado a elas.

Munger proporciona uma analogia vívida: "Quando um espermatozoide entra no óvulo humano, há um mecanismo de fechamento automático que impede qualquer outro espermatozoide de entrar. A mente humana tem uma forte tendência ao mesmo tipo de resultado." **A relutância em**

---

* A Daily Journal, que comercializa publicações jurídicas e aplicativos para sistemas de tribunais, tem tido um desempenho aceitável para uma editora. Mas, com um valor de mercado de menos de US$ 400 milhões, é um interesse paralelo para Munger, e não o principal. Foi sua participação na Berkshire que o tornou bilionário. Mesmo assim, nem de longe ele é tão rico quanto Buffett, em parte por ter iniciado sua carreira nos investimentos depois de uma passagem pelo direito, enquanto Buffett começou a acumular dinheiro no útero.

rever as nossas ideias e mudar de opinião é um dos grandes impeditivos do pensamento racional. Em vez de manter a mente aberta, temos tendência consciente e inconsciente a priorizar informações que *reforçam* aquilo em que acreditamos.

Esse equívoco de agarrar-nos cegamente às nossas convicções atuais pode ser exacerbado por várias outras tendências psicológicas. A "tendência ao excesso de autoestima" nos leva a superestimar nossos talentos, opiniões e decisões. A "tendência ao excesso de otimismo" nos atrai para ações descuidadas de arrogância financeira, sobretudo quando tudo está indo bem e nos achamos espertos. E a "negação psicológica simples de evitamento da dor" nos leva a distorcer os fatos quando "a realidade é dolorosa demais para suportar". Isso ajuda a explicar por que tantos investidores se deixam enganar e acreditam que podem superar os fundos indexados a longo prazo, embora careçam das qualidades, do temperamento ou do controle de custos necessários. Munger gosta de citar Demóstenes, orador da Grécia Antiga, que comentou: "Não há nada mais fácil que o autoengano, pois o homem acredita naquilo que deseja."

Se a mente humana é uma trapaceira tão grande, como podemos esperar tomar decisões racionais de investimento? Primeiro, precisamos reconhecer que existem ameaças insidiosas. Como escreveu Ben Graham, "o maior problema – e o pior inimigo – do investidor é, provavelmente, ele mesmo".

Precisamos, ainda, estar atentos às nossas tendências psicológicas peculiares, que podem distorcer o nosso julgamento em direções previsíveis. Howard Marks, que tem uma inclinação a se preocupar, me disse: "Quando o seu raciocínio é fortemente tingido pelo *wishful thinking*, então terá um viés otimista nas avaliações de probabilidades. Quando você é dado a ter medo, seu viés será no sentido negativo. Ninguém nunca dirá: 'Esta é a minha previsão e provavelmente ela está errada.' Mas você *precisa* dizer: 'Esta é a minha expectativa e eu tenho que estar ciente da probabilidade de que esteja contaminada pelo meu viés emocional.' E você precisa *resistir* a isso. Para mim, isso significa não amarelar quando a coisa complica."

Um método de Munger para se precaver contra a irracionalidade é a imitação da "objetividade extrema" de cientistas como Charles Darwin, Albert Einstein e Richard Feynman. Quando perguntei o que podemos aprender com eles em relação a como analisar um problema, Munger disse: "Todos eles foram muito rigorosos consigo mesmos. *Trabalharam* para diminuir a estupidez. *Preocupavam-se* em analisá-la adequadamente. Tinham capacidade de manter a atenção e trabalhavam, trabalhavam, trabalhavam para evitar a estupidez."

**Munger admira em especial a determinação inabalável para buscar "evidências não conformes" que possam desmentir até mesmo as suas crenças mais arraigadas. Esse hábito mental, que assume várias formas diferentes, é a nossa quinta defesa contra a tolice.**

Por exemplo, Darwin se recusava a permitir que a sua fé cristã ou o senso comum entre seus colegas naturalistas acabassem com as suas conclusões espantosas sobre a evolução. Na introdução a *Origem das espécies*, de 1859, ele descarta uma crença sacrossanta, tirada da Bíblia, ao declarar: "Não posso entreter qualquer dúvida, depois do estudo mais dedicado e do juízo mais objetivo de que sou capaz, de que a visão que a maioria dos naturalistas sustenta, e que eu sustentava anteriormente – isto é, a de que cada espécie foi criada de forma independente –, é errônea."

**Essa disposição de aceitar a descoberta dos próprios erros é uma vantagem inestimável.** Munger a nutre congratulando a si próprio quando tem êxito em demolir uma das suas crenças arraigadas, de modo que a "remoção da ignorância" se torne uma fonte de satisfação, e não de vergonha. Certa vez ele comentou: "Se a Berkshire fez um modesto progresso, uma boa parte dele se deve ao fato de que Warren e eu somos muito bons na destruição de nossas ideias mais queridas. Qualquer ano em que você não destrua uma das suas ideias mais estimadas é, provavelmente, um ano perdido."

Um desses anos se destacou porque a ideia mais querida que eles destruíram deu lugar a uma ideia ainda melhor, que alteraria drasticamente a trajetória da Berkshire nas cinco décadas seguintes. Em 1972 foi oferecida a Buffett e Munger a oportunidade de adquirir a See's Candies, um fabricante de chocolate da Califórnia, por US$ 30 milhões – um preço adicional de quase quatro vezes o patrimônio líquido tangível. Munger achou o preço razoável, levando em conta a marca poderosa da empresa, a base de clientes fiéis e a capacidade de aumentar os preços. Mas Buffett era um pão-duro que tinha feito fortuna investindo em empresas medíocres a preços tão baixos que dificilmente ele poderia perder. Tinha aprendido essa estratégia da "bituca de charuto" com Graham, seu amado mentor. Como poderia, então, abrir mão dela e pagar por qualidade?

Olhando retrospectivamente o relatório anual de 2014 da Berkshire, Buffett relembra: "Minha cautela mal calculada poderia ter estragado uma excelente aquisição. Mas, por sorte, os vendedores decidiram aceitar nossa oferta de US$ 25 milhões." Munger disse que ele e Buffett teriam desistido da See's se o preço fosse US$ 100 mil mais alto: "Naquela época éramos idiotas a esse ponto." Desde 1972 a See's teve um lucro de mais de US$ 2 bilhões antes dos impostos, validando a nova crença deles de que vale a pena pagar a mais por ótimas empresas.

Essa constatação mudou tudo, levando-os a investir em empresas de nível global, como a Coca-Cola. A avaliação deles de ativos intangíveis – entre eles a lealdade à marca e uma gestão excepcional – continuou a evoluir, possibilitando que pagassem extras cada vez maiores para adquirir empresas únicas, como a ISCAR e a Precision Castparts. No relatório anual de 2014, Buffett atribuiu a Munger a cura de seu vício em bitucas de charuto e a criação "do modelo da Berkshire de hoje. O projeto que ele me deu foi simples: esqueça o que você sabe a respeito de compra de boas empresas a preços incríveis; em vez disso, compre empresas incríveis a preços bons".

Nada disso teria acontecido não fosse o comprometimento absoluto de Buffett e Munger com o desafio às próprias crenças. Munger sempre desdenhou de "ideologias pesadas" em tudo, dos investimentos à política, denunciando-as como "uma das distorções mais radicais da cognição humana". Tendo trabalhado com direito antes que Buffett o convencesse a mudar de profissão, Munger se programou conscientemente para estudar contra-argumentos, de modo a articulá-los com tanta precisão quanto se fossem suas ideias. Ele também faz questão de ler artigos de pensadores capacitados dos quais discorda, entre eles Paul Krugman, colunista do *New York Times*. A maioria de nós dá preferência a fontes de informação que ecoam nossos preconceitos sociais e políticos. Mas o exemplo de Munger me levou a adotar a prática simples, e que abre a mente, de ler colunas do *Wall Street Journal* que são contrárias a meus vieses.

Outra maneira prática de assegurar que nossas ideias frágeis e nossos preconceitos preguiçosos não fiquem sem contestação é encontrar rivais intelectuais que não tenham medo de discordar de nós. Certa vez Buffett comentou: "Aquilo que o ser humano faz de melhor é interpretar todas as informações novas de modo a manter intactas as conclusões prévias. Esse é um talento que todo mundo parece dominar. E como podemos nos precaver contra isso?" A resposta dele: "Um parceiro que não seja subserviente e que seja, ele próprio, extremamente lógico é provavelmente o melhor mecanismo possível." Munger, o rival ideal, detonou tantas ideias de investimento que Buffett se refere a ele como "O abominável homem do *never*".

Munger observa que uma vantagem essencial de ter um parceiro de debates é que isso o obriga a organizar seus pensamentos para criar uma argumentação convincente. Pabrai se lembra de ter apresentado Spier a Munger e dito a ele: "Charlie, esse é o cara para quem eu atiro todas as minhas ideias." Spier brinca dizendo que é tão estúpido que Pabrai poderia falar com um macaco que daria na mesma. "E Charlie disse na mesma hora: 'Não daria certo com um macaco.'" Ele estava falando sério. Parecia Moisés revelando o quarto mandamento. Ele disse: "O macaco não daria certo porque Mohnish *saberia* que é um macaco.'"

Outros investidores de relevo encontraram formas diferentes de se certificar de que continuam abertos a visões divergentes. Bill Nygren, um renomado gestor de fundos da Harris Associates, em Chicago, recorda-se de ter encontrado Michael Steinhardt, um bilionário dos fundos *hedge* que "convidava dois analistas de Wall Street ao escritório: o mais otimista e o mais pessimista. E os três passavam o almoço debatendo uma ideia. Ele sempre queria saber o que os mais pessimistas achavam sobre alguma coisa antes de comprá-la ou o que os mais otimistas achavam antes de vendê-la".

Em parte por inspiração de Steinhardt, Nygren realiza uma "análise do advogado do diabo" antes de comprar qualquer ação. Um analista da sua equipe apresenta os argumentos a favor. Outro é designado para "preparar o arrazoado mais pessimista. Ao entender mais claramente aquilo em que estamos apostando, temos mais chances de tomar a decisão acertada".

Nygren sabe que é ainda mais difícil pensar objetivamente em relação a uma ação depois de passar a tê-la. Isso se deve em parte ao "efeito dotação" – um viés cognitivo que nos faz dar mais valor àquilo que possuímos do que àquilo que não possuímos, seja uma ação ou uma caneca de chope. Um jeito que Nygren usa para compensar esse viés é também fazer a análise do advogado do diabo para cada um de seus maiores ativos. Pelo menos uma vez por ano, um membro da equipe reavalia a ação em questão e "é encarregado de argumentar por que ela deve ser vendida".

Outra estratégia psicologicamente esperta é realizar uma análise "pré-mortem" antes de tomar qualquer decisão de investimento relevante. Isto é, projetar o futuro e fazer a si próprio a seguinte pergunta hipotética: "Por que essa decisão se revelou tão desastrosa?" A ideia do "pré-mortem" foi criada por um psicólogo aplicado, Gary Klein, para identificar problemas antecipadamente e reduzir o risco de excesso de confiança. Para os investidores, essa é uma salvaguarda valiosa, porque nos força a lidar com fatos desfavoráveis e ameaças latentes como um passo formal do processo de tomada de decisões.

Em 2016 fui aluno visitante na faculdade de administração de Columbia, no curso de Pesquisa Avançada em Investimentos, ministrado durante uma década por Ken Shubin Stein, um amigo que na época presidia uma firma de investimentos chamada Spencer Capital Holdings. Shubin Stein, que se formou em medicina antes de se tornar gestor de fundos *hedge*, orientou os alunos de seu MBA a se imaginarem dali a três anos, depois de terem fracassado em um investimento, e escrever um artigo de jornal explicando a causa do fracasso. Outro investidor conhecido disse aos alunos que a empresa da sua família redige um memorando "pré-mortem" como última precaução antes de fazer qualquer investimento. Esse procedimento expõe problemas tão graves que ele acaba rejeitando um terço dos investimentos que, do contrário, teria feito.

Não conheço ninguém que tenha refletido mais que Shubin Stein sobre as medidas defensivas que podemos tomar para minimizar os efeitos destrutivos dos vieses cognitivos. No caso dele, ajudou o fato de ter tido uma experiência muito diversificada. Ele passou duas décadas gerindo fundos e montou uma *holding* com mais de 400 funcionários. Mas também tem conhecimento profundo de ciência, tendo sido pesquisador em genética muscular, feito residência em cirurgia e cofundado a Sociedade Internacional de Concussões. Seu interesse pelo cérebro toma tanto de seu tempo que em 2018 ele largou o setor de investimentos para se tornar neurologista.

Shubin Stein adverte que "não dá para se imunizar totalmente" contra os vieses cognitivos, por mais esperto ou consciente de si que você seja. O reconhecimento de que todos nós estamos sujeitos a eles é um começo, mas essa constatação não nos protege da influência inconsciente sobre o nosso jeito de pensar. Apesar disso, ele dá várias sugestões práticas que podem melhorar de modo relevante a nossa capacidade de tomar decisões racionais, apesar das tendências problemáticas incutidas no cérebro humano ao longo de milênios.

Antes de tudo, Shubin Stein recomenda reservar um momento para reescrever a lista de equívocos cognitivos comuns que Munger descreve em sua palestra sobre a psicologia dos juízos errados. Em vez de copiar Munger, é melhor fazer uma descrição dessas armadilhas com suas próprias palavras, de modo a introjetar essas ideias e torná-las suas. Também é bom personalizar a *checklist* de Munger, incluindo investimentos errados que você tenha feito no passado e dando ênfase às tendências às quais você seja particularmente vulnerável. "Você precisa aprender como seu cérebro trabalha, aquilo em que você é bom e onde residem os problemas", explica Shubin Stein. Por exemplo, ele é altamente suscetível ao "viés de autoridade", que em alguns casos o levou a confiar demais em ações adquiridas por papas dos investimentos que ele admira. Para ajudar a conter esse viés, ele acrescentou duas perguntas a sua *checklist* cognitiva: "Será que fiz o dever de casa? E será que verifiquei tudo de maneira independente?"

Assim como Munger, Shubin Stein apregoa uma "abordagem científica" à análise de investimentos. **Isso significa adotar "uma mentalidade de refutação", sempre tentando desaprovar a sua hipótese e verificando se ela "resiste ao ataque".** Uma das perguntas favoritas de Shubin Stein é: "Por que eu posso estar errado?" Ele também enfatiza a importância de analisar "hipóteses concorrentes alternativas" – uma metodologia que pegou emprestada de Richards Heuer, um veterano da CIA (a agência de inteligência dos Estados Unidos) que escreveu um livro clássico intitulado *Psychology of Intelligence Analysis* (Psicologia da análise de inteligência). Shubin Stein disse aos alunos que nunca esqueçam a sacada de Heuer: "Uma única evidência pode confirmar mais de uma hipótese."

Uma das contribuições duradouras de Heuer para a CIA foi o desenvolvimento de um procedimento rigoroso, de oito etapas, para a "avaliação simultânea de hipóteses múltiplas e concorrentes". Poucos de nós possuem a paciência para analisar problemas tão detalhadamente. Mas, como sugere Heuer, não dá para superar nossas "limitações coletivas" a menos que tenhamos "um processo de análise sistemática" que nos permita pensar de maneira metódica. *Análises do advogado do diabo. "Pré-mortems". Conversas com um parceiro de discussão cético. Uma* checklist *cognitiva que nos lembre dos nossos maiores vieses e nossos equívocos do passado.* Essas são todas técnicas de análise disciplinada que nos ajudam a desacelerar de maneira sistemática, abrir a nossa mente e levar em conta riscos que, do contrário, deixaríamos passar.

Da mesma forma, Shubin Stein ensinou os alunos a realizar uma "análise otimista/pessimista" de qualquer empresa que analisassem – outro procedimento básico que implica redigir dois relatórios (um positivo, outro negativo), cada um em uma página separada. A chave é usar essas técnicas rotineiramente, para estar sempre desafiando nossos pressupostos, ponderando argumentos contrários e resistindo à tendência do cérebro a economizar energia pegando atalhos. **Essa ênfase na adoção de procedimentos sistemáticos de análise é a sexta estratégia na nossa luta épica para não sermos idiotas.**

Por fim, precisamos de um jeito pragmático de nos protegermos das nossas emoções, levando em conta quão seriamente elas podem comprometer nossa capacidade de tomar decisões racionais. Em sua palestra, Munger menciona quanto emoções como o estresse, a depressão, o ódio e a inveja podem causar raciocínios "disfuncionais" e acentuar nossos vieses cognitivos. O estresse intenso e a confusão mental, por exemplo, podem intensificar a ânsia de um investidor de acompanhar o rebanho e deixar de lado o pensamento autônomo, principalmente quando os mercados estão despencando. O desejo de buscar segurança nos números faz sentido do ponto de vista evolutivo. Para investidores, porém, o comportamento de rebanho costuma ser desastroso, levando-os a comprar durante as bolhas e a vender durante os pânicos. Como Munger comentou certa vez: "A loucura das multidões, a tendência dos humanos, sob certas circunstâncias, a agir como camundongos, explica grande parte das ideias estúpidas de homens brilhantes e grande parte dos pensamentos estúpidos."

Em 2015 o periódico *Annual Review of Psychology* publicou uma pesquisa com 35 anos de estudos científicos a respeito dos efeitos da emoção sobre a tomada de decisões. Os autores afirmam que "uma conclusão geral" da sua pesquisa é que "as emoções influenciam a tomada de decisões de forma poderosa, previsível e invasiva". Por exemplo, os pesquisadores que estudaram decisões de apostadores concluíram que "a tristeza aumenta a tendência a privilegiar opções de alto risco e alta recompensa, enquanto a ansiedade aumenta a tendência a privilegiar opções de baixo risco e baixa recompensa". Em outras palavras, a nossa disposição emocional e o nosso estado de espírito distorcem constantemente aquilo que vemos e a nossa relação com o risco.

Com base em pesquisas como essa, Shubin Stein criou o hábito precavido de verificar se ele "está no estado psicológico e fisiológico ideal para tomar decisões". Esse hábito tem um valor inestimável não apenas nos mercados, mas em qualquer setor da nossa vida em que decisões possam ter consequências calamitosas.

A literatura científica mostra que a dor, o estresse, a solidão, o abatimento, a fome e a irritação são "precondições comuns para uma tomada de decisão de má qualidade". Por isso Shubin Stein usa um acrônimo, DESAFIo, como lembrete para fazer uma pausa quando esses fatores podem estar embotando seu juízo e para adiar decisões importantes quando ele está em um estado em que seu cérebro tenha maior probabilidade de operar corretamente.* Essa é a nossa sétima técnica para reduzir as tolices evitáveis.

Durante a crise financeira de 2008-09, Shubin Stein passou por uma prova de fogo terrível. Muitos dos que aplicavam no seu fundo pularam fora, quando na verdade era o momento de comprar. Seu negócio se achava na berlinda e ele estava profundamente envergonhado diante do maior revés da sua carreira. Ao mesmo tempo, um casal de amigos muito próximo perdeu a filha em um acidente de barco. Foi um período tão traumático que "catalisou" nele a busca de um estilo de vida mais saudável, que o ajudasse a manter o equilíbrio emocional e a pensar com mais clareza, mesmo diante das condições mais estressantes.

"Existem quatro coisas que *sabidamente* melhoram a saúde e o funcionamento do cérebro", diz Shubin Stein. "Meditação, exercícios, sono e alimentação." Determinado a usar todas as ferramentas à disposição,

---

* A *Annual Review of Psychology* chega à mesma conclusão de que "fazer cera" pode ser uma estratégia útil, já que "emoções intensas são efêmeras" e "os seres humanos retornam, com o tempo, ao estado de base".

ele passou a se exercitar intensamente, o que também o ajudou a dormir melhor. Passou a comer mais peixes, legumes e frutas. Abriu mão das suas "piores tendências", entre elas o costume de lidar com o estresse se empanturrando de sorvete de baunilha com chips de chocolate. E adotou uma prática regular de meditação – um hábito crucial na rotina de muitos investidores bem-sucedidos.

Essas "práticas para alta performance constante" têm "um efeito cumulativo" quando são adotadas de forma consistente, diz Shubin Stein. Por exemplo: "O motivo para meditar não é por ser importante em um dia específico. A prática regular da meditação vai ajudá-lo a lidar com os reveses mais duros e mantê-lo preparado o tempo todo para eles. A adoção dessa prática prepara você adequadamente. Ela é em grande parte como a medicina preventiva." Essa é uma sutileza crucial que, acredito, a maioria de nós não percebe. O momento ideal para adotar esses hábitos saudáveis não é quando estamos nas garras do estresse, mas *com antecedência*.

Depois que o problema acontece, diz Shubin Stein, a chave é reconhecer que o nosso estado emocional pode nos "preparar para o fracasso". Quando ele está estressado, irritado ou sobrecarregado, tenta fazer uma pausa, certificar-se de que está descansado e bem alimentado, e dar um tempo para voltar a um estado "neutro" que "permitirá uma tomada de decisões mais ponderada". Soluções simples, como esvaziar a agenda e conversar com o travesseiro para tomar decisões, também ajudam muito. "Quanto mais intensas as coisas ficam, menos eu ajo, tanto no nível pessoal quanto no profissional", diz. "Tento desacelerar. Tento simplificar a vida. Olho para o calendário e me retiro de várias atividades para ter certeza de que estou comendo bem, meditando e de que tenho tempo estruturado para pensar e refletir."

Em 2020 Shubin Stein atuou como médico voluntário em uma Unidade de Tratamento Intensivo repleta de pacientes de Covid-19 agonizantes conectados a respiradores. "Literalmente, eu me senti como se estivesse em uma batalha", diz. "Estávamos fazendo uma coisa importante, mas as nossas vidas estavam em risco e estávamos pondo em risco as nossas famílias, o que me fazia me sentir muito mal." Alguns dias antes, sua esposa tinha dado à luz o primeiro filho do casal. Ele se mudou para um hotel para protegê-los.

Em meio a esse pesadelo, Shubin Stein recorreu a todos os hábitos que o ajudaram a lidar com as próprias emoções durante a carreira de investidor, entre eles uma alimentação nutritiva, exercícios físicos e "uma pequena dose de meditação" – o que às vezes se traduzia em "só parar dez segundos para respirar" no banheiro antes de voltar para a UTI. Acima de tudo, ele tentava manter plena consciência do seu "estado interior", de modo que emoções como medo, ansiedade, irritação e solidão não solapassem a sua capacidade de cuidar dos pacientes e falar todos os dias com os parentes que estavam sofrendo.

Uma ferramenta "incrivelmente útil" foi a sua *checklist* DESAFIo. Ele a usou o tempo todo para medir seu estado emocional e o efeito debilitante da dor física que sentia ao usar o equipamento de proteção individual. Tendo reconhecido "que não se está no melhor estado", diz Shubin Stein, "você consegue compensar conscientemente". No hospital, isso significava tomar um cuidado a mais para rechecar suas decisões e forçar-se a ser "ainda mais compassivo com os pacientes".

Os desafios que ele estava enfrentando eram excepcionais, mas a lição mais ampla se aplica a todos. Nós também precisamos ter autoconsciência e honestidade para reconhecer quando o nosso estado emocional provavelmente irá comprometer o nosso julgamento e o nosso desempenho, de modo a seguirmos em frente com cautela ainda maior.

De maneira mais geral, também precisamos criar um estilo de vida que seja propício a uma resiliência serena. Munger, por exemplo, passa uma quantidade impressionante de tempo envolvido com atividades que lhe incutem uma sensação de equilíbrio e bem-estar, seja ler na biblioteca de casa, jogar bridge com os amigos, jogar golfe ou pescar. Ele também procura manter uma agenda livre que lhe proporcione um bom tempo para contemplação. Os detalhes podem variar, mas todos nós precisamos de hábitos e passatempos que promovam a moderação.

Mas a verdade é que Munger não tem a mesma dificuldade que a maioria de nós para controlar as próprias emoções. Quando lhe perguntei se concorda com Marks que todos os grandes investidores são emocionalmente frios, ele respondeu: "Sim. Com certeza." Não acontece com ele de se inquietar ou sentir medo em relação aos seus investimentos? "Não." Assim, ele não precisa lutar *contra* essas emoções porque não as sente? "Não."

Na ausência de emoções extremas, Munger tem liberdade para focar, com um distanciamento imperturbável, na análise da probabilidade de o êxito de um investimento favorecê-lo enormemente. Quando as ações dos bancos viraram pó durante a crise financeira, ele concluiu que a ação da Wells Fargo estava tão ridiculamente barata que representava "uma oportunidade que só aparece uma vez a cada quarenta anos". Ele comprou-as em nome da Daily Journal no "ponto mais baixo" em março de 2009 – um exemplo perfeito, diz ele, de "racionalidade e bom senso". A sua falta de emoção é uma vantagem inata que poucos investidores compartilham. "Warren também é naturalmente assim", diz ele. "Somos bem parecidos no nosso jeito de ser."

Munger também aprendeu a controlar certas emoções nocivas que lhe tirariam a alegria de viver. "Raiva sem sentido. Ressentimento sem sentido. Evite todo esse tipo de coisa", ele me diz. "Eu não deixo isso me dominar. Não deixo aparecer." O mesmo vale para a inveja, que considera o mais idiota dos sete pecados capitais, porque nem sequer é divertido. Ele também desdenha da tendência a se vitimizar e não tem paciência para "mimimi". Quando lhe perguntei se ele tem um processo mental que o ajuda a esfriar emoções que o autossabotam, ele respondeu: "Eu *sei* que a raiva é uma bobagem. Eu *sei* que o ressentimento é uma bobagem. Por isso não tenho nem uma nem outro. Todos os dias, o dia todo, tento não fazer bobagem."

### Lições de uma vida inteira

No final de nossa entrevista Munger pega de novo a sua bengala e se arrasta com dificuldade pelo lobby da sede da Daily Journal, em direção a um palco improvisado. Ao vê-lo, a plateia irrompe em uma prolongada salva de palmas. Ele necessita de ajuda para subir os dois degraus que levam ao palco. Respirando com dificuldade, senta-se e, com seu olho bom, contempla o salão superlotado de admiradores. Muitos precisam ficar de pé, porque todas as cadeiras estão ocupadas. Há ali mais gente que nos anos anteriores, ele comenta com ironia, porque "estão achando que é a última chance".

Parte guru, parte *showman*, Munger se deleita com a oportunidade de compartilhar lições da sua vida. "Vocês pertencem a uma seita", diz, com um ar de diversão amorosa. "Vamos ficar aqui um tempão, porque vocês vieram de muito longe." Nas duas horas seguintes ele responde a mais de quarenta perguntas, oferecendo sabedoria e frases espirituosas sobre um pouco de tudo, de mercados ao casamento.

Quando lhe pedem conselhos de carreira, ele opina: "Você tem que jogar o jogo para o qual tenha um talento incomum. Se você mede um metro e meio, não vai querer jogar basquete contra um cara de dois metros e meio. É simplesmente difícil demais. Por isso você precisa encontrar um jogo no qual tenha alguma vantagem, e tem que ser algo pelo qual você tenha um profundo interesse."

Quando lhe perguntam sobre a China, ele se diz maravilhado com a transformação econômica do país, mas lamenta que um número excessivo de chineses "gostem de apostar e acreditem de verdade na sorte. Isso, sim, é bobagem. A última coisa em que se deve acreditar é na sorte. Você deve acreditar em probabilidades". Munger não se interessa por apostas em cassinos ou corridas de cavalos. "Quando as probabilidades estão contra mim", diz, "eu simplesmente não jogo".

Quando perguntam sobre o *crash* da bolsa de 1973-74, quando sua sociedade de investimentos perdeu mais de 50%, ele observa que o preço da ação da Berkshire também caiu pela metade em três ocasiões: "Se você está querendo entrar nesse jogo para ficar, que é o jeito certo de fazer, é melhor ser capaz de suportar uma desvalorização de 50% sem fazer muito escândalo. E por isso a minha lição para todos vocês é: levem a vida de modo a conseguir suportar a desvalorização de 50% com graça e elegância. Não tentem fugir disso. Vai acontecer. Na verdade, eu diria que, se não acontecer, é porque você não foi agressivo o suficiente."

Quando perguntam sobre diversificação, ele a descreve como uma boa "regra para aqueles que não entendem nada". Mas sua estratégia favorita é aguardar por oportunidades raras, em que a probabilidade de ganho supera, e muito, a probabilidade de prejuízo. Quando elas aparecem, ele as agarra com "toda a força". Munger confidencia que a fortuna de dez dígitos da sua família se baseia quase inteiramente em três investimentos: Berkshire, Costco e um portfólio de ações chinesas selecionadas por Li Lu.

A probabilidade de qualquer uma dessas três apostas dar errado é "quase zero", diz Munger. "Minha riqueza está em segurança? Ora, podem ter certeza que sim."

Quando perguntam sobre os fundos indexados, ele fala das decepções que eles causam em grande parte dos profissionais de investimentos. A esmagadora maioria dos gestores ativos de fundos não consegue superar o índice a longo prazo, o que os obriga a cortar as comissões, como compensação pelo fato de não proporcionarem valor adicionado. "As pessoas francas e sensatas que eu conheço estão vendendo uma coisa que não conseguem exatamente entregar", diz Munger. "A maioria lida com isso por meio da negação. Dá para entender. Não quero pensar na minha morte."

A plateia se dispersa depois que o encontro de acionistas termina. Mas Munger fica onde está. Uns vinte seguidores fiéis se juntam em torno dele, que passa *mais* duas horas respondendo a perguntas. Para repor as energias, ele abre uma caixa de pé de moleque da See's. Vai mastigando alegre, deixando migalhas caírem por todo lado, e oferece a caixa aos seus fãs encantados. Permaneço a poucos metros da sua cadeira, observando-o e fazendo de vez em quando as minhas perguntas. O que mais me impressiona não são a amplitude e a agilidade da sua mente, mas a generosidade do seu espírito. Acho comovente ver a paciência, o carinho e a gentileza que esse mestre fragilizado demonstra diante de seus discípulos.

Enquanto Munger recorda suas aventuras financeiras, fica evidente que o que ele mais preza não é a dimensão da sua vitória, mas o jeito como venceu. Recorda uma época em que ele e Buffett rejeitaram com satisfação "o melhor negócio que já vimos" – a oportunidade de adquirir um fabricante de rapé. Só tinha um porém: a empresa ganhava rios de dinheiro vendendo um produto viciante, sabidamente cancerígeno. Inabalável, a família Pritzker comprou essa pérola defeituosa e lucrou cerca de US$ 3 bilhões. Mesmo assim, Munger não se arrepende. "Ficamos muito melhor *não* morrendo de ganhar dinheiro com um produto que sabíamos que faria com que as pessoas morressem", diz. "Por que faríamos isso?"

Para Munger, o objetivo nunca foi vencer a todo custo. "O dinheiro era muito importante para ele", diz a filha Molly. "Mas ganhá-lo trapaceando e perder a batalha da vida... para ele nunca se tratou disso." No prefácio de

*Damn Right!*, biografia de Munger escrita por Janet Lowe, Buffett escreve: "Em 41 anos, nunca vi Charlie tentar tirar vantagem de ninguém. Ele sempre deixou, de caso pensado, que eu ou outros ficássemos com o lado bom de uma transação, sempre assumiu um pedaço maior de culpa quando as coisas deram errado e sempre assumiu menos crédito do que o devido quando aconteceu o contrário. Ele é generoso no sentido mais profundo."

Munger encarna um estilo de capitalismo esclarecido, inspirado por valores à moda antiga. Ele não concorda, por exemplo, com táticas mal-intencionadas, como "infernizar" os fornecedores demorando para pagá-los. "A minha teoria de vida é um ganha-ganha", diz. "Quero que os fornecedores confiem em mim e eu confie neles. E *não quero* fazer de tudo para ferrar os fornecedores." Mas como ele concilia essa crença na justiça com a realidade de que muitas fortunas foram constituídas de maneiras menos honradas?

Munger responde falando de Sumner Redstone, magnata multibilionário da comunicação – uma famigerada raposa, além de "cabeça quente ambicioso e durão", que adquiriu participações majoritárias na Viacom e na CBS. "Quase ninguém jamais gostou dele, nem mesmo os filhos e as esposas", diz Munger. "Sumner Redstone e eu nos formamos em direito em Harvard com um ano de diferença, mais ou menos, e ele acabou ganhando mais dinheiro do que eu. Então podemos dizer que *ele* deu certo. Mas não é assim que enxergo as coisas. Não acho que seja apenas um jogo de finanças; acho que o ideal é fazer de outro jeito. A minha vida inteira eu usei Sumner Redstone como um exemplo do que não quero ser."

Quando perguntei a Munger o que podemos aprender com ele e Buffett a respeito de como levar uma vida feliz, ele falou da qualidade de seus relacionamentos e da alegria de associar-se a pessoas decentes e confiáveis: "Warren tem sido um sócio maravilhoso para mim. Eu tenho sido um bom sócio para ele. Caso queira *ter* um sócio bom, *seja* um sócio bom. É um sistema muito simples e funcionou muito bem." O mesmo princípio se aplica também ao casamento: "Se você quer um bom cônjuge, mereça ter um."

Por mais que tenha se esforçado, Munger teve sua fatia de sofrimento. O primeiro filho, Teddy, morreu de leucemia aos 9 anos de idade – "uma morte lenta e sofrida. E no fim ele meio que sabia o que ia acontecer e eu ficava mentindo para ele o tempo todo. Foi a mais pura agonia". Também houve um divórcio. E a perda de um olho. E a morte da segunda esposa, Nancy, depois de 52 anos de casamento. "A ideia de que a vida é uma série de adversidades e que cada uma é uma oportunidade para agir do jeito certo, e não do errado, é uma ideia muito, muito boa", diz Munger. "Acho que você tem que aceitar as adversidades à medida que ocorrem. Tem que aceitar as bênçãos à medida que ocorrem. Divertir-se resolvendo as charadas do melhor jeito que puder."

É bom ter um pouco de senso de humor também. Um dos pontos altos do encontro da Daily Journal acontece quando Munger recorda seus fracassos no amor, quando era um menino baixinho e magricela, oito décadas atrás, na Omaha Central High School. No primeiro ano ele convidou uma "deusa loura" para dançar. Na esperança de impressioná-la, fingiu que fumava. "Ela estava usando um vestido de renda e eu pus fogo nela", conta. "Mas eu pensava rápido e joguei Coca-Cola nela toda, e uma hora o fogo apagou. E foi a última vez que vi a deusa loura."

Por fim, depois de falar durante cinco horas seguidas, Munger é avisado de que precisa ir a outro compromisso. Eu o ajudo a descer do palco, dando-lhe o braço para apoiar. Na hora em que ele sai, sinto-me pleno de admiração. Hoje eu estive na presença da grandeza.

EPÍLOGO

# Além da riqueza

O dinheiro importa, mas não é o ingrediente fundamental de uma vida plena

---

Se tudo que você conseguiu na vida foi ficar rico comprando pedacinhos de papel, a sua vida foi um fracasso. A vida é mais do que ser esperto na acumulação de riqueza.

– CHARLIE MUNGER

---

Certa vez um repórter de TV perguntou a Bob Marley: "Você é rico?" O artista respondeu, cauteloso: "Como assim, rico?" O repórter esclareceu sua pergunta: "Você é dono de muita coisa? Tem muito dinheiro no banco?" Marley respondeu com uma pergunta: "Ser dono torna você rico? Esse tipo de riqueza eu não tenho. Minha riqueza é a vida, sempre."

Ao longo do último quarto de século passei uma enorme quantidade de tempo entrevistando e observando muitos dos maiores investidores do mundo, e me vi várias vezes refletindo sobre o que torna uma pessoa rica. Em um sentido superficial, esses investidores são os vencedores por excelência. Eles tiraram a sorte grande em uma escala quase inimaginável, que lhes permitiu comprar palácios, iates, jatinhos e coleções de nível internacional de qualquer coisa, de obras de arte a carros de corrida. Mas o que essa riqueza fez, de verdade, por eles? Que peso teve na felicidade deles? E, se a riqueza física *não for* a chave para a verdadeira abundância, o que é, então?

Tantos brinquedinhos e troféus proporcionam-lhes, como esperado, felicidade – alguma felicidade, mas não *tanta*. Sir John Templeton escreveu certa vez: "Bens materiais trazem conforto, mas ajudam pouco em termos de felicidade ou utilidade. Uma das maiores falácias é a ideia popular de que a felicidade depende do entorno e das circunstâncias exteriores." Em grande medida, obviamente, ele tinha razão. Você não precisa ser um monge zen para reconhecer que os prazeres físicos propiciam uma rota efêmera e precária para a felicidade. Não obstante, eu devo esclarecer que o próprio Templeton optou por viver em uma linda casa nas Bahamas banhada de sol, cercado por super-ricos. A sua escolha indica que as circunstâncias exteriores têm, sim, *alguma* influência na nossa sensação de bem-estar.

Ed Thorp, apostador e investidor legendário que exala *joie de vivre*, pondera, com a sua característica racionalidade, sobre a melhor forma de organizar a própria vida de modo a aumentar a sua probabilidade de ser feliz. Uma das decisões mais enriquecedoras da sua vida foi comprar uma casa em frente ao mar em Newport Beach, na Califórnia, com uma vista espetacular para o pôr do sol no oceano Pacífico. É "simplesmente um lugar incrível para desfrutar", diz Thorp. "Por que vou viver em uma cidade maluca e congestionada, com poluição, fedor, clima horroroso e barulho, onde é difícil ir de um lugar para outro? Vou morar em um lugar ensolarado e agradável, onde eu possa me exercitar ao ar livre e desfrutar de muita beleza, onde eu possa fazer trilhas, velejar ou mergulhar."\*

Thorp, que iniciou a carreira como um mal pago professor de matemática, aprecia os luxos que o sucesso nos investimentos lhe proporcionou. Quando perguntei qual de seus bens ele mais amava, sorriu e disse: "Gosto de verdade do meu Tesla. É tão legal. Simplesmente o melhor automóvel." Apesar disso, ele nunca se deixou seduzir pela ilusão de que ficaria ainda mais feliz se pudesse juntar *mais* dinheiro, *mais* casas, *mais tudo*. "A coisa mais importante na vida é, provavelmente, com quem você passa o tempo", diz Thorp, que enviuvou depois de 55 anos de casamento e depois casou-se de novo. "Gente que não para de empilhar objetos não entende

---

\* Mais tarde Thorp se mudou para outra casa a 6 quilômetros dali, na direção de Laguna Beach, onde está ainda mais perto do mar.

isso. E no fim acabam com um monte de bens materiais, mas passaram a vida inteira só correndo atrás deles."

Como sugere Thorp, problemas tendem a surgir quando ficamos tão consumidos pela caça ao dinheiro e aos bens que perdemos de vista o que mais interessa. Durante a sua carreira de gestor de fundos *hedge*, Thorp poderia facilmente ter explorado seus clientes e embolsado uma parte maior dos ganhos. Em vez disso, perguntou a si mesmo aquilo que consideraria "justo e razoável" se *ele* fosse o cliente. Projetou, então, seus incentivos de modo a não faturar nada a menos que seus clientes lucrassem. "Gente que não se importa com os outros e está disposta a fazer coisas absurdas e indevidas, explorando os outros, parece estar levando vantagem", diz. "Mas, para mim, pode até ser uma vantagem em termos daquilo que querem – sempre dá para arrancar mais carne da carcaça da vida –, mas essas pessoas não vivem bem e não se dão conta. E, na hora que acaba, basicamente desperdiçaram as próprias vidas."

Tudo isso nos traz uma importante advertência. Precisamos ter plena consciência daquilo que estamos dispostos ou não a sacrificar em nome do dinheiro. Isso pode incluir relacionamentos mais profundos com a nossa família, com os nossos amigos; talentos e ambições que deixamos de lado, ao preço da nossa realização pessoal; tempo para desfrutar de experiências que não nos enriquecem no sentido material; ou o respeito (ou não) a determinados valores em nome do lucro. Quando perguntei a Thorp se ele tinha algum arrependimento em relação às decisões que tinha tomado na vida, ele respondeu: "Não lamento nenhuma das decisões que tomei *por princípios*." Isso é um lembrete de que um dos aspectos de uma vida bem-sucedida e abundante é a autoestima que advém da tentativa constante (apesar de todos os nossos defeitos e pontos fracos) de agir com decência e evitar fazer mal aos outros.

## A liberdade de trabalhar até os 109 anos

Em 2015, Irving Kahn morreu, na espantosa idade de 109 anos. Ele assistiu a duas guerras mundiais, ao *crash* de 1929, à Grande Depressão, à ascensão e à queda da União Soviética, à invenção do computador e a tantas outras coisas. Benjamin Graham fora seu mentor e amigo e compartilhara com ele os segredos de como investir com inteligência. Kahn se valera dessa sabedoria para montar uma respeitada investidora, a Kahn Brothers Group, onde trabalhou ao lado do filho Thomas e do neto Andrew. Ele foi casado durante 65 anos e teve muitos netos e bisnetos. Como mencionei no capítulo anterior, mandei várias perguntas por escrito a Kahn poucos meses antes da sua morte e enviei-as a Andrew, que pôs no papel as respostas do avô ao longo de vários dias.

Eu queria, acima de tudo, saber qual tinha sido a chave para uma vida relevante e realizada, e não apenas uma vida extraordinariamente longa. "É muito difícil responder a essa pergunta", diz Kahn. "Cada um terá uma resposta diferente. Para mim, porém, a família foi muito importante." E o que lhe deu mais orgulho e satisfação, olhando para a vida que teve? "Ter uma família, filhos saudáveis, ver o que realizamos na empresa. Tudo isso me deu grande satisfação", diz. "Também me deu satisfação conhecer pessoas mais inteligentes que eu e que me deram respostas importantes. Na vida existem mistérios demais. Em algum momento você precisa perguntar o caminho."

Reflita, apenas por um instante, sobre esses ingredientes básicos que ajudaram na construção de uma vida rica e recompensadora. *Família. Saúde. Um trabalho útil e desafiador*, que exigia atender bem os clientes, fazendo suas economias crescerem de maneira segura ao longo de décadas. E o *aprendizado* – principalmente com Graham, um profeta dos investimentos que, nas palavras de Kahn, "me ensinou como estudar as empresas e ter êxito por meio da pesquisa, e não da sorte ou do acaso".

Para Kahn, grande parte do prazer cotidiano da vida proveio da descoberta intelectual. Ele se deleitava no estudo de empresas e na leitura a respeito de negócios, economia, política, tecnologia e história. Seu único luxo foi comprar milhares de livros. Gastava uma parte diminuta da sua renda e nunca ostentou riqueza. Preferia hambúrgueres a refeições sofisticadas em restaurantes chiques. Gostava de contar do dia, nos anos 1930, em que pagou US$ 0,75 pelo jantar com a esposa no seu restaurante chinês favorito. Mesmo depois dos 100 anos, Kahn ia de ônibus para o trabalho várias vezes na semana. Quando fui ao seu escritório, fiquei impressionado com a modéstia. A mobília, utilitária, parecia velha e desgastada; a parede descascada precisava de uma demão de tinta; e o item decorativo principal era um quadro de avisos repleto de retratos de família e com uma foto antiga do seu professor Graham.

"Meu pai se interessava por ideias", diz Thomas Kahn, hoje presidente da empresa da família. "A maioria dos caras de Wall Street está lá pelo dinheiro. Eles querem o terno caro, compram casa em Palm Beach, carro com motorista, jatinho. Para eles, o objetivo é gastar. Para Irving, não era. Ele nunca ligou para as coisas materiais." Acima de tudo, ele curtia "a satisfação de ter razão, tomar as decisões certas e se sair melhor que os outros".

Apesar disso, em certos aspectos, o dinheiro era imensamente relevante: era ele que permitia a Kahn viver e trabalhar exatamente como queria. Nas palavras de Thomas Kahn, "você acumula capital e aí pode fazer o que bem entender, porque fica independente". Para muitos dos investidores mais bem-sucedidos que entrevistei, essa liberdade de constituir uma vida que se alinhe de forma autêntica com as próprias paixões e peculiaridades talvez seja o único luxo que o dinheiro pode comprar. Bill Ackman, um bilionário conhecido por apostas ousadas e polêmicas, certa vez me disse: "O motor pessoal mais importante para mim, lá no começo, era a independência. Eu queria ser financeiramente independente. Queria ser independente o bastante para dizer o que eu pensava. E queria ser independente o bastante para fazer o que eu achava certo."

Do seu jeito discreto e peculiar, Kahn era autêntico consigo mesmo. Para a maioria de nós, a ideia de ir de ônibus, aos 100 anos de idade, para uma torre de escritórios em Manhattan não é lá muito atraente. Mas Kahn tinha pouco interesse em se aposentar – e tampouco, aliás, em visitar galerias de arte, ir ao teatro ou fazer viagens de lazer. "Ele gostava do que fazia", diz Thomas Kahn. "Era o hobby dele."

Tão importante quanto isso era o fato de que a fortuna dava paz de espírito a Kahn. Sua prioridade nunca foi maximizar o retorno, e sim preservar seu capital e progredir ao longo de muitas décadas de maneira sustentável. Ele separou uma reserva polpuda de capital, o que reduzia seus lucros, mas assegurava que nunca fosse obrigado a vender prematuramente um de seus investimentos nos momentos difíceis. Essa base estável, somada a seus modestos hábitos de consumo, permitiu que aguentasse qualquer grau de turbulência econômica. "Quando o mercado despenca, e daí? Ainda dá para comer hambúrguer", diz Thomas Kahn. "É legal de verdade poder dizer: 'Ok, não estou contente. Mas não estou na lona como os outros.'"

Esse sentimento enraizado de segurança é um prêmio valioso. Durante a crise financeira global de 2008-09, o setor do jornalismo foi arrasado e perdi meu emprego de editor de uma revista internacional no mesmo momento em que meus investimentos sofreram um baque violento. Com dois filhos em uma escola particular, além do custo exorbitante de moradia em Londres, vivi na pele o medo insidioso de não ser capaz de sustentar minha família. Por sorte, eu havia tido o cuidado de não me endividar. Por isso consegui sair da crise sem vender nenhum investimento. Apesar disso, esse período traumático reforçou a minha convicção de que nada é mais essencial que a nossa capacidade de sobreviver aos períodos mais difíceis – não apenas financeira, mas emocionalmente. Quando as coisas estão indo bem, é fácil esquecer isso.

O dinheiro pode proporcionar um colchão de grande valor, uma tábua de salvação, um anteparo crucial contra as incertezas e os infortúnios. Mas ele não é suficiente. Precisamos também ter resiliência e força mental para atravessar essas tempestades e recomeçar quando elas passam. Para a maioria de nós, a qualidade de vida depende menos da situação financeira do que de qualidades interiores, como serenidade, aceitação, esperança, confiança, reconhecimento e otimismo estoico. Como escreveu John Milton em *Paraíso perdido*, que ele ditou depois de perder a visão, "a mente é um lugar em si mesmo, e em si mesma pode transformar o inferno em céu, o céu em inferno".

## A capacidade de aguentar a dor

As pessoas costumam supor que os investidores famosos se protegem, que vivem em um casulo de riqueza e privilégio que os isola de problemas maiores. Mas passei com eles tempo o bastante para testemunhar de perto seus problemas e suas dores, entre elas divórcios litigiosos, filhos doentes e períodos de estresse insuportável. O destino deles também depende fortemente dos acasos do mercado financeiro, que podem ser cruéis e inconstantes, destruindo seus sonhos, castigando sua arrogância e expondo à troça alheia seus erros de avaliação. Mohnish Pabrai comenta que todos os grandes investidores compartilham uma característica indispensável: "a capacidade de aguentar a dor".

Em 2017 encontrei-me com Jason Karp no seu moderno escritório no 32º andar de um arranha-céu de Nova York, com vista impressionante para o Central Park. Karp, na época CEO e *chief investment officer* da Tourbillon Capital Partners, era uma estrela em ascensão no mundo dos investimentos. Formado entre os quatro melhores alunos da sua turma na Wharton em 1998, tornou-se um gerente de portfólios de alto nível na SAC Capital e lançou um dos fundos *hedge* startup mais badalados da história. A sua empresa registrou rendimentos impressionantes nos três primeiros anos, atraindo rapidamente mais de US$ 4 bilhões em patrimônio. Bonitão, charmoso, inteligente e assustadoramente determinado, Karp parecia destinado ao triunfo em tudo que tocasse.

Mas seu fundo principal tinha perdido 9,2% em 2016, atingido, em parte, por uma aposta errada de que a Valeant – empresa manchada por um escândalo – se recuperaria quando o mercado reconhecesse que não era *tão* radioativa quanto parecia. No mesmo período, o índice S&P 500 rendeu 12%. Foi o pior momento na carreira de dezoito anos de Karp. Além disso, 2017 começou mal e ele terminou com um prejuízo de 13,8%. Karp se referiu com franqueza desarmante ao impacto do seu primeiro encontro com o fracasso. "O ano passado foi uma grande lição de humildade", disse. "Levei muito para o lado pessoal e apanhei bastante. Tive a impressão de estar pedindo desculpas o ano inteiro, o que era meio incomum, e me questionei muito em relação ao que aconteceu. Será que eu tinha ficado incompetente? Ficado burro? Estou perdendo o jeito?"

No passado, disse Karp, houve períodos em que seus rendimentos foram "quase inacreditáveis de tão bons. Todo mundo quer saber qual é o seu ingrediente secreto. Como você é tão incrível? Isso sobe mesmo à sua cabeça". Agora ele estava se sentindo como se tivesse caído "do topo absoluto ao poço mais profundo. Era quase como se esperassem que fôssemos imortais e de repente tivéssemos mostrado a nossa mortalidade".

Tendo crescido nos anos 1980, Karp jogava videogames com tanta obsessão que beirava a "insalubridade total". Mas agora ele encarava a sua juventude desperdiçada como uma preparação "muito útil e formadora" para a carreira em investimentos. "Uma das coisas boas nos videogames, como metáfora, é que você morre o tempo todo", explicou. "Você joga, joga, joga e morre. Joga, joga e morre." É um modo inofensivo de aprender a "aceitar a perda e a derrota constantes, sem parar. E isso não o aborrece. Você só continua a jogar. E os investimentos são assim".

O problema de gerir o dinheiro alheio, disse Karp, é que "você está sob constante análise. O tempo todo sendo comparado aos outros". Apesar disso, os rendimentos a curto prazo representam uma medida pouco confiável do seu talento, do seu esforço e do seu potencial a longo prazo. "Toda semana você é julgado por algo que não tem como controlar."

Essa falta de controle pode ser aterradora. Karp adotou um método de investimento lógico e consistente, mas começou a ter uma "sensação muito, *muito* desagradável" de que "não havia um elo claro entre o processo e o resultado". Comentou que os cientistas sabidamente "induzem a insanidade" em animais de laboratório durante experiências, estimulando-os a puxar uma alavanca várias vezes e respondendo aleatoriamente, ora com um alimento, ora com um choque elétrico. Como negociador ativo em um mercado violentamente irracional e volátil, ele começou a se identificar com essas criaturas infelizes.

"A aleatoriedade é tanta que pode enlouquecer você", diz Karp. "É preciso ser um pouco masoquista, com um jeitão bizarro, para exercer essa profissão por um longo período. É quase como se submeter a tortura repetidas vezes. Porque, quando você acerta, a sensação é ótima. Mas frequentemente você erra. E precisa recomeçar."

Karp reconheceu que a resiliência é um requisito para o sucesso nos mercados e na vida. Atleta de alto nível, ele foi da seleção americana universitária de squash. Depois, aos 20 e poucos anos, desenvolveu diversas doenças autoimunes que puseram a sua vida em risco. Os médicos lhe disseram que ele ficaria cego aos 30 anos. Para sua surpresa, restabeleceu-se completamente depois de uma alteração radical em relação à sua alimentação, às suas horas de sono e à gestão do estresse. Obcecado por saúde e pela excelência duradoura, projetou a sede da Tourbillon com academia, sala de meditação e copa abarrotada de alimentos saudáveis. Chegou a proibir refrigerantes na empresa. Em relação ao recrutamento, contratava especificamente gente com capacidade comprovada de recuperação de reveses, usando um ex-interrogador da CIA para ajudá-lo no processo de seleção.

Em 2018, porém, Karp concluiu que bastava. Sentia que seu "toque pessoal se perdera", que ele não adicionava valor significativo a um mercado dominado cada vez mais por fundos indexados e negociações feitas por computador. Daria para seguir em frente e embolsar comissões extravagantes por mais alguns anos, mas ele não suportava ser medíocre. Por isso fechou seus fundos, devolveu cerca de US$ 1,5 bilhão aos acionistas e largou a área de fundos *hedge*.

Quando voltei a falar com ele, em 2020, Karp me disse: "Nos meus últimos anos na Tourbillon eu estava sofrendo de depressão clínica, e até mesmo no auge do meu sucesso estava clinicamente deprimido." O dinheiro, os admiradores, o estilo de vida glamouroso, nada disso conseguia fazê-lo feliz. "É claro que eu tinha ganhado várias vezes o bastante para me aposentar", afirmou. "Mas tinha sempre uma sensação de vazio. Sentia que a minha alma estava decadente." Como negociador correndo o tempo todo de uma aposta de curto prazo para outra, ele também sentia que o trabalho se tornara um vício. "Era só esse jogo compulsivo de ganhar levando os preços de lá para cá. Eu não estava construindo nada concreto."

Karp já tinha dado guinadas na vida antes. Quando tinha 20 e poucos anos, recuperou a saúde adotando um estilo de vida "ultrassaudável", livre de alimentos processados, álcool, cafeína e até marcas de xampu ou desodorante com substâncias químicas. Na casa dos 40, está se reinventando de novo. Determinado a criar algo de "valor duradouro", acaba de lançar o seu novo empreendimento – uma *holding* de capital fechado batizada HumanCo, que vai apoiar e promover empresas que "ajudem as pessoas a viver de forma mais saudável". É um nicho especializado para o qual tem certeza de poder contribuir. Além disso, o foco da empresa em um estilo de vida saudável e sustentável está totalmente alinhado com seus valores.

Recomeçando do zero, Karp também se mudou de Manhattan, com a esposa e os filhos, para Austin, no Texas – "uma meca da saúde e do bem-estar" com "clima melhor", "mais atividades ao ar livre", "zero imposto municipal ou estadual" e "uma positividade que o povo desgastado do mercado financeiro de Nova York não tinha". No fim das contas, aquilo que ele mais procurava não era dinheiro, e sim um estilo de vida saudável e equilibrado, uma chance de montar uma empresa "orientada para uma missão" que ajuda os outros e uma sensação de mais controle sobre seu destino. Como ele está se sentindo, então? Karp confidencia: "Há vinte anos eu não me sentia tão saudável e feliz."

## O estoque dos estoicos

De tempos em tempos todos os grandes investidores fazem besteiras ou dão azar, por mais que sejam cuidadosos e aplicados. Afinal, o mercado financeiro é um microcosmo da vida: infinitamente complexo e terrivelmente imprevisível. Quando Joel Greenblatt lançou sua investidora, em 1985, a primeira fusão em que investiu envolvia a Florida Cypress Gardens, que operava uma atração turística com jardins exóticos, flamingos e espetáculos aquáticos com Papai Noel de esqui aquático. A empresa topou ser comprada e Greenblatt fez aquilo que descreve como uma aposta de arbitragem "sem maiores riscos" de que a negociação seria fechada como previsto. Aí, certa manhã, ele abriu o *Wall Street Journal* e deparou-se com a notícia de que o pavilhão principal do parque tinha desmoronado, virado um grande buraco. O negócio melou e ele sofreu um forte prejuízo em um momento vulnerável, em que estava "contando cada centavinho". Greenblatt comenta: "Teria sido engraçado se não tivesse me deixado em pânico total."

Resumindo, todos nós estamos sujeitos àquilo que Hamlet chamou de "pedras e setas da fortuna enfurecida". Não podemos ter esperança de levar vidas felizes e bem-sucedidas a menos que aprendamos a lidar bem com a adversidade. Em tempos desafiadores, Pabrai tenta clonar a mentalidade de Marco Aurélio, imperador romano do século II d.C. e filósofo estoico, cujas anotações para si próprio foram imortalizadas nas *Meditações*, um livro que ele nunca teve a intenção de publicar. Na visão de Marco Aurélio, "a maior de todas as disputas" é "a luta para não ser esmagado pelos acontecimentos". Mas de que forma?

A chave, escreveu ele, é "concentrar-se nisto por toda a vida: que sua mente esteja no estado correto". Isso inclui "aceitar de coração aberto tudo que acontece", "confiando que tudo acontece para o bem", e "não se preocupar demais, ou por motivos egoístas, com o que os outros dizem, ou fazem, ou pensam". Marco Aurélio considerava inútil espernear ou reclamar de qualquer coisa além do controle. Em vez disso, focava em dominar os próprios pensamentos e se comportar de maneira virtuosa, de modo a cumprir suas obrigações morais. "A perturbação só vem de dentro – das nossas percepções", argumentou. "Opte por não ser atingido – e você não se sentirá atingido. Não se sinta atingido – e você não o será. Isso só pode arruinar a sua vida se arruinar o seu caráter. Do contrário, não pode atingi-lo." Ele buscava "ser como a rocha contra a qual as ondas se chocam sem parar. Ela permanece imóvel e a fúria do mar cai abatida em torno dela".

Não é difícil entender por que muitos investidores de primeira linha são atraídos pelo estoicismo – e nenhum deles mais do que Bill Miller, que estudou filosofia quando fez pós-graduação na Johns Hopkins e em 2018 anunciou que ia doar US$ 75 milhões para o departamento de filosofia da universidade. Durante a crise financeira ele sofreu uma reviravolta na sua sorte que poderia ter tirado dos trilhos para sempre um investidor com estoque de resistência estoica inferior ao dele.

Naquele período, Miller era o mais reconhecido gestor de fundos mútuos da sua geração. Seu fundo principal, o Legg Mason Value Trust, era famoso por ter superado o índice S&P 500 por quinze anos consecutivos. Mas, quando ocorreu o *crash* do mercado de 2008, ele cometeu o erro de análise mais grave da sua carreira. Apostou que um grupo de ações financeiras que estavam entre as mais atingidas ia se recuperar assim que o Federal Reserve, o Banco Central americano, atuasse de forma decidida para injetar capital e evitar uma catástrofe. Ele ficou carregado de ações radioativas, como Bear Stearns, AIG, Merrill Lynch, Freddie Mac e Countrywide Financial – e todas elas começaram a derreter. Em 2008 o Value Trust perdeu 55%. Seu fundo menor caiu 65%.

Os investidores fugiram. O patrimônio sob gestão de Miller despencou de cerca de US$ 77 bilhões para US$ 800 milhões. À medida que a empresa definhava, cerca de cem membros da sua equipe perderam o emprego. Metade do patrimônio líquido de Miller já tinha evaporado no seu divórcio, pouco tempo antes, e, quando o mercado implodiu, ele perdeu 80% da outra metade, graças a seu hábito incorrigível de investir pelas beiradas. Miller, filho de um motorista de táxi e "criado sem um tostão", comenta: "Eu não me importo tanto em perder o *meu* dinheiro." Mas ele estava atormentado por pensar em todo o sofrimento que estava causando aos outros. "Demitir tanta gente foi horrível. Foi o pior de tudo: perder dinheiro dos clientes e ver gente perdendo o emprego porque *eu* fiz besteira."

Miller, que trabalhou vários anos na inteligência militar antes de se tornar investidor, descreve a si mesmo como "bastante desprovido de emoção". Quando as ações despencam, seu modo *default* é manter-se calmo e bem-humorado, abraçando proativamente a oportunidade de lucrar com a crise emocional dos outros investidores. Mas a pressão foi tão incessante durante a crise que ele engordou 20 quilos. "Quando fico estressado, eu como e bebo", confessa. "Não estava a fim de comer salmão e brócolis todas as noites e tomar aguinha mineral. Não dá para aguentar mais sofrimento que isso, e foi ali que eu disse basta."

Miller recorre à filosofia em todos os setores da sua vida. Quando o entrevistei pela primeira vez, vinte anos atrás, ele explicou como Ludwig Wittgenstein e William James o ensinaram a pensar, ajudando-o a fazer a distinção entre percepção e realidade. Agora, com sua carreira, suas finanças, sua reputação e sua paz de espírito sob ataque, ele voltou-se, pela "estabilidade emocional", para filósofos estoicos, como Epiteto e Sêneca, lembrando a si mesmo da "atitude geral deles em relação aos infortúnios. Basicamente, não dá para controlar o que acontece com você", diz Miller. "*Dá* para controlar a sua atitude em relação a isso. Seja algo bom, ruim, neutro, justo, injusto, dá para escolher a atitude que você vai adotar."[41]

Miller também releu *Thoughts of a Philosophical Fighter Pilot* (Pensamentos de um piloto de caça filosófico), que conta as experiências do vice-almirante Jim Stockdale como prisioneiro de guerra depois que seu avião foi abatido no Vietnã em 1965. Ao ejetar-se do avião em chamas e cair de paraquedas em território inimigo, Stockdale murmurou para si mesmo: "Estou deixando o mundo da tecnologia e entrando no mundo de Epiteto." Ele passou os sete anos e meio seguintes em cativeiro, incluindo quatro anos na solitária e dois anos com as pernas acorrentadas. Foi torturado quinze vezes.

Epiteto, que nasceu escravo, proporciona uma rota para a liberdade de espírito sob quaisquer condições. Ele ensinou que nunca podemos ter certeza de controlar nada exterior, inclusive nossa saúde, nossa riqueza e nosso status social. Podemos, no entanto, assumir total responsabilidade sobre nossas intenções, emoções e atitudes. "É *dentro de você*", declarou, "que moram tanto a sua destruição quanto a sua libertação."

Stockdale não podia impedir seus carcereiros de torturá-lo até confessar. Mas lutou com bravura para defender o seu "eu interior". Quando caminhava com uma arma na cabeça rumo a um interrogatório, cantava para si mesmo um mantra: "Controle o medo, controle a culpa." Também insistia para que os prisioneiros americanos não baixassem a cabeça em público para seus captores nem fizessem acordos de soltura. "Para o estoico, o *maior* mal que pode ser infligido a alguém é aquele administrado por *si próprio* quando destrói o homem bom dentro dele", escreveu. "Você só pode ser 'vítima' de *si próprio*. Tudo é questão de disciplinar a mente."

Encarando a maior derrota da sua carreira, Miller focou naquilo que podia controlar e tentou se livrar do resto. Na imprensa, foi humilhado publicamente, e nas redes sociais foi motivo de piada. "Não fico contente quando escrevem quão idiota eu sou", diz. Mas, como aprendeu com os estoicos, "não dá para controlar o que os outros vão dizer ou pensar de você. Só dá para controlar a sua reação". A dele foi "tentar ser direto, franco, admitir erros" e fazer o melhor possível para consertar o que tinha quebrado. "Certamente, para mim não era importante vingar a minha reputação. O importante para mim, basicamente, era recuperar para os meus clientes o dinheiro que eu os fizera perder, se fosse possível."

Miller não tinha dúvidas de que a sua estratégia de compra de ações "com enormes descontos em relação àquilo que valem deveria dar certo a longo prazo". E ao longo de duas décadas ele tinha provado a si mesmo que sabia "reconhecer a diferença entre coisas que estão baratas e coisas que estão caras". Por isso seguiu em frente, primeiro na Legg Mason e depois em uma nova investidora própria, a Miller Value Partners. Apesar de tudo, ele tinha a humildade de reconhecer que seus fundos mútuos precisavam ser mais amplamente diversificados do que percebera anteriormente. "Fiquei muito mais sensível ao risco e a estar errado do que antes", conta. "É um reconhecimento de que eu não achava que pudesse estar tão catastroficamente errado quanto estava."

Os investidores que mantiveram a confiança em Miller lucraram muitíssimo desde a crise financeira. Seu principal fundo mútuo, o Miller Opportunity Trust, ficou no top 1% de todos os *equity funds* dos Estados Unidos na década seguinte. Enquanto isso, a fortuna do próprio Miller também saltou a novos patamares. Ele foi beneficiado pela ousadia de comprar mais ações durante o derretimento, investindo capital que ele levantou, em parte, vendendo o seu iate (mas não o seu jatinho, *jamais* o seu jatinho).

Mas o maior resultado de todos veio da sua imensa participação pessoal na Amazon, que ele deteve durante mais de duas décadas. Ele foi aumentando agressivamente a sua posição na Amazon após o estouro da bolha pontocom em 2001 e depois superturbinou a sua aposta investindo em opções, assim que a ação caiu de novo durante a crise financeira. Miller acredita ser hoje o maior acionista individual da Amazon que nunca pertenceu à família Bezos. Em 2020 Miller me disse que a Amazon chegava a representar 83% do seu portfólio pessoal de investimentos.*

Recordando-se da crise financeira depois de tantos anos, Miller admite que "a dor e a decepção não se reduziram nem um pouco". Mas ele fica contente em saber que a maioria dos funcionários demitidos encontrou emprego rapidamente; que não estava tão alavancado "a ponto de me tirar do jogo e me arruinar"; e que ele encontrou força para continuar comprando ações baratas mesmo nos dias mais sombrios em vez de esconder-se "como uma tartaruga dentro da carapaça quando perdi todo aquele dinheiro".

Em termos pessoais, acrescenta Miller, a crise foi "muito purificadora". É difícil continuar humilde quando você "acerta, acerta, acerta" e "as pessoas não param de dizer que você é maravilhoso. Alguma parte disso acaba se infiltrando em você". Como investidor de relevo, você é convidado o tempo todo a "opinar sobre tudo". Mas, quando comete "um erro terrível" e "está sendo destruído no mercado, ninguém quer ouvir o que você acha. Você é forçado de verdade a olhar para dentro, encarar seus erros e ver se consegue fazer melhor. E isso é bom para o ego".

Agora que passou a tempestade, Miller, que acaba de completar 70 anos, leva uma vida radicalmente simplificada. Cuida de um patrimônio de US$ 2,5 bilhões – uma fatia minúscula do que investiu no passado –, mas não tem nenhuma vontade de montar um negócio complexo, com um enxame de analistas e uma montanha de dinheiro para gerir. Ele prefere trabalhar com um punhado de analistas de confiança, entre eles seu filho. Como proprietário da firma, Miller tem "uma enorme liberdade", que lhe faltava

---

* A segunda maior posição de Miller é uma enorme aposta em Bitcoin. Resumindo, não é um portfólio para quem tem coração fraco.

na Legg Mason, uma empresa de grande porte negociada na bolsa em que "a pressão ficou muito intensa". Ele não tem mais que dar satisfações em reuniões do conselho. Seu traje padrão é jeans e camiseta. Sua agenda fica praticamente vazia, o que o deixa livre para focar na essência do seu trabalho: "Tentar adicionar valor aos clientes todos os meses."

A fortuna de Miller permite que ele evite muitos dos incômodos que poderiam desviá-lo dessa tarefa, como encher o tanque do carro, viajar em voos comerciais ou pensar na decoração de suas casas na Flórida e em Maryland. "Tenho o controle do meu tempo e do conteúdo dele", diz. Convidado a discursar em um banquete black-tie, ele recusou, explicando que tinha jogado o smoking no lixo e que nunca comprará outro. Para Miller, nada vale mais que a possibilidade de viver e investir do jeito dele – sem restrições, com independência, sem se submeter a ninguém. "Oh, yeah", diz. "Essa é a melhor parte."

Para mim, a história de Miller proporciona duas lições valiosas. Primeiro, todo mundo sofre. Quando estou passando por dificuldades, é reconfortante lembrar que Miller, Karp, Pabrai e todos os outros que entrevistei passaram pelo moedor, por mais ricos ou famosos que fossem. Há um velho ditado, frequentemente atribuído a Fílon de Alexandria: "Seja gentil, pois todos que você encontra estão lutando uma batalha difícil." Ninguém tem uma trajetória rumo ao topo isenta de problemas e há momentos em que todos precisamos de apoio adicional – da filosofia, da espiritualidade, da família, dos amigos ou de onde quer que possamos encontrá-lo. Se por acaso sonharmos que uma riqueza imensurável vai de alguma forma nos liberar do sofrimento mental, estamos criando as condições para uma decepção. Dilgo Khyentse Rinpoche, um mestre budista tibetano que foi professor do Dalai Lama, disse certa vez: "Aqueles que buscam a felicidade no prazer, na fortuna, na glória, no poder e no heroísmo são tão ingênuos quanto a criança que tenta capturar o arco-íris e cobrir-se com ele."

Em segundo lugar, há uma grande honradez na virtude simples da perseverança. Muitos anos atrás escrevi para Pabrai durante um período sofrido em que ele foi atingido por problemas em várias frentes, entre eles a falência de um de seus maiores investimentos, a Horsehead Holdings. Ele respondeu: "Marco Aurélio é meu herói neste momento. Não temos como ver o que vai acontecer, mas encarar a adversidade é uma bênção. No fim, isso nos leva a alturas superiores." O otimismo imbatível de Pabrai me lembrou um trecho maravilhoso das *Meditações*: "Lembre-se, então, deste princípio quando alguma coisa lhe ameaça causar dor: a coisa, em si, não foi infortúnio algum; suportá-lo e prevalecer é uma boa fortuna maior."

### "Eu sou o cara mais rico do mundo"

Quando penso no que representa uma vida abundante e bem-sucedida, o investidor que a encarna de modo mais perfeito, para mim, é Arnold Van Den Berg. Ele não é bilionário nem gênio. Não tem iate nem jatinho. E no entanto não há ninguém, no mundo dos investimentos, que eu admire mais. Se eu tivesse que escolher um modelo, entre todos os investidores notáveis que entrevistei nos últimos 25 anos, seria ele. O destino não facilitou, mas ele desafiou probabilidades esmagadoras para alcançar uma vida de prosperidade que vai muito além do dinheiro.[42]

Nascido em uma família judia em 1939, Van Den Berg morou na mesma rua de Anne Frank em Amsterdã. No ano seguinte, a Alemanha invadiu a Holanda e começou a aniquilar a sua população de 140 mil judeus. Em 1945, apenas 38 mil tinham sobrevivido. Os pais de Van Den Berg se esconderam durante quase dois anos na casa de amigos não judeus, Hank e Marie Bunt, que construíram um quarto secreto para eles atrás de uma parede dupla. Mas havia o risco aterrorizante de que Arnold ou o irmão mais velho, Sigmund, fizessem algum barulho quando os nazistas viessem dar busca na casa. Se fossem descobertos, seriam todos deportados para campos de concentração, onde muitas vezes as crianças eram as primeiras a ser mortas. Por isso os pais de Van Den Berg correram um risco desesperado. Deram um jeito de os filhos serem retirados clandestinamente de Amsterdã, pelo submundo holandês, usando documentos de identidade falsos.

A rede de resgate incluiu três famílias corajosas, chamadas Tjaden, Glasz e Crommelin, que arriscaram as próprias vidas para proteger os dois meninos, levando-os em segredo de um esconderijo para outro. Meio século depois, uma holandesa chamada Olga Crommelin escreveria uma carta lembrando como levou Arnold de trem e a pé para um vilarejo rural, onde ele ficou escondido em um orfanato cristão juntamente com várias outras crianças judias. Na época, Olga tinha 17 anos, e ele, 2. "Nunca vou esquecer que, quando o trem entrou na estação de onde tínhamos que partir, havia um pequeno grupo de homens da SS na plataforma e isso me deu um tremendo susto", recordou Crommelin. Imersos em uma conversa, esses membros das forças de segurança assassinas de Hitler não perceberam o bebê judeu e a adolescente que ousou salvar-lhe a vida.

Van Den Berg morou no orfanato até os 6 anos. Durante muito tempo ele acreditou que tinha sido abandonado porque a mãe não o queria. Também sofreu o trauma da separação do irmão, que ganhou refúgio com um casal sem filhos que morava em uma fazenda. As condições no orfanato eram difíceis, com tão pouca água e comida que Van Den Berg às vezes se alimentava de plantas que encontrava no campo. "Quase morri de subnutrição", diz. "Aos 6 anos de idade, mal conseguia andar. Eu me arrastava quase o tempo todo. É verdadeiramente um milagre que tenha sobrevivido."

Em um dia de 1944, os pais de Van Den Berg se aventuraram fora do esconderijo para visitar uma mulher do movimento de resistência que podia contar-lhes como Arnold e Sigmund estavam no interior. Na hora em que estavam na rua, uma sirene de ataque aéreo soou e eles se abrigaram dentro de um açougue. Um colaborador nazista que trabalhava ali reconheceu os pais de Van Den Berg como judeus e entregou-os à polícia. Eles foram presos, interrogados e enviados para Auschwitz.

Trinta e nove membros da família Van Den Berg pereceram no Holocausto. Mas os pais dele sobreviveram.* Depois da guerra, reuniram-se na casa dos Bunts e viajaram até o orfanato para recuperar o filho. "Eu não lembrava que eles eram meus pais. Não os reconheci e não me importei com isso. Só queria sair dali", diz Van Den Berg. "Meu pai disse que, se mais alguns meses se passassem, provavelmente eu teria morrido. Ele ficou com medo de me segurar, porque meus ossos estavam tão colados na pele que ele receava fraturá-los."

Poucos anos depois, a família emigrou para um bairro pobre e perigoso na zona leste de Los Angeles. "Eu era um menino muito frágil e magro", conta Van Den Berg. "Há muito *bullying* quando você é o fracote. Você é a presa." Quando começou na nova escola, a mãe vestiu-o impecavelmente

---

* O irmão de Van Den Berg, Sigmund, também sobreviveu.

com calças de couro e meias longas, o que levou vários meninos a brigar com ele no primeiro dia. Outra experiência formadora ocorreu quando ele foi jogado em cima de um valentão que exigiu que brigassem no pátio de bicicletas da escola. "Se tivessem me colocado na frente de um pelotão de fuzilamento, eu não teria ficado com mais medo", lembra Van Den Berg. "Ele arrancou o meu couro até ficar cansado de bater. Literalmente, eu não ofereci nenhuma resistência."

De volta ao lar, ele lavou o sangue do rosto e avaliou os danos. "Eu tive uma epifania. Pensei: 'Meu Deus! Fiquei com tanto medo disso e não foi tão ruim assim. Imagine então se eu tivesse reagido. Pior não teria sido.' Na mesma hora me livrei de qualquer medo de lutar. Simplesmente sumiu. Foi uma transformação incrível."

Determinado a se defender, ele aprendeu boxe e em pouco tempo descobriu os benefícios de dar o primeiro soco. Tinha tanta raiva acumulada – dos nazistas, dos assediadores na escola, dos antissemitas que o atacavam no caminho de casa e dos pais – que se tornou um lutador temível. Seus três melhores amigos eram meninos durões, de lares violentos, que pulavam em defesa uns dos outros em incontáveis brigas. A mãe dele gritava com os meninos e os molhava com uma mangueira. Mas, com o passar dos anos, eles foram ficando mais calmos e até hoje, com mais de 80 anos, continuam próximos.

Van Den Berg foi aos poucos aumentando a sua força física, fazendo escalada em corda, que na época era um esporte olímpico. Depois de seis meses treinando duas horas por dia, disputou uma corrida contra um rival que nunca tinha escalado, achando que ia demonstrar seu novo poder. "Ele ganhou de mim tão facilmente que quase chorei ali, na hora", conta Van Den Berg. "Senti tanta vergonha! Aí um raio passou pela minha cabeça: 'Você queria ficar forte e você *está* ficando forte. Por que desistir, então?'"

Seu treinador mandou que ele fosse observar um campeão de outra escola que tinha criado uma técnica inovadora de escalada. Van Den Berg ficou fascinado. Meses a fio ele acordava no meio da noite e imitava aqueles movimentos compulsivamente na frente do espelho até que ficaram gravados na mente e no corpo. Ele repetia a si mesmo o tempo todo: "Eu sou o homem número um do time." Nos anos seguintes ele se transformou em uma estrela de atletismo, quebrando o recorde escolar ao subir uma corda de 6 metros em 3,5 segundos, conquistando o campeonato local três vezes e disputando o campeonato nacional contra escaladores que já estavam na universidade. Esse foi seu primeiro gostinho do sucesso, a primeira pista daquilo que ele poderia atingir com trabalho incessante e uma ideia fixa.

Do ponto de vista acadêmico, ele ainda era um desastre. Tinha problemas emocionais, não conseguia se concentrar nas aulas e sentia dificuldade de aprender. "Eu dava sinais de não ser muito brilhante, acho. Por isso mamãe contratou um dos melhores psicólogos, achando que talvez tivesse acontecido algo comigo por causa da guerra", conta. Ele entreouviu o psicólogo especulando que todos aqueles anos de desnutrição poderiam ter danificado o seu cérebro durante um estágio crucial do seu desenvolvimento inicial.

"Por isso eu tinha uma imagem de mim mesmo como pouco esperto", diz Van Den Berg. "Olha, se eu tivesse que enviar a você o meu boletim do ensino médio, você ia gargalhar. No último ano fiz dois semestres de mecânica de automóveis. Dois semestres de ginástica. Uma recuperação. Para quê? Eu usava o horário da recuperação para fazer exercícios isométricos. Também entrei para o coral, e tenho tão pouca vocação para cantar que meu professor pedia que eu só mexesse a boca nas apresentações, porque ele não queria que eu fizesse o coral todo desafinar. Não tenho talentos inatos para nada. Nada. Tudo que consegui exigiu mais esforço que o normal."

O pai de Van Den Berg, um homem escrupulosamente honesto mas rude, que bateu nele até o dia em que ele revidou, fez os filhos passarem a pagar pela própria roupa, por comida e por lazer quando fizeram 13 anos. Van Den Berg cortou grama, lavou carros, entregou jornais, foi frentista, trabalhou em um caminhão de lixo, até que conseguiu um emprego em uma marcenaria, por quatro horas diárias, depois das aulas.

Aos 16 anos, poupando para comprar um carro, ele se deu tão bem vendendo flores que ganhou o direito de se instalar em uma banca na esquina mais cobiçada da cidade. Nesse dia caiu uma chuva torrencial. Ensopado, chateado e decepcionado com a falta de sorte, recusou-se a parar de vender, apesar de tudo. Uma desconhecida que passou de carro comprou todas as flores para que ele saísse da chuva e não pegasse um resfriado. Ela lhe deu carona até a casa dela, deu-lhe uma camisa seca e fez sopa para aquecê-lo. "Nunca a esqueci", conta Van Den Berg. "Aquela mulher tocou o meu coração. Quando alguém toca o seu coração, você nunca mais é o mesmo."

Tendo terminado o ensino médio com muita dificuldade, Van Den Berg nem se preocupou com a faculdade. Trabalhou em uma gráfica, onde foi promovido a supervisor, entrou para uma seguradora, em que vendia apólices de porta em porta, e depois passou a vender fundos mútuos para uma empresa de serviços financeiros. No meio do caminho, casou-se com a namoradinha da escola, mas ela o deixou por outro homem. Durante um período de depressão profunda que durou vários anos, Van Den Berg começou a se consultar com um psiquiatra. Ele sabia que tinha sorte por estar vivo, já que tão poucas crianças judias holandesas haviam sobrevivido à guerra. Mas era prisioneiro da própria mente. "Eu era a personificação da raiva", diz. Ele estava furioso com a ex-mulher e o Holocausto o atormentava.

Durante anos ele lutou para entender por que aquela adolescente de Amsterdã o salvara. Como ela poderia ter tido "disposição para sacrificar a própria vida" por "alguém que ela sequer conhecia"? E como os pais poderiam ter permitido que ela embarcasse em tal "missão suicida"? O psiquiatra de Van Den Berg lhe disse: "É simples. Quando a sua vida é mais importante que os seus princípios, você sacrifica os princípios. Quando os seus princípios são mais importantes que a sua vida, você sacrifica a sua vida." Essa descoberta "teve um efeito profundo sobre mim", diz Van Den Berg. Ele foi criando um desejo intenso de "fazer alguma coisa com a minha vida" e viver por princípios que fossem dignos daqueles que o salvaram.

Durante os anos em que vendeu fundos, Van Den Berg ficou fascinado com a bolsa de valores e começou a estudar por que alguns investidores se saíam melhor que outros. Isso o levou a estudar os livros de Ben Graham. A ideia de comprar ações com descontos elevados agradou-o instantaneamente. A mãe de Van Den Berg, uma empresária astuta que sobreviveu em Auschwitz negociando mercadorias e subornando os guardas para arrumar pão extra para ela e para o marido, sempre enfatizou que era bobagem comprar qualquer coisa pelo preço cheio da loja. Pareceu-lhe natural aplicar às ações a regra da mãe. Depois que um colega trapaceiro foi premiado como funcionário do mês, Van Den Berg largou o emprego e decidiu criar a própria investidora. Era o ano de 1974. Ele estava com 35 anos. Não tinha diploma de faculdade, não tinha experiência significativa, não tinha plano de negócios, não tinha escritório, não tinha clientes.

Mas abordou a nova vocação com a mesma e absoluta dedicação que aplicara à escalada de corda. O psiquiatra tinha dito a ele que as vitórias atléticas ocorreram em função da aplicação de estratégias mentais que os atletas profissionais usam rotineiramente – estabelecer metas claras, visualizar a si mesmos realizando uma performance impecável e repetir frases que afastassem quaisquer dúvidas e receios até que fossem substituídos por uma autoconfiança inabalável. Van Den Berg ficou obcecado com essas técnicas para extrair a força do subconsciente, fazendo de si mesmo cobaia de uma experiência que até hoje não acabou. Ele aprendeu a se auto-hipnotizar todos os dias, como forma de concentrar seus pensamentos fragmentados. Inundou a própria mente de pensamentos motivadores, livrando-se aos poucos da crença debilitante de que era incapaz e sem valor. E devorou livros inspiracionais de autores como James Allen, relendo várias vezes uma obra de 1901 que passou a encarar como sua bíblia: *O caminho da prosperidade*.

Allen, um livre-pensador imbuído de cristianismo e budismo, convenceu Van Den Berg a assumir a responsabilidade pelo próprio estado mental e a perdoar todos que lhe fizeram mal, inclusive os nazistas, libertando-se, assim, da própria raiva. Convenceu-o também a mudar o mundo concentrando-se em primeiro lugar em mudar a si mesmo. "Com os seus pensamentos você pode criar ou destruir a sua vida, o seu mundo, o seu universo", pregava Allen. "À medida que você cresce por dentro com o poder da mente, da mesma forma crescerão a sua vida e as circunstâncias exteriores. A alma que é impura, sórdida e egoísta gravita com precisão inevitável rumo ao infortúnio e à catástrofe; a alma que é pura, generosa e nobre gravita com a mesma precisão rumo à felicidade e à prosperidade."

No desespero de melhorar a sua situação, Van Den Berg se comprometeu totalmente a melhorar o seu caráter. Tornou-se pelo resto da vida um investigador da sabedoria de diversos caminhos espirituais, jurando buscar a verdade aonde quer que ela o levasse. A honestidade e a integridade se tornaram princípios orientadores e ele levou a ferro e fogo a afirmação de Allen de que "o homem rico carente de virtude é, em verdade, pobre". Van Den Berg nunca mais permitiu que pensamentos negativos sobre ele próprio ou sobre os outros povoassem a sua mente e drenassem a sua energia. Antes o ressentimento e a hostilidade o consumiam. Agora ele se refizera por dentro por meio da repetição constante de frases positivas como "Eu sou uma pessoa amável".

Ele não tinha nada do ceticismo ou do cinismo de um esnobe intelectual com diploma universitário. Tinha a crença absoluta de que podia gerar um futuro áureo reprogramando de modo consciente a sua mente. O que o tornava diferente era a sua persistência inquebrantável e o seu desejo insaciável de tornar-se um homem melhor. "Quero sempre trabalhar no meu aprimoramento pessoal até o dia em que eu morrer", diz. "No fim das contas, estas são as três coisas mais importantes para mim. Nunca ceda naquilo em que você acredita. Nunca fique satisfeito com aquilo que você é, apenas com aquilo que você pode ser. E nunca desista."

Van Den Berg recortou da revista *Barron's* uma fotografia de um investidor conhecido, em uma pose confiante de pé, ao lado da mesa, usando um terno impecável. Todos os dias ele olhava para aquela imagem, usando-a para visualizar a si mesmo como um gestor financeiro bem-sucedido. Estabeleceu a meta de alcançar uma média de 15% ao ano, sem perder mais de 15% em ano algum – meta que de fato atingiu durante as três décadas seguintes. Ele tirou todas as tralhas do estúdio onde morava, colocou uma escrivaninha bem no meio e cercou-se de livros de investimentos. Desistiu do xadrez (que adorava) porque roubava a sua atenção. Só jogou golfe uma vez e concluiu: "Esse é um esporte que eu não vou começar a praticar, porque vou acorrentar a minha mente." Quando uma namorada perguntou se podia fazer o jantar para ele, avisou que precisava estudar. Ela o acusou de agir como um monge.

Van Den Berg criou uma metodologia de investimento sólida, repleta de bom senso. Entre outras coisas, analisou centenas de aquisições para compor um histórico daquilo que compradores privados aceitariam pagar por diversos tipos de empresa. Em seguida, formulou algumas regras de ouro que se recusava a descumprir. Por exemplo, não investia em uma ação a menos que ela estivesse sendo negociada 50% abaixo de seu valor privado de mercado. E, sempre que uma ação alcançava 80% do seu valor privado de mercado, fazia questão de vender.

A sua disciplina inabalável e o seu foco rigoroso nas avaliações o mantiveram no caminho certo. Muitos investidores pularam fora da bolsa na esteira do *crash* de 1974. Mas os preços estavam tão baixos que ele não hesitou em comprar, o que lhe permitiu gerar rendimentos potentes durante a sua primeira década no setor. Então, quando os preços dispararam na bolha de 1987, ele não encontrava nada barato o bastante para substituir as ações que as suas regras exigiam que vendesse. Em pouco tempo a sua carteira cada vez maior de clientes passou a ter metade do patrimônio em dinheiro líquido. Muitos ficaram assustados. Mesmo assim, ele nunca se dobrou, dizendo a si mesmo: "Você está fazendo a coisa certa ao persistir na sua disciplina. Pois bem, mesmo que o seu negócio feche, você está fazendo a coisa certa. E isso me deu um reconforto imediato." Pouco tempo depois, o mercado despencou 22,6% em um dia. "Todo mundo entrou em pânico e eu estava como um menino em uma loja de doces."

Levou mais de uma década até que a empresa de Van Den Berg, a Century Management, se tornasse solidamente lucrativa. Durante os anos de aperto, ele se apaixonou e casou-se de novo. Na época ele tinha uma dívida de US$ 20 mil e mal podia se sustentar – muito menos a nova esposa, Eileen, e os dois filhos pequenos. Em pouco tempo tiveram um terceiro filho. Apertavam-se em uma casa de 45 metros quadrados em Los Angeles, usando a garagem como quarto adicional. Então compraram uma casa humilde em Austin, no Texas, por cerca de US$ 350 mil, onde vivem desde então. "Não venderia nunca", diz Van Den Berg. "Nós a adoramos."

À medida que a empresa cresceu, Van Den Berg foi ficando mais rico e mais famoso do que jamais imaginara. Foi incluído em um livro intitulado *The World's 99 Greatest Investors* (Os 99 maiores investidores do mundo), que o exaltou pelo feito raro de atingir 14,2% de média anual ao longo de 38 anos. Uma série de grandes gestores de patrimônio tentou comprar a sua empresa. Ele poderia ter pulado fora com uma bolada de mais de US$ 100 milhões. Mas como ele poderia acreditar que aqueles negociantes de fala mansa agiriam no melhor interesse de seus clientes, e não no deles próprios? Quando quatro emissários de um banco tentaram convencê-lo a vender a empresa, ele lhes disse: "Não vou vender por preço algum. Prefiro fechá-la a vendê-la."

Na verdade, ele nunca aspirou a se tornar verdadeiramente rico. No começo, a sua meta era constituir um pé-de-meia de US$ 250 mil – o suficiente para se sustentar durante dez anos. "Eu não me importava em ganhar milhões", diz. "Só queria ter independência financeira e não ter que engolir sapo de ninguém. Luxo é não ter que se preocupar com dinheiro, contas ou reveses financeiros."

Para alguém na posição dele, é um estilo de vida francamente modesto.

"Nunca tive nenhuma necessidade de coisas materiais", conta. "Não tenho interesse por coisas como mansões, isso me repele." Vegetariano radical com paixão pela ioga, ele prefere bebericar *smoothies* de beterraba no seu escritório abarrotado de livros a regalar-se em restaurantes chiques. "Não ligo para roupas", acrescenta. "Tenho três ternos." Durante muitos anos andou em um Nissan Maxima, por ser "o melhor valor que você pode obter por um carro". Quando um dos filhos perguntou por que ele não comprava um Mercedes, explicou que não queria "ostentar" dirigindo um carro chamativo: "Não quero ser associado a pessoas que pensam dessa forma." Poucos anos atrás, a esposa finalmente o convenceu a se livrar do Acura de dez anos e fazer um *upgrade* para um Lexus. "Ela ficou tão empolgada por ir buscá-lo que eu não quis dizer não, vendo-a tão animada", lembra. "Fiquei quase com vergonha de dirigi-lo no começo."

Depois que passou a se sentir "completamente seguro" em relação ao futuro financeiro, não havia quantia que ele pudesse faturar que conseguisse lhe fazer qualquer diferença. "Sou o cara mais rico do mundo porque estou satisfeito com o que tenho", diz Van Den Berg. "Eu me sinto mais rico não porque tenho mais dinheiro, mas porque tenho saúde, boas amizades, uma ótima família. A prosperidade leva em consideração todas estas coisas: saúde, riqueza, felicidade, paz de espírito. Essa é a pessoa verdadeiramente próspera, e não apenas a que tem muito dinheiro. Isso não significa nada." Ele se lembra de um ex-cliente que tinha US$ 10 milhões que "era tão obcecado por dinheiro que me ligava a cobrar" para economizar alguns centavos.

"A coisa mais importante de que as pessoas precisam é amor – quanto menos amor têm, mais necessidade dessas coisas materiais", diz Van Den Berg. "Elas buscam dinheiro para se sentirem realizadas, ou algo externo para se sentirem validadas. Mas tudo de que precisam é dar e receber amor. Minha esposa, sabe, ela nunca fica sabendo quanto dinheiro temos. Ela não se importa e não pensa nunca nisso, exceto quando é para pensar em como usá-lo para ajudar alguém."

Uma das suas causas favoritas é um centro de tratamento para crianças que sofreram abuso e abandono. Van Den Berg e a esposa compraram livros e brinquedos para centenas de crianças e há vinte anos ela apoia de perto essa entidade. Sem alarde, ela também ajudou muitas pessoas em dificuldades financeiras, em geral auxiliando-as de forma discreta, mas relevante – pagando por um curso que lhes permitisse melhorar de vida ou bancando o tratamento médico de uma criança doente. Poder ajudar os outros, diz Van Den Berg, "é a maior bênção que o dinheiro me deu".

Tendo visto ao longo de muitos anos como ele interage com as pessoas, o que me impressiona mais é a alegria absoluta que sente em tentar orientá-las, apoiá-las e inspirá-las. Ele adora hipnotizar as pessoas (inclusive a mim) e tentar incutir sugestões positivas no inconsciente delas enquanto estão deitadas no chão do seu escritório, em um estado de relaxamento profundo. A empolgação dele é incontida quando se lembra dos melhores momentos das suas aventuras com a hipnose, como o dia em que o filho Scott venceu uma competição de arremesso de peso sob hipnose, mesmo estando com o tornozelo torcido e engessado. Van Den Berg adora dar palestras para crianças em situação de necessidade, universitários e presidiários sobre as lições que aprendeu com o Holocausto e com a própria luta. E o tempo todo presenteia as pessoas com livros que o ajudaram na sua jornada, entre eles uma edição especial de *O caminho da prosperidade* cuja reimpressão ele financiou. "Sinto que o melhor presente que posso dar a alguém, seja pobre ou rico, é um livro que pode mudar a sua vida", afirma. "Por isso meu hobby é distribuir livros."

Muitas vezes Van Den Berg se pergunta por que sobreviveu ao Holocausto. "Teria sido apenas sorte?", pergunta. "Você poderia dizer que sim, porque sou apenas um de uma estatística. Mas, de alguma forma, eu sempre tive essa sensação de que a minha vida tinha um propósito e que eu fui poupado. Por isso quero mudar a vida das pessoas. Não para elas pensarem do meu jeito, apenas para torná-las melhores."

Escondido em meio às prateleiras de arquivos do escritório, ele guarda aquilo que talvez seja o seu maior tesouro: uma farta coleção de cartas carinhosas escritas por várias das pessoas que ele ajudou, entre elas incontáveis amigos, clientes, desconhecidos aleatórios e os próprios filhos. "O prazer que você sente sabendo que fez a diferença na vida das pessoas, isso é algo que ninguém pode tirar de você", diz. "Eu poderia perder todo o meu dinheiro e ainda poderia pegar esses registros e dizer: 'Bem, não é como se eu tivesse vivido por nada. Olhe quantas vidas mudei.'" Van Den Berg aponta para a sua coleção de cartas e diz: "Esta é a minha conta bancária."

## AGRADECIMENTOS

Este livro não existiria sem a extrema paciência, a generosidade de espírito e a abertura de muitos investidores notáveis que compartilharam comigo suas ideias e experiências. Em alguns casos, passamos vários dias juntos. Outros conversaram comigo incontáveis vezes ao longo de muitos anos. Para meu deleite, acolheram-me nas suas casas e nos escritórios, autorizaram-me a viajar com eles, falaram francamente sobre seus problemas e reveses e (em um caso inesquecível) até me hipnotizaram, na tentativa de reprogramar meu subconsciente. Sou profundamente grato a todos esses investidores por revelarem as lições mais valiosas que aprenderam sobre como investir de maneira inteligente, pensar racionalmente, superar adversidades e aumentar a probabilidade de construir uma vida feliz e realizada.

É longa a lista de investidores extraordinariamente inteligentes cujas ideias enriqueceram enormemente este livro. Gostaria de agradecer, em especial, a Charlie Munger, Ed Thorp, Howard Marks, Joel Greenblatt, Bill Miller, Mohnish Pabrai, Tom Gayner, Guy Spier, Fred Martin, Ken Shubin Stein, Matthew McLennan, Jeffrey Gundlach, Francis Chou, Thyra Zerhusen, Thomas Russo, Chuck Akre, Li Lu, Peter Lynch, Pat Dorsey, Michael Price, Mason Hawkins, Bill Ackman, Jeff Vinik, Mario Gabelli, Laura Geritz, Brian McMahon, Henry Ellenbogen, Donald Yacktman, Bill Nygren, Paul Lountzis, Jason Karp, Will Danoff, François Rochon, John Spears, Joel Tillinghast, Qais Zakaria, Nick Sleep, Paul Isaac, Mike Zapata, Paul Yablon, Whitney Tilson, François-Marie Wojcik, Sarah Ketterer, Christopher Davis, Raamdeo Agrawal, Arnold Van Den Berg, Mariko Gordon e Jean-Marie Eveillard. Agradeço ainda a cinco gigantes que não estão mais entre nós: Sir John Templeton, Irving Kahn, Bill Ruane, Marty Whitman e Jack Bogle.

Sinto enorme gratidão a meu agente literário, Jim Levine, que proporcionou uma combinação inestimável de conselhos sensatos, gentileza e entusiasmo sem limites; não poderia desejar parceiro melhor. Também sou profundamente grato a Rick Horgan, editor-executivo da Scribner, por sua inteligência aguda, pela edição arguta e pelo perfeccionismo. Não é à toa que o livro que Rick mais ama seja *Zen e a arte da manutenção de motocicletas*, que explora a ideia da qualidade como princípio orientador. Muito obrigado também a Nan Graham, Roz Lippel e Colin Harrison, da Scribner, por terem abraçado meu livro. Obrigado também ao restante da maravilhosa equipe da Scribner que trabalhou nesta obra: Steve Boldt, Dan Cuddy, Beckett Rueda e Jaya Miceli. É um privilégio fantástico ser editado pela Scribner, casa sagrada de muitos dos meus autores preferidos.

Fui ajudado, orientado e incentivado por tantos amigos e aliados que é impossível fazer justiça a todos. Mas me permitam começar com um agradecimento especial a Guy Spier, que há tantos anos vem sendo um incrível amigo e apoiador. Guy sente prazer em ajudar os outros e acumular boa vontade, e beneficiei-me disso de inúmeras formas – para dizer pouco, foi ele quem me apresentou a Mohnish Pabrai, Ken Shubin Stein e Nick Sleep. Um agradecimento especial a Jon Gertner, um autor excepcional, que não apenas me deu apoio moral, mas compartilhou comigo a sua brilhante proposta para o livro *The Ice at the End of the World* (O gelo no fim do mundo), ajudando-me a elaborar a minha proposta de livro.

Por seus atos de gentileza, carinho, apoio e amizade, também gostaria de agradecer a Michael Berg, Marcus Weston, Eitan Yardeni, Avi Nahmias, Jason Zweig, Aravind Adiga, Tony Robbins, Michael O'Brien, Cecelia Wong, DJ Stout, Gillian Zoe Segal, Nina Munk, Peter Soriano, Fleming Meeks, Richard Bradley, Laurie Harting, Amey Stone, Lory Spier, Saurabh Madaan, Nikhil Hutheesing, Chris Stone, Ramin Bahrani, Marlies Talay, Beverly Goodman, Wade Savitt, Nancy Danino, Piper Tyrsdotter, Matthew Winch, Jamie True, Craig Kravetz, Howard Donnelly, Christian Moerk, Gautam Baid, Shai Dardashti, Samuel Freedman, Denis Thomopoulos, Richard Wertheimer, David Worth, Malia Boyd, Tom Easton, Charles Cartledge, Eben Harrell, Aran Dharmeratnam, Sharon Callahan, Helen e Jim Neuberger, Kathleen Hinge, Ancela Nastasi, Joan Caplin, Josh Tarasoff, Elliot Trexler, Ralph Townsend, Stig Brodersen, Preston Pysh,

Kenneth Folk, Hedda Nadler, Daniel Roth, Mark Chapman, Orly Hindi, Kabir Sehgal, Shalom Sharabi, Jelisa Castrodale, Randy Stanbury, John Mihaljevic, William Samedy, Michael Scherb, David Mechner, Katherine Bruce, Scott Wilson, Lucy Wilson Cummings, Debbie Meiliken, Jacob Taylor, Richard Krupp, Ambi Kavanaugh, Karen Berg e Rav Berg.

Muito obrigado também aos meus amigos do Aligned Center, que me propiciaram muito mais que um lugar bonito e tranquilo para escrever. Seu fundador, Matt Ludmer, é um exemplo sob vários aspectos e recorri a ele em busca de ideias sobre um pouco de tudo, de investimentos a meditação. Foi um deleite passar o tempo com todos na órbita do Aligned Center, convivendo com pessoas como Leticia Reyes-James, Caroline Hotaling, Faryn Sand, Jacopo Surricchio, David Janes, Alison Gilbert, Andy Landorf, Kristin Kaye, Gwen Merkin, Daniel Goleman, DeLauné Michel e Dan Fried.

Uma das maiores bênçãos da vida é pertencer a uma família repleta de pessoas extraordinárias. Agradeço em especial ao meu irmão mais velho, Andrew Green, e à sua adorável esposa, Jennifer Hirschl; e aos meus maravilhosos sogros e cunhados, Marvin Cooper, Johanna Cooper, Nancy Cooper e Bruce Meltzer.

Por fim, gostaria de dedicar este livro a cinco parentes que tornaram tudo isso possível. Minha mãe, Marilyn Green, que sempre foi uma fonte invencível de força e apoio desde o primeiro dia. É natural que ela tenha sido, invariavelmente, a primeira pessoa a ler cada capítulo que escrevi. Meu falecido pai, Barry Green, despertou meu amor pelo idioma e minha paixão pelos investimentos. Meu filho, Henry Green, foi um parceiro literário talentoso e indispensável do princípio ao fim: deu-me uma ajuda imensurável abastecendo-me de pesquisas de informações, transcrevendo minhas entrevistas, verificando informações e indicando onde minha prosa necessitava de um polimento a mais. Minha filha, Madeleine Green, demonstrou uma paciência heroica para debater os personagens e as ideias deste livro. Ela também me ajudou a aguentar emocionalmente, incentivando-me e encorajando-me sempre que a minha motivação vacilava. Às vezes eu tinha quase certeza de que *eu* é que era filho dela. E, por fim, minha esposa, Lauren Cooper, a pessoa mais gentil e carinhosa. Conheci Lauren quando eu tinha apenas 22 anos de idade, e tudo que há de melhor na minha vida se origina desse maravilhoso golpe de boa sorte. Obrigado a todos, do fundo do meu coração.

## NOTAS SOBRE AS FONTES E OS RECURSOS ADICIONAIS

*Ricos, sábios e felizes* baseia-se nas minhas entrevistas com vários dos investidores mais bem-sucedidos do mundo. Entrevistei mais de quarenta deles para este livro, tendo conversado longamente com a maioria deles em diversas ocasiões. Viajei, por exemplo, durante cinco dias com Mohnish Pabrai pela Índia, visitei-o na Califórnia, encontrei-o em Nova York e em Omaha, e falei com ele pelo telefone durante várias horas. Da mesma forma, passei dois dias com Bill Miller na sua casa e no seu escritório em Maryland, dois dias com Tom Gayner na Virgínia e dois dias com Arnold Van Den Berg no Texas. Também recorri bastante às entrevistas que realizei em um passado distante com lendas dos investimentos como Sir John Templeton, Bill Ruane, Michael Price, Peter Lynch e Jack Bogle.

Uma idiossincrasia deste livro é que me concentrei quase exclusivamente nos investidores de quem gosto e que admiro. Várias vezes comecei a escrever sobre investidores brilhantes cujas personalidades acho pouco atraentes, mas não tardei a desistir. Era quase como um corpo rejeitando um transplante. O que me fascina são os investidores que demonstraram tino para as finanças ao longo de muitos anos, mas me atraem em particular aqueles com sabedoria, sacadas e virtudes que vão além do talento excepcional para ganhar dinheiro. Os investidores que destaquei ao longo deste livro podem nos ajudar, sem sombra de dúvida, a ficar mais ricos. Mas também lançam luz sobre como pensar e viver.

Redigi estas "Notas sobre as fontes e os recursos adicionais" muito dentro desse mesmo espírito. Meu objetivo aqui não é fazer um registro exaustivo de onde apurei cada fato e número deste livro, mas guiá-lo na direção de uma ampla gama de recursos que, espero, você achará útil na sua trajetória para se tornar mais sábio, mais feliz e mais rico. Tendo isso em mente, pedi aos investidores que entrevistei que indicassem livros que os ajudaram a moldar seu jeito de pensar. Nas páginas seguintes você encontrará um leque das indicações deles, juntamente com algumas das minhas.

INTRODUÇÃO – Dentro da mente dos maiores investidores

1. Para aprender mais sobre Jack Bogle, que morreu em 2019, dê uma olhada em alguns de seus livros atemporais sobre investimentos, incluindo a edição comemorativa de dez anos de *Common Sense on Mutual Funds* (Bom senso em fundos mútuos) (John Wiley & Sons, 2009), uma eloquente advertência sobre a dificuldade de superar o mercado, os riscos da especulação e o efeito devastador de comissões altas sobre o rendimento dos investidores. Dos livros de Bogle, meu favorito é *Enough – True Measures of Money, Business, and Life* (Suficiente – A verdadeira medida do dinheiro, dos negócios e da vida) (John Wiley & Sons, 2008), no qual figuram capítulos com títulos bizarros como "Excesso de valores do século XXI, falta de valores do século XVIII".

    Quando entrevistei Bogle por telefone duas décadas atrás, ele falou com emoção sobre o que tinha aprendido com o seu mentor, Walter Morgan, um pioneiro dos fundos que encarnava valores à moda antiga defendidos por Bogle, como "disciplina, honra, dever, [e] integridade." O telefone ficou mudo e cheguei a pensar que a ligação tinha caído. Acabei me dando conta de que Bogle estava com a voz embargada demais para falar. Por fim, disse: "Desculpe-me. Vieram lágrimas aos meus olhos. (...) Acho que é porque eu gostava muito dele e ele fez muita coisa por mim." Morgan deixou um impacto indelével em Bogle porque era "um cavalheiro de princípios, com um caráter muito elevado", que lhe ensinou que "o acionista é rei. (...) Meu Deus, uma vez um acionista escreveu para ele dizendo que não tinha um terno decente e perguntando se o Sr. Morgan teria um para ele. E o Sr. Morgan mandou um para ele".

    Quando perguntei a Bogle quem mais tinha moldado a sua filosofia de investimento, ele citou dois escritores de relevo. Charles Ellis escreveu um artigo "marcante" em 1970, intitulado "The Loser's Game" (O jogo do perdedor), e posteriormente publicou um livro clássico intitulado *Winning the Loser's Game* (Vencendo o jogo do perdedor) (McGraw-Hill, 1998). Bogle também recomendou um livro de Burton Malkiel, *A Random Walk Down Wall Street* (Uma caminhada aleatória por Wall

Street) (W. W. Norton & Company, 2020), que reforçou a sua crença inabalável na lógica dos fundos indexados.

2. Meu perfil de Bill Miller – "It's Bill Miller's Time" (É a hora de Bill Miller) – foi publicado na edição de 10 de dezembro de 2001 da *Fortune*. Mostrava-o mergulhando de cabeça nas ações, com clarividência, depois do 11 de Setembro, no momento mais baixo do mercado. Naquela época, os pares de Miller o ridicularizaram por investir US$ 500 milhões em um varejista que não dava lucro e que muitos acreditavam que ia quebrar: Amazon.com. Mas Miller comentou comigo que a Amazon tinha "incríveis economias de escala, que com o tempo vão ficar evidentes". Como escrevi naquela ocasião: "Se ele estiver errado, será o equívoco mais público da sua carreira. Mas se ele estiver certo – e Miller ainda acredita que está – a aposta na Amazon figurará entre uma das maiores decisões de investimento de todos os tempos." Desde então a ação disparou de menos de US$ 10 para mais de US$ 3 mil e Miller ficou com ela o tempo todo.

3. Ed Thorp, o pensador racional por excelência, cujo foco está na maximização das probabilidades de êxito e na minimização das probabilidades de desastre, ganhou fama inicialmente como apostador. Escreveu um best-seller, *Beat the Dealer* (Ganhe da banca) (Blaisdell Publishing Company, 1962), que revelava como ganhar no *blackjack* contando as cartas. Mais recentemente ele escreveu um divertido livro de memórias, *A Man For All Markets* (Um homem para todos os mercados) (Random House, 2017), que relembra seus triunfos em tudo, da roleta ao bacará, passando pela negociação de opções e *warrants*. Quando perguntei a Miller sobre Thorp, ele comentou: "Acho que ele é o melhor. Por mais incrível que Buffett tenha sido como investidor, acho que Ed Thorp é melhor porque descobriu coisas que ninguém sabia. (...) O histórico de Thorp é simplesmente bem melhor e quase sem volatilidade; ele descobriu tudo isso sozinho e inventou a arbitragem estatística."

Um dos motivos do êxito de Thorp foi ter aplicado o "critério de Kelly", um sistema de apostas que, diz, ajudou-o a calcular "o custo-benefício ideal entre risco e retorno (...) que o impede de apostar demasiadamente". No livro *Fortune's Formula* (A fórmula da fortuna) (Hill and Wang, 2005), William Poundstone escreve sobre a aplicação, por parte de Thorp, dessa estratégia de apostas, que lhe permitiu acumular riqueza a uma taxa elevada sem risco de arruinar-se. Como lembrete e advertência da importância disso, vale a pena ler *Quando os gênios falham* (Gente, 2000), a apaixonante história, contada por Roger Lowenstein, da Long-Term Capital Management – um fundo *hedge* com alavancagem tão alta que a sua morte quase desencadeou um colapso financeiro. Thorp me disse que lhe ofereceram a oportunidade de investir US$ 10 milhões no fundo, mas que ele declinou porque os gerentes da Long-Term, notoriamente espertos (e fatalmente arrogantes), estavam "assumindo risco demais. (...) Portanto, a probabilidade de se arruinarem me pareceu substancial".

Thorp também recomenda *Superprevisões* (Objetiva, 2016), do professor de psicologia Philip Tetlock e do jornalista Dan Gardner. A apuração de Tetlock mostra como investidores, economistas e outros profetas superestimam a própria capacidade de prever o futuro. Na realidade, alerta Tetlock, "em média a precisão do especialista é aproximadamente a mesma de um chimpanzé jogando dardos". Uma lição duradoura, que todos nós devemos aprender com os sábios dos investimentos curtidos pelo combate, como Bogle e Thorp, é que sempre devemos nos precaver contra a nossa capacidade de ser excessivamente autoconfiantes.

### CAPÍTULO 1 – O homem que clonou Warren Buffett

Esse capítulo se baseia quase inteiramente nas minhas entrevistas com Mohnish Pabrai. Caso queira ouvir mais do que ele diz, dá para encontrar dezenas de discursos, participações em podcasts e em posts no seu site, chaiwithpabrai.com. Também recomendo o seu livro, *The Dhandho Investor* (O investidor Dhandho) (John Wiley & Sons, 2007). Como seria de esperar, ele declara no parágrafo inicial: "Tenho muito poucas ideias originais. Virtualmente tudo foi tirado de algum lugar."

4. Caso você queira saber mais sobre a Fundação Dakshana, visite https://dakshana.org. É difícil conceber um jeito mais eficiente, em termos de custo, para tirar da pobreza uma família do que dar a um estudante talentoso, mas sem recursos, a oportunidade de conquistar uma vaga nos Institutos Indianos de Tecnologia ou em uma faculdade pública de medicina. Uma doação de US$ 99 mensais durante 24 meses paga uma bolsa para completar o programa de dois anos da Dakshana.

5. Pabrai usa a palavra *clonagem* para descrever o seu costume de pegar emprestadas desavergonhadamente (e muitas vezes aprimorar) as

melhores ideias e práticas alheias. Onde dá para aprender mais sobre essa estratégia vitoriosa nos investimentos, nos negócios e na vida? São surpreendentemente poucos os recursos a recomendar. Mas considero Tim Ferriss outro grande mestre da clonagem, embora não o tenha visto utilizar esse termo. O volumoso livro de Ferriss, *Ferramentas dos titãs* (Intrínseca, 2018), está recheado de conselhos práticos que ele obteve de vários praticantes do mais alto nível de atividades tão diversificadas quanto rotinas matinais, exercícios, dietas, produtividade e geração de riqueza.

Seu podcast, *The Tim Ferriss Show*, é uma fonte ainda mais rica. Meus episódios favoritos são as entrevistas de Ferriss com seu amigo Josh Waitzkin, ex-campeão de xadrez dos Estados Unidos e campeão mundial de *tui shou*, uma arte marcial, e ele próprio autor de *The Art of Learning* (A arte do aprendizado) (Free Press, 2007). Waitzkin, que agora está dominando a arte do surfe com remo, também dá treinamentos a gestores de fundos *hedge* e a atletas de elite para que atinjam o desempenho máximo cultivando a "presença profunda" e a "autoexpressão desobstruída", cruciais nos níveis mais elevados de jogos mentais como o investimento ou a escrita. Pabrai, Ferriss e Waitzkin têm em comum a capacidade de desconstruir o que funciona e aplicar esse conhecimento com meticulosa atenção aos detalhes.

Depois que se começa a buscar outros exemplos de clonagem, percebe-se rapidamente o número de grandes nomes da história que procuraram, conscientemente, copiar seus modelos e replicar-lhes o comportamento. Leon Tolstói escreveu em seu diário em 1884: "Eu tenho que criar um círculo de leitura para mim mesmo: Epiteto, Marco Aurélio, Buda, Pascal, o Novo Testamento. Isso também é necessário para todas as pessoas." Marco Aurélio começa a sua obra imortal, as *Meditações*, com uma lista detalhada de qualidades desejáveis que observou em dezesseis pessoas, entre elas o pai adotivo, o imperador romano Antonino Pio: "Um homem testado pela vida, realizado, que não se deixava influenciar pela adulação", "compassivo, generoso, aplicado, jamais grosseiro", "jamais satisfeito com a primeira impressão", indiferente a "homenagens superficiais", "sempre sóbrio, sempre constante, e nunca vulgar ou presa de novidades". Da mesma forma, o filósofo Sêneca recomendou imaginar que estamos sendo observados o tempo todo por alguém que admiramos e tentando estar à altura dos padrões exemplares daquela pessoa.

6. O sucesso de Pabrai foi construído, em um grau impressionante, sobre princípios e práticas que ele clonou de Warren Buffett e Charlie Munger.

Muitos anos atrás Pabrai me deu um exemplar do *Poor Charlie's Almanack* (O almanaque do pobre Charlie) (Donning, 2005), uma coletânea indispensável dos discursos e textos de Munger. Pabrai colocou na dedicatória: "Espero que goste dele tanto quanto eu gostei. Melhor livro que já li." Se quiser aprender com Munger em profundidade, não apenas sobre como investir, mas sobre como pensar de maneira mais racional, essa é a sua bíblia. Vale ler e reler sem parar.

Para os discípulos de Buffett, o primeiro desafio é escolher entre uma extensa gama de fontes úteis, entre elas *Quando o trabalho é a melhor diversão* (Best Business, 2017), escrito por sua amiga Carol Loomis, e *O jeito Warren Buffett de investir* (Saraiva, 2012), de Robert Hagstrom. Pessoalmente, releio o tempo todo as "Cartas do Presidente", que Buffett escreve em seus relatórios anuais, disponíveis gratuitamente (remontando a 1995) em www.berkshirehathaway.com. Os estudantes mais aplicados que queiram voltar ainda mais no tempo podem mergulhar em coleções como *Berkshire Hathaway Letters to Shareholders 1965-2019* (Cartas da Berkshire Hathaway a acionistas – 1965-2019) (Explorist Productions, 2020), obra constantemente atualizada pelo editor, Max Olson. Se você fizer uma imersão de verdade nos escritos de Buffett sobre negócios e investimentos, não sei se precisará ler mais nada sobre esses assuntos pelo resto da vida. Está tudo ali. Tudo que você precisa saber. Bem diante dos seus olhos. E bem mais barato que um MBA.

7. A crença de Pabrai nos benefícios da sinceridade inabalável provém de *Poder vs. força* (Pandora Treinamentos, 2018), livro do falecido David Hawkins, cuja obra também teve uma influência profunda sobre Guy Spier e Arnold Van Den Berg. Hawkins, que foi psiquiatra e médico antes de se tornar professor de espiritualidade, escreve com claridade luminosa sobre os efeitos positivos e negativos de diferentes tipos de comportamento – e sobre como elevar o nosso nível de consciência. Ele observa, por exemplo, que a "simples gentileza consigo mesmo e com todos os seres vivos é a mais poderosa de todas as forças transformacionais. Não gera ressentimento, não tem lado negativo e nunca leva a perda ou desespero. Aumenta o poder efetivo da pessoa sem cobrar nenhum preço. Mas, para atingir o poder máximo, tanta gentileza não pode permitir exceções nem ser praticada com a expectativa de algum ganho ou recompensa egoísta. E seu efeito é tão abrangente quanto sutil".

Hawkins, que ensinou seus seguidores a adotar um caminho que descrevia como "não dualidade devocional", também escreveu livros como *The Eye of the I* (O olho do eu) (Hay House, 2001), *I – Reality and Subjectivity* (Eu – Realidade e subjetividade) (Hay House, 2003) e *Truth vs Falsehood* (Verdade versus falsidade) (Hay House, 2005). A intenção dele era de que essas obras fossem guias para o "estudante espiritual seriamente dedicado" em busca da iluminação. Não são tão acessíveis quanto *Poder vs. força*, mas são extraordinários e podem mexer com você em um nível ainda mais profundo. Ultimamente estou lendo outro livro dele, *Deixar ir* (Pandora Treinamentos, 2019), que oferece uma técnica prática para desapegar-se das emoções negativas.

CAPÍTULO 2 – A disposição para ficar sozinho

8. Minhas conversas com Sir John Templeton ocorreram em novembro de 1998, no seu escritório e na sua casa nas Bahamas. Voltei a falar com ele posteriormente, por telefone. Minha matéria, "The Secrets of Sir John Templeton" (Os segredos de Sir John Templeton), foi publicada na edição de janeiro de 1999 da revista *Money*.
9. John Rothchild escreveu um belo livro, *The Davis Dynasty* (A dinastia Davis) (John Wiley & Sons, 2001), que conta como Shelby Cullom Davis, seu filho Shelby M. C. Davis, e o filho deste, Christopher Davis, montaram uma firma de investimentos que prosperou ao longo de três gerações. A fortuna da família foi construída não apenas por meio da inteligência na escolha das ações, mas também por extrema frugalidade. Quando entrevistei Christopher Davis, ele me disse que o avô, Shelby Cullom Davis, "enxergava o gasto como imoral". Certa vez, quando Christopher tinha uns 13 anos, estava caminhando por Wall Street com o avô e cometeu a temeridade de pedir US$ 1 para comprar um cachorro-quente. O avô recusou, explicando como "aquele dólar se transformaria em US$ 1.000 se eu investisse como ele e vivesse pelo mesmo tempo!". O pai de Christopher, Shelby M. C. Davis, herdou esse desdém por demonstrações tão absurdas de extravagância: "Se eu estivesse namorando alguém de quem papai não gostasse, ele dizia: 'Ela é uma esbanjadora.'"
10. Entre seus vários empreendimentos filantrópicos de livre-pensador, Templeton financiou pesquisas científicas que exploraram a interseção entre a saúde e a oração. Por exemplo, veja "Study of the Therapeutic Effects of Intercessory Prayer in Cardiac Bypass Patients – A Multicenter Randomized Trial of Uncertainty and Certainty of Receiving Intercessory

Prayer" (Estudo dos efeitos terapêuticos da oração intercessora em pacientes de *bypass* cardíaco – Uma experiência randomizada multicentrada de incerteza e certeza de recepção de oração intercessora), publicado em 2006 no *American Heart Journal*. A Fundação Templeton continua seguindo a sua visão de "curiosidade incessante na busca de infinitas descobertas". Seu site, templeton.org, relata o financiamento de inúmeros projetos interessantes, que vão da pesquisa genética de ponta à "Iniciativa de Cultivo de Gênios" em busca de criar "uma mente matemática em 1 milhão", passando por um filme intitulado *Act Like a Holy Man* (Aja como um homem santo), sobre o arcebispo Desmond Tutu e o Dalai Lama. No final de 2018 a fundação já tinha doado US$ 1,5 bilhão e ainda tinha uma dotação no valor de quase US$ 3 bilhões.

11. A minha descrição da criação pouco convencional de Templeton baseia-se em entrevistas que fiz com ele. Mas também recorri a relatos biográficos de dois dos melhores livros escritos sobre ele: *Investing the Templeton Way* (O jeito Templeton de investir) (McGraw-Hill, 2008), de Lauren Templeton e Scott Phillips, e *The Templeton Touch* (O toque de Templeton) (Templeton Press, edição de 2012), de William Proctor.

12. Para saber mais sobre o ambiente de investimentos durante a guerra, veja *Wealth, War & Wisdom* (Riqueza, guerra e bom senso) (John Wiley & Sons, 2008), do falecido Barton Biggs, ele próprio um respeitado investidor. Biggs retraça com riqueza cativante de detalhes o período da guerra, extraindo ao mesmo tempo bem pensadas lições sobre como preservar o patrimônio mesmo nas épocas mais turbulentas. Por exemplo: "A incerteza exige diversificar. Diversificar é e sempre foi o pilar número um do 'manual de investimentos do homem prudente'. (...) Na África subsaariana, durante séculos acreditou-se que o gado fosse o repositório mais seguro para a riqueza. Foi assim até que sobreveio a grande seca." Biggs também escreveu um livro de memórias, *Hedgehogging* (A técnica do ouriço) (John Wiley & Sons, 2006), cheio de sacadas estilosas e malandras. Por exemplo: "A bolsa é uma fera sádica, do contra e volúvel, e nada dura para sempre."

13. Lauren Templeton e Scott Phillips apresentam um relato detalhado da estratégia a descoberto de Templeton em *Investing the Templeton Way*. Observam que ele se protegeu do risco de prejuízos fora do controle ao estabelecer uma regra inquebrável pela qual "cobriria" rapidamente a sua posição a descoberto se uma ação subisse um determinado percentual depois de feita a aposta. Em 2017, em uma palestra da série Talks at

Google, Lauren Templeton deu a entender que Sir John (seu tio-avô) teria investido nada menos que US$ 400 milhões vendidos a descoberto nessas ações.

14. Hoje eu entendo muito melhor os livros de Templeton do que duas décadas atrás, quando os li pela primeira vez. Por exemplo, atualmente *Wisdom from World Religions* (A sabedoria das religiões do mundo) (Templeton Foundation Press, 2002) me impacta como uma coletânea particularmente valiosa de duzentos "princípios espirituais eternos" que Templeton considerava "o livro de regras segundo as quais devemos viver". Quando li o livro de novo, alguns anos atrás, corei de vergonha e literalmente gemi em voz alta ao me dar conta de quão bitolado fui e de quanto deixei de aprender com ele. Na margem de uma página, escrevi: "O engraçado é como pude ser ao mesmo tempo tão sagaz e tão burro – tão ocupado analisando Proust e pensando em Nietzsche que deixei passar a evidente sabedoria que ele estava compartilhando comigo. Eu era simplesmente tosco demais e preconceituoso demais para enxergar o que havia por trás do seu sucesso e da sua felicidade."

15. O fascínio de Templeton pelo "controle do pensamento" remontava à infância. Graças à mãe, ele cresceu sob os ensinamentos da corrente do Novo Pensamento, que dava ênfase ao papel do "poder da mente" na conquista da felicidade, da saúde, do sucesso e da prosperidade. Seus escritos estão repletos de frases de líderes desse movimento, entre eles Imelda Shanklin, ministra da Igreja da Unidade que pregava: "Quem controla a mente controla o mundo." Templeton escreveu o prefácio de um livro intitulado *New Thought, Ancient Wisdom* (Novo pensamento, antiga sabedoria) (Templeton Foundation, 2006), de autoria de seu "amigo e colega de busca" Glenn Mosley. Uma figura-chave nesse movimento espiritual foi Ernest Holmes, um autor do Novo Pensamento que Templeton chamava de gênio. Holmes, que acreditava na "cura espiritual da mente", afirmou: "Vivemos em um universo inteligente, que reage aos nossos estados mentais. À medida que aprendermos a controlar esses estados mentais, automaticamente controlaremos o nosso entorno." Holmes também previu isto: "Em algum momento ao longo da caminhada da experiência humana despertaremos para a consciência de que nós mesmos somos o céu ou o inferno."

## CAPÍTULO 3 – Tudo muda

16. A citação que abre esse capítulo vem de *Zen Mind, Beginner's Mind* (Mente zen, mente principiante) (John Weatherhill, 1970), uma coleção de palestras iluminadoras com Shunryu Suzuki sobre a meditação e a prática zen-budistas. Pouco depois desse trecho, Suzuki explica: "Quando nos damos conta da verdade eterna de que 'tudo muda' e nela encontramos nossa serenidade, chegamos ao nirvana. Sem aceitar o fato de que tudo muda, não podemos encontrar a serenidade perfeita."

    Escrevi extensamente sobre as consequências da impermanência para os investidores, mas poderia da mesma forma ter focado em outra ideia de importância crucial, que também devemos tomar do zen: o conceito de *shoshin*, ou mente de principiante. Suzuki propõe que lutemos sempre para conservar uma "mente vazia", "aberta a tudo". Ele encara essa atitude receptiva como o segredo da prática zen, afirmando: "Uma mente cheia de ideias preconcebidas, segundas intenções ou hábitos não está aberta às coisas como elas são. (...) Ao ouvir alguém, você não deve ter em mente a sua ideia. Esqueça o que há na sua mente e simplesmente ouça o que esse alguém diz. (...) Nossa mente deve estar tranquila e aberta o bastante para compreender as coisas como elas são."

    Mariko Gordon, uma das gestoras financeiras mais sérias que conheço, diz que os investidores também devem manter uma mente de principiante. Ela me disse: "É verdadeiramente importante não fazer suposições e simplesmente observar tudo como se estivesse vendo pela primeira vez, [e] ser capaz de não se apegar demais a um ponto de vista." Ao começar a pesquisar uma empresa, "não tenho nenhuma ideia preconcebida", acrescenta Gordon. "Ao conversar com a direção, faço várias perguntas abertas. Não chego, portanto, com uma agenda de 'Estou tentando descobrir x, y e z'. Vou e converso e vejo aonde nos leva a conversa. Mostro apenas curiosidade genuína pela empresa. (...) Não me importo de bancar a boba. Não tenho vergonha da ignorância."

    Gordon, cuja mente aberta e curiosa levou-a a vários caminhos inesperados, recomenda ler *Hardcore Zen* (Wisdom Publications, 2015), de Brad Warner, mestre zen graduado que antes era baixista de uma banda punk. Ela também gosta das obras de Alan Lew, um rabino zen que é coautor de um livro intitulado *One God Clapping* (Um deus batendo palmas) (Jewish Lights, 2001). E recomenda *A arte do tempo*

(Editora de Cultura, 1991), de Jean-Louis Servan-Schreiber, que, segundo ela, explora "como pensar a nossa relação com o tempo não de uma maneira tática, e sim estratégica", "mais profunda" e "mais meditativa".

17. O ensaio de T. Rowe Price "Change – The Investor's Only Certainty" (Mudança – A única certeza do investidor) foi publicado em *Classics – An Investor's Anthology* (Clássicos – Uma antologia do investidor) (The Institute of Chartered Financial Analysts, 1989), organizado por Charles Ellis e James Vertin. O livro apresenta artigos de uma série de gigantes das finanças, entre eles John Maynard Keynes, Benjamin Graham, Philip Fisher e Roy Neuberger. Um dos melhores ensaios é o de Ellis, que escreve sobre o desafio psicológico de manter-se comprometido com ações a longo prazo: "A questão crucial é se o investidor vai, de fato, aguentar. O problema não está no mercado, mas em nós mesmos, nas nossas percepções e nas nossas reações às nossas percepções. É por isso que é tão importante para cada cliente desenvolver uma compreensão realista da própria tolerância, e/ou da sua empresa, em relação às oscilações do mercado." Há também uma palestra de Templeton, de 1984, sobre "investimento global", que termina com esta sacudida no cérebro: "Se você não se ajoelhar todos os dias, agradecendo do fundo do coração por ter sido abençoado – abençoado muitas e muitas vezes –, então é porque ainda *não enxergou* a situação como um todo."

18. Você pode mergulhar em um arquivo gratuito de "Memorandos de Howard Marks" em www.oaktreecapital.com/insights/howard-marks-memos, remontando a mais de três décadas. Também pode fazer uma assinatura para receber notificações por e-mail sempre que ele postar um novo memorando. Vez por outra, mesmo no mundo dos investimentos, existe almoço grátis e abundantemente nutritivo.

19. Um dos meus livros favoritos sobre investimentos é *O mais importante para o investidor* (Edipro, 2020), de Howard Marks, que inclui notas de Christopher Davis, Joel Greenblatt, Paul Johnson e Seth Klarman. Caso você seja um estudante aplicado dos mercados e queira aprender como posicionar seu portfólio de maneira inteligente para "os desfechos possíveis que surgirão à frente", também deve ler o seu segundo livro, *Dominando o ciclo de mercado* (Alta Books, 2020), que examina em profundidade temas como o ciclo de crédito, o ciclo de endividamento e o "pêndulo psicológico do investidor". Não é uma leitura tão leve quanto a anterior, mas propicia um enquadramento robusto para pensar os mercados. Reforço como igualmente importante tudo que

se pode aprender com a leitura religiosa de seus memorandos mais recentes, que expõem como ele está sopesando riscos e recompensas no ambiente do momento. Isso tem um valor especial nos extremos dos ciclos, momentos em que ele pode ajudar você a evitar os riscos opostos dos excessos de medo ou de ganância.

20. Citei nesse capítulo um par de pensamentos de Michel de Montaigne, ambos extraídos do maravilhoso livro *Como viver – Ou uma biografia de Montaigne em uma pergunta e vinte tentativas de resposta* (Objetiva, 2012), de Sarah Bakewell. Montaigne, como todos os grandes investidores, sabia o valor de se retirar do mundo para poder pensar em solidão. Bakewell, que descreve a biblioteca de Montaigne como uma "câmara de maravilhas" recheada de objetos e lembrancinhas peculiares, atribui-lhe a frase: "Infeliz do homem, no meu entendimento, que não tem no seu lar um lugar para ficar consigo mesmo, para cortejar a si mesmo em particular, para refugiar-se!" Um capítulo do livro de Bakewell é sobre a importância de questionar tudo; o subtítulo, inspirado em uma frase de Sócrates, é "Tudo que sei é que nada sei, e nem sobre isso eu tenho certeza".

21. O papel da sorte na vida e nos investimentos é o cerne do originalíssimo livro de Nassim Nicholas Taleb *Iludidos pelo acaso* (Objetiva, 2019), que Marks cita com frequência. Taleb é um cético brilhante e combativo cujo intelecto me assusta: no fundo, tenho medo de que ele me destrua. Mas não há ninguém à altura do seu talento para desafiar, sem meias palavras, os nossos pressupostos e ilusões acomodados em relação ao acaso, à incerteza e ao risco. Em *Iludidos pelo acaso*, por exemplo, ele declara: "Muitas vezes temos a enganosa impressão de que uma estratégia é uma excelente estratégia, ou de que um empreendedor é uma pessoa dotada de 'visão', ou que um negociador é talentoso, apenas para descobrir que 99,9% do seu desempenho passado pode ser atribuído à sorte e exclusivamente à sorte."

Nenhum dos livros de Taleb mexeu de forma mais benéfica comigo do que *Antifrágil* (Best Business, 2014), que me levou a ponderar sobre uma pergunta-chave a que todo investidor deve tentar responder: como posso tornar o meu portfólio e a minha vida menos frágeis? Como adverte Taleb de forma sucinta, "com o tempo, o que é frágil quebra". Na verdade, todos os livros de Taleb contêm sacadas preciosas. Por exemplo, pense nesta, de *A lógica do cisne-negro* (Best Seller, 2008): "A ideia de que, para tomar uma decisão, é preciso focar nas consequências (que você tem como conhecer), e não na probabilidade (que você não tem como conhecer), é a *ideia central da incerteza.*" Considere também a provocação contida em *Arriscando a própria pele* (Objetiva, 2018): "*Em uma estratégia que pode acarretar a ruína, os benefícios nunca superam os riscos de ruína.*" Como todos os investidores mais sagazes – de Ed Thorp a Warren Buffett, passando por Howard Marks –, a filosofia de investimento de Taleb se baseia na compreensão essencial de que "o que importa é a sobrevivência".

22. Para uma discussão muito mais acadêmica do *Satipatthana Sutta*, vale a pena ler *Mindfulness* (Sounds True, 2013), livro de Joseph Goldstein cheio de sabedoria útil tanto para budistas quanto para não budistas. Goldstein, cujo livro se apresenta como "um guia prático para o despertar", é um dos mais reconhecidos mestres de meditação *mindfulness* do Ocidente. Para outra perspectiva sobre meditação e despertar, eu recomendaria *Mastering the Core Teachings of the Buddha* (Dominando os ensinamentos centrais do Buda) (Aeon Books, 2018), de Daniel Ingram. O subtítulo – "Um livro incomumente Dharma radical" – é tanto advertência quanto chamariz. Quem me apresentou a esse livro foi Josh Tarasoff, gestor de fundos *hedge* cuja prática de meditação desempenha um papel central na preservação do seu equilíbrio sereno como investidor.

## CAPÍTULO 4 – O investidor resiliente

23. Você pode ler mais a respeito da vida de Benjamin Graham em *The Einstein of Money* (O Einstein do dinheiro) (Prometheus Books, 2012), uma robusta biografia escrita por Joe Carlen. Também gostei de "Benjamin Graham – The Father of Financial Analysis" (Benjamin Graham – o pai da análise financeira), artigo publicado em 1977 pela Financial Analysts Research Foundation. Coescrito por Irving Kahn, discípulo de Graham, está disponível on-line gratuitamente, graças ao CFA Institute. O texto inclui um esboço amoroso da vida de Graham, juntamente com as reflexões de Kahn sobre a personalidade do seu mentor e sobre a sua potência intelectual. Por exemplo: "A sua velocidade de pensamento era tanta que a maioria das pessoas ficava surpresa ao ver como ele conseguia resolver uma questão complexa logo depois de ouvi-la. (...) Ele tinha outra extraordinária característica na abrangência e na profundidade da sua memória. Isso explica como sabia ler em grego, latim, espanhol e alemão. Ainda mais notável, sem ter tido instrução formal em espanhol,

foi capaz de traduzir um romance do espanhol para o inglês literário com tanto profissionalismo que foi aceito por uma editora americana."

A *magnum opus* de Graham, *Security Analysis* (Análise de segurança) (The McGraw-Hill Companies Inc., 1934), coescrita com David Dodd, é um livro volumoso e intimidante. Tom Gayner, co-CEO da Markel, recomenda a edição de 1934 porque "contém de fato a voz e o ponto de vista de Ben Graham", plena da paixão do autor pelas literaturas grega e romana e de seu ponto de vista secular sobre "por que as pessoas fazem o que fazem em períodos de triunfo e de desespero".

A outra grande obra de Graham, *O investidor inteligente*, é mais acessível. Está disponível em edição revisada (Harper Collins, 2016), com comentários novos de Jason Zweig. Também existe uma coleção dos textos mais curtos de Graham (além de várias entrevistas) intitulada *Benjamin Graham – Building a Profession* (Benjamin Graham – Construindo uma profissão) (McGraw-Hill, 2010), editada por Zweig e Rodney Sullivan.

24. O fascínio de Matthew McLennan pela história antiga e moderna alimenta a sua crença de que precisamos "aceitar a incerteza" e limitar de forma consciente a nossa exposição ao caos inesperado. "Um livro de história que foi de grande valia para mim", diz, é *História da Guerra do Peloponeso* (Silabo, 2008), de Tucídides, que retraça como a ascensão de Esparta ("uma cultura militar muito tradicional e austera") ameaçava o poderio de Atenas ("uma sociedade próspera, tipo os Estados Unidos") de formas que "produziram insegurança" e levaram à guerra. McLennan enxergava forças desestabilizadoras semelhantes em jogo na ascensão da China, que ameaça o predomínio dos Estados Unidos, da mesma forma que a ascensão da Alemanha no início do século XX ameaçava a Grã-Bretanha em um período em que esta estava "passando do pico". Esses padrões históricos "não são necessariamente um modelo do que vai acontecer", mas sim uma lembrança de que nunca se deve ficar acomodado em relação aos riscos geopolíticos e econômicos que possam estar aumentando. McLennan acrescenta: "Por acaso, Tucídides aparentemente era dono de uma mina de ouro. Portanto, não lhe eram desconhecidos os méritos de ter uma segurança em potencial."

25. A estratégia de McLennan de comprar ações de "empresas duradouras", relativamente resistentes a rupturas e catástrofes, provém em parte do seu estudo da física e do princípio do crescimento entrópico, que ajuda a explicar a sua crença de que "as coisas tendem à desordem com o passar do tempo". Ele também tirou lições da biologia. Por

exemplo, ele enxerga a economia como um ecossistema darwiniano em que todos os negócios rumam à decadência ou à morte, assim como a maioria das espécies em algum momento se extingue.

Para explorar mais essa ideia, veja o livro de Robert Hagstrom *Investing – The Last Liberal Art* (Investir – A última arte liberal) (Texere, 2000), que extrai lições de áreas tão distintas quanto a física, a psicologia e a filosofia. Em um capítulo intitulado "Biologia – A origem de uma nova espécie", Hagstrom aplica um ponto de vista evolutivo aos investimentos. Isso o leva a observar como é difícil encontrar uma estratégia que funcione continuamente, considerando que os mercados financeiros mudam e se adaptam constantemente. "À medida que mais agentes começam a adotar a mesma estratégia, sua lucratividade cai", escreve. "A ineficiência se torna visível e a estratégia original se desgasta. Mas quando novos agentes entram em cena com novas ideias, (...) o capital se transfere e a estratégia nova explode, o que reinicia o processo evolutivo." Como aponta Paul Lountzis no capítulo 7, parte da genialidade de Buffett é que ele continua evoluindo em vez de aferrar-se à mesma estratégia enquanto o ambiente econômico se transforma.

McLennan também foi influenciado pelo monstruoso livro de 1.197 páginas de Stephen Wolfram, *A New Kind of Science* (Um novo tipo de ciência) (Wolfram, Media, 2002). Wolfram, que ele descreve como "um pensador pioneiro no campo da complexidade", realizou milhões de experiências com computadores envolvendo autômatos celulares, que consistem em linhas de células coloridas de preto ou de branco. Wolfram aplicou algumas regras simples que, com o passar do tempo, produziram padrões de imensa complexidade. Seu livro, repleto de imagens desses padrões imprevisivelmente complexos (e muitas vezes aparentemente aleatórios), deu "estrutura intelectual" à crença de McLennan de que devemos esperar e "respeitar a incerteza".

26. Quando perguntei a McLennan como ele lida com a incerteza na própria vida, ele respondeu que considera "muito valioso" estudar filósofos estoicos, como Sêneca e Marco Aurélio, que o fazem "refletir sobre aquilo que está perturbando o seu equilíbrio". McLennan acrescentou: "Heráclito tinha uma expressão, '*Panta rhei*', acho que em referência ao conceito de que tudo está fluindo. E pensei nisso muitas vezes. O que observo no mundo é que, se você consegue aceitar que as coisas externas a você estão em estado de fluxo, pode focar na sua serenidade endógena. E o que vejo é a maioria das pessoas fazendo o contrário: tentando

controlar o fluxo exógeno, tentando prever, tentando estar posicionadas – o que causa um estado de turbulência interior. Por isso eu acho que parte disso é quase uma mudança comportamental muito simples. É dizer: estou filosoficamente disposto a aceitar o fluxo, a complexidade e a incerteza ou não? E se você disser "Sim, estou", acho que é extremamente libertador quanto à sua capacidade de focar na sua serenidade."

Em termos práticos, o que isso poderia acarretar? Como alguém que focou muita atenção na tentativa de desenvolver a própria serenidade, tomo a liberdade de dar algumas sugestões rudimentares. Assim como McLennan, encontrei conforto e distanciamento na filosofia estoica, em especial nos escritos de Sêneca, Epiteto e Marco Aurélio, aos quais retornarei em breve.

Também achei extremamente útil a meditação *mindfulness*. Uma abordagem que dá certo comigo é a ensinada por George Mumford, um ex-viciado em heroína que acabou se tornando professor de meditação de Michael Jordan e Kobe Bryant. Mumford tem um curso espetacular no aplicativo Ten Percent Happier (10% mais feliz), sempre de alta qualidade, que também oferece cursos de meditação com professores como Joseph Goldstein e Sharon Salzberg. Também gosto do livro de Mumford *The Mindful Athlete* (O atleta *mindful*) (Parallax Press, 2015), que compartilha diversas técnicas que podem ajudar você a se conectar com "aquele lugar centrado em você mesmo, no qual se pode encontrar espaço entre o estímulo e a resposta, o olho tranquilo no centro do furacão". A capacidade de permanecer sereno e centrado em meio à confusão da vida me parece tão essencial para investidores de ponta quanto para atletas profissionais.

O tipo de meditação "da gentileza amorosa" que Salzberg e muitos outros ensinam também pode ter efeitos altamente positivos nas emoções dos praticantes, e até na programação de seus cérebros. Caso não acredite em mim, leia *Felicidade* (Palas Athena, 2007), de Matthieu Ricard, que abandonou uma carreira em genética celular para se tornar monge budista. "Por mais influentes que as condições exteriores possam ser, o sofrimento, assim como o bem-estar, é essencialmente um estado interior", escreve Ricard. "Compreender isso é o pré-requisito chave para uma vida que valha a pena viver."

Livros como *Altered Traits* (Características alteradas) (Avery, 2017), de Daniel Goleman e Richard Davidson, exploram a ciência do *mindfulness*, mostrando os efeitos de longo alcance dessas práticas antigas sobre a mente, o cérebro e o corpo. Da mesma forma, Kristin Neff, professora assistente da Universidade do Texas em Austin, estuda os benefícios psicológicos da autocompaixão, conceito que ela tomou emprestado do budismo. Ela e Christopher Germer escreveram *The Mindful Self-Compassion Workbook* (O manual da autocompaixão *mindful*) (The Guildford Press, 2018), que recorre a essas pesquisas científicas para explicar como a autocompaixão pode ser explorada para aumentar a força interior, a resiliência e o bem-estar emocional.

## CAPÍTULO 5 – A simplicidade é o máximo da sofisticação

27. Joel Greenblatt escreveu três livros sobre investimentos. Eu começaria por *A fórmula mágica de Joel Greenblatt para bater o mercado de ações* (Benvirá, 2021), que destila ao essencial uma vida inteira de pensamento racional sobre a arte de escolher ações. O livro é um modelo de simplicidade.

O livro seguinte de Greenblatt, *The Big Secret for the Small Investor* (O grande segredo para o pequeno investidor) (John Wiley & Sons, 2011), não fez tanto sucesso, mas ainda assim compartilha algumas verdades incômodas que seriam úteis a todos que esperam bater o mercado. "Para a maioria dos investidores, descobrir o valor de uma empresa está simplesmente fora de questão – fazer isso bem é simplesmente difícil demais", escreve. "E se arrumarmos um especialista para fazer isso para nós? Sinto muito. (...) Em razão das taxas e da forma como funciona o setor de investimentos, a maioria dos gestores ativos de fundos mútuos tem desempenho abaixo do mercado." A solução de Greenblatt para a maioria dos investidores é indexar, mas ele adverte que a variedade mais comum dos fundos indexados ponderados pela capitalização do mercado detém um excesso de ações superavaliadas e pouquíssimas pechinchas.

No início da carreira, Greenblatt também escreveu *O mercado de ações ao seu alcance* (Landscape, 2008), um guia sofisticado, mas divertido, para os investimentos em nichos especializados, como subsidiárias, fusões e falências. Para investidores com dons analíticos para navegar em águas tão profundas, é um livro de valor inestimável. Um amigo meu que estudou administração em Harvard e foi dono de uma bem-sucedida investidora me disse: "Por causa desse livro, eu mesmo ganhei US$ 10 milhões." Quando a minha esposa soube disso, comentou que eu não fui capaz de extrair o mesmo lucro dessa leitura.

28. O interesse de Greenblatt em retribuir à sociedade gira basicamente em torno da reforma educacional. Ele ajudou a criar a Success Academy, uma enorme (e politicamente controvertida) rede de *charter schools*, escolas públicas independentes, sobre a qual você pode ler mais em www.successacademies.org. Ele pertence ao conselho de curadores, juntamente com outros gestores financeiros de renome, como Daniel Loeb, John Petry e Yen Liow. No seu livro mais recente, *Common Sense – The Investor's Guide to Equality, Opportunity and Growth* (Senso comum – O guia do investidor para a igualdade, as oportunidades e o crescimento) (Columbia Business School Publishing, 2020), Greenblatt escreve que a premissa por trás das *charter schools* era propiciar um modelo de escola de alta performance que possa ser replicado em muitas outras zonas de baixa renda: "Ajudaria a mostrar que – com o apoio adequado – alunos pobres, de minorias e de baixa renda podem ter desempenho do mais alto nível."

    E no que deu isso? Em 2019, escreve Greenblatt, alunos das 45 escolas da Success Network saíram-se tão bem nas provas estaduais de matemática e inglês que seus "resultados fizeram da Success a número 1 em desempenho acadêmico de todo o estado de Nova York, superando todos os distritos escolares suburbanos de alta renda". É ainda mais impressionante quando se leva em conta que as escolas da Success Academy ficam, na sua maioria, nas áreas mais pobres da cidade de Nova York e que 75% dos alunos vêm de famílias economicamente prejudicadas.

29. Para um relato definitivo do escândalo dos *junk bonds* dos anos 1980, que levou à prisão de Michael Milken, leia *Den of Thieves* (Cova de ladrões) (Simon & Schuster, 1992), de James Stewart, para então decidir se Milken merecia o perdão presidencial que anos de lobby finalmente lhe renderam em 2020.

30. Para uma discussão mais técnica de como investir de modo racional em empresas de alta qualidade, como a Coca-Cola, veja *Value Investing From Graham to Buffett and Beyond* (Investimento em valor – De Graham a Buffett e além) (John Wiley & Sons, 2001), de Bruce Greenwald, Judd Kahn, Paul Sonkin e Michael Van Biema. Mais especificamente, *Buffett* (Random House, 1995), a biografia de primeira escrita por Roger Lowenstein, inclui uma explicação detalhada de por que Buffett "colocou mais ou menos um quarto do valor de mercado da Berkshire" na Coca-Cola, investindo mais nela "que em qualquer ação no passado". Lowenstein comenta que se tratava de um negócio simples, com poder de fixar preços, um "fosso" protetor e um reconhecimento de marca

sem igual. E, embora a ação *parecesse* cara, o poder de gerar receita da empresa era tão forte que "Buffett achou que estava adquirindo um Mercedes pelo preço de um Chevrolet". Como aponta Greenblatt, o segredo fundamental do investimento inteligente é simples: "Descubra quanto vale alguma coisa e pague bem menos."

### CAPÍTULO 6 – Nick & Zak – Uma aventura fantástica

31. Como descobriram Nick Sleep e Qais Zakaria, *Zen e a arte da manutenção de motocicletas* (WMF Martins Fontes, 2015), de Robert Pirsig, é surpreendentemente relevante para o investidor paciente – e para qualquer um que esteja tentando criar algo de valor duradouro, seja um fundo, uma empresa, uma obra de arte ou um empreendimento filantrópico. Logo no início do livro, Pirsig explica como pretende explorar o tema: "Não quero me apressar. Essa é, em si mesma, uma atitude envenenada do século XX. Ao querer apressar algo, você indica que não se importa mais com aquilo e quer passar a outras coisas. Eu só quero ir devagar, mas cuidadosa e meticulosamente."

    Sleep relembra: "Esse livro me despertou para toda a questão de pensar em como pensar, e isso simplesmente mudou tudo." Por exemplo, levou-o a fazer perguntas como: "Como posso me tornar um investidor melhor pensando direito? Pensar em como pensar: *essa* é a questão." Nas palavras de Sleep, Pirsig se dedica à busca daquilo que é "verdadeiro", "importante" e "intelectualmente honesto", e lança uma luz sobre o que significa comportar-se de uma maneira "de alta qualidade".

    Outro livro inesperado que inspirou a abordagem de Sleep em relação aos investimentos e à vida é *A Place of My Own* (Um lugar só meu) (Penguin Books, 2008), de Michael Pollan. Conta a busca do autor por projetar e construir ("com minhas mãos nada habilidosas") um encantador refúgio no meio do mato, atrás da sua casa, "como um lugar para ler, escrever e divagar". Sleep comenta: "O que eu gosto nele é a contemplação calma e quieta de erguer algo do jeito certo de verdade, solitária e silenciosamente, enquanto lê a respeito e desfruta do processo. Mas isso se expressa nessa bela construção, que é quase como um templo cármico para ele. Nisso há uma filosofia serena e amorosa. E agora me ocorre que é um pouco como eu e Zak nos comportamos, embora na época eu não tivesse consciência disso."

Sleep também recomenda *Contentamento – O segredo para a felicidade plena e duradoura* (Principium, 2017), que surgiu de uma conversa de uma semana de duração entre o arcebispo Desmond Tutu e o Dalai Lama. O livro é repleto de sabedoria para a vida, de humor espirituoso e de resiliência otimista. A respeito do seu exílio longe do Tibete, o Dalai Lama afirma: "Pessoalmente, prefiro as últimas cinco décadas de vida como refugiado. Foram mais úteis, uma oportunidade maior de aprender e vivenciar a vida. Portanto, se olharmos de certo ângulo, pensamos: 'Ah, que coisa ruim, que triste.' Mas se olharmos de outro ângulo para a mesma tragédia, o mesmo acontecimento, vemos que ele oferece novas oportunidades. Por isso é maravilhoso. Essa é a razão principal de não me sentir triste ou desanimado. Existe um ditado tibetano que diz: 'Onde quer que tenhas amigos, é teu país, e onde quer que sejas amado, é teu lar.'"

32. Sleep e Zakaria instalaram seu terminal Bloomberg em uma mesa baixa, sem cadeira, de modo a tornar fisicamente desconfortável se exporem a um fluxo incessante de notícias de curto prazo e dados atualizados a todo instante. O melhor autor que encontrei sobre esse tema, de como focar e *refletir* verdadeiramente em uma era de constantes distrações digitais, é Cal Newport, um professor de ciência da informática da Universidade Georgetown. Ele é o autor de *Trabalho focado* (Alta Books, 2018) e *Minimalismo digital* (Alta Books, 2019). Explicando sua hipótese do "trabalho focado", Newport escreve: "A capacidade de realizar um trabalho focado está se tornando cada vez mais *rara* exatamente no mesmo momento em que ele está se tornando cada vez mais *valioso* na nossa economia. Em consequência, os poucos que cultivam essa habilidade, e fazem dela o cerne da sua vida no trabalho, hão de prosperar." Isso descreve todos os investidores mais bem-sucedidos – de Buffett a Munger, passando por Sleep e Zakaria.

33. Um dos segredos do êxito financeiro é a capacidade de resistir à sedução da gratificação instantânea – por exemplo, guardando dinheiro para o futuro distante ou retendo investimentos a longo prazo em vez de negociá-los freneticamente. O mesmo princípio se aplica às empresas. Como comentou Charlie Munger no encontro anual da Berkshire Hathaway em 2001: "Quase todos os bons negócios envolvem um processo de 'dor hoje, ganho amanhã'."

A importância de adiar a gratificação também desponta em várias das historinhas exemplares que lemos na infância. Depois de debater esse tema com Thomas Russo, ele me escreveu: "A cigarra e a formiga, os três porquinhos, etc. são contos infantis que exaltam personagens de bom senso, com a mensagem da gratificação adiada. A sociedade criou, no entanto, infindáveis razões para que os tomadores de decisões prefiram mais diversão hoje, mesmo que isso custe a comida de amanhã. Muitas oportunidades de investimento surgem da capacidade de escolher o outro lado da aposta de curto prazo. Fui abençoado por investidores que me permitiram adotar a visão de longo prazo."

A capacidade – ou incapacidade – de adiar a gratificação também é um tema popular na psicologia. Um caso famoso é o "teste do marshmallow", uma experiência dos anos 1960 em que se ofereceu a centenas de crianças uma guloseima e uma decisão sofrida: ou comê-la imediatamente, ou esperar vários minutos até um pesquisador aparecer, momento em que elas poderiam comer *duas* guloseimas. Uma equipe de psicólogos de Stanford observava através de um vidro refletivo enquanto aquelas crianças em idade pré-escolar se torturavam diante da tentação. Walter Mischel, que projetou a experiência, explora as suas consequências no livro *O teste do marshmallow* (Objetiva, 2016). Ele concluiu que "aqueles que aguentaram mais tempo quando crianças" foram mais capazes, na vida adulta, de "buscar e atingir metas de longo prazo", "alcançaram graus de instrução mais altos e apresentavam um índice de massa corporal significativamente menor".

Maria Konnikova, que foi aluna de Mischel em Columbia, escreveu a respeito dele em um artigo de 2014 para a revista *New Yorker* ("The Struggles of a Psychologist Studying Self-Control") (Os problemas de um psicólogo estudando o autocontrole). "Mischel concluiu, de forma consistente, que o fator crucial no adiamento da gratificação é a capacidade de mudar a sua percepção do objeto ou do ato ao qual se quer resistir", escreve ela. "A chave, conclui-se, é aprender a 'resfriar' mentalmente os aspectos 'quentes' do seu entorno: as coisas que o afastam do seu objetivo." Uma de suas técnicas de resfriamento envolve mover mentalmente o objeto do desejo para uma distância segura na sua imaginação. Outra forma de controlar seus impulsos é reenquadrar o objeto – por exemplo, "imaginando que o marshmallow é uma nuvem, e não um doce".

CAPÍTULO 7 – Hábitos de alta performance

34. O que mais você deve ler caso esteja em busca de formar hábitos mais positivos? O livro mais útil que estudei sobre essa tema é *O poder do*

*hábito* (Objetiva, 2012), de Charles Duhigg. Recorrendo a pesquisas sobre a neurociência e a psicologia da formação de hábitos, Duhigg escreve: "É assim que são criados novos hábitos: juntando-se uma deixa, uma rotina e uma recompensa, e em seguida cultivando um desejo que estimula esse ciclo." Por exemplo, "caso você queira começar a correr toda manhã, é indispensável que escolha uma deixa simples (como sempre amarrar os cadarços antes do café da manhã ou deixar a roupa de corrida ao lado da cama) e uma recompensa evidente (como uma iguaria ao meio-dia, o sentimento de conquista de registrar seus quilômetros ou o pico de endorfina provocado pela corrida). (...) É só quando o seu cérebro começa a *esperar* a recompensa – a ansiar pela endorfina ou pelo sentimento de conquista – que se torna automático amarrar os cadarços dos calçados de corrida todas as manhãs. A deixa, além de desencadear uma rotina, também precisa desencadear uma ânsia pela recompensa que está por vir".

Mohnish Pabrai e Guy Spier são entusiastas do ciclismo e costumam usar o Facebook para compartilhar vídeos, fotografias e estatísticas de suas longas saídas ao ar livre. Sempre fiquei pensando por que se dão a esse trabalho. Mas hoje me dou conta de que é um jeito de criar uma recompensa psicológica para si mesmos, que reforça neles o desejo de continuar a cuidar da forma física. Do mesmo modo, quando a Covid-19 me levou a passar a maior parte do meu tempo em casa, fiquei inesperadamente obcecado pela minha ergométrica Peloton e participei de uma competição contra dezenas de equipes do mundo inteiro. Um dos pontos altos de cada dia vinha quando meus colegas de equipe e eu compartilhávamos tabelas detalhadas das nossas heroicas façanhas.

35. Tom Gayner escreve sobre os mesmos quatro princípios de investimento todos os anos no relatório anual da Markel. Repetitivo? De jeito nenhum. A ideia é justamente essa. A vantagem dele, como investidor, provém em grande parte da sua aplicação constante, ao longo de três décadas, do mesmo processo sensato, disciplinado e comprovado pelo tempo. Pode-se encontrar um arquivo de seus relatórios anuais em www.markel.com. Vale a pena ler ano a ano, porque se caracterizam pelo compromisso firme de Gayner com qualidades como humildade, integridade, raciocínio de longo prazo, aprimoramento contínuo e prestação de serviço. Desconfio que nos beneficiamos por osmose ao ter o privilégio da companhia de alguém que trabalha assim.

36. A abordagem-padrão de Gayner para tudo, dos investimentos aos exercícios, passando pela nutrição, é ser "radicalmente moderado", em

lugar de adotar uma estratégia mais extrema que seria mais difícil de manter. Sua mentalidade faz lembrar um ensinamento de Aristóteles na Antiguidade: o de que a felicidade duradoura vem da manutenção de um equilíbrio harmonioso, conhecido como a "média áurea".

O livro *O caminho do meio* (Record, 2008), de Lou Marinoff, explica que, por ter estudado a geometria euclidiana, além de ser um admirador da beleza natural, Aristóteles convenceu-se de que "o comportamento humano também precisa basear-se nas proporções 'corretas'". Segundo ele, "tanto o exercício em excesso quanto o incorreto destroem a potência, assim como a bebida ou a comida acima ou abaixo de certa quantidade destroem a saúde, enquanto aquilo que é proporcional a um só tempo a enseja, a aumenta e a preserva. O mesmo ocorre no caso da temperança, da coragem e das demais virtudes".

Marinoff argumenta que tanto Aristóteles quanto Buda e Confúcio "reconheciam que o extremismo é anátema para a felicidade, a saúde e a harmonia: para a sua e para a de todos". Aplicando à nossa época o bom senso desses sábios, Marinoff escreve: "Os materialistas que buscam acima de tudo o prazer e o lucro não se livram da infelicidade. (...) O caminho do meio do Buda nos ajuda a evitar esses extremos, pela prática da moderação nas nossas vidas e da compaixão pelo sofrimento alheio."

Na filosofia de Gayner, de moderação radical, há uma forte dose de bom senso prático. Mas, para os padrões da maioria das pessoas, ele ainda é radical demais. Depois de uma recomendação de Gayner, assisti a *Arremesso final*, uma hipnotizante série documentária sobre Michael Jordan e o time de basquete do Chicago Bulls. Não foi difícil entender por que Jordan foi inspiração para Gayner; seu esforço incessante e sua força de vontade insuperável fizeram dele uma força imparável. Assim como o basquete, o mundo dos investimentos tem um nível tão alto de competitividade que o talento, por si só, simplesmente não é suficiente. Como disse Peter Lynch a Bill Miller: "O único jeito de derrotá-los é se esforçando mais do que eles."

CAPÍTULO 8 – Não seja um otário

37. Durante a minha entrevista com Charlie Munger, pedi-lhe que recomendasse alguns livros para dar a meus filhos, ensinando-lhes como evitar as "burrices padrão" que arruínam a vida de muita gente. "Bem",

respondeu ele. "Você tem *Poor Charlie's Almanack*." Sem sombra de dúvida, esse compêndio da "espirituosidade e sabedoria" de Munger é uma fonte inestimável para qualquer pessoa seriamente interessada em reduzir a própria vulnerabilidade a "erros não inéditos". Isso inclui o impressionante discurso inaugural de 1986, em que ele compartilha suas "prescrições para infelicidade garantida na vida".

Munger também mencionou a influência do falecido Garrett Hardin, que o ajudou a desenvolver o hábito mental da "inversão". Assim como Munger, Hardin resolvia problemas do fim para o começo, focando em primeiro lugar naquilo que podia dar errado, para então evitar esse desfecho desastroso. Hardin, que era um ecologista humano, escreveu diversos livros, entre eles *Filters Against Folly* (Filtros contra a insensatez) (Viking, 1985). Ponderando os riscos das mais variadas calamidades, como uma pane da rede de energia elétrica, Hardin escreve que "a única coisa com que podemos realmente contar neste mundo incerto é com a própria incerteza humana".

Para outra visão sobre o tema da nossa falibilidade tragicômica, veja *The Folly of the Fools* (A insensatez dos tolos) (Basic Books, 2011), de Robert Trivers, um dos principais teóricos na área da biologia evolutiva. Trata-se de uma exploração surpreendente da nossa capacidade de autoengano. Trivers alega que armazenamos informações falsas nas nossas mentes de modo a manipular os outros. Nas suas palavras, "mentimos para nós mesmos para mentir melhor para os outros". Assim como Munger e Hardin, Trivers nos estimula a reconhecer como somos suscetíveis a erros e quão cautelosos devemos ser nas nossas mentes. Se você ainda estiver propenso a confiar no seu juízo, talvez queira ler também *The Logic of Failure* (A lógica do fracasso) (Metropolitan Books, 1996), de Dietrich Dörner, um psicólogo que escreve sobre as maneiras previsíveis e evitáveis como nos enrolamos diante de decisões complexas. A capa do meu exemplar mostra uma fotografia antiga de dois cavalheiros elegantemente vestidos inspecionando um trem que tombou dos trilhos.

38. Caso queira saber mais sobre o modo de pensar de Munger, o ponto de partida lógico é *Charlie Munger* (Columbia University Press, 2015), de Tren Griffin. É um livro conciso, repleto de ideias claras sobre como se comportar de maneira racional nos mercados e na vida. Os mais fanáticos por Munger também podem encarar os idiossincráticos livros de Peter Bevelin, a começar por *Seeking Wisdom* (Em busca da sabedoria)

(PCA Publications, 2007), denso e difícil, mas que vale a pena, seguido por *All I Want to Know is Where I'm Going to Die So I'll Never Go There* (Tudo que eu quero saber é onde vou morrer, para nunca ir até lá) (PCA Publications, 2016).

39. Joel Tillinghast, que gerou rendimentos espetaculares ao longo de três décadas como gestor do Fidelity Low-Priced Stock Fund, também é o autor de *Big Money Thinks Small* (O dinheiro grande pensa pequeno) (Columbia University Press, 2017). É um guia útil para o investidor comum, com inúmeros conselhos sensatos sobre como ter êxito "evitando equívocos". Tillinghast encerra o livro com uma sacada simples, que poderia muito bem ter vindo de Munger, Pabrai, Greenblatt ou Marks: "Acima de tudo, sempre procure investimentos que valham muito mais do que você está pagando por eles." Seus estilos de investimento podem ser diferentes, mas são, todos, unidos por esse princípio subjacente.

40. Munger mergulhou em profundidade na obra de Benjamin Franklin, inclusive na sua *Autobiografia*. Como autoproclamado "tarado por biografias", ele também é versado em livros sobre Franklin de autores como Carl Van Doren e Walter Isaacson. Quando perguntei a Munger o que aprendera com Franklin em relação a como reduzir a insensatez, ele respondeu: "Ben Franklin me ensinou muito sobre: autocontrole; não demonstrar quão inteligente se é; não querer argumentar demais. Porém ele aprendeu bem mais que eu. Ainda ofendo as pessoas de um jeito que Ben Franklin aprendeu a não ofender."

Quando li o *Poor Richard's Almanack* (O almanaque do pobre Ricardo), pude distinguir alguns aspectos da filosofia de Munger para os negócios e para a vida. Por exemplo, Franklin escreve: "Truques e artimanhas são práticas de tolos, que não têm espírito suficiente para serem honestos." E "um trapaceiro rico é como um porco gordo: só serve para algo depois de morto". E "quem se deita com os cães acorda com as pulgas". E "saco vazio não para em pé". E "vidro, porcelana e reputações são fáceis de quebrar e impossíveis de consertar direito". E "se quiser ser amado, ame e seja amável". E "se sua fortuna lhe pertence, por que não a leva para o outro mundo?". E "a mais nobre das perguntas do mundo é *que bem eu posso fazer aqui?*".

Munger tem em casa um busto de Franklin, juntamente com um de Lee Kuan Yew, "talvez o maior construtor de nações que já existiu". Mas, ao aprender com "mortos ilustres", Munger não está interessado apenas nas suas virtudes e nos seus feitos. Também sente fascínio por seus equívocos e defeitos, que podem ser até mais instrutivos. Segundo Munger, por exemplo, Franklin "fracassou na relação com seu único filho vivo", que permaneceu "fiel à coroa inglesa. Essa ruptura nunca cicatrizou. Era simplesmente demais. (...) No fim da vida, ele nem sequer falava com o filho. É interessante. Franklin era capaz de ter mais ressentimento do que eu. Eu superei o ressentimento melhor que Franklin. Não fico tão furioso com as pessoas de quem discordo".

### EPÍLOGO – Além da riqueza

41. O hábito de Bill Miller de recorrer à filosofia para ajudá-lo em todos os aspectos da vida faz dele uma fonte particularmente fértil de recomendações de livros. Ele me apresentou aos estoicos e deixou em mim uma admiração duradoura por *Thoughts of a Philosophical Fighter Pilot* (Pensamentos de um piloto de caça filosófico) (Hoover Institution Press, 1995), livro de título esplêndido escrito por um esplêndido homem de ação, o vice-almirante James Bond Stockdale. Também descobri a sabedoria estimulante das *Meditações* de Marco Aurélio, dos *Discursos* de Epiteto e das *Cartas de um estoico*, de Sêneca. Da mesma forma, gostei de outro dos livros favoritos de Miller, *Confessions of a Philosopher* (Confissões de um filósofo) (Random House, 1998), de Bryan Magee, uma jornada autobiográfica pela filosofia ocidental.

Duas décadas atrás Miller também me apresentou ao filósofo William James, cuja obra foi recolhida em edições como *Pragmatismo* (Martin Claret, 2004). James, pioneiro do ensino de psicologia em Harvard, foi um observador revolucionário das formas como percebemos erroneamente a realidade – desafio crucial encarado por todo investidor.

Nos anos 1890 James deu uma palestra intitulada "Sobre certa cegueira no ser humano". Ele lembrou que certa vez visitou a Carolina do Norte, onde ficou chocado com a "sordidez absoluta" de um chalé nas montanhas: "A floresta havia sido destruída; e o que havia de 'aprimoramento' a partir dessa destruição era horrendo, uma espécie de úlcera, sem um único elemento de encanto artificial que compensasse a perda da beleza da natureza." Tempos depois, um montanhista ajudou James a compreender quão diferente era a percepção dos habitantes do local em relação àquela paisagem devastada. Para eles, "o chalé era uma garantia de segurança para si próprios, esposas e filhos", e a clareira, "um símbolo evocativo de memórias morais e uma ode ao dever, à luta e ao sucesso. Eu estivera tão cego à idealização peculiar das suas condições quanto eles estariam cegos à minha idealização se pudessem vislumbrar o meu estranho modo de vida acadêmico no espaço fechado de Cambridge".

Para Miller, a lição era clara. Temos que nos acautelar o tempo todo contra nossos preconceitos – e buscar tirar proveito das oportunidades que afloram quando os outros caem nessa armadilha mental. Em 2001, quando falou comigo sobre o motivo de ter comprado 15% da Amazon, ele explicou como James o ajudou a enxergar além dos vieses que cegaram seus pares para o potencial daquele vendedor de livros que não dava lucro.

Para aprender mais sobre James, leia *The Metaphysical Club* (O clube metafísico) (Farrar Strauss and Giroux, 2001), de Louis Menand, que explora as crenças de quatro grandes pensadores: James, Charles Sanders Peirce, Oliver Wendell Holmes Jr. e John Dewey. O autor escreve: "Todos eles acreditavam que as ideias não estão 'por aí', esperando serem descobertas, mas são ferramentas – como garfos, facas e microchips – que as pessoas criam para lidar com o mundo em que estão."

42. Desde que nos conhecemos, em 2015, Arnold Van Den Berg e eu nos presenteamos mutuamente com vários livros. Preocupado com o meu sedentarismo, ele me mandou até um trampolim. No meu escritório passei a ter uma pilha com seus livros favoritos, entre eles *A sabedoria da mente subconsciente* (Cultrix, 1993), de John Williams, *A biologia da crença* (Butterfly, 2007), *Core Healing* (Cura interior) (Heart of the Golden Triangle Publishers, 2007), de Joyce Fern Glasser, *Right is Might* (A força do certo) (Humanetics Fellowship, 1991), de Richard Wetherill, e uma coleção completa dos textos de James Allen intitulada *Mind is the Master* (A mente é o mestre) (Penguin Group, 2010).

Um tema em comum, insistentemente recorrente em muitos dos livros que moldaram Van Den Berg, é a crença de que a nossa consciência determina a nossa realidade. Ele passou meio século experimentando diferentes técnicas para mudar seu jeito de pensar, influenciar seu subconsciente e transformar-se por dentro. Tudo se resume naquilo que ele aprendeu em seu livro favorito de todos, *O caminho da prosperidade* (Clio, 2012). Como James Allen escreveu 120 anos atrás: "Pouco importa o que é externo, visto que tudo é um reflexo de seu estado de consciência. Só importa o que você é por dentro, visto que tudo que é externo será espelhado e colorido de acordo."

Para saber mais sobre os títulos e autores da Editora Sextante,
visite o nosso site e siga as nossas redes sociais.
Além de informações sobre os próximos lançamentos,
você terá acesso a conteúdos exclusivos
e poderá participar de promoções e sorteios.

**sextante.com.br**